仙游年鉴
2021

中共仙游县委员会 仙游县人民政府 主办
中共仙游县委党史研究和地方志编纂办公室 编

方志出版社
Publishing House of Local Records

图书在版编目（CIP）数据

仙游年鉴. 2021 / 中共仙游县委党史研究和地方志编纂办公室编. -- 北京：方志出版社，2021.12
ISBN 978-7-5144-5087-3

Ⅰ. ①仙… Ⅱ. ①仙… Ⅲ. ①仙游县－2021－年鉴
Ⅳ. ①Z525.74

中国版本图书馆CIP数据核字(2021)第275382号

仙游年鉴（2021）

编　　者：	中共仙游县委党史研究和地方志编纂办公室
责任编辑：	王　娜
出 版 者：	方志出版社
	地　址　北京市朝阳区潘家园东里9号（国家方志馆4层）
	邮　编　100021
	网　址　http://www.zgfzcb.cn
发　　行：	方志出版社图书营销中心
	电话（010）67110500
经　　销：	各地新华书店
印　　刷：	福州远榕印刷有限公司
开　　本：	889×1194　　1/16
印　　张：	20.75
字　　数：	658千字
版　　次：	2021年12月第1版　　2021年12月第1次印刷
印　　数：	001～1000册

ISBN 978-7-5144-5087-3　　**定价：** 288.00元

《仙游年鉴（2021）》编纂委员会名单

顾　　　问：吴文恩　黄一敏　林志良

主 任 委 员：吴海端

副主任委员：陈志挺　李振海

委　　　员：李向阳　李良秋　吕清水　刘元良　刘文兴　陈志斌　陈德春　林有记
林茂钎　林金涛　林黎明　练光灿　郑玉华　郑志忠　黄俊能　黄智光

《仙游年鉴（2021）》编纂人员名单

主　　　编：陈志斌（兼）

副　主　编：黄文权

执行副主编：陈淑梅

责 任 编 辑：陈开枝　陈淑梅　黄莹莹

图 片 征 编：张　力　郑志忠　杨莉娜

编辑说明

一、《仙游年鉴》是中共仙游县委员会、仙游县人民政府主办，中共仙游县委党史研究和地方志编纂办公室编纂的综合性资料工具书，国内外公开发行的正式出版物。自2011年起，逐年编辑出版，以出版年份为卷次名称。

二、《仙游年鉴（2021）》以马克思列宁主义、毛泽东思想、邓小平理论、“三个代表”重要思想、科学发展观、习近平新时代中国特色社会主义思想为指导，坚持辩证唯物主义和历史唯物主义的立场、观点和方法，旨在全面、系统地记载2020年仙游县自然、政治、经济、文化、社会等方面的情况，为读者了解和研究仙游提供信息资料。

三、《仙游年鉴（2021）》卷首征集彩色照片39帧，文中再附有113帧图片。主体部分设类目、分目、条目3个层次。个别类目设有次分目，条目为记述内容基本单位，一般一事一目，标题以【】标示。前设特载，载入年度大事要事专记，主体部分分设大事记、县情概览、中共仙游县委员会、仙游县人民代表大会、仙游县人民政府、政协仙游县委员会、纪检监察、民主党派工商联、群众团体、法治、军事、外事侨务港澳台事务、城乡建设与管理、生态环境、经济管理与监督、金融、农业农村、工业、交通、邮政通信、商贸旅游、教育科技、文化、卫生健康与体育、社会民生、街道乡镇、园区新区、人物荣誉28个类目，159个分目，944个子目。后殿附录，收录2020年度中央（国家级）媒体报道选录。

四、《仙游年鉴（2021）》人物荣誉部分，分别设“人物表”和“人物录”两类。“人物表”设处级领导干部名表和专业技术职务人员名表。“人物录”收录2020年受到省委、省政府及以上机关单位表彰的先进人物；“先进集体”名录和“先进个人”名录收入2020年受到市委、市政府及以上机关单位表彰的集体和个人。

五、《仙游年鉴（2021）》资料由各单位提供经领导审阅确认。撰稿人姓名附在文字之后。县统计局提供的统计资料纳入有关编目。各单位的数据如与县统计局数据相异的，编纂时一律以县统计局数据为准。

六、《仙游年鉴（2021）》采用现代语体文记述。文字、标点符号、计量单位以现行国家标准为准。附录等部分内容基于习惯，保留使用计量单位“亩”“公里”“公斤”。

编制单位：福建省地图出版社　审图号：莆S〔2021〕19号　资料截至2020年12月

城市名片

世界中式古典家具之都
中国古典工艺家具之都
中国产业百强县
中国最具投资潜力特色示范县
2010 · CCTV 中国年度品牌城市
全国红木古典家具产业知名品牌创建示范区
中国仙作红木家具产业基地
中国古典家具收藏文化名城
中国家具先进产业集群奖
中国民间文化艺术之乡
中国工艺美术之乡
中国国画之乡
中国戏曲之乡
中国最美县域

国家园林县城
中国田径之乡
中国武术之乡
全国首批体育先进县
中国梦文化之乡
中国面点师之乡
全国科技进步先进县
国家知识产权强县工程试点县
中国生态旅游大县
国家全域旅游示范区首批创建单位
中国深呼吸小城 100 佳
国家现代农业示范区
国家义务教育发展基本均衡县
全国责任督学挂牌督导工作创新县

国家级妇幼健康优质服务示范县
国家农产品质量安全县
全国电商百强县
国家级农村集体产权制度改革试点县
国家级台湾农民创业园
中央财政产粮（油）大县
中国技能大赛——轻工大赛突出贡献奖
全国农村承包地确权登记颁证工作典型地区
全国首家大面积停电事件应急体系建设示范县
福建省十大空中最美家园
福建省十大新兴旅游县
省级服务业综合改革试点
省级农村电子商务示范县
福建省可持续发展实验区
福建省教育工作先进县
省级农业科技园区
省级农村创业示范基地
省级园林县城
省级生态县
省级人口计生优质服务先进县
省级平安先行县
省级食品安全示范县
木兰溪源省级自然保护区
福建省全域生态旅游示范县（市、区）
省级节水型社会建设达标县

数字仙游

2020

总面积：1851.5 平方千米

地区生产总值：521.49 亿元

第一产业增加值：22.29 亿元

第二产业增加值：257.08 亿元

第三产业增加值：242.11 亿元

人均地区生产总值：5.78 万元

限额以上批发和零售企业实现网上零售额：30.49 亿元

年末常住人口：90.5 万人

年末户籍人口：117.9 万人

一般公共预算总收入：40.84 亿元

地方级税性收入：17.05 亿元

农林牧渔业总产值：42.08 亿元

粮食产量：8.41 万吨

肉蛋奶总产量：3.62 万吨

水产品产量：1.53 万吨

工业增加值：257.08 亿元

规模以上工业企业利润总额：51.47 亿元

社会消费品零售总额：348.92 亿元

交通运输、仓储和邮政业增加值：11.43 亿元

公路通车里程：3193 千米

货物周转量：9.82 亿吨千米

客运量：55 万人次

旅客周转量：1.85 亿人千米

年末汽车保有量：7.05 万辆

邮电业务总量：8.58 亿元

接待游客人数：95.5 万人次

年末金融机构本外币各项存款余额：448.51 亿元

居民人均可支配收入：2.55 万元

农村居民人均可支配收入：1.88 万元

城镇居民人均可支配收入：3.54 万元

农村居民人均生活消费支出：1.46 万元

城镇居民人均生活消费支出：2.2 万元

党政要闻

9 月 1 日，中国共产党仙游县第十三届委员会第十一次全体会议召开　（郑　丽　摄）

12 月 25 日，中国共产党仙游县第十三届委员会第十二次全体会议召开　（朱彬颖　摄）

中共上宫支部旧址（2020）　　（薛燕辉 摄）

西苑乡木兰溪源头思源林碑（2020）
（刘燕钦 摄）

6 月，园庄镇东石村的清代土楼——亦可楼被打造成党员活动中心，亦可楼为仙游县仅存较大且完整的方形土楼。图为土楼内景

（唐 伟 摄）

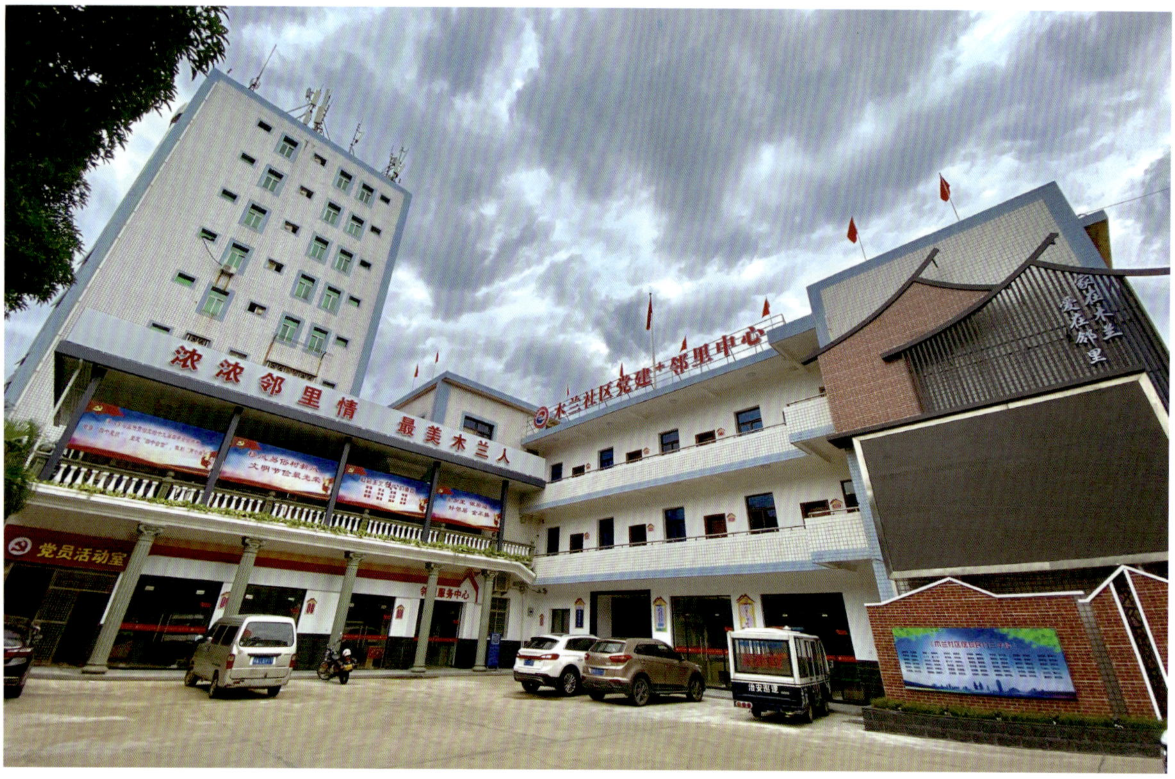

鲤城木兰社区党建+邻里中心（2020）

（县委组织部 供稿）

经济建设

艺都仙作（2020）
（张 力 摄）

11 月 18 日，2020 年第八届中国（仙游）红木家具精品博览会暨首届油画博览会（线上）在京东（仙游）数字经济产业园开幕 （郑 丽 摄）

11 月 18 日，莆田市第三届“海峡艺雕杯”手工木工职业技能颁奖仪式在京东（仙游）产业园召开
（郑 丽 摄）

3 月 20 日，莆田市首届“壶兰耕读·云端枇杷节”在书峰乡开幕。图为主播在线上直播售卖枇杷 （黄剑普 摄）

7 月 4 日，“圆梦仙游　礼赞党恩”第一届仙游书峰兰石山货采购节开幕。图为活动现场歌舞表演

（彭丽程　摄）

8 月 14 日，福建仙游农村商业银行股份有限公司创立大会暨第一次股东大会召开　（陈慧贞　摄）

6月18日，“我为仙作代言”暨仙游618直播产业节活动举行。图为直播活动现场

（黄剑普　摄）

9月7日，2020厦门国际投资贸易洽谈会暨丝路投资大会莆田市分团项目签约仪式在厦门举行。图为仙作企业展位

（黄剑普　摄）

2020年，仙游县引进的重点项目诚丰餐饮集团，打造出全市规模最大、设备先进的中央厨房。图为高科技中央厨房的设备

（唐　伟　摄）

5 月 22 日，三福上榜省级工业旅游示范基地。图为三福文化产业基地一角 （郑志忠 摄）

5 月 20 日，以国家地理标志证明商标“书峰枇杷”为主角的枇杷全席在书峰乡“峰上云宿”和君隆酒店上线。图为枇杷宴 （林 群 郑 丽 摄）

美食城片区夜景（2020）
（张 力 摄）

社会民生

8月30日，县妇幼保健院加盟福建省第一家儿科专科联盟——“福建省儿科专科联盟”。图为“福建省儿科专科联盟”授牌仪式　（唐　伟　摄）

截至12月底，仙游县建成养老服务机构265个。图为老年人在养老服务机构娱乐休闲（2020）（唐　伟　摄）

5月18日，城西中心小学等6所学校推进课后服务工作，提升教育服务水平。图为学生在校用午餐

（郑云林　摄）

仙游县公交总站（2020）　　（县交通局 供稿）

仙游县西苑乡凤山新村（2020）　　（张 力 摄）

位于大济镇龙坂村的双桂山体育休闲公园（2020） （彭丽程 摄）

鲤南镇石鼓山公园（2020） （刘燕钦 摄）

文化事业

9月26日，2020年福建农民文化周在度尾镇李耕故里广场闭幕。图为闭幕式上的度尾鼓吹乐表演

（郑　丽　摄）

1月4日起，“仙游之夜”每周六晚上演，打造本土夜间演艺第一品牌。图为“仙游之夜”舞台上的非遗项目皂吏舞表演　（彭丽程　摄）

6月12日，仙游县“迎世遗·非遗传承　健康生活”暨仙游文化旅游展示活动在中国古典工艺博览城拉开序幕。图为省级非遗民俗《大鼓吹》表演　（彭丽程　摄）

① ② ③

① 11月，第十四届福建省音乐舞蹈节，仙游县选送的原创舞蹈《木之韵》和鼓吹乐套曲《凯歌高奏·得胜令》获奖。图为原创舞蹈《木之韵》表演 （彭丽程 摄）

② 7月22日，仙游县魏昇文化研究会在龙华镇金沙村举行成立大会。图为魏昇故居 （郑 丽 摄）

③ 南宋古桥（2020） （唐 伟 摄）

生态宜居

仙游县城华灯初上（2020）　　　　（黄秀明 摄）

木兰溪畔日出（2020） （张 力 摄）

菜山晨曦（2020）　　（张 力 摄）

2 月 20 日，钟山镇朗桥村、西林村西林自然村入选福建省第三批省级传统村落名录。图为朗桥古村
（张 颖 摄）

11 月，“2020 中国最美村镇”治理有效成就奖公布，济川村成为莆田市唯一获奖乡村。图为颁奖典礼现场
（黄剑普 摄）

8 月 15—16 日，仙游县第八届帐篷节在西苑乡前溪村举行。图为游客露营观看日出 （蔡晨晖 摄）

钟山镇朗桥村的大型乡村稻田画（2020）
（张 力 摄）

5 月，西苑乡十八股头上千亩杜鹃绽放 （张 力 摄）

特载

大事记

县情概览

中共仙游县委员会

仙游县人民代表大会

仙游县人民政府

政协仙游县委员会

纪检监察

民主党派 工商联

群众团体

法 治

生态环境

经济管理与监督

金 融

农业 农村

工 业

交 通

邮政 通信

商贸 旅游

教育 科技

文　化

卫生健康与体育

社会民生

园区 新区

人物 荣誉

附 录

索 引

2020第八届中国（仙游）红木家具精品博览会暨首届油画博览会

11月18—22日，2020第八届中国（仙游）红木家具精品博览会暨首届油画博览会（线上）（简称“红博会”）在福建仙游成功举办。为期5天的多平台直播带货展会线上成交额2.8亿元，带动线下交易8亿元。2013—2020年，中国（仙游）红博会在仙游举办7届，红博会秉承“办好一场活动、带动一个产业、提升一座城市”的理念，以质量品牌推动产业、以创新创造引领行业、以文化多元增进交流，成为红木业界极具影响力和号召力的全国性专业展会和文化盛会。

该届红博会由中国家具协会、京东集团、中国家具品牌集群主办，仙游县人民政府、莆田市工业和信息化局、京东智联云承办，以“云上仙作 智联万家”为主题，围绕红博会主题开展仙作共享直播挑战赛、莆田市第三届“海峡艺雕杯”手工木工职业技能竞赛、仙作京东品销专场、仙作双十一购物狂欢节、红博会全平台主题直播汇展、仙游油画跨界时尚秀、仙作年货节等多方位长跨度的精彩活动。

该届红博会呈现三个突出特点：

云上展会。该届仙游红博会紧抓疫情影响的“宅经济”“线上经济”，以线上形式举办，运用电商大数据、AR/VR数字化工具、智能影棚、3D溯源云存证、AI主播、智能营商、C2B规范化等智能化手段，通过线上线下深度融合，开展全平台主题直播汇展，宣传“仙作”品牌、推广“仙作”精品、促进“仙作”发展。

多平台协同。京东、抖音、快手、淘宝等多平台协同，200余家代表性家具企业和各大网红大咖云集，以第一手货源，依托电商大数据，以线上多平台“电商+直播”形式，凸显直播创新性和数智化水平，打造红木家具的“五星直播”，给人们带来前所未有的独特感官享受。

“仙作+”跨界融合。这是一场以“红木”为主题的跨界融合展会，在领略“仙作”古典工艺家具雅韵精美的同时，汇聚上千件工艺美术精品展示，涵盖木雕、根雕、油画、字画、陶瓷等艺术领域，通过融合产品展示、发布、体验、互动、宣传为一体，借助跨界融合场景展示，实现“仙作+”，为参观者献上一场文化盛宴。

（陈洪志）

11 月 18 日，2020 年第八届中国（仙游）红木家具精品博览会暨首届油画博览会开幕（县工艺办 供稿）

11 月 18 日，2020 年第八届中国（仙游）红木精品博览会暨首届油画博览会开幕式现场

（县工艺办 供稿）

11 月 18 日，京东（仙游）数字经济产业园主会场数字化展厅（县工艺办 供稿）

11 月 19 日，网红主播扮演《西游记》人物进行现场直播带货（县工艺办 供稿）

12 月 24 日，首届中国（仙游）油画跨界时尚秀现场（县工艺办 供稿）

打赢全面脱贫攻坚战

仙游县作为福建省5个百万人口大县之一，贫困村、贫困人口数量莆田市最多、任务最重，全县有建档立卡贫困村38个（占莆田市88个的43.2%）、贫困人口5880户1.94万人（居福建省第二，分别占莆田市8972户2.83万人的66%、69.2%，其中国定（2016年年人均收入低于2952元，2017年年人均收入低于3100元）1099户3484人，省定（2016年年人均收入低于3497元，2017年年人均收入低于3750元）4781户1.59万人、重点贫困对象195户632人（分别占莆田市293户855人的66.55%、73.92%，其中国定59户174人、省定136户458人）。县委、县政府坚持把脱贫攻坚作为最大的政治责任、头号的民生工程，贯彻“四个不摘”“五个一批”“六个精准”要求，坚持县乡村联动、政银企统筹、产教搬并举、点线面结合，强化统筹、精准施策，尽锐出战、真抓实干，消除新冠肺炎疫情影响，推动全县脱贫攻坚取得阶段性成效。截至2020年底，全县所有贫困人口实现稳定脱贫、建档立卡贫困村实现摘帽；贫困户家庭人均收入由2015年2787.66元增加至2020年1.84万元，贫困村村集体经济收入平均每村由2015年3.17万元增加至2020年30.68万元，分别增长559.3%、867.8%。2016年度、2018年度、2019年度市对县精准扶贫绩效考评均居莆田市第一（2017年度莆田市第二）；西苑乡凤山村“党建+脱贫攻坚”、度尾镇屏山村“四好四带”精准扶贫等经验做法在全省作交流，莆田市抓党建促脱贫攻坚、精准脱贫百日攻坚战、决战决胜脱贫攻坚等现场会先后在仙游县召开。

仙游县突出政治引领、高位推进，持续推动扶贫责任压紧压实。强化政治担当，坚持把学懂弄通做实习近平总书记关于扶贫工作的重要论述作为重大政治任务抓紧抓实抓好，始终第一时间进行传达学习贯彻，并将《习近平扶贫论述摘编》等纳入县委理论学习中心组的必学内容，开展专题研讨，推动入脑入心、学深悟透。传达学习中央和省、市关于脱贫攻坚工作的指示精神和工作要求，定期召开专题会议研究部署脱贫攻坚事宜。脱贫攻坚以来，县委、县政府召开涉及精准脱贫攻坚工作的县委常委会会议、县委常委会（扩大）会议35次，召开县政府常务会会议、县长工作碰头会议27次，传达学习上级脱贫攻坚工作会议文件精神，研究部署推进；召开脱贫攻坚推进汇报会、现场观摩会12次，交流经验、典型推动、比学赶超；坚持每月召开1次联席会议，协调解决工作中出现的问题和困难，紧盯年度目标、逐月调度推进。强化责任落实。落实党委政府负主体责任和党政一把手负总责的脱贫攻坚责任制，发挥各级领导干部以身作则、以上率下的示范带动作用，压紧压实县乡村三级的主体责任、各部门主要负责人的第一责任人责任和帮扶干部的挂钩帮扶责任。坚持三级书记抓扶贫，县委主要领导在遍访所有村（社区）的基础上，重点遍访全县38个贫困村，所有县处级领导深入挂钩贫困村。脱贫攻坚以来，累计议定帮扶项目451个、落实帮扶资金6204.2万元，带动各乡镇（街道）党（工）委书记和村（社区）党组织书记遍访辖区内所有贫困户。强化队伍建设。充实配强扶贫干部队伍力量，夯实干部队伍的宗旨意识、大局意识，为脱贫攻坚提供坚实的干部人才保障。全县有专职扶贫干部62名〔县扶贫办干部10名、各乡镇（街道）专职扶贫干部52名〕；累计选派贫困村驻村第一书记78名，320个有贫困户的村（社区）至少配备1名扶贫联络员。

仙游县突出整合资源、智慧扶贫，持续推动脱贫攻坚见好见效。推进产业扶贫。坚持把产业扶贫作为根本之策，通过资源倾斜、技术指导、市场对接、政策支持等方式，鼓励引导贫困村和贫困户立足资源禀赋、产业基础等比较优势、特色优势，选准发展路径，打造产业基地。针对产业扶贫基地普遍小而散等问题，在省财政补助的基础上，县财政根据产业扶贫基地的带动情况，再给予产业基地每户每年5000元的补助，提升扶贫产业的竞争力和带动能力。全县建成产业扶贫基地136个，实现18个乡镇（街道）、38个贫困村“镇镇有扶贫基地、村村有扶贫基地”，带动贫困户入股863户，提供就业岗位787人。完善和强化产业与贫困群众脱贫利益联结机制，创新“龙头企业+贫困户”等模式，鼓励支持贫困户通过土地流转、小额贷款资金入股、务工等形式参与产业发展，采取电商扶贫模式，解决扶贫产品流通难题，实现产业发展和群众增收的双赢。拓宽就业渠道。坚持把实现就业作为长效稳定脱贫的重要渠道，开展就业扶贫专项行动，针对公益性岗位只能享受3年补助的问题，在全省率先研究出台贫困对象续聘公益性岗位政策，对131人符合条件并且有意愿继续从事公益性岗位的贫困人口予以续聘，补贴资金由市县乡按0.5∶0.25∶0.25进行配套。脱贫攻坚以来，全县开发公益性就业岗位1435个（2020年为683名贫困户落实公益性岗位），发放岗位补贴4550.19万元，公益性岗位贫困人口覆盖率100%；落实142人银发公益性岗位。推动就业意愿和就业岗位精准对接，累计举办49场专项招聘会，投放4.49万个就业岗位，近1200名贫困劳动力与企业签订就业意向书。精准实施就业技能培训，提升贫困人口劳动技能，整合职中、民办培训学校等培训资源，推行“企业订单、贫困人员选单、培训机构列单、政府买单”等培训模式，免费为贫困户提供烹调师、面点师、电子商务、家政服务等20多个工种培训项目，提高贫困人员就业技能，增强贫困户的“造血”功能。累计落实雨露计划1190人次、下发补助354.9万元(其中落实雨露计划505人次、发放补助151.2万元)。激发内生动力。突出党建引领，发挥驻村第一书记的作用，持续整顿软弱涣散基层党组织，推进“四村”（村财、村部、村干部、村制度）规范化建设和党支部达标创星工作，提升基层党组织的组织力、引领力和治理能力；坚持扶贫与扶志、扶智相结合，加强对贫困户自主脱贫教育，开展脱贫典型宣传，引导贫困群众树立主体意识，激发脱贫的信心决心；发挥文明乡风的教化作用，弘扬社会主义核心价值观，传承发展优秀传统乡土文化，推进移风易俗活动，遏制大操大办、互相攀比、天价彩礼、厚葬薄养等陈规陋习，营造文明乡风、良好家风、淳朴民风。探索收益模式。2018年以来，探索创新贫困村、贫困户资产收益模式，组织两轮200个村进行投资入股，第一轮筹集64个贫困村、空壳村资金2000万元投放到县污水处理厂（3年期、年化收益12%），实现收益459.79万元（税后）、村均增收6.56万元；第二轮筹集资金1.07亿元对接市振兴乡村集团推进193个村（与第一轮重复57个）巩固“破壳消薄”成效（3年期、年化收益12%）。2019年，实现收益1220.99万元、村均增收6.33万元（两轮中最多的石苍乡五湖村、菜溪乡石峰村分别投入100万元、收益15.6万元；最少的投入20万元、收益3.12万元）；筹集2200万元投放到县垃圾焚烧发电厂（3年期、年化收益12%），实现收益508.03万元（税后），用于对195户重点贫困户给予每户每年1000—1500元的生产生活补助。

仙游县突出精准识别、精准施策，持续推动扶贫政策落地落细。2016年“回头看”，全县识别建档立卡贫困人口6296户2.11万人，2017年新识别11户41人。累计清退不符合建档立卡条件119户410人，稳定脱贫不享受政策200户587人；累计核增1696人、核减108户2417人。抓好教育扶贫。落实教育扶贫政策，健全建档立卡贫困家庭学生控辍保学工作机制，持续开展义务教育阶段贫困对象辍学情况排查，累计发放教育资助资金2582.52万元、惠及家庭经济困难学生2.22万人次，全县建档立卡贫困家庭义务教育阶段适龄儿童无一人失学辍学；特别是开发并运行建档立卡学生辨识系统，实行“先就学后缴费”模式，并发动民办学校按学前、小学、初中、高中四个学段分别给予建档立卡贫困家庭学生每生每年1000元、1500元、2000元、3000元的学费减免，累计为853人次学生减免学费68.53万元。持续加强对全县在市外、省外就读的建档立卡贫困学生教育资助政策进行跟踪，确保资助政策落实到位。针对无法享受国家资助条件的复读贫困学生，由县扶贫促进会给予兜底补助37名学生、3.63万元。抓好健康扶贫。落实基本医保、医疗叠加保险、意外伤害及医疗补助保险等政策，推行贫困人口“先诊疗后付费”“一站式”信息交换和即时结算模式，取消贫困人口入院预付金，脱贫攻坚以来，全县贫困人口落实多层次医疗保障体系待遇累计23.94万人次、医疗总费用2.1亿元、报销总额1.9亿元、医疗费用总报销比例90.7%(医疗叠加政策自2017年7月起实施，因此比例偏低）。对发生重特大疾病在省市医疗叠加政策补助后，每年家庭医疗自费总费用仍超过5000元的贫困户，再由县扶贫促进会给予一定比例补助，累计为347户建档立卡贫困户再补助86.6万元，坚决防止因病返贫。健全县乡村三级医疗服务网络，持续推进县总医院改革发展，推进乡镇卫生院和村卫生所提升建设，完成295个村卫生所医保定点覆盖，其中38个建档立卡贫困村实现全覆盖。推行家庭医生签约服务，组建家庭医生服务团队242个、签约率100%。抓好住房安全。坚持因地制宜、因户施策，创新易地搬迁机制，提供多种搬迁政策，累计实施造福工程易地扶贫搬迁2995户1.17万人（其中贫困户1570户5911人、同步搬迁1425户5773人）；投资5.47亿元建设造福工程集中安置区20个、累计搬迁1459户5965人，在全市率先推广农村住宅（两层半）通用套图，打造西苑乡

凤山村易地扶贫搬迁（2020） （县扶贫办 供稿）

凤山新村、钟山镇临鸣新村、社硎乡白洋新村、书峰乡四黄新村等一批造福工程安置区样板村；开展贫困户房屋危险等级鉴定“回头看”，逐户开展房屋安全性排查重新评定，全县所有建档立卡贫困户住房安全均有保障，其中重点对335户鉴定为A、B级但还存在漏雨、漏风或墙体开裂等问题进行修缮，全部完成修缮，并建立动态联合监测机制，加强巡查跟踪、及时滚动排查；针对新发生住房安全问题而需要重建的贫困户，由县扶贫促进会给予每户2万元的补助；针对全县禁建区范围内且无房或危房的贫困户，经所在乡镇（街道）精准识别认定后，按照全县统一进城安置方案（提供400余套安置房、137套经济适用房分别按1300元／平方米、2597元／平方米优惠价），累计232户843人进城购买安置房。抓好饮水安全。排查贫困人口饮水安全情况，县财政安排专项资金，对1326户饮用井水、山涧水等可能存在饮水安全隐患的贫困户进行全覆盖水质检测、通水入户改造，不漏一户一人，全县所有建档立卡贫困户和38个贫困村均已实现饮水安全有保障。结合推进城乡供水一体化，对全县14个日供水千吨以上的供水厂进行有效整合，实现全县同质、同价、同服务城乡居民生活用水目标。抓好兜底保障。落实社会救助保障标准自然增长机制与物价上涨联动机制，逐年提高保障标准和补差水平（2016年200元／月提高至2020年420元／月）；将符合条件的农村困难群众纳入农村低保和特困人员救助供养，实现“应保尽保”；全县纳入低保（含特困）的建档立卡贫困人口2492户7311人，贫困户纳入低保（含特困）比例42.38%；低保金全部按月通过社会化发放方式及时发放到位，提升建档立卡贫困对象的基本生活质量。

仙游县突出服务保障、结对帮扶，持续推动扶贫工作善始善终。党员干部帮扶到位。实施“321”挂钩帮扶机制，组织全县4917名党员干部与贫困户结对帮扶，不断加强“双挂增挂”，针对人事变动、干部提拔、学校干部职工挂钩、垂管单位干部挂钩、重点贫困户等情形实行双挂或增挂，落实“每月19日统一走访慰问”制度，坚持每月走访慰问贫困户1次，做到脱贫不脱钩，确保脱贫不返贫。社会企业扶持到位。动员各方力量共同参与脱贫攻坚，开展“精准扶贫——莆商再行动”，组织50家企业（商会）与38个贫困村和17个有贫困人口的老区村开展结对帮扶，并增加6个异地仙游商会挂钩6个建档立卡贫困村，落实帮扶资金3011.11万元。在莆田市率先成立县扶贫促进会，向社会各方募集资金1483万元，用于慰问重点贫困对象、大病补助、建房补助等，累计扶持贫困人口549人次、214.93万元。扶贫资金保障到位。发挥政府投入主体作用，落实财政扶贫资金投入稳定增长机制，按照每年预算安排不低于地方一般预算收入5‰、比上年增长不低于10%的要求，强化县级扶贫资金保障，2016年以来累计投入县财政资金1.94亿元；加大金融扶贫力度，全市唯一县区出台扶贫小额贷款风险补偿金管理办法，保障扶贫小额贷款有序有效运行，4家合作银行发放扶贫小额贷款247户1105.97万元，全县扶贫小额贷款累计发放3677户1.82亿元，覆盖面62.11%；执行贴息资金拨付程序，贴息534.75万元。疫情期间帮扶到位。贯彻“省委十九条措施”等文件精神，制定出台《补短板提质量决战决胜脱贫攻坚行动方案》，细化19项落实举措；按照分区分级差异化精准施策要求，组织贫困劳动力返岗就业，推动脱贫攻坚项目、扶贫龙头企业、扶贫车间复工复产，帮助农畜产品产销对接。多措并举保障贫困户疫情期间正常生活，做好贫困户子女疫情防控期间网络上课保障，开通绿色通道，保证贫困户就医、日常用药得到及时供应；全省首个县区对106户404人受疫情影响有返贫风险的贫困户给予每户2000元生产生活补助，并组织106家非公企业开展“百企帮百户”一对一结对帮扶活动，送去慰问金36.2万元，帮助69户贫困户解决就业问题。受疫情影响的106户解除风险，家庭人年均纯收入1.94亿元（超过全县贫困人口家庭收入平均水平）。

仙游县突出问题整改、奖优罚劣，持续推动脱贫成果夯实夯牢。强化问题整改。坚持把全面从严治党要求贯穿脱贫攻坚全过程，力戒形式主义、官僚主义，做到扶贫工作务实、脱贫过程扎实、脱贫结果真实。狠抓上级反馈问题整改，动真碰硬、一抓到底，历年省级扶贫检查发现涉及仙游县的63个问题、均整改到位，乡镇（街道）对照问题清单，自查自纠、举一反三。强化督导检查。开展督导检查，建立扶贫领域联合监督检查机制，在减少监督检查频率的同时注重强化效率和质量；2018年以来，县纪委监委、扶贫办联合县直有关部门每年开展一次对全县18个乡镇（街道）的扶贫领域联合监督检查，发现257个问题，整改到位；开展扶贫领域腐败和作风问题专项治理，集中解决扶贫领域作风突出问题，发现扶贫领域作风问题595个、处理474人。强化正向激励。坚持在脱贫攻坚一线识别、重用干部，在脱贫攻坚一线锻炼、培养、选拔干部，对在脱贫攻坚中作出突出贡献、作风扎实、成绩突出、群众认可的党员干部，兑现激励政策，并将干部挂钩情况纳入绩效考评和绩效奖金差异化考评内容，作为评先评优、提拔重用的重要依据，以正向激励激发正能量、提振精气神。2019年，表彰先进集体25个、先进个人60名。2020年，全县获得莆田市事业单位脱贫攻坚专项奖励记集体1个、记功个人2名；获得仙游县事业单位脱贫攻坚专项奖励嘉奖集体1个、嘉奖个人18名。

（朱剑灿）

度尾镇云水村精准扶贫产业基地（2020）

（县扶贫办 供稿）

2020年，莆田市振兴乡村集团向贫困户收购大米统一包装成品牌仙水凤山对外销售（县扶贫办 供稿）

2020年，西苑乡人民政府邀请县医院医生到西苑乡凤顶村义诊（县扶贫办 供稿）

2020年，石苍乡贫困村潭头村金线莲种植，帮助贫困村潭头村及8户精准扶贫户顺利脱贫。图为基地一角

（县扶贫办 供稿）

仙游县乡村振兴之路

仙游县有325个村（社区），其中村271个，占总数的83.38%，农村人口66.24万人，占总人口的62.3%。农村劳动力43.4万人，耕地2.81万公顷（人均耕地3.6分）。2020年，仙游县按照省委省政府、市委市政府工作部署，围绕“产业兴旺、生态宜居、乡风文明、治理有效、生活富裕”的总体要求，聚焦产业振兴、人才振兴、文化振兴、生态振兴、组织振兴等，推进乡村振兴战略各项工作。

乡村产业振兴

特色农业有新突破。围绕现代设施农业、生态畜禽养殖、壮大“四大名果”、水利建设、林业规模等主要建设内容，实施绿色产业（一产）专项行动计划。推进农产品精深加工，新建4个农产品初加工中心，9个100吨组装式冷藏库，建设1个食用菌精深加工出口基地。推广“互联网+农业”等模式，打造县级标准化、科技化、集约化、规模化的蔬菜产业园生产基地，建成农业物联网基地9个。推进现代农业园区建设，通过补齐园区短板，健全“产业园+合作社+农户”等利益联结机制，继续推进省级农民创业园、建设，推进仙游蔬菜产业园、钟山优质大米产业园、度尾文旦柚产业园等特色产业园建设。

生态农业有新发展。推进省级以上农业可持续发展试验示范区建设，发展生态农业。2020年，完成3个高效节水灌溉项目，建设总面积37.65公顷。2020年，新创建优质农产品标准化示范基地4个，含1个国际标准农产品标准化示范基地。新增“三品一标”12个（包含度尾文旦柚、金沙薏米2个地理标志农产品）。全县现有福建名牌农产品3个（金溪茶叶、仙溪果业、利农蔬菜），福建区域公用品牌1个（度尾文旦柚），“三品一标”农产品86个、国家地理标志农产品5个（度尾文旦柚、金沙薏米、书峰枇杷、仙游郑宅茶和仙游甜柿）。全县有526家农产品生产主体列入省级农产品质量安全追溯监管信息平台管理。畜禽粪污资源化利用整县推进项目，完成整县推进实施方案编制，进入论证修订阶段。

休闲农业有新成就。推进休闲农业示范创建和提质升级工作，组织符合条件的休闲农业单位积极申报全国休闲农业精品园区（农庄）和省级休闲农业示范点等相关项目，全县有福建省最美休闲乡村4个，全国休闲农业与乡村旅游示范点1个，省级休闲农业示范点4个。创建省级乡村旅游特色村镇。全县共创建省级乡村旅游特色村37家、三星级乡村旅游特色村6家、四星级乡村旅游特色村1家、金牌旅游村2家、三星级休闲集镇1家、四星级休闲集镇2家。

乡村经济繁荣

促进村财增收。推进“破壳消薄”工作，引导127个村（社区）筹资入股市振兴乡村集团，组织20个村参与省级扶持村级集体经济工作，探索推广投资入股分红、投资光伏发电、发展乡村旅游等8种特色模式，提升“破壳消薄”成效。盘活村集体资产，土地流转规模经营，山林权抵押贷款投资分红，土地整治。

推动农民致富。通过发展特色现代农业、林下经济、乡村旅游，以及引进龙头企业、土地流转、农村富余劳动力转移、拓展农产品销售渠道等方式，增加农民经营性收入、工资性收入、财产性收入。重点抓好精准扶贫、乡村旅游、林下经济3项工作。精准扶贫。巩固已脱贫的5940户1.96万人和33个贫困村摘帽成果，剩余5个贫困村全部实现脱帽。用好县扶贫促进会、扶贫小额信贷平台、扶贫开发融资平台等平台，壮大141个产业扶贫基地，巩固脱贫成效。乡村旅游。重点对接菜溪康养小镇，抓好20个省级乡村旅游特色村建设，加快以名贵植物和四季花果观光为主题的书峰兰石、以户外活动为主题的书峰百松、以农家乐为主题的大济乌石、以农业采摘和亲子活动为主题的鲤南象林等4个典型的乡村旅游特色村建设，以点带面推动乡村健康养老、休闲、精品民宿等新兴业态发展。林下经济。重点建设两大基地：中药材种植基地，规模313.33公顷，新增20公顷；油茶基地，规模3333.33公顷，新增400公顷。

乡村环境整治

推进人居环境整治。实施农村人居环境整治三年行动计划，推进“一革命四行动”“农村四好路”建设和打好污染防治攻坚战，实现生态宜居。完成107个行政村1.94万户三格式化粪池建设。加强农村水环境整治，采取综合措施恢复水生态，逐步消除农村黑臭水体。

推进美丽乡村建设。完成乡村振兴总体规划编制。推进50个乡村振兴示范村、6个特色小镇、24个美丽乡村、26个幸福家园建设，以社硎白洋、西苑凤山为典型，集中资金先行在木兰大道两侧和环山区公路沿线打造一批以城市小区标准建设的美丽乡村样板村，以点带面、全面开花。推广农村住宅（两层半）、学校、厕所、裸房旧房整治通用套图。

推进示范带建设。北部山区富美乡村示范带。按照“一心一轴两翼多点 ”功能区布局，实施特色产业、旅游、美丽乡村、基础设施等四大类项目，打造生态产业示范区。实施54个项目，总投资17.4亿元。木兰大道宜居宜业示范带。统筹考虑木兰大道沿线的美丽乡村建设、村庄整治、产业布局等，8个乡镇72.5万人受益，打造成仙游的黄金大道、旅游大道、富民大道。重点做好征迁、道路建设、安置房建设、产业布局、道口经济5项工作，先行段已通车。滨海新城产城融合示范带。依托产业基础、资源优势、文化优势，推动以产促城、以城兴产、产城融合，建设高标准产业集聚区，打造县域经济新增长极。重点加快慈岳食品医药产业园“三通一平”，完成7.9千米铁路沿线环境综合整治，抓好塔斗山公园环境整治和景观建设。推动华峰绿色纤维工业园、3C产业园建设，同步抓好招商引资工作；统筹抓好枫秀西路、公园路建设，确保路网畅通。推进枫亭高速路口片区、动车站片区、蔡襄片区、北禾路片区开发建设。

乡村配套设施建设

实施75个总投资89.64亿元的城乡基础设施补短板项目，加快完善提升交通、教育、医疗、饮水安全、养老、网络、文化等设施。交通方面，推进“四好农村路”建设，木兰大道先行段、城区高速匝道拓宽工程等道路建成通车，新改建农村公路40千米、危桥5座，农村公路养护提升140千米。物流方面，加快构建农村物流网络体系，完成大济镇、枫亭镇2个供销服务站建设。推动创建省级农村电子商务示范县，共建设农村淘宝村级服务站点及淘帮手147个，镇级站6个，覆盖4个贫困村，完成交易订单85万笔，完成交易额近9300万元。教育方面，围绕每个乡镇办一所示范校的目标，整合6个山区乡镇30所中小学（中学1所、小学29所，小学规模低于30人，中学规模低于200人）。医疗方面，推进医疗共同体建设，解决12个村“有所无医”问题（大济古濑、虎垄、北山、后林、洋坑，郊尾阳谷、长岭，西苑凤顶、东湖，榜头桃源，社硎白洋，钟山临水）。加快乡镇卫生院改造提升、村居卫生所一体化建设。饮水方面，木兰溪防洪生态景观工程持续推进，加快农村饮水安全巩固提升，实施供水全覆盖工程和农村“一户一表”改造工程，重点解决7万人饮水不安全问题。养老方面，新建3所乡镇养老院、40所农村幸福院、5所日间照料中心，并提高入住率。广电网络方面，重点解决32个未联网空白村。文化方面，用3年时间提升乡镇、村居综合性文化服务中心，实现乡镇全覆盖、村居90%以上。

乡村文明氛围创建

开展文明村镇创建工作。实施乡风文明建设三年行动实施方案，在1个全国文明村镇、5个省级文明村镇、48个市级文明村镇、52个县级文明村镇共计96文明村镇的基础上，加强对省级、市级、县级文明村镇的培育工作。倡导“婚事新办、喜事俭办、节事廉办、丧事简办、好事多办”文明新风尚，持续开展整治春节期间大操大办寿庆、“高价彩礼”、殡葬和燃放烟花爆竹、打击赌博违法行为净化社会风气等不正之风专项活动，营造向上向善的文明新风。开展道德模范推荐评选工作。结合全县公民道德教育基地建设，探索推进新时代文明实践中心建设，集中展示道德模范、身边好人、新时代好少年、先贤名人、家风家训等仙游特色道德文化，营造学习道德模范、崇尚道德模范、争当道德模范的浓厚氛围。开展文明家庭评选活动。开展文明家庭、文明户创建活动。有林洪英、蔡秀霞2户省级文明家庭，林瑞容6户市级文明家庭，组织发动各乡镇（街道）开展文明户评选活动。加强文明素质教育，建设崇德向善、文化厚重、和谐宜居、人民满意的乡风文明，为推动新时代美丽新仙游建设提供坚强思想保证、强大精神动力、丰润道德滋养和良好文化条件。

乡村组织建设

配好村级组织班子。开展村级组织换届“回头看”，对村级党组织书记考核一遍、班子“体检”一遍，向软弱涣散村下派驻村第一书记28名，联合县信用联社实现党建金融助理全覆盖。发挥好驻村干部、大学生村官、科技特派员等队伍的作用。建立村级党组织书记备案管理制度，全面完成“一人一档”备案。建立村级党组织书记届中调整原则，提高村级主干“一肩挑”比例至38.1%。督促指导“四议两公开”民主决策机制落实，加强村级党组织对同级组织的领导。深化村民自治实践。完善农村民主选举、民主决策、民主协商、民主管理、民主监督制度，落实“四议两公开”制度，依托村民会议、村民代表会议、村民议事会、村民理事会、村民监事会等，形成民事民议、民事民办、民事民管的多层次基层协商格局。坚持和发展“枫桥经验”，印发《仙游县关于在全县开展“三抓三促”调解强基工程活动的实施方案》，要求全面实施乡镇调委会实体化运作、规范化建设，推进公调对接、诉调对接、访调对接，构建多元化解矛盾纠纷工作机制。建好村级创建平台。仙游县50个乡村振兴示范村由县处级领导挂钩、县直部门帮扶，典型推动、以点带面。以抓党建促乡村振兴为品牌创建方向，建设“党建+乡村振兴”示范走廊。提升推广度尾“四好四带”（好支部带领、好书记带头、好党员带动、好机制带路）、大济“五个党小组在行动”（产业发展、精准扶贫、政策宣传、美丽乡村、和谐共建）以及龙华“四民工作法”（产业富民、生态惠民、乡村育民、服务利民）等融合式党建模式，着力凝聚抓党建促乡村振兴合力。

（杨毓鑫）

9月，仙游县仙水洋景区、绿源名贵植物园被批准为国家AAA级旅游景区。图为仙水洋景区（郑 丽 摄）

12月3日，钟山镇朗桥村、书峰乡兰石村和西苑乡凤山村入选2020年福建省美丽休闲乡村。图为朗桥村文化中心（刘燕钦 摄）

9月，仙游县仙水洋景区、绿源名贵植物园被批准为国家AAA级旅游景区。图为绿源名贵植物园（郑 丽 摄）

1月

1日，兰溪文化休闲中心正式对外开放。该中心集教育、休闲茶座、文化与艺术品展厅等为一体，被誉为仙游县的“城市会客厅”，展示仙游县推进木兰溪流域系统治理的新平台和市民文娱休闲的新去处。

1日，城区中心农贸市场投入试营业。该市场为仙游县最大规模农贸市场。

10日，由团县委组织的“青春志愿行　温暖回家路”春运志愿服务拉开序幕，200多名志愿者参与。

11日，由县委文明办、团县委、县妇联、度尾镇党委主办的，主题为“抵制高价彩礼　倡导文明新风”的集体婚礼在度尾镇度峰广场召开，20对新人喜结连理。

14—15日，郊尾镇阮庄村、沙溪村提前为87名正月初三做寿的老寿星举行集体祝寿活动。

16日，赖店镇奖教奖学联合会成立，筹资600万元。

18日，仙游县召开“不忘初心　牢记使命”主题教育总结会。

1月，仙游县政府公布融资“白名单”企业30家，涉及化工、机械制造、食品医药、建材、工艺美术、建筑业、农业、外贸流通型企业、电子商务、平台企业、交通运输业等相关行业。

2月

截至25日，仙游县社会各界爱心人士捐赠善款1870万元，捐赠医用口罩、防护服等防护物资257万件，价值418.7万元。

28日，仙游县两个集中医学观察点，118名观察人员全部解除隔离，实现“清零”。

2月，县政府发布《关于开展仙游县第七次全国人口普查的通知》，成立仙游县第七次全国人口普查领导小组，负责组织与实施全县人口普查工作。

2月，钟山镇朗桥村、西林村入选福建省第三批省级传统村落名录。

2月，仙游县45件“仙作”产品打包前往法国，首次直销欧盟。截至2月，“仙作”销往全球四大洲60多个国家或地区。

2月，县财政局出台《关于新冠肺炎疫情防控期间减免企业房租和做好防控资产保障工作的通知》，3个月内减免相关企业房租，支持全县中小企业应对新冠肺炎疫情难关。

3月

1日，为支持个体工商户、小微企业加快复工复业，即日起至5月31日，仙游县增值税小规模纳税人，适用3%征收率的应税销售收入和服务，减按1%征收率征收增值税。

9日，仙游县人民政府2020年第一次全体（扩大）会议召开。县长吴国顺主持会议并讲话。

18日，“仙作”红木产业首批37家使用“仙作”集体商标企业全部授权完毕。

20日，莆田市首届“壶兰耕读·云端枇杷节”在书峰乡开幕，乡党委书记、乡长为书峰枇杷代言并“直播带货”，是书峰乡首次试水云端销售枇杷。

25日，县政协第十三届十四次常委会召开。县政协领导班子成员林志良、王建煌、杨兴坚、赖玉良出席会议。

26日，仙游县召开房屋结构安全隐患大排查大整治百日攻坚专项行动培训会。会议设立1个主会场、18个分会场，700多人参加培训。

27日，仙游县第一季度重大项目集中开竣工仪式分别在枫亭、经济开发区举行。市委常委、组织部长卓晓銮，副市长陈惠黔到一线检查督导项目开工建设和竣工投产情况。

3月，石苍乡济川村、书峰乡兰石村、游洋镇兴山村、钟山镇朗桥村4个村入选国家林业和草原局公布的第二批国家森林乡村名单。

3月，书峰乡兰石村上榜“2020年乡村旅游提升工程奖补名单”四星级旅游村，获奖补20万元。

3月，县发改局会同县工信局、金融办等部门协同联动、合力推进，全县口罩生产企业由2月初的2家扩增至19家，日产能由原来的不足3万只增加到48.6万只。

3月，书峰乡1座占地150平方米、容量100吨的枇杷冷鲜库建成，供电等设备配置建设。

3月，郊尾镇三埔村、枫亭镇上浒村、度尾镇帽山村、大济镇西南村、龙华镇建华村、园庄镇枫林村、钟山镇鸣和村、游洋镇金石村和梧椿村、菜溪乡石满村、社硎乡塘西村、石苍乡潭头村12个列入省级美丽乡村建设的村庄，获得配套资金补助27万元。

3月，“书峰枇杷”品牌通过中国森林食品认证，由中国林业生态发展促进会授予的中国森林食品认证证书，并准予使用中国森林食品标识，是全省首家获得该认证的森林食品。

3月，县法院开庭审理全县首例侵犯著作权罪案，并当庭宣判。

4月

1日，由中国国家品牌网发起的点赞“2020我喜爱的中国品牌”暨“品牌战疫”活动，正式启动上线。仙游县的仙作品牌入围该次点赞名单。

7日，仙游县15所中学6100多名高三学生回到学校上课。

7日，仙游县支援湖北的医疗队员黄萍萍返回仙游。县委书记郑亚木代表仙游人民，与黄萍萍所在医院的同事们在县医院医技大楼前，迎接其凯旋。

8日，九鲤湖景区、麦斜岩景区恢复开发。实行实名制线上购票，全国医护工作者门票全免。

9日，仙游法院通过远程视频的方式，对莆田市首起当事人醉酒大闹卫生院并且袭警的涉疫情妨害公务案开庭审理，并当庭宣判。

13日，仙游县有序恢复机动车驾驶人考试及“两个教育”现场学习。

13日，仙游县政府免费发放57万个口罩，保障初三及高三复课所需。

14日，仙游县榜头镇的坝下、龙腾、南溪、泉山、溪尾、仙水、紫洋、紫泽，大济镇陇溪、蒲山、钟峰，枫亭镇和平、麟山，度尾镇洋坂，鲤南镇霞苑15个村入选“中国淘宝村”，可继续参评“最美淘宝村”。

26日，仙游好物电商直播活动启幕，县委书记郑亚木、县长吴国顺等出席启动仪式。

29日，《仙游县加快产业带直播发展促进电子商务提升行动方案（2020—2022）》出台，该行动方案主要目标是实施“十百百千”计划，即3年内设立3000万元专项扶持资金，打造10个年带货超亿元直播电商产业基地，推进直播电商与县工艺美术产业、文化旅游、特色农业等本地优势产业有机融合发展，打造全国第一工艺直播之都，发展成为全国数字经济发展新高地。

4月，蜚山第一小学加挂县教师进修学校附属小学牌子。

4月，在县纪委组织下，县扶贫办联合仙游职专榜头校区，举办为期2天的精准扶贫电商直播培训班，为全县精准扶贫建档立卡贫困户免费培训。

4月，仙游县启动第九批县级文物保护单位申报和评审工作。

4月，仙游县首次启用警用无人机开展海岸线巡查防控，空中巡查海滨周边环境情况。

5月

10日，县委政法委、县教育局联合为全县中小学校新聘298名综治（法制）副校长，加强中小学生的法制教育和思想道德教育工作，健全完善全县各种小学综治（法制）副校长工作机制。

13日，仙游县度尾文旦柚、金沙薏米被农业农村部准予登记，依法实施保护。

15日，市文旅局公布首批莆田市非遗小吃商家入选名单，仙游县9个小吃（鱼和顶扁食店的扁食，仙游花园宾馆的豆丸和千层糕，枫亭万和酒店的豆丸、海蛎饼和豆茸粿，名宴大酒楼的豆丸，大腾糕饼店的枫亭糕，赖店镇国义羊肉店的干咩羊肉）入选。

18日，仙游县以6所学校为试点学校，启动课后服务。由具备资质的餐饮企业配送午餐，学校安排好学生集中完成作业、自主阅读、学习交流等活动。

5月，县政府下发文件同意设立赖店土山，鲤城街道蜚山、白塔、金井，鲤南镇平原、圣泉、霞苑7个社区居委会。

5月，仙游县垃圾（焚烧发电）厂项目投入使用，系仙游县首座生活垃圾焚烧发电厂。

5月，仙游县在赖店镇设立莆田市首个“反假币示范区”。

5月，位于仙游工艺产业园的三福文化产业基地上榜第一批省级工业旅游示范基地名单。

5月，首届“莆田老字号”评选出8个老字号品牌，工艺美术行业的“三福”名列其中。

5月，社硎、钟山、西苑、榜头、石苍、书峰、度尾7个乡镇的10个革命老区村获得年度省、市级革命遗址保护利用专项资金补助254万元，用于老区革命遗址保护利用。

5月，仙游县首个乡村·邻里服务中心在书峰乡建成。

6月

1日，《新华·仙游仙作产业发展指数报告（2020年第1季度）》正式发布。

3日，园庄镇奖教助学促进会成立大会暨第一届一次会议举行。

5日，鲤南镇玉田片区改造项目正式启动。改造总面积70公顷，涉及拆迁户约1050户，计划分期进行。

9日，仙游县医患调解工作室被省委政法委、省司法厅命名为全省首批省级金牌调解工作室。是莆田市个人调解室中唯一上榜的。

11日，仙游仙作企业铭天下在淘宝直播平台推出VR直播，消费者可线上“1秒看家装”，为莆田市家装领域首次。

16日，“我为仙作代言”暨“6·18”直播产业节活动举行。该次活动借助京东“6·18”着力打造的“公仆的责任”大型直播IP，京东智联云邀请县政府副县长、县商务局局长走进直播间，首次联袂快手800万名粉丝的仙作木雕匠人“守艺小胖”，为仙作直播带货。

23日，位于国货商场旁的百货夜市一条街正式开业。

29日，仙游县首台食品安全快检车开进私立一中校园，对该校食堂的禽肉、食材等原材料开展快速检测。

29日，国网仙游县供电公司社硎供电所营业窗口进驻社硎乡便民服务中心，与其他行政服务单位共同为群众提供“一站式”服务。是全市首个入驻乡镇便民服务中心的供电营业厅。

6月，由中国国家品牌网、新华网、新华99共同举办的“点赞‘2020我喜爱的中国品牌’暨‘全球抗疫品牌力量’经典案例发布会”在京举办。仙游县仙作以较高的网络支持率和审评专家认可度，获“2020我喜爱的中国品牌”奖。

6月，全国县域网络零售百强榜发布，仙游县跻身2019年第68位。

6月，仙游县9个乡镇因2项特色农产品上榜福建省农业农村厅认定的第二批福建省特色农产品优势区。金沙薏米优势区包括龙华镇、大济镇、鲤南镇、赖店镇、郊尾镇、盖尾镇、园庄镇、度尾镇，枇杷优势区为书峰乡。

6月，福建省工业和信息化厅公示“2020年福建省工业和信息化省级龙头企业拟发布名单”，仙游县4家企业（莆田市辉特体育用品有限公司、福建省三福古典家具有限公司、福建省海安橡胶有限公司、莆田市日晶玻璃制品有限公司）入选。

7月

4日，“圆梦仙游 礼赞党恩”第一届仙游书峰兰石山货采购节开幕。现场30多位新闻媒体人组成助农阵线，接力助力乡村产业振兴。

21日，仙游县首家百人企业调委会——“莆田市海通劳务派遣有限公司人民调解委员会”成立并举行揭牌仪式。

22日，仙游县魏昇文化研究会在龙华镇金沙村举行成立大会，会议选举产生研究会领导机构组成人员。

28日，仙游县2020年征兵体检工作启动。

7月，县公共交通公司、西苑乡、书峰乡入选福建首批“零酒驾”示范点。

7月，省重点项目仙游3C产业园项目（一期工程）主体工程竣工并通过验收，投入试运营。

7月，游洋镇兴山村被中国生态文化协会授予2019年度“全国生态文化村”称号，是莆田市该次唯一入选的村。

7月，仙游县给力机械（福建）集团有限公司、福建省歌士玮集团公司和福建大通电力工程有限公司入选2020年福建省科技小巨人领军企业培育名单。

8月

13日，由莆田仙作供应链管理有限公司、京东（仙游）数字经济产业园、仙游国际油画城共同举办的京东（仙游）数字经济产业园2020首届仙作文化节开幕。

20日，县青少年科技活动协会成立。

20日，福建省莆田市新协胜鞋业有限公司向新疆昌吉州捐赠170万个KN95援疆口罩（总价值1020万元），为福建省抗疫援疆单笔总价值最大的援赠。

8月，2020年全国行业职业技能竞赛——第四届全国家具职业技能竞赛方案出炉，仙游县为手木工比赛分赛区。

9月

2日，2020年淘宝村和淘宝镇名单公布，仙游县8个镇27个村上榜。

7日，2020厦门国际投资贸易洽谈会暨丝路投资大会莆田市分团项目签约仪式在厦门举行。仙游县6个项目上台签约，总投资15.5亿美元。

10日，仙游县消费类纠纷调处中心在县市场监督管理局正式挂牌成立。该调处中心是莆田市首个消费类纠纷调处中心。

21日，仙游首届共享直播挑战赛在京东（仙游）数字经济产业园开赛，活动为期5天。

22日，福建仙游农村商业银行股份有限公司开业暨揭牌仪式举行。

25日，黄廷方奖学金2020年颁奖座谈会在县教育局举行。全县65名大学新生获黄廷方奖学金，每人5000元。

26日，2020年福建农民文化周在度尾镇李耕故里广场闭幕。

28—30日，莆田市第三届“海峡艺雕杯”手工木工职业技能竞赛在度尾镇海峡艺雕旅游城举行。

30日，“仙游甜柿”优质产品鉴评活动在仙游县台湾农民创业园举行。

30日，主题为“品两岸美食•庆盛世金秋”的全闽乐购•仙游美食嘉年华文化节在仙游美食城开幕。

9月，县政府同意将鲤城迎宾路命名为“艺都大道”。蜚山东、西路规划名称为北三环路，原艺都路更名并入清源东路。

9月，仙水洋景区、绿源名贵植物园批准为国家AAA级旅游景区。

10月

2—8日，2020年第五届书峰乡村文化旅游节暨农特产品展销节在仙游县书峰乡树峰村、兰石村、四黄村、百松村举办。

3日，以“两岸情•丰收颂”为主题的仙游县2020年中国农民丰收节暨福建度尾第五届文旦柚&第四届甜柿文化旅游节在度尾镇中峰村、中岳村举行。

26日，仙游县九仙文化研究院在盖尾镇石马村挂牌成立。

10月，县救助管理站设立的首个未成年人救助保护基地在鲤南圣泉小学揭牌。

10月，京东（仙游）数字经济产业园获得京东直播授权，仙游工艺美术京东产业带直播基地是京东智联云唯一正式授牌的直播基地。

10月，位于鲤南镇温泉村的仙游县首个温泉度假村试营业。

11月

18日，2020第八届中国（仙游）红木家具精品博览会暨首届油画博览会（线上）在京东（仙游）数字经济产业园开幕。

19日，仙游电商直播基地授牌仪式暨全国木作艺术节优秀商家表彰大会在中国古典工艺博览城举行。

22日，2020年第八届中国（仙游）红木家具精品博览会暨首届油画博览会落幕。该届博览会以线上+线下展会的形式举办，为期5天的展会实现线上总成交额2.8亿元，带动线下交易8亿元。

24日，2020福建企业100强发布会暨福建企业家高峰论坛举行。仙游县福建省顺安建筑工程有限公司获2020福建服务业企业100强，福建省海安橡胶有限公司获2020福建战略性新兴产业企业100强。

11月，仙游县获得省文旅厅认定的“福建省全域生态旅游示范县”称号。

11月，石苍乡济川村获中国最美村镇组委会颁发的“2020中国最美村镇”治理有效成就奖，是莆田市唯一获该称号的乡村。

12月

3日，仙游县钟山镇朗桥村、书峰乡兰石村和西苑乡凤山村入选2020年福建省美丽休闲乡村。鲤南镇祥林山庄入选2020年福建省休闲农业示范点。

10日，全国第一届职业技能大赛在广州开幕。湄洲湾职业技术学院机械工程系叶祖彪获得世界技能选拔数控铣项目第四名，入选数控铣项目国家集训队。

11日，仙游县红十字会首家团体会员单位——康明眼科医院红十字会揭牌成立。

12日，仙游民营加油站文化发展协会成立。

23—25日，首届中国（仙游）油画跨界时尚秀在仙游国际油画城上演。

25日，中国共产党仙游县第十三届委员会第十二次全体会议召开。全会由县委常委会主持，县委书记郑亚木讲话。

自然环境

【地理位置】 仙游县位于福建省东南沿海中部，北纬 25° 09′—25° 43′，东经 118° 27′—118° 56′之间，东与莆田市城厢区、涵江区接壤；南与泉州市泉港区、洛江区毗邻，西与南安市、永春县、德化县相连；北与福州市永泰县交界。东西宽 48.4 千米，南北长 62.9 千米，总面积 1851.5 平方千米。东南濒临湄洲湾，海岸线长 5 千米。境内最东端为游洋镇霞峰村笔架山，最西端为度尾镇仙竹村尾洋蜈蚣岐山，最南端为园庄镇东坪村龙坪头，最北端为游洋镇里洋村石壁岭。

【地质地貌】 仙游县地处戴云山脉东坡，地势总体自西北向东南倾斜，地貌主体成向东南开口的马蹄形。境内以中低山及丘陵为主，盆地、河谷错杂其间。各地海拔差别大，西北边境的石谷解海拔 1803.3 米，是仙游县最高峰；东南部枫亭海滨海拔 5 米，是仙游县最低点。境内分成 4 个不同地貌。山地主要分布于西北部、东北部及东、西、南部边境；丘陵主要分布于中部及南部盆地、谷地周围，海拔多在 500 米以下；山间盆地与河谷平原主要分布于中部；河谷平原主要分布于木兰溪干流上游及支流两岸，以及枫慈溪、粗溪、九鲤湖溪、九溪沿岸等。境内北部山岭受新华夏系构造影响，多呈北东—北北东走向；中部山岭由径流沿北西向张性、张扭性断裂侵蚀而成，多呈北西向展布；中南部受漳平—仙游纬向断裂影响，以东西走向为主；东北部在上述 3 组不同走向断裂互相交汇折冲下，呈多种复合的走向。

【气候】 2020 年，仙游县灾害性天气主要有低温霜冻、强对流、暴雨、高温、干旱等。

2020 年，月平均气温在 14.6—30.9℃之间，极端最高气温和最低气温分别为 39.2℃（7 月 24 日）和 3.8℃（2 月 18 日）。年平均气

九鲤飞瀑（2020）　　（张 力 摄）

温 22.2℃，较常年偏高 1.6℃，属异常偏高。其中，1 月、3 月、5—8 月、11 月均异常偏高；2 月偏高；4 月、9 月、10 月、12 月均正常。

2020 年，降水量 1326.4 毫米，较常年少 301.9 毫米，属正常。月份分布在 0.3—297.5 毫米之间。其中，10 月、11 月异常偏少，4 月、7 月均显著偏少，2 月偏少，3 月、8 月均偏多，1 月、5 月、6 月、9 月、12 月均正常。

2020 年，日照时数 1926.6 小时，较常年偏多 82 小时，属正常。其中，12 月偏少；2 月偏多；4 月、6 月显著偏多；其余月份均正常。

2020 年，无霜期日数 366 天。

（吴丽琼　许文进）

资　源

【矿产资源】　2020 年，仙游县以非金属矿为主，金属矿资源相对匮乏。主要有高岭土、叶蜡石、花岗岩、石英石、伊利石、温泉及矿泉水等，储量多、品质好、分布广泛，境内高岭土储量 2000 万吨以上，花岗石储量 1 亿立方米，可形成规模开发和系列产品。境内矿产资源有饰面用石材、建筑用石料、建筑用砂、砖瓦用黏土、高岭土、叶蜡石、石英、钾长石、明矾石、地下热水、矿泉水、钼、金等，钾长石、高岭土 2 种被列入福建省矿产资源储量表（仙游郊尾镇东湖钾长石、钟山高岭土）；探明有资源储量，但未列入福建省矿产资源储量表的有叶蜡石、石英、建筑用石料、砖瓦用黏土 4 种矿产。

金属矿产铅、锌、金、银、钼等有一定的储量；能源矿产、地下热水储量较丰富，开发利用前景良好。已探明的矿产种类少、质量欠佳。除几种非金属矿产，以及少量金属矿外，其他的重要矿产很少。相对优势矿产中非金属矿居多，但无明显优势。资源分布不均，零星分布居多，开采难度大。

【水资源】　2020 年，仙游县地表水资源按河流计算，平水年（P=50%）木兰溪流域为 3.14 亿立方米，占仙游县总量的 33.78%；大樟溪支流九溪、粗溪流域为 0.72 亿立方米，占仙游县总量 7.75%；枫慈溪流域为 0.03 亿立方米，占仙游县总量 0.32%；沧溪流域为 0.02 亿立方米，占仙游县总量 0.21%。平均地表水资源虽然较丰富，但年内分配不均，汛期（4—9 月）多年平均径流量占年径流量的 74.6%—80.9%，枯季（10 月至次年 3 月）多年平均径流量占年径流量的 19.1%—25.4%。仙游县地处多雨带，地下水补给资源主要来自大气降水，地下水总量为 3.28 亿立方米，其中可开采利用量为 0.84 亿立方米。地下水按其赋存介质特征，北部湿润山地贫水区分布在西苑、石苍、象溪、社硎、游洋、书峰、钟山等乡镇，储存量 5425 万立方米。中南部水量中等至贫乏低山丘陵区分布在度尾、大济、龙华、鲤城、鲤南、赖店、榜头、盖尾、枫亭、郊尾、园庄等乡镇，储存量 4844 万立方米。仙游县多数溪流河道坡度大，水能资源丰富。九仙溪水电梯级工程原规划装机容量 7.1 万千瓦，实际装机容量 6.1 万千瓦，工程建成后使所在流域的水能资源开发量减少 1 万千瓦，其中九仙溪流域减少 4000 千瓦，木兰溪减少 6000 千瓦。仙游县水能资源理论蕴藏量 26 万千瓦，100 千瓦以上可开发水能资源量 15.93 万千瓦，相应年平均发电量 5.81 亿千瓦时。

【森林资源】　2020 年，仙游县林业用地面积 13.32 万公顷，占土地总面积的 72.49%，有林地面积 12.88 万公顷，其中经济林面积 1.57 万公顷、竹林面积 9774.3 公顷，森林覆盖率 71.42%，森林蓄积量 715 万立方米。仙游县野生动植物资源丰富，有维管束植物 209 科 802 属 1772 种（含 81 个变种和 2 个亚种），其中蕨类植物 37 科 71 属 143 种（含 3 个变种和 1 个亚种）、裸子植物 8 科 13 属 15 种（含 1 个变种）、被子植物 164 科 718 属 1614 种（含 79 个变种和 1 个亚种），其中双子叶植物 137 科 549 属 1261 种（含 66 个变种和 1 个亚种），单子叶植物 27 科 169 属 353 种（含 13 个变种）；国家一级保护植物有 3 种，国家二级保护植物有 6 种，福建省重点保护珍贵树木有 8 种，列入濒危野生动植物种国际贸易公约附录Ⅱ、Ⅲ的种类有 30 种；福建新记录种 1 种。有脊椎动物 48 目 141 科 503 种，其中鱼类 17 目 54 科 142 种，两栖类 2 目 7 科 34 种，爬行类 3 目 13 科 73 种，鸟类 18 目 46 科 195 种，兽类 8 目 21 科 59 种；脊椎动物中属于国家重点保护野生动物有 40 种，其中国家一级保护野生动物有穿山甲等 3 种，国家二级保护野生动物有蟒蛇、猕猴等 37 种；福建省重点保护野生动物眼镜蛇、燕子、大白鹭等 28 种。

人文历史

【建置沿革】 境内春秋战国时期属越国地，秦时属闽中郡，汉武帝时至三国时属会稽郡、建安郡，南北朝时属梁南安郡。南朝陈光大二年（568年）起，属莆田县。隋开皇九年（589年）改丰州为泉州，仙游隶属泉州，隋大业三年（607年）起，属建安郡南安县。唐武德五年（622年）复属莆田县。唐圣历二年（699年），析莆田县西部，以俞潭（今盖尾镇仙潭村）为界设清源县，属武荣洲（今南安丰州）。景云二年（711年）清源县属泉州。唐天宝元年（742年），泉州改称清源郡，因郡县同名，清源县更名为仙游县，仙游县属清源郡。北宋乾德二年（964年），清源郡改称平海军，仙游县属于平海军。太平兴国三年（978 年），平海节度使陈洪进（今仙游县枫亭镇人），将漳泉二州和其所属的14个县（包括仙游县）正式纳入宋廷版图。

太平兴国四年（979年），析莆田、仙游、永泰、福清四县之部分属地置兴化县，县治设在游洋（古邑），同时设太平军领莆田、仙游、兴化三个县，军治地设在游洋。太平兴国五年（980年）改太平军为兴化军，仙游属兴化军。南宋景炎二年（1277年），改兴化军为兴安州，仙游县属兴安州。元世祖至元十五年（1278年），改兴安州为兴化路，仙游县属兴化路。元皇庆二年（1313年）兴化县治从游洋迁往莆田县广业里湘溪村（今涵江区新县镇）。明洪武二年（1369年），改兴化路为兴化府，仙游县属兴化府。清沿明制，仙游县属兴化府。民国元年（1912年）仙游属南路道。民国三年（1914年），南路道改称厦门道，仙游县属厦门道。民国十六年（1927年）废道，仙游县直属福建省。民国二十三年（1934年），仙游县属第四行政督察区（驻今仙游鲤城），直至1949年8月25日仙游解放。

1950年起，仙游县隶属福建省第五行政督察专员公署。之后依次隶属晋江专员公署、晋江专区革命委员会、闽侯专区、闽侯地区、莆田地区。1983年9月至2020年底，隶属于福建省莆田市。

【行政区划】 2020年，仙游县辖区设1个街道办事处、12个镇、5个乡，54个居委会、271个村委会。

【人口状况】 2020年，仙游县有33.45万户，户籍人口117.9万人，比上年增加2206人，净增率1.9‰。其中，年内出生人口1.5万人，年度出生率12.7‰（男性7726人，占51.57%；女性7254人，占48.43%）。死亡6640人，死亡率5.63‰（男性3776人，占56.87%；女性2864人，占43.13%）。户籍人口中，男性60.96万人，占51.7%；女性56.94万人，占48.3%。男性比女性多4.02万人。男女性别比为107。2020年底，仙游县城镇人口51.66万人，占总人口的43.82%。按年龄，18岁以下（不含18岁）26.12万人，占22.15%；18岁至35岁（不含35岁）29.89万人，占25.35%；35岁至60岁（不含60岁）42.69万人，占36.2%；60岁以上19.2万人，占16.28%。2020年，仙游县有19个民族，其中18个少数民族人口1.74万人，占1.48%。

2020年，外来人口迁入仙游8608人（省内迁入7071人、省外迁入1537人），仙游人口迁出外地1.47万人（迁往省内1.27万人、迁往省外2041人）。

国民经济和社会发展

【概况】 2020年，实现地区生产总值521.48亿元，比上年增长3.8%。其中，第一产业增加值22.29亿元，增长3.1%；第二产业增加值257.08亿元，增长1%；第三产业增加值242.11亿元，增长7.5%。三次产业增加值占地区生产总值的比重，第一产业为4.3%，第二产业为49.3%，第三产业为46.4%。

2020年，限额以上批发和零售企业实现网上零售额30.49亿元，比上年增长68.1%。全年城镇新增就业3437人，1280名城镇失业人员实现再就业。年末城镇登记失业率3.14%，比上年末增长0.57个百分点。全年居民消费价格比上年上涨1.7%。

2020年，一般公共预算总收入40.84亿元，比上年增长1.7%，其中，地方一般公共预算收入27.24亿元，增长4%；一般公共预算支出57.8亿元，增长2.9%。全县地方级税性收入17.05亿元，增长5.8%。

【农业】 2020年，农林牧渔业完成总产值42.08亿元，比上年增长4%。粮食种植面积1.36万公顷，比上年增加246.67公顷，其中稻谷种植面积1.03万公顷，减少106.67公顷；油料作物种植面积2566.67公顷，增加140公顷；蔬菜种植面积4986.67公顷，增加

260公顷。

2020年，粮食产量8.41万吨，比上年增加0.12万吨，增长1.4%。其中，稻谷产量6.90万吨，减少0.02万吨，下降0.4%。

2020年，肉蛋奶总产量3.62万吨，比上年增长1.1%。肉类总产量2.40万吨，下降0.5%。其中，猪肉产量0.98万吨，增长0.2%；主要禽肉产量1.35万吨，下降2.1%；牛肉产量0.02万吨，增长95.5%；羊肉产量0.05万吨，增长13.6%。年末生猪存栏9.77万头，增长99.7%；生猪出栏11.91万头，下降3.3%。牛奶产量0.05万吨，增长2.8%。

2020年，水产品产量1.53万吨，比上年增长0.1%。其中，淡水产品产量1.04万吨，增长7.8%；海洋产品产量0.49万吨，下降3.4%。

【工业和建筑业】 2020年，仙游县工业增加值257.08亿元，比上年下降0.1%。规模以上工业增加值下降0.3%。在规模以上工业中，分登记注册类型看，国有企业下降16.4%，集体企业下降16.7%，有限责任公司企业下降75.6%，股份有限公司下降100%，私营企业增长66.7%，港澳台商投资企业下降14%，外商投资企业增长13.4%。分工业门类看，制造业增长0.4%，电力、热力、燃气及水生产和供应业下降7%。工业产品销售率97.5%，比上年下降0.3个百分点。

规模以上工业的30个行业大类中有8个行业增加值增速实现正增长。其中，化学纤维制造业比上年增长9547.1%；铁路、船舶、航空航天和其他运输设备制造业比上年增长21.1%；计算机、通信、和其他电子设备制造业比上年增长13.4%；纺织业比上年增长9.6%；农副食品加工业比上年增长4.2%；酒、饮料和精制茶制造业比上年增长0.8%；文教、工美、体育和娱乐用品制造业比上年增长0.5%；仪器仪表制造业比上年增长0.2%。

规模以上工业中，工艺美术、鞋服纺织、金属制品、化工新材料四大主导产业总体比上年下降0.9%，其中，工艺美术产业增长1.9%，鞋服纺织产业增长21.2%，金属制品产业下降11.3%，化工新材料产业下降39.8%。高技术产业增长11.2%，占规模以上工业增加值的比重为11.4%。

2020年，规模以上工业企业实现利润总额51.47亿元，比上年增长40.8%，分经济类型看，国有企业实现0.1亿元，下降60.0%；集体企业实现0.05亿元，下降37.5%；有限责任公司和私营企业实现50.39亿元，增长42.8%；外商及港澳台商投资企业实现0.93亿元，增长17.7%。规模以上工业企业资产负债率49.4%，比上年增加1.7个百分点。规模以上工业企业每百元营业收入中的成本为84.6元，主营业务收入利润率7.6%。

2020年，全社会建筑业实现增加值42.34亿元，比上年增长9.2%。具有资质等级的总承包和专业承包建筑业企业完成建筑业总产值120.32亿元，增长8%。

【固定资产投资】 2020年，仙游县固定资产投资比上年下降26.7%。第一产业投资下降53.9%；第二产业投资增长30.9%，其中工业投资增长30.9%；第三产业投资下降46.7%。基础设施投资下降56.0%，占固定资产投资的比重为17.6%。民间投资下降33.6%，占固定资产投资的比重为56.3%。高技术产业投资增长59.7%，占固定资产投资的比重为13.8%。从到位资金情况看，全年到位资金比上年下降10.6%。其中，国家预算资金增长594%，国内贷款增长15.0%，利用外资不变，自筹资金下降43.2%，其他资金增长68.7%。“十三五”期间，固定资产投资年均增长7.8%。

2020年，房地产开发投资68.42亿元，比上年下降31.1%。其中，住宅投资48.94亿元，下降33.4%；办公楼投资0.85亿元，下降9.6%；商业营业用房投资5.13亿元，下降53.3%。年末商品房待售面积42.74万平方米，比上年末增加25.06万平方米。年末商品住宅待售面积17.81万平方米，比上年末增加12.35万平方米。

2020年，新开工建设城镇保障性安居工程住房1035套（户），基本建成城镇保障性安居工程住房993套。

350个在建省市县重点项目完成投资337.1亿元。全年建成或部分建成90个项目，新开工86个项目。

【国内贸易】 2020年，仙游县社会消费品零售总额348.92亿元，比上年下降3.6%。“十三五”期间，社会消费品零售总额年均增长9%。

在县统限额以上企业商品零售额中，计算机及其配套产品29.3%，日用品类增长23.3%，机电产品及设备类增长14.7%，电子出版物及音像制品类增长3.1%，石油及制品类下降3.1%，家具类零售额比上年下降4.1%，服装鞋帽针纺织品类下降4.5%，文化办公用品类下降9.7%。

【对外经济】 2020年，新设外商直接投资企业10家，比上年同期减少6家。实际利用外资15.48万美元。市商务局备案和核准对外直接投资项目1个，中方协议投资额40万美元。对外直接投资额40万美元。

【交通、邮电和旅游】 2020年，交通运输、仓储和邮政业实现增加值11.43亿元，比上年增长5%。公路通车里程3193千米，比上年下降0.3%。其中，海西高速公路网通车里程108千米，与上年持平。全年货运量901.46万吨。货物周转量9.82亿吨千米，增长7.9%。

2020年，客运量55万人，比上年下降82.8%。旅客周转量1.85亿人千米，下降56.28%。

2020年末，汽车保有量7.05万辆，比上年末增长4.4%，其中，在仙游注册登记的小型轿车0.3万辆。

2020年，完成邮电业务总量8.58亿元，比上年增长6.7%。其中，邮政业务总量1.95亿元，增长30.3%；电信业务总量6.63亿元，增长1.4%。邮政业全年完成邮政函件业务7.99万件，包裹业务1.18万件，快递业务量2114.6万件，快递业务投递量4471.81万件。年末电话用户总数101.6万户，下降3%。其中，固定电话用户12.44万户，下降10%；移动电话用户89.16万户，下降1.9%。（固定）互联网宽带接入用户29.6万户，增长2%，其中光纤宽带用户27.42万户，下降0.4%。移动互联网用户85.76万户，增长3.6%，其中4G用户70.42万户，下降2.9%。

2020年，累计接待游客人数95.5万人次，比上年下降87.3%；主要景区门票收入1295.5万元，下降58%。其中，九鲤湖景区接待游客人数31.31万人次，下降66.8%，实现门票收入899.6万元，下降61.2%；菜溪岩景区接待游客人数11.9万人次，下降52.7%，实现门票收入223.6万元，下降63%；仙水洋景区接待游客人数9.71万人次，下降35.7%，实现门票收入172.3万元，下降47.4%。

【金融】 2020年底，全县金融机构本外币各项存款余额448.51亿元，比上年末增长10%；金融机构本外币各项贷款余额312.56亿元，增长14.2%。

2020年末，农村合作金融机构人民币各项贷款余额100.09亿元，比上年末增长29.5%。中资金融机构人民币个人消费贷款余额125.68亿元，比上年末增长12.8%。

【人民生活和社会保障】 2020年，全县居民人均可支配收入2.55万元，比上年增长4.5%；扣除价格因素，实际增长2.8%。按常住地分，农村居民人均可支配收入1.88万元，比上年增长4.9%，扣除价格因素，实际增长3.2%；城镇居民人均可支配收入3.53万元，比上年增长2.4%，扣除价格因素，实际增长0.7%。

全县居民人均生活消费支出1.77万元，比上年下降1.4%，扣除价格因素，实际下降3.1%。按常住地分，农村居民人均生活消费支出1.46万元，下降1.3%，扣除价格因素，实际下降3%；城镇居民人均生活消费支出2.2万元，下降2.5%，扣除价格因素，实际下降4.2%。

2020年末，机关事业单位养老保险参保人数2.45万人，其中在职参保人数1.61万人，离退休人员0.84万人；企业职工养老保险参保人数7.34万人，其中在职参保人数6.19万人，离退休人员1.15万人；城乡居民社会养老保险参保72.85万人，基本养老保险参保率98%，全部实现养老金按时足额发放。全县参加基本医疗保险人数103.34万人，其中参保职工5.11万人，参保的城乡居民98.23万人。全县失业保险参保人数3.54万人，比上年末增加0.34万人。

2020年末，全县领取失业保险金人数5038人次，比上年末增加188人次；纳入城市最低生活保障的居民254人，与上年末持平；纳入农村最低生活保障的居民1.89万人，比上年末增加1738人；城乡特困人员2022人。仙游县现行标准贫困人口全部实现脱贫。

2020年末，养老机构床位数增至3587张（不含在建），每千名老人拥有养老床位19.23张。建立社区服务中心（站）325个。

【教育和科学技术】 2020年，中等职业教育（不含技工校）招生1419人，在校生3085人，毕业生692人。普通高中招生7649人，在校生2.2万人，毕业生4282人。初中招生1.3万人，在校生3.65万人，毕业生1.22万人。普通小学招生1.44万人，在校生7.86万人，毕业生1.31万人。特殊学校招生18人，在校生102人，毕业生22人。学前教育在园幼儿3.32万人。九年义务教育巩固率99.3%，高中毛入学率为96.1%。

全县拥有省级重点实验室1个、省级众创空间5个、省级科技型企业12家。新增省级农业新创天地1家，有农业新创天地2家。

新认定省级高新技术企业7家，新认定国家级高新技术企业6家，现有高新技术企业18家；新增省科技小巨人领军企业3家，有省科技小巨人领军企业12家。获得省、市科技计划项目立项9项，选派科技特派员省级65人、市级25人。省知识产权优势企业1家。全年专利申请1301件，专利授权1344件，其中发明专利申请量88件，比上年增长44.3%，发明专利授权量9件，下降47.1%。有效发明专利87件，每万人口发明专利拥有量1件，增长5.6%。

2020年末，全县有2家机构通过检验检测资质认定，比上年增加2家，累计获得227张产品及管理体系认证证书。全县有法定计量技术机构1个，全年强制检定工作计量器具9748台（件）。全县累计制修订国家标准2项、行业标准4项、地方标准6项。

2020年末，全县有地震监测台站7个，其中地下流体观测台1个，金钟水利枢纽地震监测台网1个，国家强地震监测台1个，地震烈度速报台3个；GPS基准站1个。

【文化、卫生和体育】 2020年，仙游县文化系统有国有艺术表演团体1个，公共图书馆1个，文化馆1个，博物馆1个，非国有博物馆3个。文化系统各类演出179场，2020年度首演剧目1个，观众6万人次，其中政府采购公益性演出58场，观众1.2万人次；公共图书馆组织各类讲座3次，书刊文献外借23.13万册，总流通人数1.5万人次；各级文化馆组织举办展览7个，组织文艺活动14次、培训班4期和公益性讲座3次，服务3万人次；博物馆举办3个基本陈列和9个临时展览，共有10.88万人次参观（线下5.01万人次），其中未成年人参观5.31万次（线下2.54万人次）。

2020年末，全县有影院8个，银幕38块。广播电台1套，电视台1套。有线电视用户7.91万户。

2020年末，全县有各级各类档案馆1个。

2020年末，全县有各级各类医疗卫生机构416个，其中县直公立医疗机构6个，民营医院12个，乡镇卫生院17个，社区卫生服务中心1个，社区卫生服务站9个，村卫生所305个，门诊部诊所66个。年末，有卫生技术人员4144人，其中执业（助理）医师1658人，注册护士2420人。年末，有医疗机构床位4219张，乡村医生和卫生员643人。

2020年，仙游县运动员在国家级比赛中获得6枚金牌3枚银牌8枚铜牌，在省级比赛中获2枚金牌、1枚银牌、1枚铜牌。在建全民健身中心（改造），新建1个客山智慧体育公园，新建2个多功能运动场，2个笼式足球场。全年销售体育彩票0.91亿元。

【资源、环境和安全生产】 2020年，全社会用电量增长4.5%。全县年平均气温22.2℃，年总降水量1326.4毫米，年平均相对湿度72%。

2020年，植树造林总面积1580.13公顷，其中人工荒山造林35.67公顷；人工迹地更新面积266.67公顷，低产低效林改造1277.8公顷。商品材9.82万立方米。毛竹产量430万根。城市（县城）公园绿地面积417.48公顷，人均公园绿地面积14.7平方米。

全县森林覆盖率71.42%。有国家级生态乡镇（街道）10个，省级生态县1个、省级生态乡镇（街道）18个、省级生态村124个。建立省级自然保护区1个，自然保护区总面积1.82万公顷。省级风景名胜区2处。

2020年，木兰溪水质状况良好，水质功能达标率100%，Ⅰ—Ⅲ类水质达标率100%。其中，Ⅰ—Ⅱ类水质比例为25%，与上年均持平。

2020年，环境空气质量有效监测天数364天，达标天数366天（其中一级和二级天数分别为276天和90天），环境空气质量达标率100%，与上年持平，环境空气综合指数为2.22，空气质量指数AQI为51—100，二氧化硫、可吸入颗粒物等6项污染物指标均达到国家二级标准。

全县生活垃圾无害化处理率100%，污水处理率94.09%。

2020年，全县未发生森林火灾。海洋灾害未造成直接经济损失，未发生海洋赤潮直接影响渔业生产。

2020年，全县发生生产安全事故4起、死亡5人，分别比上年下降69.2%和54.5%，没有发生较大以上生产安全事故。亿元地区生产总值生产安全事故死亡数0.01人，比上年下降53.4%。

（严　莉）

重要会议与活动

【县委十三届十一次全体（扩大）会议】 9月1日召开。会议由县委常委会主持。会议听取和讨论县委书记郑亚木所作的报告，审议通过《中共仙游县委关于深入学习贯彻习近平总书记重要讲话重要指示批示精神实施“双轮”驱动全方位推动高质量发展超越的决定》和全会决议。县委常委会向全会作关于市委免去个别同志中国共产党仙游县委员会职务的情况通报。

【县委十三届十二次全体（扩大）会议】 12月25日召开。会议由县委常委会主持。会议听取和讨论县委书记郑亚木受县委常委会委托所作的工作报告，审议通过《中共仙游县委关于制定仙游县国民经济和社会发展第十四个五年规划和二〇三五年远景目标的建议》。

【县委常委会扩大会议】 11月2日召开。会议传达学习中共十九届五中全会精神，研究贯彻落实全会精神的各项工作，提出用新时代美好蓝图激励干部群众奋发有为，形成全方位推动高质量发展超越的强大合力，统筹抓好“十三五”收官和“十四五”谋划开局工作。

【经济工作会议】 1月9日，县委经济工作会议召开，深入学习贯彻中央和省委、市委经济工作会议精神，进一步落实省委十届八次、九次全会和市委七届八次、九次全会部署要求，总结2019年全县经济工作，部署2020年经济工作。

4月21日，县委书记郑亚木主持召开全县一季度经济形势分析会。深入学习贯彻习近平总书记重要讲话重要指示批示精神，传达落实省委、市委一季度经济形势分析视频会精神，分析仙游县疫情防控形势和第一季度经济运行情况，研究部署下一步工作。

10月27日，仙游县组织收听收看全市三季度经济形势分析视频会，全市视频会后，仙游县召开全县三季度经济形势分析会，第一时间传达学习贯彻全市三季度经济形势分析会精神，分析全县三季度经济运行情况，研究部署四季度经济工作。

12月28日，县委经济工作会议召开。会议学习贯彻中央和省委、市委经济工作会议精神，落实省委十届十一次全会、市委七届十一次全会部署要求，总结2020年经济工作，部署2021年经济工作，推动“十四五”仙游发展开好局、起好步。

【“不忘初心、牢记使命”主题教育总结会议】 1月18日召开。会议深入学习贯彻习近平总书记在中央政治局“不忘初心、牢记使命”专题民主生活会和主题教育总结大会上的重要讲话精神，学习贯彻全省、全市主题教育总结会精神，总结全县主题教育工作，对巩固拓展主题教育成果进行部署。

【安全生产排查会议】 3月9日，仙游县组织收听收看全省安全隐患排查视频会议。县委书记郑亚木、县长吴国顺参加会议。视频会议就“3·7”泉州欣佳酒店坍塌事故进行通报，并部署下一阶段全省安全隐患大排查工作，强调各级各部门要深刻汲取教训，把安全生产放在首要位置，夯实责任，全面排查，把思想和行动统一到习近平总书记关于安全生产的重要指示批示精神上，树立安全发展理念，落实高质量发展要求。随后召开的仙游县贯彻落实会议要求全县上下学习贯彻省委省政府和市委市政府关于安全隐患大排查的重要讲话精神，部署复产复工及安全生产工作。

【决战决胜脱贫攻坚】 3月23日，仙游县组织收听收看全省决战决胜脱贫攻坚座谈视频会议。县委书记郑亚木、县长吴国顺在县分会场参加会议。会议解读福建省决战决胜脱贫攻坚十九条措施。会议强调，学习贯彻习近平总书记在决战决胜脱贫攻坚座谈会上的重要讲话精神，克服新冠肺炎疫情影响，以更大决心、更强力度推进脱贫攻坚，确保高质量打赢脱贫攻坚战。

【迎接援鄂医护凯旋】 4月7日，仙游县支援湖北的医疗队员黄萍萍从福州返回仙游。县委书记郑亚木代表仙游人民，与黄萍萍所在医院的同事们一道，在县总医院医技大楼门前，迎接英雄凯旋。县领导陈志挺、吴兰芳一同迎接。

【政法工作会议】 5月11日，仙游县召开2020年政法工作会议暨各乡镇（街道）党政领导平安建设（综治工作）责任书、生态环保目标责任书签订仪式。

【优化营商环境专项巡察】 6月4日，仙游县召开优化营商环境专项巡察暨“放管服”改革巡察“回头看”动员会。县委书记、县委巡察工作领导小组组长郑亚木主持会议，市委专项巡察组及县区联动巡察组负责人到会指导。县委常委、纪委书记施晓阳参加会议。

6月29日上午，县开放招商领导小组第二次会议暨全县“五个一批”重大项目推进会召开，县委书记、县开放招商领导小组组长郑亚木主持会议并作强调讲话，县长、县开放招商领导小组组长吴国顺作具体部署。县领导黄一敏、林志良、张福清等参加会议。

【生态环境保护工作推进会】 7月16日，在收听收看全市生态环境保护工作视频推进会议之后，仙游县召开全县生态环境保护工作推进会，第一时间学习贯彻全市推进会精神，动员全县上下迅速行动，坚决打好污染防治攻坚战。县委书记郑亚木出席会议并作部署，县长吴国顺主持会议。

【中共十九届四中全会精神轮训】 9月9日，县管科级干部学习贯彻中共十九届四中全会精神轮训班举办。县委书记郑亚木作专题授课，县委副书记、县长吴国顺主持。上午，省委党校教授李新生作“中国特色社会主义制度与国家治理体系——深入学习贯彻中共十九届四中全会精神”专题授课。

【仙游农商银行开业】 9月22日，福建仙游农村商业银行股份有限公司开业暨揭牌仪式举行。省农信联社党委书记、理事长李卫民，市委常委、常务副市长傅冬阳，县领导郑亚木、黄一敏、林志良、郑文炉等出席开业仪式。

【全国扫黑办到仙游督导】 11月5日，全国扫黑办第13特派督导组到仙游督导工作，听取仙游县扫黑除恶专项斗争工作汇报并督导调研县公安局“五中心联动”作战室、县“网格+寄递安全”管理指挥平台、县市场监管局校园食品安全智慧管理平台。

（黄莹莹）

组织工作

【概况】 2020年，中共仙游县委组织部（简称“县委组织部”）聚焦新时代党的组织路线和重点任务，紧扣县委“围绕一个目标，突出五抓五统筹、五线一关键”党建工作总体思路，着力建设忠诚干净担当的高素质干部队伍，健全和落实科学精准的选贤任能制度、科学严密的组织制度、科学有效的人才制度，推动制度优势更好转化为治理效能，为打赢疫情防控阻击战，决胜全面建成小康社会、决战脱贫攻坚，加快新时代美丽新仙游建设提供组织保证。

【领导班子建设】 2020年，县委组织部贯彻落实《2019—2023全国党政领导班子建设规划纲要》和省、市贯彻落实若干措施，坚持新时期好干部标准，突出政治把关，结合实际需要、用人导向、关爱激励、一贯表现等各方面因素，综合运用考察考核、督查巡察、审计信访等各方面信息，对科级领导班子和干部队伍进行分析研判、选优配强。2020年，提拔重用41人、调任12人、交流轮岗24人，其中选配乡镇（街道）党政正职2人、县直部门正职7人，充实科级领导班子力量。

【干部队伍建设】 2020年，县委组织部围绕常态化疫情防控和经济社会发展大局，完善素质培养、知事识人、选拔任用、从严管理、正向激励“五大体系”建设。强化一线实践锻炼，选派24名党员干部组成6个服务队帮助企业和重点项目单位做好疫情防控和复工复产，抽调243名干部常驻强产业、兴城市“双轮”驱动项目一线攻坚克难。2020年，注重在疫情防控、三大攻坚战和“双轮”驱动等一线考察

4 月 25 日，县委组织部通过云视讯系统举办仙游县第五期选调生初心课堂（第五期） （郑 丽 摄）

识别、评价使用干部，提拔重用的干部中基层一线干部占 75.8%。开展优秀年轻干部专题调研，掌握储备 248 名近期可使用、中期可培养、远期可关注的优秀年轻干部。办好选调生初心课堂，通过跟进学习前沿知识、先进理论，激发年轻选调生开拓进取、创先争优热情。落实乡镇（街道）“五小设施”建设，推进“六个一百”工程，改善基层干部工作生活条件。贯彻落实公务员职务与职级并行规定，为 48 名公务员晋升职级，激发干部担当作为新动能。制定印发《抽调（借调）工作人员流程图》《年度考核工作流程图》等 5 项工作流程图，规范干部宏观管理工作。

【干部日常监管】 2020 年，县委组织部严抓干部日常监督。规范干部在企业社团兼职行为；抓好干部因私出入国（境）的监督和因公出国（境）备案管理，更新备案登记信息 75 条；加强群众举报问题查核，受理群众反映问题 15 件；加强干部监督工作联席会议成员单位信息交流，收集干部立案和处分问责信息 100 余条；委托审计部门进行经济责任、自然资源资产责任审计 13 人次。加强干部选任监督。2020 年，对干部选拔任用工作全程监督，进行任前公示 101 人次，对公示期间群众来电、来信、来访反映问题及时查核；对选人用人工作情况进行检查，发现并向巡察部门移交问题 50 个；抓好干部任前考试工作，组织干部任前党章知识测试 2 批 51 人次、任前廉政知识及法律知识测试 2 批 51 人次。抓好涉组涉干信访工作。加强涉组涉干信访人员信息库滚动管理，适时启动应急处置预案，实施“零报告”制度，全年涉组涉干信访人员无一例非访事件发生。

【基层党建主责落实】 2020 年，仙游县注重谋划部署在前，制定组织工作要点、基层党建重点任务清单、党支部工作安排、书记领办项目等年度任务部署安排，着力与中心工作统筹部署、同步推进、全面实施。注重压紧压实责任，组织召开上年度基层党（工）委书记抓党建工作专项述职评议会议，逐级开展党组织书记“双述双评”工作，通过量化考核办法和分类定级管理，促进更好地履职尽责。注重常态督促指导，依托县委组织部党建服务小组，采取“每月一盘点、季度一汇报、半年一检查、年终一述职”等方式，及时发现解决突出问题。注重日常培训指导，采取“主题 + 主业、线上 + 线下、分级 + 分类”方式，先后开展基层治理主题的村级主干（驻村第一书记）培训班和新上任的乡村干部脱贫攻坚、乡村振兴专题培训班，增强乡村干部履职能力。

【“实功培元、实效培优”工程实施】 2020 年，仙游县强化支部建设，实施“党支部‘实功培元、实效培优’”工程，推进党支部达标创星，把村级集体经济年收入低于 10 万元、党组织书记受到党纪政务处分、意识形态工作不重视纳入评星定级“一票否决”。强化后进整顿，结合村级组织换届“回头看”工作，倒排存在“村干部涉黑涉恶等问题”“连续三年未发展党员”“村级集体经济薄弱”等问题的软弱涣散村级党组织 10 个，运用好“六个一”挂钩联系和“党建朋友圈”等工作模式推进整顿转化。强化党员先锋，结合民主评议党员工作，优化党员“初心”指数管理，推行“坚守初心”“常怀初心”“践行初心”等三类自评互评模式，引导党员发挥先锋模范作用。强化源头管理，出台“2020 年发展党员指导性计划”，做到女性比例和

35 周岁以下新党员比例逐年提高，初中以下文化水平新党员比例逐年降低等“两升一降”，优化农村党员队伍结构。

【基层党组织建设】 2020 年，仙游县抓好省级扶持壮大村级集体经济工作，组织县委组织部、县财政局、农业农村局开展组织建设、资金管理、规划服务等工作指导，帮助 7 个试点村调整建设项目，运用 8 种特色模式，把好经验转化为试点工作好成效。抓好“村部”规范化建设，开展“一村一情”年度核查，解决场所破旧需要修缮问题，为 5 个村提供场所建设和修缮党费补助 40 万元。抓好“村干部”管育，创新定点式指导立标、定向式建制立规、定位式规范立效等“三定三立”方式，100% 落实村党组织书记县级备案管理，年初开展首批 9 人备案调整，县委组织部部长开展任前谈话和廉政谈话，把好履职“第一关”。开展村干部“长期占编不在岗”问题排查，清理有关人员 4 名。抓好“村制度”落实，落实“三会一课 + 主题党日”制度，结合民主协商工作，开展“四议两公开”工作法培训指导，强化村级党组织领导地位和政治引领作用。5 月，仙游县抓党建促决战决胜脱贫攻坚做法在莆田市有关会议上作交流发言。

【近邻党建】 2020 年，仙游县构建“邻里党建”品牌，抓好木兰“一心多点”、南桥“多心合一”等社区邻里中心建设，推进紫泽“同心圆”、光埔“一心多点”、书峰“三元闭合”等乡村邻里中心建设，形成分层分类、全域覆盖的邻里党建试点布局。提升“融合党建”品牌，

仙游县度尾镇屏山村党建文化广场（2020） （县委组织部 供稿）

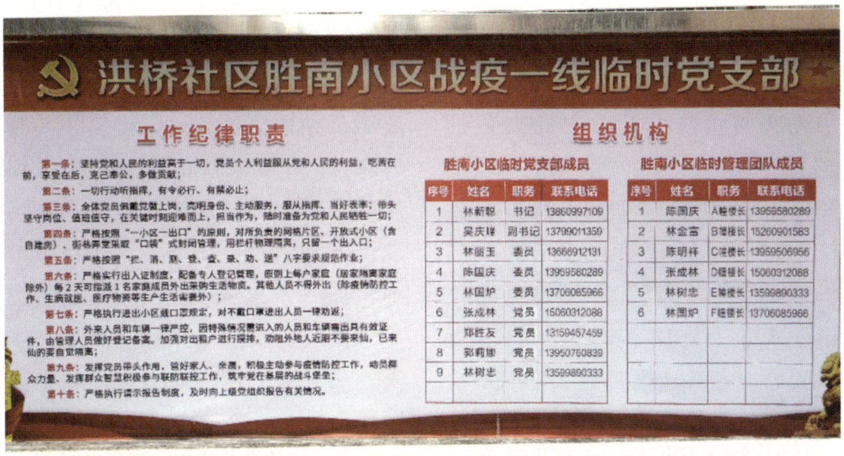

洪桥社区胜南小区成立战疫一线临时党支部（2020）（县委组织部 供稿）

打造郊尾“五好党建”、榜头光埔“四心四美”、西苑仙西“源党建”等示范典型，推进“党建 + 乡村振兴、富美乡村”等党建示范走廊，助力木兰大道乡村振兴、北部富美乡村等示范带建设。推进“区域党建”

品牌，发挥6个中心村党委作用，通过组织共建、人才共育、资源共享、机制共创等方式，推行“126”“四金四联”“五个党小组在行动”等工作机制，合力推进脱贫攻坚、乡村振兴。打造“功能型”品牌，推行“党支部＋指挥部”工作机制，实现重点项目一线临时党支部全覆盖。立足产业特色，建设大济、度尾等“基地＋”党建扶贫综合体，助推决战决胜脱贫攻坚。社区“党建＋”邻里中心做法先后在《中国县域经济报》《中国社区报》《福建日报》和“时代先锋”栏目等媒体刊登报道。

【助力疫情防控】 2020年，仙游县委组织部出台“关于进一步发挥基层党组织战斗堡垒和党员先锋模范作用坚决打赢疫情防控阻击战的通知”，引导村级党组织组建175个临时党支部、395支党员先锋服务突击队，充实农村疫情防控一线力量。出台“关于机关事业单位在职党员干部到社区报到支持开展疫情防控工作的通知”，引导486名县直机关企事业单位在职党员干部分批就近就便到鲤城街道和鲤南镇等村（社区），支持开展疫情防控工作。出台“关于做好在新型冠状病毒感染肺炎疫情防控工作第一线发展党员工作的通知”，115名疫情防控一线人员向党组织递交入党申请书，27名被确定为入党积极分子，3名被吸收为预备党员。出台“关于划拨党费用于支持新型冠状病毒感染的肺炎疫情防控工作的通知”，下拨疫情防控专项党费171.5万元，用于支持各乡镇（街道）、村（社区）以及县总医院、医学观察点等单位疫情防控工作。

【党员发展】 2020年，仙游县坚持把政治标准放在首位，落实“一纪实两报告”、公示、预审、责任追究等制度，进一步强化过程监督。严格发展党员工作流程，完善《仙游县发展党员工作指南》《发展党员问答》《发展党员审核要点清单》等，为基层党务工作者提供基本遵循。做好“疫”线发展党员工作，在医疗救治、疫情排查、隔离管控、应急物资生产等疫情防控的关键岗位和重要卡口发现、考验入党积极分子。2020年，收到疫情防控工作第一线入党申请书116份，确定入党积极分子27名，确定发展对象1名，“火线入党”2名。落实新发展党员结构比例要求，做到“两升一降”，即女性新党员比例和35周岁以下新党员比例逐年提升，初中及以下文化水平新党员比例稳步下降。抓好发展党员难点村工作，3年未发展党员的村（社区）及2年未发展党员的建档立卡贫困村全面销号。加强入党积极分子队伍建设，确保每发展1名党员，至少储备2名入党积极分子、3名入党申请人。2020年，全县发展新党员529名。

【“两新”党建】 2020年，仙游县聚焦“突出开放招商、强化项目带动”战略，以“党建强、发展强”为主线，实施“铸魂、提质、引领、创优、聚力”“五大行动”，制定落实2020年全县两新组织党组织活动计划和党建重点任务及清单，举行“党课开讲啦”精品党课评选活动、组织开展“学习宣传贯彻中共十九届五中全会精神”宣讲团进企行动，推进三福、海通、铭天下等两新组织党建工作实训基地建设。组织开展“抗疫情、促发展、当先锋”行动，实行党员与重点疫区返乡过节员工“一对多”挂钩联系制度，助推企业疫情防控和复工复产“两手硬”，妥善应对“返工潮”。推进“党建入章”，实施两新党组织书记任免两新工委备案管理，开展“七一”庆祝中国共产党成立99周年主题系列活动。推进“百企帮百村”行动，推行“三联三帮”助脱贫模式，创新开展“百企帮百户”行动，组织106家企业党组织与106户受疫情影响有返贫风险已脱贫的贫困户开展“一对一”结对帮扶活动。开展“亮身份、亮承诺、比作为”活动，引导党员职工立足岗位做贡献。组织做好郊尾石油小镇和海通消防等企业党建，巩固提升智慧产业园等已有党建品牌，创新打造仙港工业园、仙游经济开发区等园区邻里中心建设及京东（仙游）数字经济产业园等楼宇党建品牌。开展已建党组织回访行动，抓好两新党组织按期换届，推动整顿软弱涣散两新党组织常态化长效化。

【人才工作】 2020年，仙游县实施“名校优生引进计划”，引进教育系统和其他事业单位高层次人才12名；开设“仙游人才驿站”网上聚智平台，依托海峡人才市场开设网上招聘“仙游频道”，招聘高层次及重点紧缺人才4人；实施仙游籍在外人才回归行动，充实完善在外人才信息库1200余条人才信息；通过项目引进带动人才到仙游，福建省鑫瑞新材料有限公司柔性引进山东大学教授、博导王桂龙加入项目研发；福建永恒生物科技开发有限公司柔性引进福建师范大学教授陈新民加入项目研发。2020年，开展各级人才项目申报工作，申报确认“壶兰计划”人才134件；选树44个人才项目及平台项目作为培育对象，新万鑫张凤泉入选“省百人计划”，福建省三福古典家具有限公司黄福华工作室被评为“国家级技能大师工作室”，黄福华享受2020年国务院政府特殊津贴，福建大老古食品有限公司获评“省级星创天地”；加大对本土专业人才的培训，举办15期1300多人次新型职业农民线上培训，组织企业人才参加5期省商务厅举办的外贸政策实务培训，组织355名社工服务人员培训并报名参加全国社会工作者职业水平考试。建立仙游县人才信息库，完成县域内高层次人才信息摸底，收集高学历、高职称人才信息1300多条；建立农业技术人才服务队伍，选派50余名农村科技人才开展春耕技术指导服务60余次，指导帮助群众1200余人；加强科技特派员服务队伍使用，组建18个科技特派员服务团，下派到全县38个贫困村开展技术指导工作。兑现各类人才补助及配套补助519万余元；抓好人才联络服务工作，按照《中共仙游县委印发〈关于建立高层次人才联系和服务方案〉》，县领导精准对接，协助9名高层次人才解决子女就学问题、5名高层次人才获得购房补助，4名高层次人才获得租房补助；联合“两新”工委，深入企业走访，依托京东（仙游）数字经济产业园建设仙游县首个人才驿站，帮助人才企业提供金融对接、员工招聘等服务支持。

【老干部工作】 2020年，仙游县加强离退休干部思想政治建设，依托基层党组织就近组织离退休干部进行政治理论学习，创新学习方式，发动离退休干部关注老干部微信公众号和下载使用福建老干部App。运用线上学习资源，组织离退休干部学习观看“新冠肺炎自我防护知识”“民法典内容解读”等线上专题报告会。组织老干部就近参观考察温泉度假村、三福工艺生产园区、京东数字经济运行、书峰新农村建设等项目，了解全县经济社会发展情况。开展重大节日期间走访慰问老干部活动，对生病住院、家庭发生灾祸等原因的老干部做到及时慰问。加强离退休干部党组织建设，选派在职干部担任离退休干部党支部党建工作指导员，指导和协助离退休干部党组织开展工作。开展示范性离退休干部党支部创建活动，度尾镇度峰社区离退休干部党支部被省委老干部局评为省级示范性离退休干部党支部。落实《中共福建省委组织部　中共福建省委老干部局　福建省财政厅　福建省人力资源和社保障厅关于提高“5·12”退休干部高龄护理费标准的通知》文件精神，提高“5·12”退休干部高龄护理费标准，由原来每人每月420元提高到每人每月720元。提高离休干部无工作遗偶定期定额生活补助标准，由原来每人每月1380元提高到每人每月1570元。给生活完全不能自理的离休干部陈国水、“5·12”退休干部郑明照办理特殊护理费，减轻他们家庭经济负担。组织老干部健康体检，关爱其身心健康。

（董海斌　郑　锌）

【关工委工作】 2020年，仙游县关心下一代工作委员会（简称“县关工委”）在全县18个乡镇（街道）、288个村（社区）都建立关工委组织，形成县、乡镇（街道）、村（社区）三级组织机构网络。全县基层镇级“五好”关工委17个，占比94.4%；村级199个（总的282个），占比70.6%。

助力疫情防控　2020年2月，县关工委转发《中国关工委关于做好新型冠状病毒感染肺炎疫情防控工作的通知》，要求基层关工委“五老”自觉参与疫情防控阻击战。郊尾镇芹林村退休干部、老党员林鸿源，协助村里慈善募捐活动，募集68位爱心人士的44多万元善款，提交给县公安疫情防控部门和本村防控急需。

青少年思想道德教育　各级关工委抓住立德树人根本任务，发挥五老的政治优势、经验优势、威望优势，以自身经历、人生感悟，向青少年现身说法，讲好中国故事、弘扬中国精神、传播中国好声音，加强青少年的社会主义核心价值观的培育和践行。基层乡镇关工委分别在闽中第一支部遗址——游洋上宫支部、王于洁革命烈士纪念馆（被省关工委列入省级红色基地）、麦斜岩一〇八团遗址等17个红色基地，为青少年的教育活动搭好实践平台，发挥红色基地作用，“传承红色基因，争做时代新人”等主题教育活动，引导青少年听党话，跟党走。“中华魂”读书活动再创佳绩，县实验小学学生郑知宁被评为全国个人二等奖，县职业中专学校林盈盈被评为全国个人三等奖。

青少年法治教育　各级关工委为开展第四届“关爱明天、普法先行”青少年普法教育活动，开展法治实践活动，提升青少年法治素养和道德素养。11月22—25日，县委政法委、县教育局、县关工委等单位联合发文，组织法治教育报告团，巡回全县十几所中小学校，开展以“民法典”“未成年人保护法”“预防未成年人犯罪法”等法

律法规为主题的法治教育报告会，受教育学生1万多人次，提高青少年学生的法律意识。发挥基层关工委作用，对上年被法院判缓刑的8位未成年人犯，分解到各个乡镇，要求基层关工委工作人员对他们进行“一帮一”或“多帮一”的跟踪帮教。

家教家风教育 2020年初，县关工委与妇联、教育局等有关单位配合，推进家教家风教育，制定工作计划时，把加强家风家教工作纳入县关工委工作内容之一。年中，县关工委与妇联、教育局等部门，组织一支由15位教师组成的家教讲师团。选派县教育局关工委秘书长参加市家教讲师团。10月，征集名言故事，征集到家风家教名言10句，故事6篇。

帮困助学活动 8月，县关工委筹集22多万元资金举行第六期“帮你圆梦•助你成长•永丰同行”为主题的资助百名学生圆梦活动，资助学生120多人。各乡镇关工委、各基层奖教奖学基金会开展奖学助学活动。截至12月底，全县乡镇、村设立奖学奖教联合会（基金会）80个，资金6257.8万元，用以凝聚全社会各界力量，促使奖学奖教、助学工作形成长效机制。2020年，各乡镇、村奖教奖学联合会奖学1131人次，资金210多万元；奖教790人次，资金152多万元；助学630人次，资金88多万元。

（洪 新）

宣传教育

【概况】 2020年，中共仙游县委宣传部（简称“县委宣传部”）围绕中心、服务大局，突出开放招商、强化项目带动，实施“双轮”驱动，聚焦疫情防控、脱贫攻坚、全面建成小康社会伟大实践，做大做强理论舆论，厚植厚培文化文明，把“一个高举”“两个巩固”“三个建设”的根本任务落到实处。全县宣传思想战线深入贯彻习近平总书记对新时代宣传思想工作的重要指示和部署要求，把握新形势新任务，守正创新、主动作为。

【意识形态工作】 2020年，县委宣传部落实《党委（党组）意识形态工作责任制实施办法》要求，全面履行意识形态工作主体责任，以高度的政治自觉、思想自觉落实意识形态各项任务。2020年，县委主要领导履行第一责任人的职责，主持召开县委常委会5次，研究部署宣传思想文化、意识形态工作。县委班子其他成员落实“一岗双责”，抓紧抓实职责范围内的意识形态工作。深入贯彻《中国共产党宣传工作条例》，研究成立县委宣传思想工作领导小组（意识形态工作领导小组），建立健全相关体制机制，推动全县各级党组织把贯彻落实《中国共产党宣传工作条例》的各项任务抓实抓细抓到位。落实学习分析、工作报告、工作通报等制度，全年召开专题分析会2次，向市委报告仙游县意识形态工作开展情况和分析研判情况；坚持把落实意识形态工作责任制的情况作为干部考核、绩效考核、文明单位创建等重要内容。强化督查考核，由县委常委带队开展全面从严治党主体责任与落实意识形态工作责任制联合检查，在县委第十二、十三轮巡察中同步开展落实意识形态工作责任制专项检查，组织开展2020年度乡镇（街道）、县直单位落实意识形态工作责任制专项督查，及时发现问题并督促整改到位，推动全县意识形态工作做深做实。召开会议会商研判，处置舆情，重视源头的化解处置。维护网信安全，营造清朗空间，高质量做好网上宣传引导工作，掌握网络意识形态领域主动权。

【理论武装】 2020年，县委宣传部落实《2020年县委理论学习中心组学习计划》，县委理论学习中心组开展集中学习46场次、研讨交流10次，重点围绕中共十九届五中全会精神、《习近平谈治国理政》（第三卷）和习近平总书记重要讲话重要指示批示精神开展学习研讨；围绕《习近平在厦门》等系列采访实录，全县各级党委（党组）理论学习中心组深入开展研讨交流，并通过各单位官方微信公众号、网站等媒体平台连载采访实录，宣传学习成效，营造浓厚氛围。持续兴起新思想，中共十九届四中、五中全会精神“大学习”热潮，开展全方位推动高质量发展超越“十个百”（百名中心组组长谈体会，百篇文章论发展，百场研讨座谈交流会，百场专题报告会，百只宣讲小分队下基层，百个“学习故事”主题宣讲，百部学习短视频，百个线上学习专栏，百题网上知识竞答，百件文艺精品）活动。县委主要领导发挥带头学、带头讲的示范作用，深入鲤南镇玉田社区、鲤城街道南桥社区“党建+”邻里中心，向基层党员干部群众面对面宣讲中共十九届五中全会精神；全县各级领导干部、县委宣讲团、乡村讲师团、宣讲小分队把新思想融入各自工作领域，深入机关、镇村、学校、企业开展“习近平新时代中国特色社会主义思想”“十九届四中、五中全会精神”“民法典”等主题宣讲1300多场。抓好“学习强国”平台推广运用，做好学习故事微视频报送和供稿工作，截至2020年底，全县加入平台的学员总数3.74万人。

【新闻舆论】 2020年，县委宣传部坚持以“学习宣传贯彻习近平新时代中国特色社会主义思想”“学习贯彻中共十九届四中、五中全会精神”、脱贫攻坚、扫黑除恶、开放招商、项目带动、统筹推进疫情防控和经济社会发展为主线，围绕县委县政府中心工作，统筹网上网下、对内对外新闻宣传和舆论引导，强化县级融媒体中心“媒体+政务+服务”定位，巩固壮大主流思想舆论，在仙游广播电视台微信公众号推送新闻1300期（3500多条推文），《仙游今报》出版119期。制作《走进我们的小康生活》《法治仙游》等电视专题节目，讲好群众身边故事；围绕群众热点难点痛点问题，电视栏目《百姓监督》栏目，获评福建省品牌栏目。开展“为教师亮灯”系列活动，县融媒体中心全媒体矩阵发布相关信息300余条，其中《县委书记邀请我们来做客》点击量100多万人次，营造全社会尊师重教的良好氛围。县融媒体中心省级验收达到优秀等次，仙游县在中央、省级主流媒体上稿量稳居莆田市县区第一。

助力抗疫斗争，讲好战“疫”故事。发挥新媒体优势，把县融媒体中心所属媒体的微信号、头条号、抖音号等作为主战场，加强疫情防控宣传教育，组织开展抗疫舆论引导，讲述抗疫英雄感人事迹，激发起众志成城齐心抗疫的仙游力量。期间，仙游广播电视台播出电视新闻811条；新媒体各平台发布新闻资讯3898条，抖音号总浏览量突破8亿人次，点赞量3200多万人次，浏览量100万人次以上41条，1000万人次以上13条，其中《疫情防控福建在行动 仙游各村都行动起来了！》浏览量892万人次。

【媒体宣传】 2020年，县委宣传部加强中央、省级、市级和县内各类传播平台有机联动，与新华社、福建日报、东南网、华人头条合作，形成宣传合力。央视播出涉仙新闻3条，省台播出161条，市台《新闻联播》《今日视线》等栏目播出450条；《福建日报》刊发涉仙新闻72篇、《湄洲日报》刊发825篇；推送微信新闻1600多条；东南网、华人头条转发新闻资讯1600多条。协助央视焦点访谈栏目拍摄《变害为利 造福人民——习近平生态文明思想在福建木兰溪的先行探索》专题片，提升仙游对外形象。全国党刊全媒体记者、广东电视台、三沙卫视等媒体到仙游县作专题拍摄采访，开展“探访感动”采风活动3场。国庆期间，组织省、市主流媒体宣传报道仙游县全闽乐购活动启动仪式暨·美食嘉年华文化节和“两岸情·丰收颂”仙游县2020年“中国农民丰收节”暨福建第五届文旦柚&第四届甜柿文化旅游节，突出地方特色和优势。

【网络信息安全】 2020年，县委宣传部贯彻落实《中华人民共和国网络安全法》和网络信息内容生态治理相关规定，维护和谐网络环境。2020年，发现涉仙游县负面信息450多条，制作舆情专报8期，召开会议会商研判，处置重要舆情，重视源头的化解处置；加强自媒体的管理。

【社会宣传】 2020年，县委宣传部牵头组织县文旅局、科技局、卫健局等30多家部门单位在社硎乡开展文化科技卫生“三下乡”活动，筹集资金近39万元，用于加强社硎乡红色文化教育基地建设，助推老区发展；联合县委文明办、县教育局、总工会、团县委、妇联等单位，制定下发《关于组织开展纪念中国人民抗日战争暨世界反法西斯战争胜利75周年群众性主题教育活动的通知》，弘扬抗战精神；发动全各乡镇（街道）、县直各在集镇区、主干街道、主要路口、公共交通工具等人群聚集场所，利用固定广告牌、LED显示屏、建筑物围挡等公共领域宣传载体，融合地方特色，编排《学习宣传十九届五中全会精神快板赞》等形式，营造全县上下宣传贯彻中共十九届五中全会精神的浓厚氛围；拍摄“爱我国防”微视频《传承梦想 逐浪深蓝》获福建省国防办公室组织开展的2020年“爱我国防”微视频征集活动三等奖。

面对新冠肺炎疫情，发动各乡镇（街道）、县直各单位根据疫情防控的要求，利用标语横幅、宣传海报、广告牌、宣传栏、LED显示屏、宣传折页、村村响广播等公共领域宣传载体，采用莆仙赞句、快板唱、顺口溜、地方方言喊话、抖音、漫画等人民群众喜闻乐见形式，在主要街道、重要路口、交通枢纽（工具）、公园广场、商场超市、宫庙祠堂等重点部位，全方位、立体化、多样化营造疫情防控宣传的浓厚氛围，引导人民群众树立科学健康文明的生活习惯和生活方式。涌现出一批批网红卡通形象《杷人抗疫记》、漫画《感动！他们的名字叫——仙游人！》、线上书画展《同心“战”疫》、说唱《齐心战疫情 协力稳复工》、微视频《想你了，我的仙游》等文艺作品。

持续推动新时代爱国主义教育，印发《关于贯彻落实〈新时代爱国主义教育实施纲要〉的实施方案》；创建中共福建省委上湖底旧址、魏昇故居为县级爱国主义教育基地；创建中共仙游上宫支部旧址、仙游线革命烈士陵园、仙游文庙传统优秀文化陈列馆为市级爱国主义教育基地。鲤声剧团获中共中央宣传部、文化和旅游部、国家广播电视总局授予的第八届全国服务农民、服务基层文化建设先进集体称号。

【文化产业】 2020年，县委宣传部引导工艺企业拓展国际业务，全县古典家具企业营销网络覆盖60多个国家和地区。发挥京东（仙游）数字经济产业园的平台效应，创新“产业转型+大数据运用”融合新模式，推动传统产业与数字经济、平台经济深度融合。全球工艺美术公共服务平台登记注册355家，上行商品1.14万个，累计产值19.7亿元。发展数字经济、直播经济，创新推广“直播+”模式，打通“线上+线下”全渠道销售，提升仙作品牌的影响力、知名度和美誉度，打造全国“互联网+工艺美术产业”深度融合的数字经济平台标杆。2020年，引进京东、淘宝、抖音、快手在仙游设立直播基地，入驻企业2000多家，直播交易额50亿元，度尾海峡艺雕城抖音直播基地日在线销售额突破千万元大关。举办2020年第八届红博会（线上），以“云上仙作 智联万家”为主题，开展仙作共享直播挑战赛、红博会全平台主题直播汇展、仙作京东品销专场、仙作双十一购物狂欢节、仙游油画跨界时尚秀等系列活动，为期5天的多平台直播带货展会线上成交额2.8亿元，带动线下交易约8亿元。截至2020年底，全县规模以上工艺企业复工率95%以上，工艺美术产业实现产值480亿元，比上年增长9.1%。全年接待游客95.5万人次；仙水洋、绿源名贵植物园获评国家AAA级景区，三福红木文化产业园、济川村风景区获评国家AA级景区。全面完成文化旅游特色村建设。

2020年，县委宣传部加强新闻宣传队伍建设，调整充实全县通讯员队伍和新闻发言人队伍，开展“大宣传”工作培训，提升通讯员新闻工作水平。全县网络阅评员108名，其中市级核心网评员31人，省级核心网评员24人，建立仙游网络阅评员互动微信群，对阅评员进行统一组织和管理。不定期对网络舆情阅评员进行学习培训，提高网络舆情信息工作者的政策水平和业务素质。立足仙游工艺美术产业，构建以工艺美术产业人才为主体的文化产业人才队伍。做好道德模范、身边好人推荐评选工作。

（许绮佳）

统一战线

【概况】 2020年，中共仙游县委统战部（简称“县委统战部”）组织党员干部集中学习44场。着力发挥政治引领功能，引导统一战线各界人士坚定理想信念，组织开展中共十九届四中全会精神进统一战线（进基层、进企业、进宗教活动场所）宣讲5场。以县社会主义学院为平台，举办党外人士培训班、统战系统暑期读书班、民营经济代表人士培训班3期次，参训130余人次。健全完善讲座（报告、论坛等）审批制度、微信公众号审签制度等。抓住意识形态工作主动权，以思想教育为主线，通过各类学习、培训，实现统一战线各成员理论学习有收获、思想政治受洗礼，增强“四个意识”、坚定“四个自信”、做到“两个维护”。

【助力疫情防控】 2020年，在抗击新冠肺炎疫情关键时期，全县统一战线广大成员坚决贯彻落实习近平总书记重要指示精神，发挥优势、凝聚力量，在场所管控、物资援助、志愿服务等方面作为，为助力打赢疫情防控阻击战发挥作用。农工党发挥医疗技术优势，组织医疗支部骨干放弃所有休假，始终站在疫情防控的最前沿，为战“疫”贡献力量；各民主党派成员坚守乡镇抗疫一线，舍小家护大家，致公党党员陈清海被群众称为“拐杖副乡长”，得到社会赞誉；农工党郑建新家庭被评为莆田市疫情防控“职工最美家庭”、九三学社社员陈敏家庭被评为“福建省抗疫最美家庭”。引导全县宗教活动场所全部关闭，劝停宗教性聚会活动428场次，各类民间信仰活动全部取消，做到令行禁止，确保宗教领域平安和谐。县侨办开通24小时华侨回乡咨询热线，做好信息沟通、分类施策、跟踪服务，为集中医学观察的境外入仙人员送去慰问品、问候卡151份，传达党委、政府和家乡父老的关心和问候。县委统战部牵头统战系统各单位向社会各界发出倡议信5次，号召社会各界捐资捐物同心抗疫。截至5月底，全县社会各界爱心人士捐赠善款1871万元，捐赠医用口罩、防护服等防护物资305万件，折合505万元，其中县工商联所属商会、民营企业及个人捐款728.3万元，捐物折合290.6万元；港澳台同胞捐赠约34.9万元，捐物折合18.28万元；海外侨胞捐款约574.7万元，捐物折合114.72万元；宗教界人士捐款123.4万元，捐物折合11.9万元；各民主党派、新阶层人士捐赠64.8万元。

【县委巡查整改】 2020年，县委统战部按照县委巡察反馈意见要求，深化对巡察整改工作的思想认识，把抓好巡察整改作为做到“两个维护”的重要检验。以巡察整改工作为契机，成立“县委统战部巡察反馈意见整改工作领导小组”，按照党要管党、从严治党的要求，坚持问题导向，制定整改工作方案，逐条逐项细化成58条整改措施，逐一明确责任领导、责任股室和完成时限。各班子成员按照职责分工、主动认领任务，各股室迅速行动，对照巡察反馈意见迅速进行逐条逐项梳理、检查，坚持边整边改、立改立行。截至2020年底，县委巡察反馈的4个方面21个问题整改完毕或取得阶段性成效。

【统战信息宣传】 2020年，县委统战部运用仙游广播电视台、《仙游今报》等媒体对仙游县统一战线工作进行跟踪报道，巩固统一战线舆论主阵地。通过“仙游统战信息”微信公众号，更新最新统战讯息，传达统战有关政策、精神，实现随时随地信息同步共享，全年发布文章98篇。向省、市各类统战媒体上报信息，上报信息63篇，省级以上采用信息12篇（条），仙游信息采用8篇（条）。

【莆商精准扶贫】 2020年，县委统战部持续开展“精准扶贫——莆商再行动”，49家企业持续挂钩结对帮扶38个贫困村，安排17家企业挂钩结对帮扶17个有贫困人口的老区村，引导宁波莆田商会、广州仙游商会、广东莆田商会、厦门仙游商会等10余个异地商会持续帮扶，脱贫不脱钩，助力打好打赢脱贫攻坚战。协调县直有关部门深入郊尾镇伍狮村开展工作调研，召开现场办公会议，解决扶贫项目建设相关问题。

【民主党派工作】 2020年，县委统战部协助县委制定《2020年政党协商（会议协商）计划》，协助组织召开通报会、座谈会5场；与民盟莆田市委会、民盟仙游县工委会协商产生民盟仙游县工委会新一届领导班子拟任人选名单，指导民盟仙游县工委会于5月底完成换届。引导各民主党派围绕县委、县政府重点工作，建言资政、参政议政。民革县总支主委杨兴坚，民进县支部主委官金忠等在疫情防控关键时期建言资政，撰写的社情民意信息被市政协采用、九三学社社员陈燕燕撰写的《关于加快发展中等职业教育的建议》被市政协采纳并获市长批示；2020年，各民主党派、工商联和无党派人士撰写意见建议（社情民意）110余件，发挥党外“智囊团”作用。民进会员朱福忠获“福建省参政议政先进个人”表彰、九三学社社员陆宇立获“全国优秀教师”表彰。

【非公经济统战】 2020年，县委统战部组织工商联、县直有关部门深入云敦、万鑫、铭天下等22家企业调研走访28场次，了解企业和项目在复工复产上疫情防控措施落实情况，协调解决存在的困难和问题，归纳梳理难点、堵点呈报县委。牵头县工商联会同县司法局，组织专业律师成立“民营企业法律服务团”，为民营企业开展“一对一”法治体检服务，做好援企稳岗法律服务，为期一个月。组织民营企业家座谈会、民营经济代表人士培训班2场次，引导广大民营经济人士深入学习贯彻习近平总书记在企业家座谈会上的重要讲话精神，热议感受体会、增强发展信心。指导成立厦门市仙游商会，协助举办仙游招商引资（厦门）推介会，在厦门仙游商会设立“招商联络处”，为仙游县“强产业、兴城市”双轮驱动汇聚力量、为掀起产业发展新热潮蓄力赋能。

【新阶层及党外人士】 2020年，县新联会开展慈善帮扶活动，年内走访慰问15名贫困学生，发放慰问品（慰问金）约1.5万元；新冠疫情突袭而至以来，新阶人士向红十字会捐款捐物6.3万元，通过线上发布，创作抗疫书画作品25件；5月，组织“新联心·新力量”暨县新联会两周年庆典活动，参观会员企业，共谋疫情防控常态化形势下发展方向；8月，与南平市委统战部、武夷山市委统战部、南平市新联会开展联谊活动1场；10月，首批市新社会阶层人士实践创新基地——“铭天下创新创业平台”揭牌仪式在会员企业“铭天下”举行，揭开新阶统战工作新篇章；协助市委统战部、市新联会筹备市新联会换届工作，推动各项工作不断向前发展；12月，在全市率先成立“仙游县党外知识分子联谊会”。

【海外统战】 2020年，赖店镇、龙华镇申报省侨联系统侨胞之家“五好”示范点；赖店镇锦田村等7个村申报省侨联系统侨胞之家“五有”示范点；协助办理侨胞身份认定等相关业务20件（开具不具备华侨身份认定书17份、华侨回国定居证3份、归侨身份证明1份）；摸排登记散居社会贫困归难侨18人；申请归侨退休职工生活补助、归难侨救济款项资金等计7.9万元。开展“侨法宣传月”活动，全县悬挂侨法宣传横幅600余条，在赖店镇、钟山镇举办“侨爱工程——送温暖医疗队”义诊暨侨法宣传活动2场次，受惠群众1000余人次，发放侨法宣传册及侨法宣传品近2000份。

（陈舒悦）

精神文明建设

【概况】 中共仙游县委精神文明建设指导委员会办公室（简称“县委文明办”）开展各类公民道德实践活动，深化群众性精神文明创建活动，推进未成年人思想道德建设和志愿服务制度化建设，提升人民思想觉悟、道德水准、文明素养和社会文明程度，为建设“经济强、百姓富、生态美、文化兴”的新时代美丽新仙游提供精神动力和道德支撑。

【新时代文明实践中心建设】 2020年，县委文明办推进鲤城、龙华2个新时代文明实践市级试点，第一季度制定出台试点建设实施方案，完成新时代文明实践所站选址挂牌，成立工作领导小组和志愿服务分队；第二、三、四季度，完成鲤城街道、龙华镇新时代文明实践所相关制度上墙及持续常态化开展新时代文明实践活动。指导社区(村)新时代文明实践站合理利用场地资源，变“三堂”为“文明殿堂”，木兰社区新时代文明实践站以嵩山书院为依托，成立社区“议事堂”，实践站开展社区全民K歌、女子合唱团、腰鼓队、激情广场舞等各类活动，开办专题讲座、健康讲坛，完善健身器材等设施，使实践站成为集休闲娱乐、文化普及、便民服务为一体的百姓之家。龙华镇利用新时代文明实践所站平台开展公益助农活动，在红旗村进行新媒体宣传，帮助红旗村解决4000千克草莓滞销问题及扩大葡萄、火龙果销量。

【省、市有关部门领导到仙游调研】 3月26日，市委文明办副主任黄谦一行到仙游进行新时代文明实践试点建设工作调研，对仙游县推进新时代文明实践工作给予建设性指导。5月9日，市委宣传部副部长、文明办主任一行到仙游调研指导新时代文明实践试点建设工作，并召开座谈交流会，对进一步推进新时代文明实践试点、文明创建及爱国卫生运动工作等作出指示和部署。7月9日，市委文明办主任一行到仙游，调研鲤城街道南桥社区、木兰社区“党建+”邻里中心建设。12月19日，省委文明办创建处副处长谢斌到龙华镇金溪村考评省级乡风文明联系点。12月21日，省委文明办组织考评组到仙游考评“仙游县鲤中步行街”创建省级“诚信经营示范街区”。12月24日，市委文明办到仙游调研仙游县郊尾中心小学乡村学校少年宫创建由“中央彩票公益金”支持的乡村学校少年宫建设情况。

【文明县城创建】 2020年，县委文明办常态化开展文明县城创建。围绕“崇德向善、文化厚重、和谐宜居、人民满意”的总体目标，对照省级文明县城测评体系要求，推动创城动态管理工作落细落实。7月6日，召开全县创建第六届省级文明县城再动员部署会议，通报2019年省对仙游县创城暗访非达标情况，部署仙游县相关整改及开展创建省级文明县城八大重点整治提升工作和仙游县创建第六届省级文明县城工作。10月13日，召开创建省级文明县城网上材料申报工作协调会，对创建省级文明县城电子材料申报相关工作进行全面布置。11月14日，召开迎接创建第六届省级文明县城总评推进会，对迎接创建第六届省级文明县城总评工作进行再部署。组织常态化创城工作督查，下发督查通报15期，发现问题，督促整改。11月下旬，迎接省级文明县城考评。

8月，仙游县迎接全国及省级文明单位、文明村镇、文明校园、文明家庭总评。组织完成鲤南镇玉塔村、菜溪乡、大济镇尾坂村、龙华镇金溪村、县烟草局、仙游职专、榜头镇坝下社区林洪英家庭迎接全国文明单位、文明村镇、文明校园、文明家庭总评，新增全国文明村镇2个、文明单位1个、文明家庭1户。11月，仙游县迎接省级文明单位、文明村镇、文明校园、文明家庭、文明旅游景区总评。完成省级文明单位、文明村镇、文明校园、文明家庭、文明旅游景区总评。12月，完成新一届市级文明单位、文明村镇、文明社区、文明校园等申报工作。

2020年，县委文明办开展结对共建乡风文明示范村、乡村学校少年宫活动。印发《关于组织各级文明单位与乡风文明示范村、乡村学校少年宫开展“结对共建”活动的通知》文件，组织全县省级、市级、县级文明单位与书峰乡书峰村、社硎乡半岭村、菜溪乡溪边村、钟山镇临水村、游洋镇天马村、石苍乡石阳村、园庄镇义路村、西苑乡凤山村8个山区乡镇的乡风文明示范村和盖尾中心小学、鲤南中心小学乡村学校少年宫结对共建工作。帮助结对村、结对学校的乡村学校少年宫的文化阵地和队伍建设。

【未成年人思想道德建设】 2020年，县委文明办开展“携手战疫情 别样少年心”主题活动。制定《仙游县2020年未成年人思想道德建设工作实施方案》。组织开展“携手战疫情 别样少年心”主题活动，在仙游文明网和文明仙游微信公众号设置“携手战疫情 别样少年心”活动专栏，面向全县未成年人征集防疫抗疫作品，收到作品400余件，从中选取部分优秀作品在仙游文明网和文明仙游微信公众号上进行展播。

做好未成年人心理健康教育工作。新冠肺炎疫情期间，多举措开展心理危机干预和预防工作，提高学生心理健康水平。2月10日，开通仙游县未成年人校外心理健康辅导站疫情心理援助热线，参与辅导的志愿者老师11人，主要采取电话热线及QQ热线服务等方式进行援助，援助近40名学生。3月5日，开通“知心老师”微信公众号，推出知“心”战“疫”系列心理调适视频、制作心理咨询手册。组织志愿者教师参加近50节专家直播课程培训学习，增强自身的在线援助技能。5月13日，辅导站在“知心老师”公众号上推出适合学生家长观看的微课《在不确定中寻找确定》等。开展送教下乡活动，5月29日，在蜚山第一小学举行陈兰清心理健康教育专题讲座，帮助基层学校开展心理健康教育。

评选“新时代好少年”活动。6月16日，县委文明办、县教育局、团县委、县妇联、县关工委组织开展“新时代好少年”推荐评选活动，从全县中小学校审核推荐95名“新时代好少年”候选人中推选出度尾中心小学余毅锴等10位同学为2020年仙游县“新时代好少年”。8月27日，在仙游县新时代文明实践中心举行2020年新时代好少年先进事迹发布会，在全县范围内宣传推广10位新时代好少年的先进事迹。

开展“仙游香樟杯”书信大赛。县委文明办、县教育局、县邮政分公司牵头，联合34个文明单位共建，开展关爱未成年人思想道德建设的“仙游香樟杯”书信大赛，吸引全社会关注和参与，通过青少年的视角、青少年的声音向全社会传递正能量，将“讲文明 懂感恩 树新风”渗入仙游人民心中。

成立仙游县“未成年人救助保护基地”。9月7日，在仙游县鲤南圣泉小学成立仙游县“未成年人救助保护基地”，是仙游县救助管理站设立的首个未成年人救助保护基地，是仙游县探索未成年人保护服务工作的又一创新举措。

开展全省乡村学校少年宫项目建设教学观摩活动。9月24日，在仙游县鲤南中心小学开展全省乡村学校少年宫项目建设教学观摩活动。省委文明办未成年人思想道德建设中心副主任王小兰率省未成年人思想道德中心相关负责人、全省乡村学校少年宫项目建设培训班全体参训人员（各设区市委文明办相关负责人各1人，2020年度全省51所中央项目承建校校长），到仙游观摩鲤南中心小学的乡村学校少年宫项目建设教学活动。

营造创城氛围。8月6日，牵头县教育局召开文明县城常态化创建工作推进会，部署要求学校按照测评标准，在校园恰当的地方设置社会主义核心价值观和公民基本道德规范等内容。开展校园环境整治，确保环境卫生整洁、师生文明礼貌、车辆停放有序、食堂干净节约、文明校园。在校园内显著位置刊播各种主题公益广告，宣传精神文明内容。9月，对全县各中心小学乡村学校少年宫和建城区中小学学校的文明县城实地考察点文明创建氛围布置进行检查。

【道德建设】 2020年，县委文明办开展慰问道德模范和身边好人活动。春节期间，走访慰问黄文谦、谢文良、吴美连等道德模范，并给予谢文良慰问金1万元、吴美连慰问金5000元；走访慰问“中国好人榜”身边好人林国辉，并给予慰问金3000元。6月15日，县委文明办下发《关于转发〈莆田市礼遇帮扶好人实施办法〉的通知》，建立完善礼遇帮扶好人的常态长效机制，体现全社会对好人的尊敬和关爱，营造学习、关心、争当好人的良好氛围。

身边好人、道德模范推荐评选工作。组织各级文明单位、文明校园、文明村镇、文明社区开展身边好人、道德模范推荐评选活动。推荐林焕辉参评2020年2月“福建好人榜”好人；推荐叶建兵、叶建洪、陈文山参评2020年8月“福建好人榜”好人；推荐张新岳、张建仙参评2020年9月“福建好人榜”好人。

【文明家庭创建活动】 2020年，县委文明办开展文明家庭创建活动。11月20日，林洪英家庭（榜头镇）被评为第二届全国文明家庭。

【志愿服务活动】 2020年，县委文明办规范完善志愿服务队伍建设。12月底，依托福建省志愿者管理系统（志愿云系统），全县注册志愿服务团体419支，注册志愿者2.2万人；依托莆田市志愿服务管理系统，开办莆田市志愿者卡约9000人。响应莆田市创建“全国志愿之城”的活动号召，成立仙游县妈祖志愿服务支队。

防控疫情志愿服务活动开展。出台《仙游县疫情防控应急志愿服务工作方案》，向全县发出《关于开展“志愿服务直通车”——疫情防控线上志愿服务行动的通知》，向全县转发市委文明办《关于做好疫情防控期间“3·5学雷锋”志愿服务活动的通知》，依托“一基地三窗口”以及遍布城乡各地的志愿服务点，发动各级文明单位履行社会责任、开展疫情防控学雷锋志愿服务活动。协调指导瑞容爱心协会、海绵团公益助学联合会、古道公益仙游站、仙游义工协会、爱心帮帮团等社会各界爱心公益组织，开展“新春送温暖”“结对子、种文化”“保护木兰溪志愿者在行动”“疫情防控”等形式多样的志愿服务活动。牵头全县各单位参与“践行雷锋精神，同心战疫·同力复工”疫情防控和复工复产志愿服务工作，全县组织1.8万名志愿者，开展防疫知识宣传、网络舆情监控、协助排查防控、环境清洁防护、应急心理疏导、防护物资供给等志愿服务活动超过10万人次。

交通安全整治开展。在城区各大交通路口开展行人闯红灯、行人横穿马路、行人不按道行驶专项整治行动，录入交通诚信系统，警告教育486起。开展“一盔一带”安全云守护行动，查处未佩戴安全头盔3033起，宣传教育3万人次；开展酒醉驾专项整治，城区共查处酒驾交通违法111起，醉驾犯罪50余起，城区涉酒交通事故大幅下降，居民安全感明显提升。加强市场及周边道路违法占道经营和违法停车整治，9—11月，平均每月查处市场周边道路违法停车200余起，清理占道摊点400余个，收缴占道物品100多件，现场劝导教育5000余人次。

开展“迎新春”城乡环境整治行动。1月6日，召开县“迎新春”城乡环境集中工作部署会议，在全县开展“迎新春”村（社区）清洁行动。

爱国卫生运动志愿服务活动常态化开展。组织引导广大志愿者就近就便开展志愿服务活动，推动环境卫生“痼疾”“死角”彻底解决。发挥志愿服务项目品牌示范作用，设立爱国卫生运动主题志愿服务项目。县检察院组织志愿者到兰溪公园绿化带，清理兰溪公园绿化带的生活垃圾，进行垃圾分类，为改善生活环境、绿色发展、可持续发展作贡献。

【移风易俗专项整治行动】 2020年，县委文明办召开电视电话会议，多形式多渠道开展移风易俗宣传，与县纪委监委、公安局、民政局等职能部门持续联合开展殡葬、烟花燃放、违规建房、赌博违法行为等不正之风专项整治行动，营造文明新风。

1月14日，召开仙游县推进移风易俗工作电视电话会议，县

1月11日，20对新人在度尾镇度峰广场举行中式集体婚礼

（唐伟 摄）

委、县政府分管领导、县直各单位主要领导及各派驻纪检监察组组长参加，各乡镇（街道）主要领导、分管领导及各村（社区）主干在各乡镇（街道）分会场参加。会上，传达贯彻上级相关会议精神，并对2020年移风易俗工作进行再部署。

利用公共领域宣传载体，全方位、多角度、立体化进行移风易俗宣传教育，发动各乡镇、文明单位、校园开展移风易俗宣传活动，营造浓厚的社会宣传氛围。组织开展2020年文化科技卫生“三下乡”活动，深化移风易俗宣传教育活动，提倡和谐文明健康的生活理念；利用70辆邮政投递车身+移动广播以及18辆移动广播（山区乡镇）对全县18个乡镇（街道）进行全方位、滚动式、声音和图文立体宣传移风易俗、乡风文明；在度尾镇举办以“抵制高价彩礼　倡导文明新风”为主题的青年集体婚礼，营造反对高价彩礼、婚事大操大办等陈规陋习，提倡“低聘金”“零聘金”、婚事新办的社会新风；郊尾镇党委、政府开展“移风易俗十个一”活动，开展移风易俗踩街宣传；龙华镇在貂峰村举办“2020年新时代文明实践活动暨首届民俗文化节”等宣传活动。

整治殡葬重点围绕“三沿六区”违法违规私自建或翻新硬化的豪华墓、大墓、“活人墓”开展，全年拆除“活人墓”6座、生态整治24座、摧毁墓地雏形1座；规划建设17处乡镇公益性公墓。截至2020年12月底，8个乡镇基本完成手续报批，其中投入使用3个（枫亭镇、社硎乡、游洋镇）、在动工建设1个（鲤城办）。2020年，查处非法储存烟花爆竹32起，查处32人；查处违规燃放烟花爆竹案件79起，罚款79人，收缴烟花爆竹1.23万件。在莆田市率先推广实施农村住宅“两层半”通用套图，促进农村建房规范化。2020年，立赌博刑事案件31起，破27起，查处治安赌博治安案件127起，抓获涉赌人员756人，其中刑事拘留36人，在逃人员抓获20人，行政拘留133人，治安处罚567人。

12月22日，仙游郊尾镇沙溪村作为移风易俗类三新代表参加莆田市2020年第三期三新活动。

（岳文杰）

机构编制管理

【概况】　2020年，中共仙游县委机构编制委员会办公室（简称“县委编办”）深化行政体制改革，完成乡镇（街道）机构改革，推进经营类事业单位改革，理顺县级机构改革后的职能体系，优化机构编制资源配置。

【乡镇机构改革】　2020年，县委编办强化党的建设。从机构和职能上强化乡镇（街道）党（工）委领导本辖区工作和基层社会治理的功能，提升乡镇（街道）党（工）委统筹协调能力。健全党建工作机构，配强党务工作力量，推进全面从严治党向基层延伸，更好支持和保证行政组织、经济组织和群众自治组织充分行使职权，夯实党在基层的执政基础，确保党中央决策部署和上级工作要求得到全面贯彻落实。

明确乡镇（街道）职责定位。加快乡镇（街道）职能转变，推动乡镇（街道）集中精力抓党建、抓发展、抓治理、抓服务，重点突出社会治理、生态保护、民生保障等职能。根据仙游县各乡镇（街道）的经济基础、资源禀赋、产业特点、地理区位、区域面积、人口规模等因素，确定不同类型乡镇（街道）的职责定位。榜头镇、枫亭镇、鲤南镇等工业化和城镇化发展水平较高的乡镇，着力解决工业化和城镇化发展进程中的相关问题；鲤城街道要着力加强社会治理、公共服务、城市管理、社区建设等职能。其他农业比重大的乡镇，要着力加强经济发展、服务“三农”、乡村振兴等职能。

推行和完善乡镇（街道）权责清单制度。修订完善乡镇（街道）权责清单和符合基层实际的办事指南、工作规程，推行乡镇（街道）权责清单规范化标准化建设，细化行政职权的主体、事项、依据、流程、岗位、责任等，简化权责清单内容和形式，强化权责清单的便民性，将权责清单作为乡镇（街道）履职的基础。健全乡镇（街道）权责清单动态调整机制，参照经济发达镇赋权清单指导目录，将乡镇（街道）管理迫切需要且能够有效承接的部分县级经济社会管理权限依法按程序赋予乡镇（街道）。县直部门将职责范围内的行政事务委托或交由乡镇（街道）承担的，需审核报批、充分听取基层意见，并同步落实经费、业务培训等相关保障措施。

理顺县乡关系。着力构建“边界清晰、权责一致、联动顺畅”的县乡关系，清理上级部门与乡镇（街道）签订的各类“责任状”“一票否决”事项，上级部门不得通过签订“责任状”、分解下达指标、考核验收等方式，将工作责任转嫁给乡镇（街道）。除中央和省委明确规定以外，各部门不得对乡镇（街道）设置“一票否决”事项。除党中央明确要求实行派驻体制的机构外，县直部门设在乡镇（街道）的机构原则上实行属地管理。建立健全将县直部门派驻机构纳入乡镇（街道）统一组织协调的工作机制，派驻机构工作考核和主要负责同志任免要听取所在乡镇（街道）党（工）委意见。对于符合条件的县直部门派驻机构负责人，乡镇（街道）可根据工作需要，使其参与乡镇（街道）班子成员工作分工。县直部门应支持派驻机构人员融入乡镇（街道）工作，乡镇（街道）党（工）委、政府（办事处）要注意发挥和调动派驻机构人员的积极性，统筹强化工作和生活保障。对乡镇（街道）的考核，应由县委和县政府统一组织，禁止县直部门自行安排。

整合优化机构设置。围绕统筹推进“五位一体”总体布局和协调推进“四个全面”战略布局需要，按照简约高效、便民利民的原则，进一步整合审批、服务、执法等方面的力量和职能，统筹机构编制资源，按照“大综合、扁平化”原则设置乡镇（街道）党政机构和事业单位。乡镇（街道）党政内设机构和事业单位设置实行限额管理，确因工作需要加挂牌子的，从严控制。鲤南镇等17个乡镇综合设置党政综合办公室、党群建设办公室、经济发展办公室（加挂财政所牌子）、社会事务办公室、社会治理办公室（加挂应急管理办公室牌子）、村镇建设办公室（加挂生态环境办公室牌子）6个内设机构；鲤城街道综合设置党政综合办公室、党群建设办公室、经济发展办公室（加挂财政所牌子）、社会事务办公室（加挂生态环境办公室牌子）、社会治理办公室（加挂应急管理办公室牌子）5个内设机构。人大、纪检、基层人民武装机构和群团机构等根据法律、法规和群团组织章程设置。县监委向乡镇（街道）派出监察组与乡镇（街道）纪（工）委合署办公，按照《中华人民共和国监察法》和有关规定履行职责。整合设置乡镇（街道）事业单位，鲤南镇等17个乡镇综合设置3个事业单位，机构规格为相当副科级，即：综合便民服务中心（加挂退役军人服务站牌子）、综合执法队、乡村振兴发展中心；鲤城街道综合设置3个事业单位，机构规格为相当副科级，即：综合便民服务中心（加挂退役军人服务站牌子）、综合执法协调中心、社区发展服务中心。各乡镇（街道）综合便民服务中心由社会事务服务中心、劳动保障事务所、卫生计生服务中心部分人员整合组建；综合执法队（综合执法协调中心）由社会管理服务中心、安全生产监督管理站、卫生计生服务中心部分人员整合组建，乡村振兴发展中心（社区发展服务中心）由经济发展服务中心、农业服务中心、文化站整合组建；榜头镇行政服务中心随建制并入榜头镇综合便民服务中心，榜头镇小城市管理执法大队随建制并入榜头镇综合执法队。各乡镇（街道）要结合“三定”工作，细化岗位职责，建立岗位与县直部门对应机制，确保各项工作均有人员负责。

规范县级部门派驻机构管理。县公安局乡镇（街道）派出所、县司法局乡镇（街道）司法所、县市场监管局乡镇（街道）市场监管所和县自然资源局乡镇（街道）自然资源所（由原国土资源所、县规划办派驻规划所整合组建后更名）、县农业农村局乡镇（街道）畜牧兽医站、县林业局乡镇（街道）林业站、县住建局乡镇（街道）村建中心站等县级部门派驻乡镇（街道）机构，业务工作接受县级主管部门指导，日常工作接受乡镇（街道）乡镇（街道）的统筹管理。

充实加强乡镇（街道）工作力量。强化乡镇（街道）领导班子建设，按照党中央有关规定选优配强班子成员，优化结构，切实提升领导班子统筹推进本地区各项事业发展的能力和水平，确保党中央、国务院各项决策部署和上级工作要求得到有效落实。乡镇（街道）领导职数根据有关规定控制在11名以内并实行总量管理，其中设书记1名、副书记兼任乡镇长（主任）1名、人大主席（人大工作委员会主任）1名、副书记、按照有关要求需要配备的纪（工）委书记、组织委员、宣传委员、统战委员、政法委员、武装部长等在党（工）委委员职数内统筹配备，副乡镇长（副主任）。实行党政领导交叉任职，挂职的不占职数。根据工作需要在各乡镇（街道）之间统筹调剂使用领导职数。

各乡镇（街道）机关行政编制和事业编制总量保持不变，全县18个乡镇（街道）机关行政编制总量560名。事业编制总量646名。进一步配齐配强乡镇（街道）工作力量，乡镇（街道）出现空余编制的，及时予以补充工作人员。

乡镇（街道）工勤人员按照“只出不进，退一减一”的原则，逐步消化规范到位。

完善公共服务体系。推进乡镇（街道）综合便民服务体系建设，整合乡镇（街道）行政审批和公共服务职能，实现“一站式服务”和“一门式办理”。梳理公布“一趟不用跑”和“最多跑一趟”办事清单，不断完善办事指南、工作流程，明确时限要求。实行“无差别综合窗口受理”，建立“乡镇（街道）前台综合受理、县和乡镇（街道）后台分类办理、乡镇（街道）统一窗口出件”的“受审分离”政务服务模式。加快推进村（社区）便民服务点和网上服务站点建设，拓展代缴代办代理等便民服务，打通服务群众“最后一公里”。加大政府购买服务力度，按照省政府购买服务指导性目录，编制乡镇（街道）年度购买服务计划，对适宜采取市场方式提供、社会力量能够承担的公共服务项目，尽可能交由社会力量承担，逐步实现由花钱养人向花钱办事转变。

推进乡镇（街道）综合执法。坚持乡镇一支队伍管执法，整合现有站所、县直派驻机构执法力量和资源设置综合执法机构，承担依法赋予或委托的综合执法权、及时向相关部门通报违法行为等职责，制定乡镇综合执法事项目录清单。县直部门可按照依法下放、宜放则放原则，将点多面广、基层管理迫切需要且能有效承接的执法权限委托乡镇（街道）综合执法机构。县直部门派驻机构承担行政执法职能的人员由乡镇执法机构统筹使用，建立健全联动执法机制。街道建立“街道吹哨、部门报到”综合执法机制，根据工作需要，在限额内设置综合执法协调机构。规范执法程序，提升执法能力。

【事业机构设置与调整】 2020年，县委编办撤销仙游县友谊学校，成立“仙游县第三中学”，为县教育局直属管理的公益二类财政核拨事业法人单位，完全中学建制，县友谊学校在职教职工连人带编划转到县第三中学；成立“仙游县第四实验小学”“仙游县第四实验幼儿园”，分别为县教育局直属管理的公益一类、公益二类财政核拨事业法人单位，原盖尾琼峰小学及其附设学前班在职教职工分别连人带编划转到仙游县第四实验小学和仙游县第四实验幼儿园；同意县社会福利中心同性质调整1名财政核拨事业编制到县最低生活保障办公室；同意县救助管理站对外加挂牌子的“仙游县流浪未成年人救助保护中心”更名为“仙游县未成年人救助保护中心”。同意县城市管理局下属事业单位县市政维护中心对外加挂“仙游县物业专项维修资金管理中心”牌子，增加2名财政核拨事业编制，所需编制从县村建中心站中划转；完成县地产公司、县粮油监测站等2家事业单位转企改制工作。

【事业单位登记管理】 2020年，县委编办按照《中华人民共和国行政许可法》要求，规范事业单位法人登记程序。贯彻实施国务院重新颁布的《事业登记管理暂时行条例》，组织2020年度的事业单位年检工作，完成事业单位年检278个，变更32个。

（傅新发）

机关党建

【概况】 2020年，中共仙游县委县直机关工作委员会（简称“县直机关党工委”）系中共仙游县委派出机构，领导县直机关党的工作。2020年，县直机关党工委下辖县直机关系统党委8个，其中基层党委12个，党总支11个，党支部294个，党员7226人。

【“大学习”活动】 2020年，县直机关党工委在个人自学和集中学习的基础上，通过改进学习方法，撰写体会等形式，结合开展专题研讨，学思践悟，激发机关党员学习理论积极性、主动性，提高学习效率。每周组织专题学习研讨，深刻领会习近平新时代中国特色社会主义思想的历史地位和丰富内涵，在机关持续推进“大学习”走深走实，组织机关各级党组织和全体党员干部深入学习中共十九大精神和十九届二中、三中、四中、五中全会精神，学习习近平总书记的重要读本、理论专著及采访实录。学好用好习近平总书记对福建工作的重要指示批示精神、治理木兰溪的重要理念，并与学习贯彻习近平总书记在福建工作期间的创新理念和实践探索紧密结合，持续兴起“大学习”热潮。县直机关党工委成立“理论学习中心组”，发挥示范带头作用，抓好全体党员干部深入开展学习。在加强自身理论学习的同时，指导督促各级党组织抓实抓好理论学习。持续兴起“大学习”热潮推动机关党建理论研究。协助县委宣传部开展好百名科级以上领导干部、百支宣讲团（小分队）下基层宣讲“双百”活动；在机关持续推进“大学习”走深走实，做到学懂弄通做实，用新思想武装头脑、指导实践、推动工作；采用线上线下和新媒体等手段，对中共十九届四中、五中全会精神进行全覆盖式学习培训；12月24日，组织县直机关党组织书记培训班，300多人参加，对中共十九届四中、五中全会精神进行宣讲，对《中国共产党党和国家机关基层组织工作条例》进行讲解，提升党组织负责人政治理论水平和党建业务能力。

【党建水平提升】 2020年，县直机关党工委始终把党的政治建设摆在首位，推进政治机关建设。参与一线疫情防控工作。2月11日，与县委组织部联合下发《关于机关事业单位在职党员干部到社区报到支持开展疫情防控工作的通知》，组织机关党员先锋队和党员志愿者在新冠肺炎疫情防控和促进复工复产中，奔赴街道社区、工厂；安排党员干部到社区报到支持参与防控疫情工作的跟踪管理，推动全县疫情防控工作开展，先后组织200多名机关党员投身疫情防控阻击战；3月，县直机关党工委到仙游经济经济开发区的“福建赛隆绿色纤维产业园”慰问市派支援队干部，统筹推进疫情防控，协调解决实际问题。

以党建活动促疫情防控。7月，下发《在县直机关深入开展创建“让党中央放心、让人民群众满意”的模范机关的实施方案》，就县直机关深入开展创建模范机关在要求、原则、任务、保障四个方面进行细化。8月，在县供电公司召开专题会议，推进模范机关创建活动，要求县直机关单位紧扣机关党建工作重点，结合各部门工作特色，把创建模范机关有机融入中心工作，发挥基层党组织的战斗堡垒作用和党员先锋模范作用，纵深推进工作开展。

建强机关基层党支部。开展基层党支部“达标创星”活动和“实功培元、实效培优”工程，建立不同领域党支部建设示范点，推进党支部标准化、规范化建设，推广和运用好县税务局“党建朋友圈”等工作模式；6月下旬，走访调研县教育系统、供电公司、市场监督管理局等单位，开展全县机关基层党组织先进典型推荐活动，探讨总结规范化建设基层支部的工作经验。

建立省直机关党建工作联系点。总结运用联系点建设经验做法，抓点促面、辐射引领，带动机关各级党组织实现整体推进。6月，向省直机关推荐机关工委干部评选“全省机关工委系统先进工作者”；7月，仙游机关工委被确定为省直机关党建工作联系点；8月，到福州参加省直机关工委召开的“省市县党建联席会议经验交流会”，仙游机关党建工作经验做法在会上作书面交流；9月，省、市联合党建调研活动在仙游开展，仙游机关党建工作得到省直机关工委领导肯定。

6月30日，斥资200万元修缮的中共福建省委上湖底驻地旧址在钟山镇临水村28号揭牌开放，被授予“县级爱国主义教育基地”称号。图为党员在现场重温入党誓词 （林婷婷 郑丽 摄）

加强高素质队伍建设。按照“政治强、业务精、作风好”的要求，选优配强专兼职党务干部，结合机关党组织换届等，推动不低于规定比例配备党务干部；探索专兼职党务工作经历纳入干部履历，推动党务干部同行政、业务干部交流任职制度；建立机关党务干部跟班学习、培养制度；不断优化机关党员队伍结构，全年发展党员指导性计划做到女性比例和35周岁以下新党员比例逐年提高，8月3日，为期3天的第22期入党积极分子、党员发展对象培训班在县教育局举行，县直机关和“两新”党组织学员325人参加培训。

持续深入开展文明创建活动，推进精神文明建设，打造机关党员志愿服务品牌。发挥县直机关行业特点优势，集思广益，深度开展党员志愿服务活动，推动活动品牌化。开展社区“双报到”和服务近邻党建工作。12月，下发《关于开展县直机关企事业单位党组织、党员到社区“双报到”活动的实施方案》，要求以党建为统领，依托机关各级党组织的行业特点推进“党建+”社区邻里中心建设；组织党员干部到木兰社区、南桥社区邻里中心报到，为“党建+”社区邻里中心服务；县直各有关单位能把机关党的工作融入社区各个功能区域，推动机关党组织与社区组织共建、活动共联、资源共享、机制共创；发挥县直机关关行业特点、部门优势，集思广益，深度开展党员志愿服务活动，推动活动品牌化。发挥广大党员干部的主观能动性，定期或不定期开展各类健康向上、形式多样的文体活动，提升机关文化品位，不断增强机关的凝聚力和向心力。以改革创新精神推进机关党建工作，聚焦机关党建重难点问题，探索新时代机关党建工作规律特点，创新工作方式方法，县直机关各级党组织撰写党建调研文章60余篇，为领导决策和改进机关党建工作提供参考。

【从严治党】 2020年，县直机关党工委从严执行党内政治生活制度。持续加强对“三会一课”（支部党员大会、支委会、党小组会、党课）、主题党日、双重组织生活等党内政治生活制度执行情况的督查，党员参加党内活动纪实制度有效执行。7月初，县直机关党工委与宣教系统党委、妇幼保健院支部联合开展“庆祝中国共产党成立99周年系列党日活动”，组织机关干部在上宫第一支部讲党课、聆听红色故事、接受党性锻炼；12月底，在仙游县人民法院举办党务干部培训班，对落实“三会一课”制度、加强党员教育管理、强化发展党员工作、落实《中国共产党基层组织选举工作条例》等方面开展辅导，提高党员执行党内政治生活的自觉性。引导引领机关党组织充分利用自身资源，推进独具特色的主题党日教育基地建设，1月9日，为国网仙游县供电公司正式启用“爱国爱企　担当作为”教育基地揭牌，县直机关党工委、县经贸系统党委、县文明办等相关负责人到场观摩交流；12月20日，“爱国爱企，担当作为”主题党日教育基地与蔡襄廉政教育基地一齐推荐报送全省机关主题党日活动基地，其他的主题党日教育基地筹建组织机关党组织开展以“我是党员我承诺，抗击疫情我先上”为主题的党日活动和“阅读相伴，共抗疫情”征文比赛等系列活动，把新冠肺炎疫情防控和经济社会发展工作的决策部署落到实处；落实《关于做好在疫情防控第一线发展党员工作的通知》，县直机关参与疫情防控的一线人员递交入党申请书，其中16名干部被确定为入党积极分子，2名被及时吸收为预备党员。严格落实意识形态工作责任制。牢牢把握意识形态工作主动权和领导权，加强意识形态领域形势任务教育，8月5日，在县供电公司组织县直机关学习宣传贯彻《中国共产党宣传工作条例》专题会议，阐明意识形态工作在新时代机关党的建设的重要性、紧迫性，强调各级党组织要严格落实意识形态工作责任制，特别是意识形态阵地管理，落实“831”审签制，加强对仙游机关党建微信公众号、仙游机关党建工作群等意识形态阵地的更新和管理。组织检查督查层层传导压力。把提升机关党建工作质量作为重要内容，以党建绩效考评、党建工作专项检查、全面从严治党主体责任检查等压实党建责任制。配合县委抽调人员组成9个检查组对县直29个单位进行2019年度全面从严治党主体责任落实情况检查，督促指导机关党组织扛起全面从严治党主体责任；4月中旬，县直机关党工委参加县委第十一轮巡察，配合开展对全县扶贫领域工作的专项巡察；11月，参与县委第十三轮常规巡察，同时选派干部参加市委第十三轮第二巡察组对湄洲湾北岸党工委和市委军民融合办的巡察。从严教育管理党组织书记。明确党组织书记对党建工作承担第一责任，对新任书记由机关工委主要负责人进行任前谈话，抓党建主体责任得到更好落实；持续落实机关党员主要负责人任党组织书记制度，建立健全机关党组织书记培训制度和党建责任清单、完善管理监督机制；持续加强作风建设和廉政教育，12月24日，在县直机关党组织书记培训班上组织观看党风廉政警示教育片《以案说法　警钟长鸣》，反响强烈。持续强化监督执纪问责。县直机关纪工委严把执纪审理关，从定性处理、程序手续、涉案款物等环节入手，做细做实事实证据，保障案件高质量，确保经得起时间和历史的检验。1—12月，完成党员违纪案件审理18件18人次，予以留党察看处分1人，党内严重警告处分4人，党内警告处分13人，时刻警醒广大机关党员干部遵纪守法。

（李君申）

保密工作

【概况】 2020年，中共仙游县委保密委员会办公室、仙游县国家保密局（简称“县保密局”）承办县委保密委员会日常事务工作，依法履行保密行政管理职能。是年，县保密局定期听取保密工作汇报，研究解决存在的问题，保证保密各项工作开展。加强保密体系建设，建立完善基层保密工作长效机制。坚持总体国家安全观，加强党管保密、依法治密，推进国家秘密治理体系和治理能力现代化，确保形成基本防控能力。

【保密专项检查】 2020年，县保密局重点围绕定密管理、涉密人员管理、计算机网络使用管理等工作，抓好全县各机关、单位保密自查自评工作。疫情期间，做好保密工作，依法做到疫情信息发布公开、透明、及时、准确，依靠信息技术提高工作效率；依法保护秘密信息和个人隐私，为统筹推进新冠肺炎疫情防控和经济社会发展营造良好的安全保密环境。

2020年，县保密局抓好国家统一考试保密监管工作。与县公安局、各考试主办单位配合，完成中高考、专升本等国家统一考试的安全保密管理工作，确保考试安全工作零差错。完善保密常态化工作机制，加强重点行业保密工作指导，严格政府信息公开保密审查机制。

【保密宣传教育】 2020年，县保密局抓好《中华人民共和国保守秘密法》的宣传教育活动，继续抓住党委（党组）成员、涉密人员等“关键少数”和重点群体，有针对性进行保密常识和保密知识的普及宣传教育工作。发挥党校（行政学院）和干部培训机构在保密教育中的重要作用，推进保密教育培训常态化。建立健全保密宣传教育工作长效机制，发挥机关、单位的主体作用，坚持把“两识”（保密知识、保密意识）教育纳入日常性教育培训内容，讲好保密课。

（林 萌）

党校教育

【概况】 2020年，中共仙游县委党校（简称“县委党校”）为中共仙游县委直接领导下的正科级机构，校长由县委副书记兼任，常务副校长全面主持工作，并作为同级党委委员的提名人选。2020年，县委党校组织5位教师到乡镇、系统、单位等宣讲习近平新时代中国特色社会主义思想，中共十九大，中共十九届二中、三中、四中、五中全会精神等24场次。

【干部教育培训】 2020年，县委党校举办主体班次培训班4期，培训学员198人次。其中，科级干部进修班2期，培训学员108人次；中青年干部培训班2期，培训学员90人次。主体班次设置“领导讲坛”专题，邀请5位县领导为党校学员授课。举办2020年仙游县新提任领导干部廉洁从政教育专题班，培训学员52人；联合相关部门举办9个专题班，培训学员1348人；协助县委组织部做好莆田市“新任乡村干部专题培训班”、莆田市党员干部“学习贯彻中共十九届四中全会精神”专题班线上学员管理工作。组织仙游县2800余名干部参与福建干部网络学院学习平台的网络培训。

【教学科研成果】 2020年2月，陈静的《中国共产党的政治合法性》发表于《湄洲论坛》，张开明的《发挥红色资源优势 持续开展党性教育》发表于《湄洲日报》。3月，张开明的《践行为民初心，决战决胜仙游脱贫攻坚》发表于《湄洲日报》。5月，陈晨静省校课题结项论文《“智能+”木兰溪中上游水生态文明建设路径探索》获福建省校院系统优秀成果奖。11月，陈静的《推进国家治理现代化视角下的社会信用体系建构》获福建省诚信促进会征文二等奖。

（王懿劼）

仙游县人民代表大会

综　述

【概况】　2020年，仙游县人大常委会召开常委会会议7次、主任会议12次，开展执法检查4项、视察检查16次、专题调研4次、满意度测评2次，审议专项工作报告17项，依法作出决议决定20项、发出审议意见书14份，依法任命地方国家机关工作人员12人次，免职10人次，接受辞职4人次，撤职1人次，任命人民陪审员96人，配合省、市人大常委会开展立法调研、执法检查、工作调研等活动10次。

【落实县委部署】　2020年，县人大常委会依法决定重大事项。听取和审议计划和财政报告，批准新增地方政府债券分配、预算调整议案及财政决算等决定，强化对政府债务资金安排使用管理和风险防控措施，助推全县经济稳健发展。助力新冠肺炎疫情防控。面对严峻的新冠肺炎疫情，常委会第一时间发出《致全县人大代表的一封信》，贯彻落实省、市人大常委会关于依法全力做好新冠肺炎疫情防控工作和关于防控疫情、切实保障人民群众生命健康安全的决定决议，动员各行各业人大代表积极投身战“疫”。成立县疫情防控工作社会动员组，下沉基层，分赴所联系的乡镇、社区，恪守应尽之责，为疫情防控积极作为。发动各级人大代表，通过各种渠道捐款捐物，累计捐款354万元，捐赠口罩6万多个、防护服500套，先后有10多位各级人大代表和10多个代表小组疫情防控的先进事迹被宣传报道。贯彻落实全国、省人大常委会关于革除滥食野生动物陋习、切实保障人民群众生命健康安全的决定，组织开展野生动物保护法执法检查，促进全社会增强疫情防控意识，提高应对突发重大公共卫生事件的能力水平。听取和审议县政府关于疫情防控工作情况的报告，推动各项防控工作有序开展。疫情形势好转后，常委会组成人员深入挂钩乡镇和企业，调研指导企业复工复产，推动做好“六稳”工作、落实“六保”任务，为坚决打赢疫情防控人民战争、总体战、阻击战贡献人大力量。精心服务项目发展。围绕县委中心工作，发挥代表作用，发动提供招商信息，努力引进项目落地仙游；根据工作安排，常委会领导和部分干部参与玉田片区项目改造征迁工作，取得较好成效；聚焦重点项目、重点任务多次开展视察检查，列出问题清单，交付整改，推进项目落地开工生产。助力决胜脱贫攻坚。常委会自觉把决战决胜脱贫攻坚作为政治任务，关注老少边远地区发展情况，深入扶贫挂钩村和综治平安挂钩村指导开展工作，协调解决项目资金286万元，帮扶旅游新村、村道扩宽、饮水安全、贫困群众兜底保障等具体项目；继续巩固62名人大代表结对帮扶32个贫困村、325名人大代表结对帮扶463户贫困户的做法，促进贫困村农产品销售，壮大“空壳村”集体经济。

【人大监督】　2020年，县人大常委会开展重点项目视察检查，听取和审议县政府关于国民经济和社会发展计划执行情况报告，听取和审议2019年县本级决算情况、审计工作报告和2020年上半年预算执行情况报告，审查和批准2019年县本级决算、2020年县级政府新增债务限额及调整预算支出草案；开展“十三五”规划实施情况、“十四五”规划纲要和二〇三五年远景目标编制情况调研，征求人大代表意见建议，听取和审议规划编制情况工作报告；开展国有企业经营管理和国有资产管理情况视察调查；开展台湾同胞投资保护法执法检查和加快推进台湾农民创业园建设、促进仙台融合发展情况专题调研；开展城区商业楼盘建设用地批后监管情况视察调查；组织开展物业管理条例执法检查；开展环境状况和环境保护目标完成情况视察调查；参加木兰溪流域水质提升攻坚行动、城区污水处理厂提标改造、城市垃圾分类处置、垃圾焚烧厂建设运行管理和畜禽养殖污染整治视察调查；配合省、市人大常委会开展关于传染病防治法执法检查审议意见落实情况的督查，以及“十四五”规划医疗卫生体系建设专题调研；组织开展食品安全法和福建省食品安全条例执法检查；听取和审议仙游县非物质文化遗产传承和保护工作情况报告；对上年度审计问题整改落实情况进行监督并开展满意度测评，县住建局、卫健局2个单位为满意等次、县财政局等6个单位为基本满意等次。

【法治建设】 2020年，县人大常委会坚持习近平法治思想，推进法治仙游建设，提升治理体系和治理能力现代化水平。开展公益诉讼检察工作视察调查，听取和审议县检察院专项工作情况报告，督促检察机关扩大公益诉讼范围，用足用好公益诉讼手段措施，建立健全公益诉讼配合机制，着力推动检察公益诉讼向纵深发展。开展家事审判工作情况视察调查，听取和审议县法院专项工作情况报告，提出加强完善家事审判工作协调机制建设、推进多元联动化解家事纠纷和加强家事审判调解专业队伍建设等审议意见。听取和审议仙游县“七五”普法工作情况报告，对全县“七五”普法宣传教育整体推进情况进行总体评估，并就推进仙游县“八五”普法工作取得更好成效提出意见建议，推动全社会进一步提高学法、用法、守法、护法的意识。落实县委全面深化改革的目标任务，围绕民主法治领域改革工作要求，健全人大相关工作制度，强化执法检查监督责任，问题清单有效解决。依法审查规范性文件38件，维护宪法和法律权威，促进政府依法行政。重视人民群众信访工作，全年受理来信30件，批转办结29件，帮助化解社会矛盾纠纷。

【代表履职】 2020年，县人大常委会重视代表工作，完善工作机制，提高服务水平，支持和保障代表依法履职，完善代表履职平台建设，全面推进84个代表联系群众活动室规范化建设；提高代表履职水平，举办县人大代表履职培训班，推动代表列席县人大常委会会议、参与常委会开展的执法检查、视察调研、评议测评等活动常态化，推荐代表参加重大工程项目和民生项目征求意见会，参加县法院庭审、县检察院检察开放日活动，全年列席常委会会议以及参与调研视察、执法检查等活动的代表265人次。组织代表100余人次参加政府有关重大事项征求意见会、宪法宣传日、法院庭审旁听、检察院开放日等活动，进一步丰富闭会期间代表履职活动。加强代表联系人民群众活动室建设，开展“代表活动日+”主题活动，共收集意见建议180条，得到落实116条。围绕社会治理创新，组织人大代表参与法院民事案件调解75件，成功调解案件43件。县十七届人大四次会议期间和闭会期间，收到代表建议203件，办复率100%。落实代表活动经费管理使用的意见，为代表订阅相关刊物和学习资料。完善代表履职监督管理机制，制定实施《仙游县人大代表履职登记办法》。加强代表履职宣传，在《仙游今报》、仙游广播电视台等媒体报道代表履职风采，提升代表履职影响力。

重要会议

【概况】 2020年，县第十七届人民代表大会召开第五次会议，县人大常委会召开常委会会议7次、主任会议12次。

【县十七届人大五次会议】 2021年1月8—10日在仙游党校礼堂举行，应到代表324名，实到代表288名出席会议。大会共举行四次全体会议。会议听取和审议代县长吴海端所作的县人民政府工作报告、县人大常委会主任黄一敏所作的县人大常委会工作报告、县人民法院代院长董金勇所作的县人民法院工作报告、县人民检察院代检察长陈宗协所作的县人民检察院工作报告；书面审议县2020年国民经济和社会发展计划执行情况及2021年国民经济和社会发展计划草案的报告、县2020年预算执行情况及2021年预算草案的报告，并作出决议。会议选举产生吴海端为仙游县人民政府县长，吴智群为仙游县监察委员会主任，陈德建为仙游县第十七届人民代表大会常务委员会副主任，董金勇为仙游县人民法院院长，陈宗协为仙游县人民检察院检察长，林茂钎、张毅劼为仙游县十七届人大常委会委员。县委书记郑亚木向新当选的县人民政府县长、县监察委员会主任、县人

1 月 8—10 日，仙游县第十七届人民代表大会第五次会议召开

（县人大办 供稿）

大常委会副主任、县人民法院院长、县人大常委会委员颁发当选证书。新当选的县人民政府县长、县监察委员会主任县人大常委会副主任、县人民法院院长、县人大常委会委员向宪法进行宣誓。

【县十七届人大常委会会议】 3 月 27 日，县十七届人大常委会第二十四次会议召开，会期半天。县人大常委会组成人员 34 人，实到会 32 人。会议听取和审议县政府关于仙游县新型冠状病毒肺炎疫情防控工作情况的报告、书面传达省十三届人大三次会议精神，部署 2020 年全县人大工作。会议审议通过免去林建忠的仙游县人大常委会办公室主任职务；黄文塔的仙游县人民政府副县长职务；王秀勇的仙游县人民法院审判员职务；陈爱国的仙游县人民法院审判员职务；林国华的仙游县人民检察院副检察长、检委会委员、检察员职务；决定接受吴建华辞去市七届人大代表职务，并报市人大常委会备案公告；决定接受陈文林辞去县十七届人大代表职务；林建忠辞去县十七届人大代表职务。会议通过选举任命罗剑华为仙游县人民法院审判员；朱美烟为仙游县人民法院审判员；林瑜娴为仙游县人民法院审判员；郑凌琳为仙游县人民法院审判员；蔡丽娟为仙游县人民法院审判员；蔡雅妮为仙游县人民法院审判员；林丹青为仙游县人民检察院副检察长。会议举行任命书颁发仪式。

4 月 29 日上午，县十七届人大常委会第二十五次会议召开，会期半天。县人大常委会组成人员 33 人，上午实到会 30 人。会议听取和审议县人大常委会执法检查组关于仙游县实施《福建省物业管理条例》情况的检查报告；审议仙游县 2020 年新增地方政府债券分配方案（草案）的议案；书面传达省人大常委会关于革除滥食野生动物陋习、保障人民群众生命健康安全的决定，关于切实保护关心爱护医务人员、营造尊医重卫风尚的决议。会议表决通过仙游县人大常委会关于批准 2020 年新增地方政府债券分配方案议案的决议、关于接受杨志煌辞去仙游县人民政府副县长职务请求的决定。

6 月 28 日，县十七届人大常委会第二十六次会议召开，会期半天。县人大常委会组成人员 33 人，实到会 32 人。会议听取和审议市公安局刑侦支队长郭国庆作的莆田市关于拟对仙游县第十七届人大代表林金如采取刑事强制措施的函，常委会组成人员表决，32 票赞成，无反对票，无弃权票，通过许可对林金如采取刑事强制措施。

6 月 30 日，县十七届人大常委会第二十七次会议召开，会期一天。县人大常委会组成人员 33 人，上午实到会 29 人，下午实到会 28 人。会议听取和审议县政府关于 2019 年度环境状况和环境目标完成情况的报告；听取和审议县检察院关于仙游县公益诉讼检察工作情况的报告；听取和审议县政府关于仙游县非物质文化遗产传承和保护情况的报告；听取和审议县人大常委会执法检查组关于仙游县实施《中华人民共和国野生动物保护法》及《福建省实施〈中华人民共和国野生动物保护法〉办法》情况的检查报告；听取和审议县人大常委会执法检查组关于仙游县实施《中华人民共和国食品安全法》及《福建省食品安全条例》情况的检查报告。会议书面传达学习十三届全国人大三次会议精神、《中共福建省委关于加强新时代人大工作和建设的决定》；表决通过县人民法院有关人事任免事项，并向新任命的 45 名县人民法院人民陪审员颁发任命书。

8 月 28 日，县十七届人大常委会第二十八次会议召开，会期一天。县人大常委会组成人员 33 人，上午实到会 29 人，下午实到会 29 人。会议听取和审议县政府关于 2020

年上半年国民经济和社会发展计划执行情况的报告；听取和审议县政府关于2019年县本级决算和2020年上半年预算执行情况的报告，审查和批准2019年县本级决算；听取和审议县政府关于2019年县本级预算执行情况及其他财政收支情况的审计工作报告和上年度审计问题整改落实情况的报告，并进行满意度测评，县财政局、卫健局、水利局、人社局被评为满意单位；听取和审议县法院关于仙游县家事审判工作情况的报告；听取和审议县政府关于仙游县城区经营性用地批后监管情况的报告。会议表决通过有关人事任免事项，并举行任命书颁发仪式。

10月30日，县十七届人大常委会第二十九次会议召开，会期半天。县人大常委会组成人员33人，上午实到会29人，下午实到会30人。会议听取和审议县人民代表大会常务委员会关于召开仙游县第十七届人民代表大会第五次会议的有关情况报告；听取和审议县政府关于仙游县国有资产管理及国有企业经营情况的报告；听取和审议县政府关于2020年新增地方政府债券分配方案（草案）的报告；听取和审议县政府关于县十七届人大四次会议代表建议意见办理情况的报告；听取和审议县人大常委会执法检查组关于仙游县实施《中华人民共和国台湾同胞投资保护法》情况的报告；听取和审议仙游县人民代表大会常务委员会任免国家机关工作人员实施办法修正案（草案）；听取和审议县政府有关人事任免的议案；听取和审议县人大常委会主任会议关于罢免林金喜市七届人大代表职务的议案；听取和审议县人大常委会主任会议关于暂时停止林金如执行县十七届人大代表职务的议案；会议书面听取并审议县人大常委会调研组关于加快推进仙游县台湾农民创业园建设，促进仙台融合发展情况的调研报告和县人大常委会调研组关于对仙游县历史文化名镇名村和传统村落保护情况的调研报告。会议表决通过仙游县人民代表大会常务委员会关于召开仙游县第十七届人民代表大会第五次会议的决定（草案），决定仙游县第十七届人民代表大会第五次会议于2020年12月23—26日召开，正式会期4天；表决通过2020年新增地方政府债券分配方案（草案）；表决通过仙游县人民代表大会常务委员会任免国家机关工作人员实施办法修正案（草案）；会议对县十七届人大四次会议代表建议意见办理情况涉及单位进行满意度测评，县交通局、住建局、城市管理局、发改局、市场监督管理局、交警大队、工艺办、九鲤湖管委会8个单位被评为满意单位。会议表决通过有关人事任免事项，还向新任命的副县长赫广楠颁发任命证书，并举行宪法宣誓仪式。

12月30日，县十七届人大常委会第三十次会议召开，会期一天。县人大常委会组成人员33人，上午实到会30人，下午实到会31人。会议听取和审议县政府关于仙游县“十三五”规划实施和“十四五”规划及二〇三五年远景目标纲要编制情况的报告；听取和审议县政府关于仙游县2020年国民经济和社会发展计划执行情况和2021年国民经济和社会发展计划草案的报告；听取和审议县政府关于2020年县本级预算调整方案（草案）的报告；听取和审议县政府关于仙游县2020年财政预算执行情况和2021年财政预算草案的报告；听取和审议县政府关于仙游县“七五”普法规划实施情况的报告；听取和审议人事任免事项。会议表决通过县政府关于仙游县“十三五”规划实施和“十四五”规划及二三五年远景目标纲要编制情况的报告；表决通过仙游县2020年国民经济和社会发展计划执行情况与2021年国民经济和社会发展计划草案的报告、仙游县2020年财政预算执行情况与2021年财政预算草案的报告；表决通过县政府关于2020年县本级预算调整方案的报告；表决通过县人大常委会代表资格审查委员会关于个别代表的代表资格的审查报告。会议还听取县人大常委会代表资格审查委员会关于个别代表的代表资格的审查报告；审议仙游县人大常委会工作报告（草案）；审议县十七届人大五次会议的有关事项。会议表决通过有关人事任免事项。会上，黄一敏向新任命人员颁发任命证书，新任命人员进行宪法宣誓。

监督工作

【概况】 2020年，县人大常委会听取和审议县政府工作计划、财政预算和审计工作报告3项、开展执法检查4项、视察检查16次、专题调研4次、满意度测评2次，审议专项工作报告17项，配合省、市人大常委会开展立法调研、执法检查、工作调研等活动10次。

【专项执法检查】 2020年，仙游县人大常委开展专项执法检查4次，听取和审议情况报告。

听取和审议关于《福建省物业

管理条例》实施情况的执法检查报告　县人大常委会重视物业管理执法检查工作，成立执法检查组，组长由常委会主任黄一敏担任，副组长由副主任张慧敏担任，成员由环城工委、司法与监察工委成员和部分县人大代表组成，3月下旬，执法检查组成员学习条例和其他有关法律法规，4月2日，召开执法检查组全体成员会议，部署启动执法检查工作，并听取县人民政府和县城市管理局等17个单位工作汇报并座谈，常委会主任、执法检查组组长黄一敏在会上作强调讲话，指出要结合贯彻落实中共中央国务院关于加强和完善社区治理的文件精神做好这次执法检查，坚持问题导向，增强监督实效，以法治力量推动仙游县物业管理工作上新台阶。此前，环城工委召集8家商品房住宅小区物业负责人、5家业主委员会负责人、2家保障房住宅小区负责人、4家安置房住宅小区负责人参加座谈，就如何做好小区物业管理工作征求意见建议。4月9日，执法检查组成员在县人大常委会副主任张慧敏的带领下，深入7个住宅小区和仙游县数字化城市管理中心现场检查，检查中，与社区等基层人员进行交流，还听取有关部门的意见，研究讨论执法检查报告稿。4月29日，县第十七届人大常委会第二十五次会议听取和审议张慧敏代表执法检查组所作的关于仙游县贯彻实施《福建省物业管理条例》情况的执法检查报告，常委会组成人员进行审议并提出建议：加大宣传力度，普及法律法规；建立健全工作机制，形成齐抓共管合力；加强物业企业管理，进一步提高服务能力和水平；规范业主委员会行为，提升业主自治能力；严格物业承接查验制度，逐步解决开发企业历史遗留问题。

听取和审议关于《中华人民共和国野生动物保护法》《福建省实施〈中华人民共和国野生动物保护法〉办法》实施情况的执法检查报告　5月中下旬，县人大常委会组成以常委会副主任黄新春为组长的执法检查组，对仙游县实施野生动物保护“一法一办法”情况进行检查。县人大常委会执法检查组实地察看仙游县珍稀动物宣传教育基地、红树林基地，自然保护区、野生动物栖息地、养殖场、红树林基地，抽水蓄能电站等地，听取县政府及有关部门和单位的汇报，并通过座谈交流、现场询问、查阅文件资料等方式，收集部分县乡人大代表、村主干、养殖户等的意见建议，了解掌握仙游县贯彻实施“一法一办法”和“两个决定”的情况。6月30日，县第十七届人民代表大会常务委员会第二十七次会议听取和审议仙游县贯彻实施《中华人民共和国野生动物保护法》《福建省实施＜中华人民共和国野生动物保护法＞办法》情况的执法检查报告，常委会组成人员进行审议并提出建议：进一步加强宣传教育；进一步加大违法查处力度；进一步完善市场监管机制；进一步加强队伍建设。

听取和审议关于《中华人民共和国食品安全法》和《福建省食品安全条例》的执法检查报告　5月，县人大常委会组成以常委会副主任张慧敏为组长食品安全执法检查组，于5月下旬至6月上旬，对仙游县贯彻实施食品安全“一法一例”情况进行执法检查。执法检查期间，县人大常委会执法检查组召开食品安全工作相关部门汇报座谈会，集中听取县食安办、县市场监管局等23个部门的工作情况汇报，并征求意见建议。执法检查组深入超市商场、食品生产加工企业、农贸市场、蔬菜大棚种植基地、学校食堂、个体餐饮、餐具清洗中心、食品安全监管平台等13家单位或企业实地察看，检查食品安全“一法一例”在仙游县的贯彻实施情况。6月30日，县第十七届人民代表大会常务委员会第二十七次会议听取和审议了仙游县贯彻实施《中华人民共和国食品安全法》和《福建省食品安全条例》的执法检查报告，常委会组成人员进行审议并提出建议：加大食品安全相关法律法规的宣传力度，提高全社会食品安全意识；健全监管机制，加强协调联动，提高工作实效；加强队伍建设，提升监管水平；落实主体责任，抓好“一品一码”追溯体系建设；加大执法和查处力度，加强重点领域和薄弱环节的监管。

听取和审议关于仙游县贯彻实施《中华人民共和国台湾同胞投资保护法》情况的执法检查报告　9月中旬，成立由县人大常委会副主任张慧敏担任组长，部分常委会委员和部分县人大代表为成员的执法检查组。执法检查组在学习《中华人民共和国台湾同胞投资保护法》和国家、省、市惠台政策基础上，与县港澳办等相关部门沟通，了解台胞台商在仙游县的情况，筛选实地检查的台资企业，制定实地检查方案。9月下旬，在常委会副主任张慧敏的带领下，深入台胞台企较集中的5个乡镇11家台企，与台商或台企负责人进行交流，并听取属地人民政府就如何做好《中华人民共和国台湾同胞投资保护法》的贯彻落实征求意见建议。之后检查组召开座谈会，听取县台港澳办、台创园等18个单位贯彻落

7月，县人大常委会对县部分重点项目进展情况进行视察调查。图为代表在京东·仙游项目点视察　　（县人大办 供稿）

实《中华人民共和国台湾同胞投资保护法》情况汇报并座谈。10月30日，县十七届人大常委会第二十九次会议听取和审议关于仙游县贯彻实施《中华人民共和国台湾同胞投资保护法》情况的执法检查报告。常委会组成人员进行审议并提出建议：提高思想认识，落实《台胞投资保护法》；牢记职责所在，提升服务水平；强化责任担当，切实解决问题。

【专项视察检查】 2020年，仙游县人大常委会开展专项视察检查9次，听取和审议情况报告。

听取和审议关于2019年度环境状况和环境目标完成情况的视察调查报告　5月，由常委会副主任张慧敏担任组长，环城工委、监察与司法工委组成人员及部分人大代表担任成员的视察检查组分别听取县政府和县生态环境局等13个部门工作汇报座谈会，深入6个乡镇察看10个生态环保重要项目，重点了解2019年度仙游县环境状况和环境目标完成情况。6月30日，县第十七届人民代表大会常务委员会第二十七次会议听取和审议副主任张慧敏所作的《关于2019年度环境状况和环境目标完成情况的视察检查报告》，常委会组成人员进行审议并提出建议：提高政治站位，推动生态文明建设思想认识再提升；决胜攻坚之年，打好碧水蓝天净土保卫战；持续做好上级环保督察反馈问题的整改；加强部门联动，提高环境执法能力水平。

听取和审议关于公益诉讼检察工作情况的视察调查报告　以县人大常委会副主任、县人大监察和司法委员会主任委员王新奖为组长，县人大常委会委员、县人大监察和司法委员会委员和部分人大代表组成的视察调查组，5月，在县检察院召开了“仙游县公益诉讼检察工作情况汇报会”，听取县检察院关于开展公益诉讼检察工作的情况汇报，分析研究仙游县公益诉讼检察工作中存在的困难和问题，探讨加强协作，拓展公益诉讼领域，推进工作深入的具体措施和办法。视察调查组查阅公益诉讼诉前检察建议办理情况和相关体制机制建设情况的相关资料，对县法院作出判决的3件公益诉讼案件进行检查。6月中旬，召开由11个部门参加的仙游县公益诉讼检察工作情况座谈会，并就各有关部门如何更好地协作配合检察机关开展公益诉讼检察工作进行座谈交流，对诉前检察建议办理情况进行检查。6月30日，县第十七届人民代表大会常务委员会第二十七次会议听取和审议关于仙游县公益诉讼检察工作情况的视察调查报告，常委会组成人员进行审议并提出建议：主动服务大局，立足办案发挥公益保护职能作用；提升办案质量，进一步增强专业能力；主动沟通协调，协同推进制度机制建设；凝聚公益保护共识，营造公益诉讼法治氛围。

听取和审议关于仙游县非物质文化遗产传承和保护工作情况的视察检查报告　以县人大常委会副主任黄新春为组长，部分常委会委员和县人大代表为成员的视察检查组，于5月下旬至6月上旬，先后深入书峰、榜头等乡镇，城西中心小学和乡村记忆博物馆（青黛印染体验馆）等非遗传习所。实地察看石艺、竹根雕、枫髓香和古琴制作等非遗项目；采取走访调查、听取汇报、召开座谈会征求相关专家、非遗传承人和非遗产品种植经营大户的意见等方式，对仙游县非遗传承和保护工作进行调查。6月30日，县第十七届人民代表大会常务委员会第二十七次会议听取和审议关于仙游县非物质文化遗产传承和保护工作情况的视察检查报告。常委会组成人员进行审议并提出建议：提高思想认识，坚定文化自信，加强领导，加大宣传力度；加大资金投入，制定激励政策，加强行业监管，促进健康发展；创新传承举措，拓宽传承途径，加快人才培养，加强队伍建设；加强开发利用，做大非遗产业，助推乡村振兴，促进经济发展。

听取和审议关于仙游县2020年上半年计划执行情况的视察调查报告 7月下旬至8月上旬，由部分人大常委会委员和代表组成的县人大常委会视察调查组对仙游县2020年上半年国民经济和社会发展计划执行情况（含重点项目）进行视察调查。视察调查组于8月5日召开汇报座谈会，集中听取县发展和改革局关于仙游县2020年上半年国民经济和社会发展计划执行情况的报告和有关职能部门的工作汇报，并进行座谈，征求意见。8月6日，视察调查组深入到有关乡镇、管委会对京东（仙游）经济产业园、华峰绿色纤维工业园、艺雕智慧产业园等重点项目进行实地察看，详细了解项目建设进展情况。8月28日，县第十七届人民代表大会常务委员会第二十八次会议听取和审议关于仙游县2020年上半年计划执行情况的视察调查报告。常委会组成人员进行审议，并提出审议意见：增强信心，全力冲刺，确保完成全年目标任务；加快转型升级，增强产业发展动能；狠抓落实，加快推进项目建设；加强民生保障，持续提升城市功能品质；科学谋划，高质量完成“十四五”规划编制。

听取和审议关于2019年县本级决算、预算执行情况审计和2020年上半年预算执行情况的视察调查报告 8月5日，县人大常委会视察调查组召开由部分人大常委及相关部门单位领导参加的汇报座谈会，听取县财政局《关于2019年财政决算和2020年上半年预算执行情况》和县审计局《关于2019年县级预算执行和其他财政收支情况》的汇报。8月28日，县第十七届人民代表大会常务委员会第二十八次会议听取和审议关于2019年县本级决算、预算执行情况审计和2020年上半年预算执行情况的视察调查报告。常委会组成人员进行审议，决定批准2019年本级决算，对2020年预算执行提出审议意见：培育财源，挖潜增收谋发展；优化结构，科学理财增效益；强化监管，防范风险兜底线；加快整改，严肃纪律促规范。

听取和审议关于仙游县家事审判工作的视察调查报告 由县人大常委会副主任、县人大监察和司法委员会主任委员王新奖担任视察调查组组长，县人大常委会监察和司法工委、环城工委主任及部分委员、人大代表组成视察调查组于8月开展对仙游县家事审判工作视察调查，视察调查组在县法院听取仙游县家事审判工作情况汇报，并深入家事审判庭和大济法庭视察了解工作情况，听取意见建议，研讨促进家事审判工作的对策措施。8月28日，县第十七届人民代表大会常务委员会第二十八次会议听取和审议关于仙游县家事审判工作的视察调查报告。常委会组成人员进行审议并提出建议：进一步创新家事审判方式和工作机制，推进家事审判专业化发展；强化家事审判队伍专业化建设，构建专业的家事审判团队；健全完善家事纠纷多元化机制，形成合力。

听取和审议关于仙游县城区经营性用地批后监管情况的视察调查报告 2020年8月上旬，由县人大常委会副主任黄新春为组长的视察调查组对仙游县城区经营性用地批后监管情况进行视察调查。视察调查组通过座谈交流、实地调查、现场询问、和查阅文件资料等方式，了解掌握仙游县城区经营性用地批后监管情况。实地察看鲤城、鲤南4个商业楼盘，召开座谈会，书面听取县人民政府的工作汇报，并听取县自然资源局、住建局、城市管理局、发改局、市场监督管理局、税务局、财政局的工作汇报，探讨分析仙游县城区经营性用地批后监管工作存在的困难和问题，就进一步加强城区经营性用地批后监管情况提出意见建议。8月28日，县第十七届人民代表大会常务委员会第二十八次会议听取和审议关于仙游县城区经营性用地批后监管情况的视察调查报告。常委会组成人员进行审议并提出建议：提高认识，增强责任意识；加强协调，形成监管合力；完善制度，健全长效机制；严格管控，强化违规打击。

听取和审议关于仙游县国有资产管理及国有企业经营情况的视察检查报告 10月14日，视察调查组成员深入到部分县直单位及县属国有企业现场视察调查仙游县国有资产管理及国有企业生产经营情况。10月15日上午召开座谈会，集中听取县财政、发改、自然资源、水利、住建、交通、农村农业、教育、审计、人社10个县直部门和经济开发区、鲤城新区、仙港工业园、工艺产业园、台创园、九鲤湖、菜溪岩7个管委会以及九仙溪水电开发总公司、自来水公司、公交公司、食品公司、九鲤湖旅游公司、建工集团公司、电影公司7个县属国有企业工作汇报并座谈，了解仙游县国有资产管理及国有企业经营情况。10月30日，县十七届人大常委会第二十九次会议听取和审议仙游县国有资产管理及国有企业经营情况的视察检查报告。常委会组成人员进行审议并提出建议：建立有效的管理制度，提升管理水平；建立健全国有资产登记台账，防止资产流失；建立一支敬业的、专业的资产管理队伍；建立规范完善的国有资产工作机制。

听取和审议关于县十七届人大四次会议代表建议办理情况的视察检查报告 10月上旬，县人大常委会视察检查组先后实地察看部分建议办理落实情况；听取县文旅局、水利局等15个单位办理代表建议情况汇报。10月30日，县十七届人大常委会第二十九次会议听取和审议关于县十七届人大四次会议代表建议办理情况的视察检查报告。常委会组成人员进行审议，并逐件进行满意度测评。会议建议：深化思想认识，牢记为民宗旨；强化督办力度，提高办结速度；重视协调环节，解开代表心结。

【专项调研调查】 2020年，仙游县人大常委会开展专项调研调查6次，听取和审议情况报告。

听取和审议关于加快推进仙游县台湾农民创业园建设，促进仙台融合发展情况的调研报告 9月中下旬，调研组对仙游县台湾农民创业园建设情况开展专题调研。调研组听取县直有关部门和钟山镇、游洋镇工作情况汇报，实地察看亿松农业开发有限公司、摩天岭农业有限公司、马偕生物科技有限公司等8家台农企业等，与他们交流，征求意见，了解仙游县台创园建设情况及意见建议。10月30日，县十七届人大常委会第二十九次会议书面听取和审议关于加快推进仙游县台湾农民创业园建设，促进仙台融合发展情况的调研报告。常委会组成人员进行审议并提出建议，即坚持产业引领，推动农业转型升级；坚持规划引领，推动台创园稳步发展；强化责任担当，解决台创园发展难题。

听取和审议关于仙游县历史文化名镇名村和传统村落保护情况专题调研报告 调研组于9月中下旬开始，深入石苍济川、盖尾前连和榜头民国风情古街察看了解历史文化保护情况，召开座谈会，听取县住建局等10个部门和石苍乡等7个乡镇政府工作汇报并座谈。10月30日，县十七届人大常委会第二十九次会议书面听取和审议关于仙游县历史文化名镇名村和传统村落保护情况专题调研报告。常委会组成人员进行审议并提出建议：加强政府引导，推进历史文化名镇名村和传统村落保护工作；落实工作责任，用法治力量保护历史文化；注重文化传承、挖掘人文内涵留住乡愁记忆；着力探索创新，提升保护管理工作能力水平。

听取和审议关于仙游县2020年国民经济和社会发展计划执行情况与2021年国民经济和社会发展计划草案的调查报告 11月下旬至12月上旬，县人大常委会调研组对仙游县2020年国民经济和社会发展计划执行情况及2021年计划草案进行调查。调研组于12月1日召开汇报座谈会，听取县发改局《关于仙游县2020年国民经济和社会发展计划执行情况与2021年国民经济和社会发展计划草案的报告》和有关部门的工作汇报，并进行座谈，征求意见建议。12月30日，县十七届人大常委会第三十次会议听取和审议关于仙游县2020年国民经济和社会发展计划执行情况与2021年国民经济和社会发展计划草案的调查报告。常委会组成人员进行审议并提出建议：坚定信心，确保完成计划目标任务；加快培育壮大新动能，推动经济提质增效；加快培育消费热点，有效拉动经济新增长；统筹城乡融合发展，推进新型城镇化建设；加强保障和改善民生，增强人民幸福感。

听取和审议关于仙游县2020年预算执行情况和2021年预算草案的调查报告 11月下旬至12月上旬，县人大常委会调研组上旬对仙游县2020年预算执行情况及2021年预算草案进行调查。调研组于12月1日召开汇报座谈会，听取县财政局《关于仙游县2020年预算执行和2021年预算草案的报告》和有关部门的工作汇报，并进行座谈，征求意见。12月30日，县十七届人大常委会第三十次会议听取和审议了关于仙游县2020年预算执行情况和2021年预算草案的调查报告。常委会组成人员进行审议并提出建议：精准施策，多方发力挖潜增收；优化支出，开源节流控服兼顾；强化监管，防范风险兜牢底线。

听取和审议关于仙游县“七五”普法工作的视察调查报告 由县人大常委会副主任、县人大监察和司法委员会主任委员王新奖担任视察调查组组长，成员由监察和司法工委、环城工委主任及部分委员、人大代表组成的视察调查组于11—12月对仙游县“七五”普法工作进行视察调查。视察调查组在县司法局召开“仙游县‘七五’普法工作汇报会”，听取县普法办和各成员单位的工作汇报，并进行座谈，听取各成员单位的意见建议，研讨普法工作存在的困难和问题及下一步工作举措。12月30日，县十七届人大常委会第三十次会议听取和审议关于仙游县“七五”普法工作的视察调查报告。常委会组成人员进行审议并提出建议：深入学习贯彻中共十九届四中、五中全会精神和习近平法治思想，进一步巩固“七五”普法成果；明确目标任务，落实责任到位；抓好普法宣传教育队伍建设，增强普法宣传教育的实效性；加强普法宣传教育工作保障。

听取和审议关于仙游县“十三五”规划实施情况和“十四五”规划编制情况的调研报告 县人大常委会成立以主任黄一敏为组长、副主任王新奖和副主任张慧敏为副组长、部分委员为成员组成调研组，于11月上旬起对仙游县“十三五”规划实施情况和“十四五”规划编制情况进行调研。调研组于11月17日和18日分别召集各有关乡镇（街道）、管委会负责人实地察看了部分项目进展情况，听取各项目责任单位的汇报和介绍，详细了解项目推进情况、存在困难和问题以及下一步工作打算，并召开汇报座谈会，听取各有关乡镇（街道）、管委会关于“十三五”规划实施情况和“十四五”规划编制情况的汇报，并进行交流座谈。11月19日上午，召开县直部门汇报座谈会，集中听取县发改局、工信局等相关部门关于“十三五”规划实施情况和“十四五”规划编制情况的汇报，并征求意见建议。12月30日，县十七届人大常委会第三十次会议听取和审议关于仙游县“十三五”规划实施情况和“十四五”规划编制情况的调研报告。常委会组成人员进行审议并提出建议：加强衔接，科学合理制定“十四五”规划指标体系；更加注重产业结构调整优化；更加注重实体经济发展壮大；更加注重民生改善和保障；凝心聚力做好“十四五”规划实施工作。

代表工作

【代表建议办理】 2020年，仙游县人大常委会完善代表意见建议督办机制，推行全面督办、重点督办、联合督办和网络督办等做法，开展代表建议办理情况专项视察调查，听取办理情况工作汇报。县十七届人大四次会议期间和闭会期间收到代表建议203件。会后，常委会及时做好交办和督办工作，选择其中15件代表建议，作为重点督办件，交由常委会相关委室进行督办，并对14个重点单位办理情况进行满意度测评，票决8个单位为满意单位、6个单位为基本满意单位。203件代表建议全部办理并书面答复代表，代表建议办复率100%，满意率98%，推动建议办理由“答复型”向“落实型”转变。

【代表履职活动】 2020年，仙游县人大常委会建立代表履职信息平台，汇集履职活动记录、议案建议办理、工作情况通报等功能，使代表履职可量化、可跟踪、可查询，为代表交流互动提供方便。邀请代表更广泛、更深入参与常委会工作，全年列席常委会会议以及参与调研视察、执法检查等活动的代表265人次。组织代表100余人次参加政府有关重大事项征求意见会、宪法宣传日、法院庭审旁听、检察院开放日等活动，进一步丰富闭会期间代表履职活动。加强代表联系人民群众活动室建设，开展“代表活动日+”主题活动，收集意见建议180条，得到落实116条。围绕社会治理创新，组织人大代表参与法院民事案件调解75件，成功调解案件43件。

【代表履职服务】 2020年，仙游县人大常委会做好代表服务保障工作，组织代表培训，加强工作对接，联系相关单位为代表持证视察、依法约见提供方便。坚持常委会组成人员、县级领导干部中的代表联系代表制度，定期开展走访，帮助解决代表履职和工作生活中的实际困难和问题。落实代表活动经费管理使用的意见，为代表订阅相关刊物和学习资料。完善代表履职监督管理机制，制定实施《仙游县人大代表履职登记办法》。加强代表履职宣传，在《仙游今报》、仙游广播电视台等媒体报道代表履职风采，提升代表履职影响力。

（林金全）

仙游县人民政府

综 述

【概况】 2020 年，仙游县人民政府在上级党委、政府和县委的领导下，围绕统筹推进“五位一体”总体布局和协调推进“四个全面”战略布局，贯彻落实习近平总书记重要讲话重要指示批示精神和治理木兰溪的重要理念，落实上级党委政府和县委的决策部署，统筹新冠肺炎疫情防控和经济社会发展工作，做好“六稳”工作、落实“六保”任务，全方位推动高质量发展超越，突出开放招商、强化项目带动，实施强产业、兴城市“双轮”驱动，完成县十七届人大四次会议确定的目标任务。2020 年，实现地区生产总值 571 亿元，比上年增长 4.5%；规模以上工业增加值 205.8 亿元，比上年增长 3.5%；全社会固定资产投资 256 亿元；一般公共预算总收入 40.8 亿元，比上年增长 1.7%，其中地方一般公共预算收入 27.2 亿元，比上年增长 4%；实际利用外资 5000 万元；外贸进出口总额 162 亿元，比上年增长 421.6%；社会消费品零售总额 362 亿元；农林牧渔业总产值 43 亿元，比上年增长 5%；居民人均可支配收入 2.55 万元，比上年增长 4.5%。

【项目攻坚】 2020 年，仙游县推进重点项目建设，获批林地 52 公顷、土地 30 公顷，完成征地 129.18 公顷、拆迁 87.49 万平方米。350 个省、市、县重点项目超序时完成年度投资任务，实现开竣工 176 个。华峰绿色纤维产业园一期部分投产。3C 产业园开园运营。慈岳片区一期完成土地平整 17.33 公顷，鑫瑞科技新型功能材料产业链项目动工建设。电子信息产业园标准化厂房一期竣工，园区道路、学校、医院等配套设施基本完善。纵三线钟山湖亭至鲤南涵井段、游洋双峰至钟山麦斜段公路完工，瑞峰大桥建成通车。完成木兰溪防洪景观工程 10.4 千米。突出开放招商，全年策划项目 150 个，计划总投资 2130 亿元。中科声学、正邦农业产业链项目等 94 个重大项目实现签约，计划总投资 395.85 亿元。

【产业结构】 2020 年，仙游县“强产业”扎实推进，市场主体突破 13 万户，保持莆田市第一。惠企政策有效落实，兑现补助资金 2.49 亿元，减税降费超 3 亿元。282 家企业入选市级“白名单”企业，数量居莆田市第一。49 家企业入选省级“百千”增产增效行动重点企业。工业经济提质升级。规模以上工业企业 286 家，实现产值 722.2 亿元。产值超亿元企业 163 家。完成工业投资 110 亿元、技改投资 75 亿元，增幅及进度均居莆田市第一。新增国家级“专精特新”小巨人企业 1 家、省级科技小巨人企业 3 家、工业龙头企业 4 家、循环经济示范试点企业 2 家。高新技术产业产值增加值增长 12.2%。海安橡胶、意达科技列入省重点上市后备企业。仙游经济开发区获评省级绿色园区、省级循环经济示范试点园区。工艺产业园通过省文化产业重点园区复评，建成 2 个县级红木烘干处理中心。建筑业稳步发展，新增建筑施工总承包一级资质 1 家、二级 2 家。第三产业提速发展。新增限额以上商贸企业 69 家。限额以上电商企业 126 家，完成零售额超 35 亿元。在全省率先出台县域产业带直播三年行动方案，京东、淘宝、抖音、快手产业带直播基地落户仙游。京东数字经济产业园入选省数字经济应用场景典型案例，京东云仓正式落地运营。平台经济交易额突破 200 亿元。中骏世界城、居然之家建成运营。举办美食节、云上红博会、农民丰收节等活动。入选福建省全域生态旅游示范县，

西苑乡凤山新村（2020）（刘燕钦 摄）

旅游接待游客95.5万人次，仙水洋、绿源名贵植物园获评国家AAA级旅游景区，三福红木文化产业园获评省工业旅游示范基地。现代农业提效创优。获得全国农村承包地确权登记颁证工作典型地区。台湾农民创业园获评国家级农村创新创业园区，综合考评连续四年获全国“优秀”等次。城区中心农贸市场、农产品批发市场、机械化屠宰厂投入使用。发展设施农业188.32公顷、油茶基地200.8公顷、名贵林基地67.67公顷，新增“三品一标”农产品12个。建设高标准农田2533.33公顷，创建农民专业合作社示范社24家。

【城乡建设】 2020年，仙游县“兴城市”有序实施，国土空间总体规划三条控制线基本划定，完成23个村庄规划编制。200个城建项目完成投资148亿元。建成区面积扩大2.6平方千米，城镇化率提高1.9个百分点。推进中心城区六大片区和滨海新城四大片区改造工作。艺都大道、金凤大桥、北三环中段、东一环北段、东二环北段实现贯通，温南支路、来蜚路建成通车。温泉度假中心招商运营，美食城二期竣工，“六馆”（美术馆、档案馆、科技馆、文化馆、图书馆、博物馆）加快建设。6个老旧小区完成改造。建成商品房面积74.5万平方米。城市精细化管理水平持续提高，成立县属国有城乡环卫公司，新建垃圾分类屋亭100座，新增城区停车泊位1083个。垃圾焚烧发电厂运营，飞灰固化物填埋场竣工投用。特色小镇加快建设，塔斗山公园二期建成启用，九鲤湖祈梦堂、望仙台竣工投用。推进乡村振兴战略，完成22个省级乡村振兴试点村村庄规划编制。创成省级乡村旅游特色村3家、金牌旅游村2家，济川村获中国最美村镇治理有效成就奖。乡镇科技特派员工作站实现全覆盖。游洋兴山村等4个村获第二批“国家森林乡村”。强化农村人居环境整治和“两高”沿线环境综合整治，新改建公厕19座。实施房屋安全隐患百日攻坚专项行动，处置重大安全隐患房屋913栋。乡村文明持续加强，移风易俗成效明显。

【生态环境】 2020年，仙游县推进污染防治攻坚战，上级环保督察反馈问题得到整改。空气质量优良率100%达标，稳居莆田市第一。“双河湖长制”深入落实，木兰溪全流域系统治理全面推进，恢复水域面积7.6万平方米，木兰溪干流水质断面考核100%达标。列入福建省首批农村生活污水治理试点县，农村生活污水治理专项规划完成编制，农村生活污水处理工程新建污水管网292.2千米。老城区雨污分流改造完成7千米，污水收集率进一步提高。经济开发区污水处理厂二期竣工投用。完成矿山生态恢复3个、治理水土流失1666.67公顷、植树造林1546.67公顷、商品林赎买82.2公顷，森林覆盖率居莆田市第一。

【民生保障】 2020年，仙游县16件为民办实事项目完成投资28.5亿元。发放各类援企稳岗补贴1895万元。为企业减免社会保险费1.04亿元。城镇新增就业3274人，城镇登记失业率控制在5%以内。城乡居民基本医疗保险参保人数98.3万人、养老保险参保率98%。城乡低保实现应保尽保。医疗救助、抚恤补助、灾害救济、慈善资助等救助体系更趋完善。建成农村幸福院30个，7个乡镇敬老院实行“公建民营”，居家社区专业化养老服务实现城乡全覆盖。福泽园建成投用。实施棚户区改造1035套，安置房竣工23.04万平方米。开通、优化公交线路4条，大蜚山公交首末站竣工投用。“四好农村路”加快建设，完成农村公路养护提升工程375千米、农村公路硬化工程40千米、改造危桥8座。城区第一水厂迁建工程加快建设。创成全国首家“大面积停电事件应急体系示范县”，新建、改造电力线路 183.61 千米。防灾减灾及应急救援体系完善，应对台风等自然灾害。

【社会事业】 2020 年，仙游县推进“教育强县”，实施高中提升工程 4.5 万平方米、校舍安全改造项目 1.1 万平方米、全面“改薄”项目 3150 平方米。新改建幼儿园 9 所、小学 3 所，新增学位 7740 个。新创市级示范性幼儿园 3 所、义务教育管理标准化学校 61 所、省级合格小规模学校 19 所。度尾中学、现代中学、私立一中晋升为省二级达标高中，大济中学、龙华中学晋升为省三级达标高中，华侨中学通过省一级达标校复评。县老年大学获评省达标老年大学。推进健康仙游，县总医院迁建项目动工建设，菜溪、社硎、大济卫生院新综合楼投用。295 个村级卫生所开通医保终端服务。莆仙戏鲤声艺术传承保护中心获全国基层文艺院团先进集体。仙游籍运动员获国家级以上金牌 6 枚。开展省级文明县城创建工作。“七五”普法通过市级验收。第七次人口普查工作全面完成。推进“平安仙游”建设。开展安全生产隐患大排查大整治和专项整治三年行动，生产性两项指标实现“双下降”。食品安全形势稳中向好。扫黑除恶专项斗争圆满收官。鲤城木兰、南桥社区列入莆田市“党建 +”社区邻里中心试点，打造成基层治理范本。仙游县防汛抗旱应急指挥中心投入使用。信访、人民调解工作扎实有效，社会保持和谐稳定。双拥工作、国防动员、民兵预备役部队建设、海防、人防等工作不断加强，征兵工作圆满完成。惠台政策有效落实，仙台融合发展更加深入。人事人才、编制、保密、档案、物价、气象、外事侨务、民族宗教、地方志、慈善、社会诚信、红十字会等工作取得新进步，工青妇、老龄、关心下一代、残疾人等事业得到新发展。

重要会议

【县政府全体会议】 2020 年 3 月 9 日，仙游县人民政府县长吴国顺主持县政府 2020 年第一次全体会议。会议总结 2019 年全县工作“亮点”与“问题”，并就做好 2020 年政府工作提出意见。县领导吴兰芳、郑文炉、戴华挺、郑秉忠、谈振军、陈国成，各乡镇（街道）、县直部门负责人等参加会议。

【县政府常务会议】 2020 年，仙游县人民政府县长吴国顺先后主持召开 13 次县政府常务会议，研究全县相关工作。

2020 年仙游县人民政府常务会议纪要

表 1

会议名称	会议内容	会议时间
第七十三次常务会议	传达学习贯彻全省医药卫生体制改革工作推进会精神，听取我县医改工作开展情况，研究部署下一步工作；研究仙游县 2019 年度平安乡镇（街道）、平安单位考评工作有关事宜	2020 年 1 月 18 日
第七十四次常务会议	听取全县脱贫攻坚、房屋安全隐患排查整治、规上工业企业复工复产用电指数等工作情况汇报，研究部署下一步工作；研究《关于进一步规范城市道路挖掘修复管理的通知（送审稿）》有关事宜	2020 年 3 月 9 日
第七十五次常务会议	研究《中共仙游县委 仙游县人民政府关于突出开放招商 强化项目带动 推动高质量发展落实赶超的意见（送审稿）》《中共仙游县委 仙游县人民政府关于成立县开放招商领导小组的通知（送审稿）》《2020 年仙游县开放招商工作方案（送审稿）》《仙游县依法没收的违法用地地上建筑物及其他设施处置办法（送审稿）》《仙游县公益性小型水库物业服务实施方案（试行）（送审稿）》有关事宜，听取党政领导生态环保目标责任书落实情况和污染防治攻坚战（含中央、省、市环保督察问题整改及信访件办理）、“两违”整治情况汇报，研究部署下一步工作	2020 年 3 月 25 日

续表 1

会议名称	会议内容	会议时间
第七十六次常务会议	听取全县防汛备汛工作、“米袋子”（含全县落实粮食安全行政首长责任制工作情况）、“菜篮子”、生猪生产和市场供应、金融风险化解情况汇报，研究部署下一步工作；研究《仙游县关于加快产业带直播发展促进电子商务提升行动方案（2020—2022 年）（送审稿）》《进一步加强全县生猪屠宰行业一体化管理实施方案（送审稿）》《仙游县扶贫小额信贷风险补偿金管理办法（送审稿）》有关事宜	2020 年 4 月 9 日
第七十七次常务会议	研究《仙游县国土空间总体规划（2019—2035 年）（送审稿）》《关于贯彻落实“六保”促进市场主体平稳运行加快经济高质量发展二十六条措施的通知（送审稿）》《仙游县生活垃圾分类制度实施方案（送审稿）》《关于切实抓好 2020 年造林绿化工作的通知（送审稿）》赖店镇土山村等 7 个村“村改居”工作等有关事宜；听取房屋结构安全隐患大排查大整治百日攻坚工作推进情况，研究部署下一步工作	2020 年 4 月 30 日
第七十八次常务会议	研究《关于抓好“三农”领域重点工作确保如期实现全面小康的实施意见（送审稿）》有关事宜，听取全县扫黑除恶专项斗争工作开展情况汇报，研究部署下一步工作	2020 年 5 月 14 日
第七十九次常务会议	听取省委巡视一组巡视莆田市反馈意见涉及政府系统整改任务分工有关情况汇报；传达学习贯彻 2020 年闽江流域河湖长制工作视频会议精神，听取中央生态环保督察问题整改及信访件销号、各级督查交办、突出问题整改及木兰溪流域（干流、汇水支流）水质提升等工作情况汇报，研究部署下一步工作；研究《仙游县落实地方党政领导干部食品安全责任制加强食品安全工作行动方案（送审稿）》《关于补短板提质量决战脱贫攻坚行动方案（送审稿）》《木兰溪流域系统治理 2020 年行动计划（送审稿）》《关于抓好“三农”领域重点工作确保如期实现全面小康的实施意见（送审稿）》《仙游县政府序列事业单位股级岗位试行人员聘任管理的实施意见（送审稿）》有关事宜	2020 年 5 月 28 日
第八十次常务会议	听取“六稳”“六保”工作落实情况、全市城建环保工作通报交流会通报涉及仙游县问题整改落实情况、全县房屋结构安全大排查大整治百日攻坚工作情况、耕地保护工作情况、象牙等濒危物种及制品走私、非法贸易专项治理工作情况、国有资产管理及近期拟处置国有资产情况等工作汇报，研究部署下一步工作；研究《仙游县征地拆迁补偿安置标准（修订）（送审稿）》《仙游县安全生产专项整治三年行动实施方案（送审稿）》有关事宜	2020 年 6 月 17 日
第八十一次常务会议	听取 2019 年度市委全面从严治党主体责任落实情况检查反馈意见涉及政府系统整改任务分工、加强政府性投资项目资金管理工作、普通国省干线公路纵三线仙游境内段工程项目“1・8”一般生产安全事故调查情况及建议处理意见等有关情况汇报，研究《仙游县贯彻落实中央生态环境保护督察报告整改方案（送审稿）》《开展“千名干部帮千企、稳定产业促发展”专项行动工作方案（送审稿）》《仙游县总医院迁建项目实施方案（送审稿）》《仙游县残疾人联合会改革实施方案（送审稿）》有关事宜	2020 年 7 月 23 日

续表 1

会议名称	会议内容	会议时间
第八十二次常务会议	听取生态环保督察突出生态环境问题整改情况汇报，研究部署下一步工作；研究“十四五”规划纲要编制、《关于服务工艺美术电子商务规范发展若干措施（送审稿）》《仙游国家基本气象站探测环境保护专项规划（2020—2050 年）（送审稿）》有关事宜	2020 年 7 月 30 日
第八十三次常务会议	听取全县营商环境、2018—2020 年新增债券项目资金使用及项目推进等工作情况汇报，研究部署下一步工作；研究《仙游县开发区改革和创新发展三年行动计划（2020—2022 年）实施方案（送审稿）》《仙游县城市功能与品质提升暨拓展新城区三年行动实施方案(2020—2022 年）（送审稿）》有关事宜	2020 年 8 月 19 日
第八十四次常务会议	研究《仙游县全方位推动高质量发展超越科技创新行动计划(送审稿)》《仙游县全方位推动高质量发展超越优化产业结构行动计划(送审稿)》《仙游县全方位推动高质量发展超越促进居民增收行动计划(送审稿)》2020 年厦门国际投洽会仙游县分团筹备工作方案；听取全县违建别墅专项行动联合整治工作情况汇报，研究部署下一步工作	2020 年 8 月 31 日
第八十五次常务会议	研究《仙游县加快 5G 网络建设和产业发展实施方案（送审稿）》、仙游县新一轮城镇土地定级与基准地价修编、抖音电商直播基地合作协议有关事宜	2020 年 9 月 11 日

【县长办公会议】 2020 年，仙游县人民政府县长吴国顺先后主持召开 12 次县长办公会议，研究相关事宜。

2020 年县长办公会议纪要

表 2

会议名称	会议内容	会议时间
第五十四次办公会议	听取 2020 年度春节前资金需求核实情况汇报，研究关于拨付鲤南片区部分安置房项目用地划拨补办出让资金、转让福建省迈腾建设工程有限公司股权、仙游县 2019 年纳税大户表彰有关事宜	2020 年 1 月 18 日
第五十五次办公会议	研究鲤城管委会、仙港工业园管委会剩余安置房合作包销、《仙游县龙号安置区项目土地出让及房产整体回购方案（送审稿）》有关事宜	2020 年 2 月 12 日
第五十六次办公会议	研究《仙游县 3C 产业园对外公开招租方案（送审稿）》《坝下新天地 C 地块剩余安置房（住宅部分）合作包销方案（送审稿）》有关事宜	2020 年 3 月 9 日
第五十七次办公会议	研究收储德兴（福建）纤织有限公司国有土地使用权有关事宜	2020 年 3 月 25 日
第五十八次办公会议	研究拨付购买城乡建设用地增减挂钩指标资金有关事宜	2020 年 4 月 10 日
第五十九次办公会议	研究《绿色纤维产业园项目补充合同（送审稿）》，拨付鲤北片区土寨安置区、宫边一期（3 号、20 号楼）安置区用地补办出让手续资金有关事宜	2020 年 4 月 30 日
第六十次办公会议	研究经济开发区污水处理厂股权转让及二期工程移交和污水处理服务费付费，拨付华峰绿色纤维产业园、京东（仙游）数字经济产业园扶持资金等有关事宜	2020 年 5 月 14 日
第六十一次办公会议	研究《仙游县正邦集团现代农业生态循环产业链项目合作协议（送审稿）》、仙游大剧院租赁权公开拍卖有关事宜	2020 年 6 月 17 日

续表 2

会议名称	会议内容	会议时间
第六十二次办公会议	研究收储福建盛达木业有限公司国有土地使用权、拨付鲤南片区部分安置房项目用地划拨补办出让资金有关事宜	2020 年 7 月 23 日
第六十三次办公会议	研究《鞋业新型功能材料产业链项目投资框架协议（送审稿）》《仙游县人民政府与厦门旅游集团有限公司战略合作协议（送审稿）》《仙游县新希望种养一体化生态产业园项目合作框架协议（送审稿）》有关事宜	2020 年 7 月 30 日
第六十四次办公会议	研究解除仙游循环经济示范园区一期工程合作投资框架性协议书有关事宜	2020 年 8 月 19 日
第六十五次办公会议	研究拨付鲤北坝垅宫安置区、宫边一期（1 号、2 号、4—9 号楼）安置区项目用地划拨补办出让资金、圣泉村 99 号地块生产生活备用地补助资金及绿色纤维产业园项目填海软基处理综合补助、设备购置补助、科研创新补助及投资贴息资金有关事宜	2020 年 8 月 31 日

（陈俊彬）

扶贫工作

【概况】 2020 年，仙游县 5920 户 1.96 万人建档立卡贫困人口全部实现脱贫，38 个建档立卡贫困村全部实现摘帽；贫困户家庭人均收入 1.84 万元，贫困村村集体经济收入平均每村 30.68 万元。

【扶贫疫情防控】 2020 年，仙游县扶贫办贯彻“省委十九条措施”等文件精神，制定出台《补短板提质量决战决胜脱贫攻坚行动方案》，细化 19 项落实举措；下达脱贫攻坚疫情防控相关物资补助资金 140 万元，用于贫困村、贫困户的疫情防控物资补助，及购买疫情防控物资（口罩、消毒水等）发放给基层扶贫干部；疫情防控期间，按照“停课不停教，停课不停学”“应补尽补、能助尽助”的原则，对“一校一策”线上教学不够适应的贫困生，安排课任教师予以点对点帮扶、提升；为 7 位贫困生免费提供网络学习设备；与三大通信运营商合作开展赠送手机流量活动，为全县 2373 名建档立卡贫困学生免费提供流量，确保贫困生线上学习“一个都不落”。由县委组织部牵头，组织 106 家企业与 106 户受疫情影响存在返贫风险的贫困户开展“百企帮百户”一对一结对帮扶活动；县扶贫促进会给予 106 户每户 2000 元生产生活补助。截至 2020 年 8 月底，受疫情影响的 106 户解除风险。2020 年，家庭人均纯收入 1.94 万元（超过全县贫困人口家庭收入的平均水平）。

【农民增收渠道拓宽】 2020 年，仙游县强化产业扶贫。全县建成产业扶贫基地 136 个，实现 18 个乡镇（街道）、38 个贫困村“镇镇有扶贫基地、村村有扶贫基地”，带动贫困户入股 863 户，提供就业岗位 787 人。完善和强化产业与贫困群众脱贫利益联结机制，注重将产业扶贫与开放招商相结合，引进龙头企业，创新“龙头企业 + 贫困户”等模式，鼓励支持贫困户通过土地流转、小额贷款资金入股、务工等形式参与产业发展，采取电商扶贫模式，解决扶贫产品流通难题，实现产业发展和群众增收的双赢。强化就业扶贫。坚持把实现就业作为长效稳定脱贫的重要渠道，开展就业扶贫专项行动，在全省率先研究出台贫困对象续聘公益性岗位政策；脱贫攻坚以来，全县开发卫生保洁员、保安员、公厕管理员、敬老院护理员等社会服务类公益性就业岗位 1435 个（2020 年为 683 名贫困户落实公益性岗位），发放岗位补贴 4550.19 万元，公益性岗位贫困人口覆盖率 100%。强化金融扶贫。2020 年，全县扶贫小额贷款发放 769 户次 3267.72 万元。制定出台扶贫小额贷款风险补偿金管理办法（莆田市唯一县区），对借款人死亡且无法定继承人的以及借款人因重大疾病、自然灾害、意外事故等不可抗拒因素造成无法偿还的启动风险补偿金，补偿 11 户 47.88 万元。

【“两不愁三保障一安全”巩固】 2020 年，仙游县强化教育扶贫。全县没有发生贫困家庭义务教育阶段适龄儿童因贫辍学，发放 2020 年度教育资助 553.99 万元，受助学生6146人次；落实民办学校教育叠加补助98人次11.75万元；县扶贫促进会对不符合国家资助条件的17名初三复读生、20名高三复读生给予兜底补助3.63万元。强化健康扶贫。全县建档立卡多层次医疗保障体系落实待遇7.83万人次，医疗总费用7168.31万元，共补偿6601.9万元，医疗费用总报销比例92.1%。组建家庭医生服务团队242个，覆盖率100%；完成295个村卫生所医保定点覆盖（其中38个建档立卡贫困村实现全覆盖），农村三级卫生服务网络进一步夯实，困难群众看病就医有保障。强化住房安全。贫困户住房全部通过住房安全排查评定，不存在C、D级危房。组织对贫困户住房结构安全但存在漏雨透风等影响居住质量的开展“回头看”，排查335户，完成修缮，确保贫困户住上安全房。强化饮水安全。全县累计完成1083份水样检测和844户贫困户饮水安全问题整改工作；做到每户贫困户水质检测均合格、每户贫困户都有水质检测报告。

【防止返贫机制构建】 2020年，仙游县强化兜底保障。建档立卡贫困户新增纳入低保70户249人，对建档立卡贫困户实施临时救助1133人次，发放救助金107.35万元。全县建档立卡贫困人口中纳入低保2385户7132人、纳入特困107户159人，贫困户纳入低保（特困）比例42.38%。落实“一键报贫”工作。全县受理“一键报贫”申请420人次，其中申请监测对象51人次，组织镇村入户核实282人次，均不符合监测条件。

【脱贫机制创新】 2020年，仙游县创新挂钩帮扶机制。在坚持“321”（即县处级干部挂钩帮扶3户贫困户，科级干部挂钩帮扶2户贫困户，一般干部挂钩帮扶1户贫困户）挂钩帮扶机制基础上，对发生人事变动、干部提拔、学校干部职工、垂管单位干部和重点贫困户实行双挂或增挂，全县共安排干部4917名挂钩帮扶贫困户，并落实“每月19日统一走访慰问”制度，做到脱贫不脱钩，确保脱贫不返贫。创新资产收益机制。探索创新贫困村、贫困户资产收益模式，特别是2018年以来组织两轮200个村进行投资入股，第一轮筹集64个贫困村、空壳村资金2000万元投放到县污水处理厂（3年期，年收益12%），至2020年累计实现收益518.52万元（税后）；第二轮筹集资金1.07亿元对接莆田市振兴乡村集团推进193个村（其中与第一轮重复57个村）巩固“破壳消薄”成效（3年期，年收益12%），至2020年累计实现收益2932.79万元。创新社会参与机制。筹集2200万元投放到县垃圾焚烧发电厂（3年期、年收益12%），至2020年累计实现收益605.03万元（税后），用于慰问重点贫困对象、大病补助、建房补助等，累计发放兜底补助551户次93.65万元，健康扶贫669户次171.85万元，教育资助38人3.53万元，建房补助168户336万元。

（朱剑灿）

为民办实事

【概况】 2020年，仙游县为民办实事项目16件52个，主办单位涉及15个部门、18个乡镇、3个管委会、2家企业，年度计划总投资29.2亿元，完成投资28.5亿元，占年计划投资的97.6%。

【精准扶贫工程】 2020年，村级帮扶项目年计划投资4600万元，继续开展贫困村、老区村、少数民族村等帮扶工作，计划完成10个村集体经济发展项目、30个基础设施建设项目。2020年，完成投资7753万元，占年计划投资的168.5%。

【教育强县工程】 2020年，仙游县教育强县工程主要包括高中提升项目（续建）、城区小学扩容项目、学前教育提升项目、中小学校安项目等项目。

高中提升项目（续建）年计划投资6839万元，续建仙游一中体育馆；续建华侨中学体艺馆、学生宿舍楼；续建仙游二中体艺馆、学生宿舍楼、教学楼；整合友谊学校，建设仙游三中。2020年，完成投资1.13亿元，占年计划投资的165.5%。华侨中学体艺馆、华侨中学学生宿舍楼、仙游二中学生宿舍楼、教学楼4个项目竣工验收；仙游一中体育馆、仙游二中体艺馆2个项目封顶装修；友谊学校复办仙游三中，于2020年春季招生。

城区小学扩容项目年计划投资3500万元，新建蜚山第二小学，规划面积2.33公顷，建筑面积1.84万平方米，规划办学规模36班1620人，建设大门、运动场、围墙等附属设施；新建鲤城龙泉小学综合楼，建筑面积2400平方米。2020年，完成投资2900万元，占年计划投资的82.9%，基本完成。蜚山第二小学主体竣工验收；鲤城龙泉小学综合楼装修扫尾。

学前教育提升项目年计划投资4500万元，新建蜚山第二幼儿园、大济中心幼儿园溪车分园、郊尾中心幼儿园东湖分园、盖尾中心幼儿园分园、坝下中心幼儿园溪尾分园、园庄云峰幼儿园、盖尾芹林幼儿园、度尾埔尾幼儿园、榜头官舍幼儿园，建设大门、运动场、围墙等附属设施。2020年，完成投资4732万元，占年计划投资的105.2%，完成年度任务。蜚山第二幼儿园、大济中心幼儿园溪车分园、园庄云峰幼儿园3个项目竣工验收，郊尾中心幼儿园东湖分园、盖尾中心幼儿园分园、坝下中心幼儿园溪尾分园3个项目装修扫尾，度尾埔尾幼儿园、榜头官舍幼儿园2个项目进行室内外装修，盖尾芹林幼儿园进行基础建设。

中小学校安项目年计划投资2837万元，新建蜚山第一小学5#楼、云峰中心小学综合楼、园庄中学学生宿舍楼、郊尾阳谷小学综合楼。2020年，完成投资2950万元，占年计划投资的104%，基本完成。云峰中心小学综合楼、园庄中学学生宿舍楼、蜚山第一小学5号楼等3个项目竣工验收；郊尾阳谷小学综合楼主体建设。

【卫生健康工程】 2020年，仙游县卫生健康工程主要包括县总医院搬迁项目、乡镇卫生院提升改造项目（续建）、瑞峰医院配套项目等项目。

县总医院搬迁项目年计划投资1亿元，总建筑面积约15.1万平方米，建设项目为：一号楼为1幢4层的门诊医技楼，建筑面积约2.84万平方米；二号楼为1幢主体15层裙房4层的住院综合楼，建筑面积约6.3万平方米；三号楼为1幢13层的综合楼，建筑面积约2.13万平方米；四号楼为1幢4层的传染楼，建筑面积约5000平方米；门卫及其他附属用房，建筑面积约300平方米；单层地下室建筑面积约3.3万平方米；建设配套相关附属工程、绿化、停车场等。2020年，完成投资1亿万元，占年计划投资的100%。完成传染楼基础及综合楼桩基等工作，进行门诊、医技楼地下室土方施工及桩基施工。

乡镇卫生院提升改造项目（续建）年计划投资1400万元，实施乡镇卫生院提升改造，续建枫亭镇中心卫生院门诊大楼、菜溪乡卫生院门诊综合楼、社硎乡卫生院门诊综合楼。2020年，完成投资2500万元，占年计划投资的178.6%。

瑞峰医院配套项目年计划投资1700万元，开展瑞峰医院二次装修（数字化预防接种、妇儿保、国医堂、DR防辐射等科室，采购智能化、空调、病床及办公等设施），新建污水处理、配电、消防、消毒供应中心、供氧等附属工程。2020年，完成投资500万元，占年计划投资的29.4%。

【养老服务工程】 2020年，仙游县养老服务工程主要包括农村幸福院、居家养老专业化服务项目、乡镇敬老院（续建）等项目。

农村幸福院年计划投资848万元，计划建设和改造农村幸福院30所（省级13所、市级17所）。2020年，完成投资1521万元，占年计划投资的179.4%。

居家养老专业化服务项目年计划投资550万元，开展居家养老专业化服务，将全县“特困供养人员、低保对象、建档立卡贫困人口、重点优抚对象、计划生育特殊家庭成员、重度残疾老年人以及80周岁以上老年人”等“七类人员”纳入政府购买服务范围，实现城乡全覆盖，服务人数约4万人（具体以实际排查为准），每人每年费用360元。2020年，完成投资580万元，占年计划投资的105.5%。

乡镇敬老院（续建）年计划投资700万元，计划续建枫亭镇敬老院、盖尾镇敬老院，提升改造度尾镇敬老院。2020年，完成投资400万元，占年计划投资的57.1%。

【文化体育工程】 2020年，全民健身设施项目年计划投资280万元，计划建设多功能运动场2个、室外健身路径30套、室外乒乓球桌30台。是年，完成投资280万元，占年计划投资的100%。

【安居保障工程】 2020年，仙游县教育强县工程主要包括鲤北片区安居项目、仙港片区安居项目等项目。

鲤北片区安居项目年计划投资1.8亿元，续建蜚山安置区、万福棚户区改造二期（1—9号楼），新建龙号二期安置区。2020年，完成投资1.8亿元，占年计划投资的100%，完成年度任务。蜚山安置区进行内外墙装修；万福棚户区改造二期（1—9号楼）进行配套施工扫尾；龙号二期安置区进行桩基施工。

仙港片区安居项目年计划投资9.1亿元，续建华丰商城安置小区4幢、平原新村安置房一期1—2号楼、鸿运花园1—7号楼、柳坑片区一期安置房、宝融安置区、72地块安置房、石鼓山安置房、西林安置房，新建41号地安置房、琼峰安置区、乌头新村安置小区3—6号楼。2020年，完成投资9.39亿元，占年计划投资的103.1%，完成年度任务。华丰商城安置小区完工；平原新村安置房一期1—2号楼完工；鸿运花园1—7号楼主体完工，进行配套施工；柳坑片区一期安置房主体完工，进行配套施工；宝融安置区完工；72地块安置房完工；石鼓山安置房2、5、8、9、10号楼主体封顶装修；西林安置房进行主体落架；新建41号地安置完成地质勘探；琼峰安置区主体封顶；乌头新村安置小区3-6#楼完成招投标。

【道路提升工程】 2020年，仙游县道路提升工程主要包括城区道路建设项目、新金凤桥项目(续建)、瑞峰大桥（续建）、城关大桥改造、农村公路硬化项目、危桥改造项目、县道养护提升项目、学府路人行过街天桥等项目。

城区道路建设项目年计划投资4.98亿元。续建来蜚路（西一环—西二环）、东一环北段（清源路—北三环）、温南支路（温南路—园区东路），新建贵峰路（迎勋路—东二环）、迎勋路北段（贵峰路—北三环）、东二环北段（清源路—北三环）、公园路（解放中路—法院路安置房）、城东路（旧厝路—清源路）、来洋路（温泉路—西华路）、西华路（来洋路—解放南路）、八二五南街（西华路—南二环）、南二环路（八二五南街—解放南路）、玉田大道（东一环—华侨支路、三郊路—温泉路、西华路—南二环）、新厝路（西华路—南二环）、园区中路(锦园路—南二环)，开展艺都大道前期工作。2020年，完成投资2.6亿元，占年计划投资的52.3%。

新金凤桥项目（续建）年计划投资5594万元，建设城市主干道，长249.6米，宽47米；新建金凤桥，桥长166.4米，桥宽47米。2020年，完成投资5052万元，占年计划投资的90.3%。完成道路起点处污水、雨水、给水管道、土方路基填筑工作、左幅桥梁铺装。

瑞峰大桥（续建）年计划投资2300万元，长约560米，按城道主干道设计，桥宽36米、接线路基宽30米，主要建设路基、桥梁、管线、路面及附属设施等。2020年，完成投资2300万元，占年计划投资的100%。

城关大桥改造年计划投资2000万元，在城关大桥下游旧桥拼宽一座新桥，全桥长约186米，桥面宽约12.4米。2020年，完成投资500万元，占年计划投资的25%。完成11根桩基。

农村公路硬化项目年计划投资2000万元，计划实施农村公路硬化工程30千米。2020年，完成投资1700万元，占年计划投资的85%。

危桥改造项目年计划投资1227万元，计划实施8座危桥改造工程;新建龙华镇金广大桥，桥长69.30米。2020年，完成投资1600万元，占年计划投资的130.4%。

县道养护提升项目年计划投资700万元，计划实施县道养护提升40千米。2020年，完成投资700万元，占年计划投资的100%。

学府路人行过街天桥年计划投资500万元，新建学府路（香港财富中心一期至三期）人行过街天桥。2020年，完成投资150万元，占年计划投资的30%。完成全部桩基。

【交通便民工程】 2020年，仙游县交通便民工程主要包括仙游驾考和车辆管理中心（续建）、大蜚山公交首末站（续建）、新能源汽车充电桩建设、市民休闲活动中心地下停车场等项目。

仙游驾考和车辆管理中心（续建）年计划投资4500万元，占地面积3.2公顷，建设集驾照考试、证照办理、车辆年检、审验学习等多项业务为一体的驾驶员考试场及车辆管理所。2020年，完成投资1500万元，占年计划投资的33.3%。

大蜚山公交首末站（续建）年计划投资1890万元，项目位于鲤城街道蜚山村，用地0.9公顷，按三级公交场站标准进行建设，建有服务楼等设施，配套建设一座容量1600千瓦安的充电站。2020年，完成投资1890万元，占年计划投资的100%。

新能源汽车充电桩建设年计划投资1600万元，建设新能源汽车充电站10个，充电桩100个。2020年，完成投资1680万元，占年计划投资的105%。完成建设新能源汽车充电站10个、充电桩112个。

市民休闲活动中心地下停车场年计划投资600万元，地下室建筑面积8081平方米，设置267个地下停车位。2020年，完成投资600万元，占年计划投资的100%。

【人居环境提升工程】 2020年，仙游县人居环境提升工程主要包括木兰溪流域农村污水管网项目、老旧小区改造建设项目、老城区雨污管网改造、城区生活垃圾分类屋（亭）建设等项目。

木兰溪流域农村污水管网项目年计划投资8200万元，计划实施木兰溪流域大济、度尾镇15个村、龙华溪流域龙华镇5个村、赖店镇7个村污水处理工程，新建污水管网126千米。2020年，完成投资8200

万元，占年计划投资的 100%。

老旧小区改造建设项目年计划投资 1900 万元，实施鲤城街道仙怡小区、维特小区等 2 个老旧小区改造建设，建设内容包括污水管道改造、路面修复、弱电归槽等。2020 年，完成投资 2886 万元，占年计划投资的 151.9%。

老城区雨污管网改造年计划投资 2300 万元，实施老城区雨污管网改造、城区排水渠清淤工程，完成党校路—解放东路—公园路、胜利路—至喜亭街道、解放东路—东大路等排水改造工程扫尾，新建公园路—南大路—鲤中步行街—县医院—仙游二中雨污管网改造工程。2020 年，完成投资 2700 万元，占年计划投资的 117.4%。

城区生活垃圾分类屋（亭）建设年计划投资 110 万元，计划在城区建设生活垃圾分类屋 30 座、生活垃圾分类亭 20 座，加快建立生活垃圾分类管理机制，改善城区人居环境。2020 年，完成投资 130 万元，占年计划投资的 118.2%。

【“厕所革命”工程】 2020 年，仙游县“厕所革命”工程主要包括城乡公厕项目、旅游公厕项目等项目。

城乡公厕项目年计划投资 950 万元，计划建设城乡公厕 19 座（其中，城区公厕 14 座，乡镇公厕 5 座）。2020 年，完成投资 950 万元，占年计划投资的 100%。

旅游公厕项目年计划投资 140 万元，计划建设旅游公厕（A级以上）7 个。2020 年，完成投资 156 万元，占年计划投资的 111.4%。

【市民休闲工程】 2020 年，仙游县市民休闲工程主要包括蜚山绿道（二期）、瑞峰主题公园、塔斗山公园（二期）、口袋公园、市民广场垂直绿化项目等项目。

蜚山绿道（二期）年计划投资 500 万元，绕九龙岩水库，全场约 2 千米，主要内容为步游道路、沿路构筑建筑物及景观台、绿化景观、道路给排水、夜景工程。2020 年，完成投资 0，占年计划投资的 0%。待殡仪馆旧址拆除到位后组织实施。

瑞峰主题公园年计划投资 1500 万元，占地面积 3.33 公顷，建设景观亭廊、广场、停车场、园路、绿化等工程。2020 年，完成投资 1500 万元，占年计划投资的 100%。

塔斗山公园（二期）年计划投资 3900 万元，新建塔斗山公园南入口、北入口至玉皇殿步行道、北入口至南入口步行道，完善公园绿化景观、游客休息设施。2020 年，完成投资 3900 万元，占年计划投资的 100%。

口袋公园年计划投资 60 万元，计划建设口袋公园 5 个（鲤城新区管委会 3 个、仙港工业园管委会 2 个）。2020 年，完成投资 60 万元，占年计划投资的 100%。

市民广场垂直绿化项目年计划投资 100 万元，对市民广场周边、桥下等重要节点进行垂直绿化。2020 年，完成投资 100 万元，占年计划投资的 100%。

【水利惠民工程】 2020 年，仙游县水利惠民工程主要包括木兰溪防洪生态景观项目（续建）、城乡供水一体化项目、延寿溪九鲤湖段整治、沧溪小流域综合治理、枫慈溪大埔段整治等项目。

木兰溪防洪生态景观项目（续建）年计划投资 1.4 亿元，续建仙度段、盖尾段，全长 25 千米，主要包括防洪、清淤、截污、两侧园林景观、节点主题公园及绿道自行车租赁配套旅游服务设施等工程。2020 年，完成投资 1.4 亿元，占年计划投资的 100%，完成年度任务。

城乡供水一体化项目年计划投资 6000 万元，实施城乡供水一体化，加快推进城区第一水厂迁建、城区第二水厂二期扩建、菜溪水厂、度尾水厂、仙游县赖店镇农村一户一表改造工程、仙游县城区 13 个城中村管网建设及一户一表改造、仙游县龙华镇管网建设及一户一表改造等工程。2020 年，完成投资 1.1 亿元，占年计划投资的 183.3%，完成年度任务。

延寿溪九鲤湖段整治年计划投资 2620 万元，建设范围为钟山镇南兴村思亲桥至九鲤湖，涉及河长 3.8 千米，建设内容包括新建生态堤岸 5931 米、步道 6308 米、景观节点 1 处，改造、修复拦水坝 2 处。2020 年，完成投资 2500 万元，占年计划投资的 95.4%，基本完成。

沧溪小流域综合治理年计划投资 1500 万元，实施沧溪小流域综合整治工程，提升沧溪水质至Ⅲ类，清淤沧溪及其支流河道 25.5 千米，对部分沿河入河排水口开展雨污分流改造工程，在郊尾镇集镇区及周边河道培植生物链并建设污水处理站 1 座。2020 年，完成投资 3012 万元，占年计划投资的 200.8%。

枫慈溪大埔段整治年计划投资 1800 万元，治理枫慈溪大埔段（园庄村园庄桥至枫亭镇与园庄镇交界处），河长 4.46 千米。2020 年，完成投资 1800 万元，占年计划投资的 100%，完成年度任务。

【平安仙游工程】 2020 年，仙游县平安仙游工程主要包括合执法和服务治理网格化、“雪亮工程”

视频监控项目、主要集镇区交通管理监控设置、电警抓拍系统及电子卡口升级、“善治工程”示范村居项目等项目。

联合执法和服务治理网格化年计划投资2656.26万元，打造以综治中心为枢纽，以网格化服务管理为底座的网格化“大平台、大机制、大队伍、大服务、大群防”综治平安建设新模式，提升社会治理社会化、法治化、专业化、智能化水平，确保队伍稳定和平台正常运转。2020年，完成投资2700万元，占年计划投资的101.6%。

“雪亮工程”视频监控项目年计划投资700万元，继续对已建探头进行联网、维护，过保探头续保以及对到期探头进行改造。

主要集镇区交通管理监控设置年计划投资350万元。2020年，完成规划布点和标书制作。

电警抓拍系统及电子卡口升级年计划投资262.8万元，电子警察建设。三个路口升级1个方向：城南西路与公正街交叉口、紫檀中街与龙腾路岔路口、G324郊尾与郊园路交叉口；十个路口39个方向：G324与枫秀线交叉口、仙港大道与枫亭高速出口交叉口、G356国道与宝峰路交叉口、八二五南街与温泉路交叉路口、八二五北街与学府路交叉路口、学府路与东福街交叉口、学府路与城福街交叉口、学府路与党校北街交叉口、清源路与党校北街交叉口、清源路与八二五北街交叉口。电子卡口建设。X241县道榜头下昆高清卡口升级（双向六车道）。2020年，完成规划布点和标书制作。

“善治工程”示范村居项目年计划投资100万元，以创建“六无六好”平安和谐村居为载体，培育推广基层善治示范村，实施“五治一体”的基层善治建设，建设5个“善治工程”示范村。2020年，完成投资100万元，占年计划投资的100%。

【关爱弱势群体工程】 2020年，提高残疾人“两项补贴”标准年计划投资2399万元，从2020年1月起，提高残疾人“两项补贴”标准，增幅不低于10%(补助标准按省上规定标准执行，省上标准增幅不足10%的，全市按10%增长)。2020年，完成投资2744万元，占年计划投资的114.4%。

【食品安全工程】 2020年，仙游县食品安全工程包括生猪稳产保供项目、机械化屠宰厂（续建）、“餐桌污染”治理项目等项目。

生猪稳产保供项目年计划投资6200万元，新建生猪养殖场3个（福建省绿康农业开发有限公司、莆田市仙野养殖有限公司、福建省梦金圆生态农业有限公司），增加生猪出栏1.2万头；改扩建生猪养殖场10个，增加生猪出栏3.2万头。2020年，完成投资6200万元，占年计划投资的100%。

机械化屠宰厂（续建）年计划投资2000万元，完成车间扫尾建设，安装机械化屠宰设备及污水处理设备。2020年，完成投资6800万元，占年计划投资的340%。

“餐桌污染”治理项目年计划投资146.5万元，治理“餐桌污染”建设“食品放心工程”，通过联合执法、广泛宣传、食品抽检、食品安全可追溯建设等方式，重点围绕与人民群众关系密切的“五类产品、一个行业”（畜牧业产品、种植业产品、水产品、饮用水、加工食品和餐饮业）污染开展全面治理，建立完善食品安全“五主责任”体系、推行食品网格化监管，创新大型食品生产经营者和学校食堂信息化监管方式，确保不发生重大及以上食品安全事故或严重不良社会影响的食品安全事件。2020年，完成投资146.5万元，占年计划投资的100%。

【供电设施提升工程】 2020年，电网改造项目年计划投资1.2亿元，实施仙游海安110千伏输变电工程、福建莆田仙游凤山35千伏输变电工程、莆田仙游大济—度尾T接仙东变电站35千伏线路工程、仙游钟山、度峰、园庄、昌山110千伏2号主变扩建工程，新建变电容量31.26万千瓦，线路长度56.16千米。2020年，完成投资1.21亿元，占年计划投资的100.5%。

（林　龙）

信访工作

【概况】 2020年，仙游县人民政府信访局（简称“县信访局”）坚持机制创新，推进乡镇(街道)村(居)信访评理室建设，通过多元调解机制化解信访矛盾纠纷问题，解决一批事关群众切实利益的群体性事件和突出信访问题。2020年，莆田市对各县区（管委会）信访工作绩效考评，仙游县位居莆田市前列。

【领导接访】 2020年，县信访局坚持领导干部接访制度，除每月15日县委、县政府主要领导轮流接访外，每天安排1名县处级领导在县信访局带班接访，直接处理群众反映诉求。县法院、检察院、公安局“三长”每月10日、25日，县直部门领导每周星期三定期接待来访群众；乡镇（街道）党政主要领导每周星期一轮流接访，每天安排1名副职带班接访，确保群众随到随接。实施信访联合接访机制，县法院、公安局、人社局、住建局、林业局和国土局等信访量相对比较多的职能部门，进驻县信访局联合接访中心开展联合接访、协访工作，直接受理群众反映的合理诉求。引导群众通过省长“信箱”、“12345”政府服务平台、人民网地方留言板及视频约访等途径表达诉求。国土、建设等部门多次开展网上接访、视频接访活动，方便信访人在当地提出信访诉求和查询信访事项。

【信访秩序】 2020年，县信访局开展信访秩序整治，落实化解责任。省、市交办信访积案29件，化解息访26件，化解息访率89.7%。坚持依法查处信访违法行为，严格责任追究制度。政法机关对5名因信访违法人员进行依法处置，其中批捕1人、行政拘留3人、警告1人。

【信访机制创新】 2020年，县信访局建立健全乡级信访工作联席会议。9月起，18个乡镇（街道）常态化落实乡级信访工作联席会议制度，加强跟踪协调落实，增强工作执行力，凝聚工作合力。2020年，仙游县组织召开乡级信访工作联席会议72次，成功调处各类矛盾纠纷98件，化解初信初访88件，化解信访积案107件。

2020年，为响应国家提出倡导的“枫桥经验”，县信访局逐步完善信访评理机制，推出信访评理+司法调解，行政调解、人民调解模式，促进信访事项的协调与化解，化解一大批信访积案和矛盾纠纷，做到“大事不出镇、小事不出村、矛盾不上交”。截至12月31日，仙游县建成信访评理室1个，开展信访评理50件，息访件数44件，息访88%；乡镇评理室18个，覆盖率100%。受理信访事项234件化解231件化解率97.1%；村评理室325个，受理信访事项5721件，化解件数5621件，化解率98.24%。2020年，仙游县信访事项依法化解率居莆田市县区第一名。

（黄建烟）

行政服务

【概况】 2020年，仙游县行政服务中心落实疫情防控，推行“自己‘批’网上办”审批服务，倡导“网上办”“掌上办”“自助办”“邮寄办”等线上无接触式自助办理，畅通线下服务，推进“一事一次办”改革，持续深化工程建设项目审批制度改革。

2020年，服务大厅受理事项58万余件，办结率99.7%，当日办结45.3万件，当日办结率75.24%，办件过程中电子证照应用率94.24%，网上办件率17.4%。2020年，公共资源交易中心完成国有土地出让9宗的商业土地出让，获得出让金13.96亿元，溢价4.31亿元；工程进场交易项目79个，政府采购进场交易项目78个，产权进场交易项目20个。

【行政审批改革】 2020年，仙游县行政服务中心助推疫情防控，提供便民利企服务。开展“不见面”服务。推行“自己‘批’网上办”审批服务模式，推行“网上办”“掌上办”“自助办”“邮寄办”等线上自助办事，加快推进电子证照库应用，保持掌上便民服务和PC端网上办事大厅同源同步。落实大厅安全防护。对所有进入中心人员进行体温检测、查阅八闽健康码或健康证明、来访信息登记，劝退不佩戴口罩或发现有发热、咳嗽等不适症状者进入大厅。严控招投标流程。采取电子开标方式，专家进场线路管控并及时消杀，投标人采用网上提交标书及电子保函并参与招投标，确保安全开标，助力复工复产。定期开展消杀工作。中心要求物业每日对办事大厅、扶梯、楼道等人员密集区域进行2次消毒，每日下午下班后对中心大楼进行全区域消毒，节假日期间还对中心大楼及周边下水道、绿化带进行除“四害”的消杀，保障中心办公环境的整洁、安全。

推进“一事一次办”改革。仙游县按照市里要求推动100个“一事联办”套餐式服务，进一步压缩审批时限，简化申请材料。其中，中心着力协调推进企业开办、二手房转移登记等“一窗受理、一事联办”套餐式服务，通过规划窗口设置，整合相关部门集中办公，设置一事联办专窗、建立业务交流微信群等方式实现办事材料的及时流转和办结。2020年，受理1398件“一事联办”业务。

推进“自己批、网上办”。督促各有关单位及时对接市直部门，对事项审批事项进行材料、时限、流程等要素的全面梳理，全部完成导图整改优化工作。截至12月31日，仙游县政务服务平台收件1.16万件，其中线上收件1291件，线下收件1.03万件。2020年，使用开卷式系统收件1.11万件，问卷

7 月 20 日起，仙游县推行企业开办“一窗受理、一事联办”服务，优化营商环境。图为市民在行政服务中心领取营业执照 （彭丽程 摄）

率 95.9%。

推行网上办理。提高“一趟不用跑”及事项占比。5 月，中心通知各部门对照全市最高星级，将落后星级事项向最高星级对标看齐，“一趟不用跑”占比由 52% 提升至 74.2%，全程网办事项占比提高至 63.18%。网上可办率（三星以上事项占比）99.63%。中心统一安装新型的五级星级平板评价器，推行“好差评”评价服务，办事群众根据取号机取号，办理业务后可以在现场评价器上直接进行评价。

畅通线下服务。依据事项关联度、办件量和事项领域整合进驻窗口受理职能，划分 8 个功能区域，在依托现有窗口人员配置的情况下，整合窗口资源，实施“前台综合受理、后台分类办理、统一窗口出件”服务模式。完善窗口动态调整机制，根据季节性办件量多少适时调整窗口设置数量，杜绝“排长队”现象发生。中心成立工程建设项目审批服务“帮帮团”，5—12 月，组织帮帮团成员对 5 个工程项目的审批手续进行帮办导办。

持续深化工程建设项目审批制度改革。配合省里开展工程建设项目全流程审批事项梳理，优化社会投资简易低风险工程建设项目审批服务，相关审批事项制定并实行告知承诺制。按照审批环节精简效能、审批部门协同办理、审批过程并行推进的原则，将不同项目类型：政府投资项目、社会投资项目、带方案出让用地和小型工程社会投资项目、装饰装修工程，压缩审批时限分别至 80 个、60 个、40 个、20 个工作日以内。加快推进联合验收，在竣工验收阶段实行“一表申请、一口受理、简易验收、限时办结”。8 月 28 日，对仙游县瑞峰小学进行建筑工程消防、人防工程竣工、房屋建筑和市政基础设施工程竣工的联合验收。加快推进多评合一，实行“统一受理、同步评审、统一反馈”的运作模式，8 月 31 日，对仙游县鲤城街道迎宾路项目初步设计及概算、设计方案施行“多评合一”联评联审。

实现网上预约排号。8 月，中心开始对网上预约系统独立开发，从申请微信公众号，到预约系统的域名及 IP 地址创建。10 月，仙游县网上预约和取号平台已投入使用，群众可直接关注仙游县行政服务中心微信公众号进入。中心也与市中心协调申请在莆田市行政服务中心和惠民宝 App 等多个平台实现仙游行政服务中心网上办事大厅的网上预约、取号、评价等惠民、便民功能。

【巡察整改】 2020 年，仙游县行政服务中心抓好市委营商环境专项巡察和“放管服”改革“回头看”巡察问题整改。6 月 1 日，市委县区联动巡察一组对仙游县营商环境、深化“放管服”改革专项巡察“回头看”开展为期 3 个月的集中巡察。11 月 9 日，巡察一组向仙游县反馈巡察意见，县行政服务中心涉及问题 13 个，整改完成 13 个。

（谢 伟）

行政效能建设

【概况】 2020 年，仙游县机关效能建设领导小组办公室（简称“县效能办”）完成组织协调机关效能建设工作；拟定机关效能建设有关制度；监督检查机关效能建设工作；组织开展绩效管理工作；办理效能投诉；实施效能问责和受理不服效能问责的申诉；办理机关效能建设的其他事项，包括承担省、市机关效能建设工作；机关效能建设领导小组的日常主要工作职责；重点督查重点项目任务落实、项目审批、服务保障等情况；办理主要领导重点批办、交办件；开展机关作风的督查，围绕机关效能建设制度执行情况，重点检查和发现服务作风、服务态度、服务效率等方面存在的慵懒问题；负责县机关效能建设监督员的日常工作联系，组织开展活动；受理“12345”投诉热线。仙游县效能办内设机关效能投诉中心，承担效能办日常工作。

【营商环境建设专项巡察】 2020年，县效能办聚焦市委营商环境专项巡察和“放管服”改革“回头看”巡察反馈问题，在全县范围内深化“提升营商环境暨作风建设督查”专项行动，督促各相关责任单位切实履职尽责，抓好问题整改。全年开展督查100多人次，发出效能通报、督查专报10期，对发现影响营商环境、“为官不为”的行为进行责任倒查，效能问责27人次。

【效能督查创新】 2020年，县效能办执行《仙游县2020年督查检查考核年度计划》，围绕高质量发展战略目标，紧扣省144项、市112项工作主要任务及县16项为民办实事项目，会同两办督查室、对各乡镇（街道）、管委会和相关县直单位开展一次综合督查，推动决策部署落地见效。2019年度绩效考评试行不见面考评，精简考评材料，为基层减压释重，为夺取统筹疫情防控和经济社会发展双胜利、高质量发展、建设新时代美丽新仙游提供强有力保障。会同省、市效能办开展年度效能督查，督查发现问题14个，召开专题布置整改会议4次，约谈相关责任领导10多人次，督促整改到位问题14个。

【行政绩效管理】 2020年，县效能办围绕全方位推动高质量发展落实超越和美丽新仙游建设主线，突出开放招商、强化项目带动等重点工作，突出发展综合质量效益、新发展理念、改善民生、提升政府治理效能等方面的关键指标，构建设置科学、重点突出、导向明确的绩效考核指标体系。根据参评单位职能职责和工作特点，加大差异化考评力度，促进考评更精准，对垂管单位、公共服务部门的考评指标，重在考评服务地方经济情况。实行定量与定性指标并举，适时组织研判调度，紧跟落实成效，营造争先创优氛围。仙游县2017—2019年度连续三年市对县绩效考评位居莆田市第一，实现绩效考评三连冠。

【效能投诉办理】 2020年，县效能办办理群众投诉，提高办理质量，促进工作机制和行政方式的转变。对涉及发展环境和群众利益的问题受理一起，查处一起，教育一批，并督促有关单位抓好整改落实，解决侵害企业和群众利益突出问题。2020年，受理机关效能投诉件40件，办结40件，办结率百分百。

【“12345”热线平台建设】 2020年，县效能办解决民生诉求，顺应“12345”平台快速联动新要求，对接市级“12345”平台标准化管理规范，构建以按时办结率、群众满意率、即时解答率、转办准确率、电话接通率等11项指标为重点的考评体系，优化诉求件闭环管理流程及工作标准，通过提醒预警、跟踪督办、绩效奖惩等方式，倒逼联动单位提升办理质量，并将结果纳入年度绩效考评。2020年，办理诉求件2.23万件，其中投诉类1.85万件、建议类760件、咨询类2393件、求助及其他类672件，回复率99.98%，回访满意率96%。

【百姓监督】 2020年，县效能办联合县电视台、行政服务中心在每周一期的“百姓监督”栏目中开设《美丽进行时》《执法进行时》《马上就办》专栏。通过曝光一些群众反映强烈的热点难点问题，以及部门、乡镇存在不作为、慢作为等作风问题，加强跟踪督办；报道仙游县在营商环境建设方面推出的各种措施，在全县树立“马上就办”的工作理念，营造“马上就办、真抓实干”的干事创业发展氛围。全年播出52期，涉及乡镇、县直单位问题17个，整改15个，整改中2个，推动基层干部主动作为、有效作为。

【效能问责】 2020年，县效能办加强《福建省机关效能建设工作条例》（简称“案例”）的贯彻落实，发挥《条例》赋予的效能督查建议、效能问责等手段，加大对“三难”“中梗阻”“庸懒散拖”等行为的整治力度，做到有责必问，有错必纠。2020年，对“两违”、信访、安全生产、机关效能、作风纪律等方面工作落实不到位、违反作风纪律规定及不作为、乱作为、慢作为等“为官不为”的27人次给予效能问责。

（赵令钱）

数字政务

【概况】 2020年，仙游县数字仙游建设领导小组办公室（简称“县数字办”）组织实施“数字仙游”建设工作，指导、审核各部门各行业数字化发展规划及实施计划；负责推进、指导、协调、监督全县的政府信息公开工作；组织和指导全县政务信息网络的规划、建设、维护和管理；负责县政府网站的建设、维护、更新；指导和协调全县政务信息资源的整合与开发应用；指导全县公务员办公自动化应用培训。

【“互联网＋政务服务”】 2020年，县数字办持续推进电子证照应用工作，电子证照引用率平均95.88%，梳理不再重复提交证照清单，不再重复提交范围不断扩展。推进政务数据汇聚共享工作，全年新增入库电子证照43.49万件。深化“互联网＋监管”工作，统筹协调各部门完成“互联网＋监管”监管事项目录清单认领、监管事项检查实施清单梳理、监管数据录入等各项工作，全县监管行为主项覆盖率89.96，居莆田市第一。推进“互联网＋政务服务”工作，推行“马上就办”掌上便民服务，推广政通APP、惠民宝APP移动端应用，完成营商环境和放管服巡察反馈问题整改。

【政府网站和政务新媒体建设】 2020年，县数字办完成全县政府网站集约化建设，完成政府门户网站规范化设置，统一规范网站名称和标识设置。加强全县政府网站和政务新媒体管理，对政府网站和政务新媒体内容更新情况进行监测，及时发布监测报告，督促相关单位对错别字、失效链接、长期未更新栏目、空白栏目等问题进行整改。

【政务网络建设管理】 2020年，县数字办完善全县电子政务网络建设管理，完成全县政府部门电子政务外网建设，推进业务应用系统向电子政务外网迁移。完成县政府办安可工程项目，实现办公电脑国产化替代。加强网络信息安全工作，健全完善网络信息安全规章制度，抓好互联网接入安全管理。配合县委有关部门、网信部门抓好重要节点的网络信息安全保障和保密工作。做好政务信息网、政务视频会议系统、政务协同办公系统的管理，有力保障政务信息网安全畅通和业务系统正常应用。

【政府信息公开】 2020年，县数字办加强政府信息主动公开，发布政务动态信息1952多条、解读回应信息67条，举办网站在线访谈23期，开展征集调查8期，新增优化营商环境、统筹推进疫情防控和经济社会发展等专题专栏4个。微信公众号“中国仙游”发布信息478条、订阅数581人，全年政府网站访问量719万人次。

【数字经济建设】 2020年，县数字办推动出台《仙游县加快5G网络建设和产业发展实施方案》《仙游县推进新型基础设施建设实施方案（2020—2022年）》等文件，推动新一代信息技术与县关键领域、重点行业融合发展。协助企业申报数字经济项目的优惠政策，助推县数字经济企业发展。向省数字办申报京东数字经济产业园大数据领域方向数字经济应用场景典型案例成功入选。做好数字经济重点项目的滚动管理，协助做好“数字中国”峰会参会工作、筛选项目申报工作。

（郑建胜）

应急管理

【概况】 2020年，仙游县发生生产安全事故4起、死亡5人，比上年分别下降69.2%、54.5%，没有发生较大以上生产安全事故，全县安全生产形势总体平稳。

【综合协调】 2020年，仙游县组织开展年度安全生产和消防工作目标责任制考核，推动安全生产责任落实到具体单位、具体岗位和具体人员，完善县、乡镇（街道）、村（社区）和企业安全生产责任体系。发挥县安委会、减灾委和防汛抗旱、森林防灭火指挥部等“两委两部”统筹协调作用，指导加强安全生产和自然灾害防范，进一步明确农村住宅建设、成品油安全、城市地下管线等8个新领域、新业态安全监管职责。疫情防控期间，县安办推动组织6个安全服务组、7支行动“小分队”，靠前指导企业安全有序复工复产。

【专项整治】 2020年3月，仙游县开展各领域安全隐患大排查大整治，对照全省8类整治重点，细化全县涉疫医疗观察检测场所、房屋结构及建筑工程施工、人员密集场所、危化品、工矿企业、交通运输、消防安全、汛期安全、森林防火等16项整治重点。3月，开展安全生产专项整治三年行动（2020—2022年），建立仙游县1个总体方案、2个重要专题、12个领域专项、N个其他专项的“1+2+12+N”专项整治三年行动实施方案，2个重要专题和12个领域专项整治县直牵头部门牵头抓总，各属地乡镇配合。2020年，督促治理安全隐患问题

7162项，督办整治重大隐患4家，限期整改隐患997家，责令暂时停产整顿43家，关闭取缔18家，罚款226.83万元。

【道路交通安全】 2020年，仙游县开展道路交通安全综合整治行动，设置27个值勤点，排查各类车辆25.23万辆次，查处各类重点交通违法4.87万起，其中酒醉驾1243起，客车超员36起，货车超载1258起，录入诚信交通违法45.34万人次，重点交通违法查纠量、酒醉驾查处量、诚信录入量为全市最多。坚持周末夜查酒醉驾违法，平均每个周末查处酒醉驾20多起。投入道安隐患整治资金1200多万元，整治道路安全隐患134处（其中省级为民办实事隐患7处，市级重点隐患26处，县级一般隐患101处）。新增、改造中央护栏3.5千米；升级改造公安交警指挥中心，新建交通信号灯2处，改造升级卡口14个，建设警保联系交通劝导站17个，新建设电子劝导站5个。

【危险化学品和烟花爆竹安全】 2020年，仙游县开展危化品、烟花爆竹安全隐患大排查大整治和专项整治三年行动，突出“两重点一重大”生产装置、储存设施风险排查整改和一图一卡一册工作落实，检查危化品生产经营和烟花爆竹经营企业181家次，排查安全隐患180条，整改率100%。完成枫亭镇化工园区3家非化工劳动密集型企业搬迁。对达不到安全条件的53家烟花爆竹零售店，不予办理延续许可证。开展危险化学品生产使用企业“学标杆，树标杆”活动，4家危化品生产企业全部创建达标杆，3家危化品生产企业、6家批发企业均开通省应急厅、市应急管理局安全生产风险预警、感知网络平台。

【房屋结构和建筑施工安全】 2020年，仙游县开展房屋结构安全隐患大排查大整治，排查房屋25.46万栋，其中排查七大类房屋2822栋、钢结构房屋309栋；分类处置913栋重大危险房屋，其中封房29栋、加固160栋、拆除724栋，整治率100%，有效处置率96.8%。对全县99个在建项目工地开展安全隐患大检查，治理安全隐患426处，对在建项目施工单位及项目经理共记3057分，对监理单位及总监理工程师共记1953.2分。加强在建项目工地建筑起重机械专项整治，检查塔式起重机245台、施工升降机257台，责令停用人货梯24台、塔式起重机11台。

【燃气安全】 2020年，仙游县开展城镇燃气安全生产工作检查60多次，出动人员100多人次，督促整改安全隐患58处。联合乡镇开展检查11次，出动人员90多人次，督促整改安全隐患20处。深入开展“打非治违”行动，开展打击“黑气”行动18次，出动人员100余人次，取缔19处非法经营点，拘留人员1人，协助交通执法大队抓获非法运输2起，暂扣各类钢瓶273个。

【特种设备安全】 2020年，仙游县开展大型游乐设施、气瓶充装和检验、压力容器、压力管道、电梯等各项专项检查行动和重大活动及节假日的安全保障行动，累计出动监察人员631人次，检查特种设备使用单位226家次、检查特种设备482台次，排查并消除一般安全隐患10处。

【学校安全监管】 2020年，仙游县422所学校安装“一键式紧急报警装置”，342所学校在校园门口设置硬质隔离和防冲撞设施，252所学校地震预警信息发布终端完成建设，379所学校重点部位探头连接县公安局公共视频共享平台。全县264辆校车全部按规定安装联网的GPS实时视频监控系统。治理学校一般安全隐患141处。排查租住校外学生9747人。

【应急演练】 2020年，仙游县完成全县应急预案体系建设调查分析，组织修订县级防汛防台风、森林火灾、生产安全事故灾难等应急预案；推动创建全国首家大面积停电事件应急体系示范县；多部门联合开展事故灾难综合应急救援演练，提升综合应急管理水平。全面实行24小时应急值守，重要时期科学调度森林消防、防汛抢险等应急队伍全员、全装、全要素高效应对突发灾情。全县各级有关部门开展防火防汛、非煤矿山安全事故、“四位一体”交通事故等各类应急救援演练530多场次。

【宣传教育】 2020年，仙游县利用政府网站、微信、社区宣传栏、“村村响、户户通”等线上线下资源，先后组织开展安全生产咨询日、安全大讲堂、应急救援演练、安全知识竞赛等安全生产月系列活动；在全县11万户家庭电信智能电视终端投放安全生产公益宣传公告。常态化开展“进企业、进社区、进农村、进学校、进家庭”安全“五进”宣传教育活动1300多场次。

（许荣华）

【防震减灾】 仙游县地处福建东南沿海地震带上（长乐—诏安、南日岛—沙县断裂带交叉贯穿境内），存在发生破坏性地震地质构造背景。2020年，仙游县加强地震监测预报、震害预防和地震应急救援三大工作体系建设。

地震监测预报 仙游县地震办（简称“县地震办”）配合上级部门加强对7个地震监测台网和6个地震宏观异常观测点的管理。加强对“仙游县地震烈度速报与地震预警信息发布系统运用示范”等科技项目的运行管理，及时落实地震前兆异常、上报与处理。把防震减灾工作纳入网格化管理，开通网格化专线，加强对全县27名防震减灾助理员、324名速报员、52名宣传员、960名网格员和40名县抗震救灾指挥部成员单位联络员的队伍建设和业务培训。8月27日、10月13日，县地震办协同莆田市地震局运用“互联网+监管”形式，对金钟水库和西苑凤山等地震监测台站（网）的保护和运行管理情况进行检查，各地震监测设施和观测环境保护良好，运转正常。

抗震设防 县地震办推行行政审批制度改革工作。学习宣传贯彻防震减灾有关法律法规，加强防震减灾三大体系建设。会同有关部门共同加强对建设工程抗震设防的事中、事后监管，并纳入基本建设程序。协助有关部门共同加强对建设工程地震安全性评价工作的管理，使建设工程地震安全性评价工作规范化、程序化。加强与县住建、规划等部门以及乡镇的联系合作，主动融入“幸福家园”“美丽乡村”等新农村项目建设，创建西苑乡凤山新村、“美丽乡村”书峰乡四黄新村以及菜溪乡菜溪旅游新村等为民居抗震设防示范小区；组织开展全县建设工程地震安全监管大检查，制定《仙游县建设工程地震安全监管检查工作方案》，在全县范围内，组织开展建设工程地震安全监管检查工作，全面自查县重大建设工程和高层建筑工程，以及学校、医院主要建筑、一般工程的抗震能力及存在的地震安全隐患。排查学校、医院等主要建筑285项，抽查一般建设工程39项，全部达到抗震设防要求。8月19日，迎接福建省、莆田市建设工程地震安全监管检查工作督查组到仙开展实地检查，抽查项目均按规定提高抗震设防；按照市、县关于优化营商环境等相关文件要求，推进仙游经济开发区、仙港工业园开发区、工艺产业园3个园区开展区域性地震安全性评价工作。协助指导枫亭经济开发区开展区域性安全性评价工作，该项目于2020年8月签订合同并进场开展工作，完成现场工作并撰写评估报告，报送给省地震局评审。

地震科普宣传 利用科技活动周、“5·12”全国防灾减灾日、“7·28”唐山地震纪念日等科普活动时段，通过广播、电视、报纸、LED、微信等多种媒体形式，刊发防震减灾科普常识和标语，开展进机关、进学校、进企事业单位、进社区、进农村、进家庭等“六进”防震减灾系列宣传活动。“5·12”全国防灾减灾日期间，县地震办联合县社会治理网格化中心开展防震减灾科普宣传活动，网格员结合疫情防控开展防震减灾宣传，进村入户分发《防震避震常识》宣传材料3万多份；以“提升基层应急能力，筑牢防灾减灾救灾人民防线”为主题，通过制作微场景和视频超级短信，向民众普及在日常生活中遇到地震时的应对措施，通过群发短信、微信朋友圈分享赢话费流量激发民众参与防震减灾科普宣传的热情，扩大宣传覆盖面；组织鲤城街道洪桥社区、大济乌石村等8个地震安全示范社区，仙游侨中等5个防震减灾科普示范学校开展防震减灾科普宣传。县地震办结合精准扶贫和综治挂钩工作，深入钟山天珠村、枫亭镇辉煌村、榜头后南溪村等开展防震减灾科普宣传活动。按照上级部门的安排，牵头有关部门开展创建防震减灾科普示范学校工作，创建华侨中学为省级、进行创建为国家级防震减灾科普示范学校，材料上报。

地震应急管理 组织修订并实施新的《仙游县地震应急预案》，指导抗震救灾指挥部成员单位和各乡镇（街道）、管委会修订地震应急预案，制定或修订地震应急预案80多部；新建完成龙华中学、鲤南中心小学和游洋中学3处地震应急避难场所，提级改造完成县体育中心地震应急避难场所，西苑凤山新村、大济中学、鲤北市民广场3处避难场所在施工建设。加强对各避难场所的维护管理和应急演练；根据《仙游县地震预警信息发布实施方案》要求，开展地震预警信息发布终端建设并加强管理。截至2020年底，签约606处，安装完成436处。

（黄海清）

【消防】 2020年，仙游县开展打通生命通道专项行动，清理消防车通道障碍物100余处，完成车道标识标志60处，立案受理占用消防车道违法行为2起。开展三类场所消防安全治理，摸底全县住宅小区底数273个，高层居住住宅建筑

255栋，查纠整改隐患154处，建立微型消防站149支。开展老旧场所和新材料新业态突出风险治理，县“三合一”整治办公室排查56家，发现“三合一”场所25家，下发督办函16份；开展电动车检查216家，督促整改安全隐患62处。建设2个政府专项小型消防站，推动各乡镇建设志愿消防队。

2020年，仙游县消防救援大队下辖城关、枫亭、榜头3个消防救援站，大队有各类灭火、救援、专勤、保障消防车14辆，消防救援指挥车和执法行政车2辆，冲锋舟1艘，橡皮艇1艘，各类器材装备5983件（套），储存各类灭火药剂 2.55 吨。2020年，消防队伍共接警736起，出动车辆1097辆，出动警力6516人，抢救被困人员55人，疏散被困人员578人，抢救财产价值793万元。全县发生火灾348起，死亡1人，无人员受伤，直接经济损失32.18万元。县消防大队完成全国“两会”、重大节假日等重大活动消防安保工作。

监督检查　2020年，县消防大队开展冬春火灾防控、夏季消防检查、“消防安全三年专项整治”“三合一专项整治”“消防车通道专项整治”等专项行动。全年大队组织检查单位616家，发现火灾隐患119处，督促整改火灾隐患116处，下发责令改正通知书85份，下发行政处罚决定书10份，下发临时查封决定书2份，责令“三停”2家，罚款6.68万元。

行政执法　2020年，县消防大队落实“双随机、一公开”制度，推进执法过程、结果公开。规范执法记录仪和移动执法终端应用，缩短审批时限、规范执法程序，提升群众满意度。是年，县消防救援大队办理开业检查项目10个，火灾事故调查112起，行政处罚10起，均按法定期限和程序办结，没有发生执法行政诉讼和行政复议案件。畅通信访渠道，接受群众举报投诉和政府“12345”平台转办件116件。

后勤保障　2020年，县消防大队完成器材装备100%配备，编制修订完成18类灾害事故处置预案，提高应对各类突发灾害事故的处置能力。2020年，仙游县财政拨付消防经费585万元，基本经费100万元，其中人员经费285万元，项目经费300万元，推进城关消防站建设工程。

消防宣传　2020年，县消防大队发放消防安全宣传单3.2万余份；牵头组织对各乡镇（街道）、村（社区）负责人、公安派出所民警、综治“网格员”、社会单位消防安全责任、管理人、消防控制室值班人员、微型消防站负责人以及社会单位员工、社会群众开展教育培训 60余次3000多人次，开展消防安全应急救援疏散演练400余次。建立消防微信公众号每天发布1篇消防安全文章。加强实践演练，对辖区重点单位开展灭火救援实践演练154次，修订各类预案154份，拉动微型消防站298次，开展中队级战评132次。

（傅厚山）

退役军人事务

【概况】　2020年，仙游县退役军人事务局（简称“县退役军人局”）做好改革转隶顺利推进，各项工作平稳运转。县退役军人事务局下属“县退役军人服务中心”对退役军人进行面对面、个性化、一对一服务，做好关系转接、就业服务、社保接续、信访接待、政策解读、困难帮扶、信息采集、情况反映、立功喜报、悬挂光荣牌和“八一”中国人民解放军建军节、春节等节日以及重大变故走访慰问等具体服务工作。5月，县退役军人服务中心新办公场所正式投入使用。确定鲤城街道等11个乡镇（街道）退役军人服务站作为示范型创建单位。

【助力疫情防控】　2020年，县退役军人局成立应对疫情防控工作领导小组，部署全系统的疫情防控工作，上门为军休干部和光荣院民众分发配备口罩、酒精、消毒液等防控物资，定期测量体温，做好健康监测、登记，解决因疫情影响带来的生活不便。局机关和直属单位工作人员全部到社区报到，服从社区指挥调度，配合做好巡逻排查、值班登记、宣传引导和出入证发放等工作。持续巩固疫情防控，对光荣院、军休所、烈士纪念设施等疫情防控重点，排查消除潜在风险隐患。

【最美退役军人初评】　2020年，县退役军人局在全县范围内宣传发动，推荐最美退役军人初步候选人上报。

【抚恤优待经费发放】　2020年，县退役军人局发放抚恤补助金，发放2019年度秋冬季自主就业退役士兵地方经济补助金。发放2020年义务兵优待金等优抚经费、优抚对象物价补贴。2020年，为重点优抚对象发放医疗补助资金。

【立功现役军人家庭送喜报】　2020年，县退役军人局为荣立二等功现役军人、荣立三等功现役军

11月9日，县消防救援大队组织开展社区微型消防站比武竞赛。图为比赛现场　（唐　伟　摄）

人、荣获嘉奖奖励的现役军人家庭送去立功喜报并发放奖励金。

【退役军人常态化联系】 2020年春节前，县退役军人局开展走访慰问重点优抚对象等群体，并送去慰问信、慰问品。确定困难退役军人作为省、市、县三级挂钩联系帮扶对象，定期开展走访慰问。2020年，走访慰问困难退役军人，为他们送去慰问金。

【烈士纪念活动】 2020年9月30日，县退役军人局在县革命烈士陵园北广场举行公祭活动，向革命烈士敬献花篮，县四套班子领导与县直部门领导、师生及人民团体和各界群众代表约300人参加。

县退役军人局重新修缮烈士纪念馆，增设投影厅和公益广告栏6处，配备监控设备，申报市级爱国主义教育基地，5月18日，接受市考评验收组的检查验收。因受疫情防控影响，在清明期间，利用中华英烈网、仙游之窗网站、县退役军人事务局微信公众号等网络平台，开展以“致敬•2020清明祭英烈”为主题的网上祭祀活动，2.38万名群众参加网上祭祀英烈活动。清明节前夕，组织全系统干部职工开展代为祭扫服务，向革命烈士纪念碑敬献鲜花，为福仙陵园烈士墓拔草、收拾落叶垃圾，擦拭墓碑。通过查阅文档、核对信息，完善安葬在福仙陵园的烈士的信息和照片，完善中华英烈网上有名字但没照片的烈士信息，补充烈士资料信息。

【退役军人安置就业】 2020年，县退役军人局推进“阳光安置”，安置符合政府安排工作条件转业士官和军转干部。举行2020年退役士兵返乡仪式暨适应性培训，组织自主就业退役士兵参加职业技能培训行动。全年举办2场退役士兵专场招聘会。9月，三棵树涂料股份有限公司现场招聘活动，13名退役军人同海安橡胶当场签订就业意向书。根据莆田市举办首届退役军人“建行杯”创业创新大赛的总体部署，发动宣传，经初审遴选，向市里推荐上报3个参赛项目。仙游县选送的退役军人创办企业——仙游县绿阳农业综合开发有限公司获“建行杯”现代农业组第一名。

【退役军人社保接续】 2020年，县退役军人局开展部分退役士兵社保接续工作“攻坚推进月”行动的部署安排，精心组织安排，打通堵点。配合教育部门和高等职业院校高职扩招工作，宣传动员和组织退役军人报名工作。

【双拥共建】 2020年，县退役军人局采取设立专线电话、提供疫情防控物资、开展部队营区周边环境消杀等有效措施，多渠道为驻仙部队配发口罩、手套、消毒液、75%酒精，驻仙部队官兵无一人感染新冠肺炎，仙游县的经验做法材料在《福建双拥》杂志上刊载。走访慰问仙游籍援鄂医护人员郑娇娇（联勤保障部队第九零零医院护士）家属，并在仙游新闻和微信群播放，宣传英雄事迹。春节、“八一”中国人民解放军建军节期间，走访慰问驻军部队，送去慰问品；对优抚对象进行走访慰问，送去慰问金、慰问品。落实军休干部“两个待遇”，提升服务模式。坚持定期学习制度，征订各种报纸杂志，开放活动室，组织老干部疗养，对患病的军休干部积极上门服务，特别是对空巢家庭、孤寡老人和精神病人等重点对象，定期关怀询问，解决实际困难。

（黄志雄）

政协仙游县委员会

综 述

【加强党的领导】 2020年，政协仙游县委员会坚持把党的全面领导作为政协工作的生命之本，坚定政治方向，在县委的领导下履职尽责。坚决服从县委领导，始终把贯彻落实县委重大决策部署作为最大的政治责任，落实党对政协工作全面领导的制度，落实坚定维护党中央权威和集中统一领导各项制度，落实重大事项请示报告制度。把政协工作置于县委领导之下，确定工作方位、找准作为空间、明确履职重点，真抓实干、埋头苦干，真正把党委决策部署落到实处，始终与县委同心同德、同向同行。始终抓好理论武装。坚持理论学习制度化、常态化，深入学习贯彻习近平新时代中国特色社会主义思想，中共十九大及十九届二中、三中、四中、五中全会精神，以及习近平总书记关于加强和改进人民政协工作的重要思想。全年开展中心组（扩大）学习26次，常委会会议专题学习4次，委员暑期读书班1期，选派部分委员到全国政协培训基地学习。强化思想引领，落实县政协党组成员联系中共党员常委、中共党员常委联系党外常委、中共党员委员联系党外委员及谈心谈话制度，实现党的组织对党员委员的全覆盖、党的工作对政协委员的全覆盖，发挥政协基层党组织战斗堡垒作用和共产党员先锋模范作用。支持委员参与有关部门组织的督查、检查、听证等工作，知情明政，为县委决策部署落地落实，厚植民意基础和社会基础。

【服务大局】 2020年，政协仙游县委员会把政协工作放到全县发展大局中去思考、谋划和推进，力求各项工作围绕中心不偏离、服务大局不缺位。紧扣中心工作协商议政。全年组织常委会专题协商3次、民生论坛1次。完成“办好人民满意的学前教育”“建立健全法律顾问制度，提升依法治县水平”“大力培育农业经济实体”常委会专题协商和“进一步完善防灾减灾体系建设”民生论坛等课题，提出推进仙游县学前教育、县域治理体系和治理能力现代化、乡村振兴、防灾减灾体系建设等意见建议48条，助推有关部门完善措施、加强服务、推动发展。紧扣重点任务建言献策。全年组织专委会和界别协商7次。围绕“强化全县养老服务机构管理”进行专题调研协商，围绕“加强乡村医疗体系建设”“加快仙游中医药发展”开展界别协商，助推缓解“养老难”“看病难”问题。聚焦加快改善人居环境，就“加快推进农村人居环境三年专项整治行动（2018—2020年）”“推进街道、社区垃圾分类收集示范片区建设”进行对口协商，助推建设新时代美丽新仙游。围绕“提升台商休闲农场建设水平”“大力发展林下经济”，组织委员前往兄弟县区学习先进经验，拓展合作交流空间，助力乡村振兴。紧扣民生热点开展监督。围绕县委、县政府为民办实事项目开展视察调研，履行民主监督职能。邀请县政府、法院、检察院、卫健、发改、金融办等单位通报有关工作情况，就推进依法治县、扫黑除恶、疫情防控和化解金融风险等工作开展协商，提出合理建议意见。

【团结协作】 2020年，政协仙游县委员会坚持大团结大联合，联系社会各界，做好解疑释惑、协调关系的工作，为经济社会发展汇聚各方智慧和力量。发挥界别委员作用。印发《关于进一步加强和改进界别活动的通知》，落实界别活动服务保障。开展县政协领导走访联系委员活动，激发委员履职的积极性和主动性。组织委员深入基层，倾听群众呼声，反映群众意愿，协助县委、县政府做好释疑解惑、化解矛盾等工作，开展结对帮扶、慈善募捐、圆梦助学、义诊支农、扶贫慰问和法律咨询等特色活动。支持党派团体工作。加强与各民主党派、工商联、人民团体和无党派人士的联系，听取他们对政协工作的意见建议，为他们履职尽责搭建平台、提供条件。加强团结联谊交流。加强同党外知识分子、非公有制经济人士、新的社会阶层人士的团结联谊；发挥港澳委员主体作用，支持港澳委员正面发声，传递正能量；听取反映民族宗教界委员的意见和诉求，促进社会和谐。挖掘整理仙游丰厚的文物资源，出版文史专辑《仙游文物》，发挥文史资料“存史资政，团结育人”功能。

【助力疫情防控】 2020年，政协仙游县委员会面对突如其来的新冠肺炎疫情，组织参与全县疫情防控工作，组建应急机动小组，第一时间发出倡议，号召全县政协各参加单位和政协委员为统筹推进疫情防控和经济社会发展贡献力量。广大委员有的白衣执甲、奋战一线，有的坚守岗位、复工复产，有的提笔“抗疫”、赤诚建言，在救治患者、企业复产、社区服务等方面各展所长、各尽其能。县政协机关干部和广大委员捐款捐物230多万元。根据疫情防控形势，印发《关于开展走访企业委员助力复工复产的通知》，组织班子成员深入一线调研，助力做好防控网络建设、复工复产、春季农业生产等工作。

重要会议与活动

1月7—9日，中国人民政治协商会议第十三届仙游县委员会第五次会议召开
（张　力　摄）

【县政协十三届五次全会】 1月7-9日，中国人民政治协商会议第十三届仙游县委员会第五次会议在鲤城举行。会议审议并同意林志良代表政协仙游县第十三届委员会常务委员会所作的工作报告；审议并同意政协仙游县第十三届委员会常务委员会关于提案工作情况的报告。委员们列席县十七届人大五次会议，听取并赞同县长吴海端所作的县政府工作报告，赞同县法院、县检察院工作报告以及其他有关报告，讨论“十四五”规划和二〇三五年远景目标纲要草案。会议期间，6名委员在大会上发言，县委、县政府有关领导到会听取意见建议；收到提案并立案152件。县委书记郑亚木、县长吴海端多次到会指导并看望委员，县委书记郑亚木在大会闭幕式上发表讲话，县委、县人大常委会、县政府班子相关领导出席全会开幕式和闭幕式。

【县政协十三届十四次常委会】 3月25日，县政协主席林志良主持召开县政协十三届常委会第十四次会议，传达学习习近平总书记在统筹推进新冠肺炎疫情防控和经济社会发展工作部署会议上的讲话以及在决战决胜脱贫攻坚座谈会上的讲话精神、省政协十二届三次会议、市政协七届四次会议精神和中央、省、市纪委全会精神；听取县政协党组2019年度民主生活会情况和县政协十三届四次会议重点提案以及县卫健局关于全县疫情防控工作的情况通报；审议通过个别委员资格自然终止有关事项、《2020年度县政协常委会工作要点》、《政协仙游县委员会委员履职量化考评管理办法》等。

【县政协十三届十五次常委会】 6月19日，县政协主席林志良主席主持召开县政协十三届常委会第十五次会议，传达学习全国“两会”和中央、省委、市委政协工作会议精神；听取县发改局关于上半年“突出开放招商、强化项目带动”工作情况和县住建局关于全县城乡污水管网建设情况的工作通报；审议通过部分委员因工作调动辞去委员资格和撤销个别委员资格有关事宜；开展“大力培育农业经济实体”专题协商。

【县委政协工作会议】 7月6日，县委政协工作会议召开，县委常委、县人大常委会、县政协主要领导，县政府、县政协、县法院、县检察院相关领导出席会议，会议传达学习贯彻中央、省委、市委政协工作会议精神，大济镇党委、县教育局、民盟仙游工委作交流发言，县委书记郑亚木作强调讲话。

【县政协十三届十六次常委会】 8月27日，县政协主席林志良主持召开县政协十三届常委会第十六次会议，开展“大力提高普惠率，办好人民满意的学前教育”专题协商。

【县政协十三届十七次常委会】 9月16日，县政协主席林志良主持召开县政协十三届常委会第十七次会议，传达学习习近平总书记在全国抗击新冠肺炎疫情表彰大会上的重要讲话精神、全国地方政协工作经验交流会和省、市、县政协主席座谈会暨秘书长工作交流座谈会精神以及县委十三届十一次全会精神；听取县金融办关于仙游县金融风险防范化解情况的工作通报；开展“建立健全村（社区）法律顾问制度，提升依法治县水平”专题协商。

【县政协十三届十八次常委会】 12月30日，县政协主席林志良主持召开县政协十三届常委会第十三次会议，听取县政府关于政协提案办理情况的通报，县法院、检察院工作情况通报；专题学习十九届五中全会、省委十届十一次全会、市委七届十一次全会、县委十三届十二次全会精神；审议通过撤销个别委员资格的决定；听取关于十三届县政协委员2020年度履职情况通报、关于提案办理先进单位、优秀提案和优秀社情民意信息的情况通报；审议县政协2021年度协商计划和县政协十三届五次会议的有关程序性文件。

【第五期民生论坛】 8月24日，县政协主席林志良主持召开县政协第五期民生论坛，就“建立健全防灾减灾体系”进行专题协商，副县长郑秉忠应邀列席，县政协副主席王建煌、杨兴坚、赖玉良出席。

【政协委员读书班】 8月18—20日，仙游县政协2020年暑期读书班在西苑乡凤山村举行，政协主席林志良，副主席王建煌、杨兴坚、赖玉良，部分十三届县政协常委、各界别召集人和社情民意信息员以及政协机关副科级以上干部70多人参加。该读书班采取实地现场教学和邀请教授讲座相结合的方式进行。

调研视察

【省政协领导到仙游调研】 5月13日，省政协副主席张兆民带领省政协人口资源环境委员会员会及相关部门负责人到仙游开展“生活垃圾分类工作”对口协商课题调研，县政协主席林志良陪同调研。

6月2—3日，省政协副主席刘献祥带领调研组来到仙游就“工艺美术行业和民办博物馆建设”进行专题调研。调研组实地察看黄羲博物馆、竹木人家博物馆、博览城、京东数字经济产业园。市政协副主席赵爱红、县政协副主席王建煌陪同。

7月21日，省政协副主席、民盟福建省主委阮诗玮前往西苑凤山新村凤苑仙居举行市民盟之家授牌。县政协副主席杨兴坚陪同。

【市政协领导到仙游调研】 2月8日，莆田市政协主席周青松深入鲤城办、榜头镇，检查指导新冠肺炎疫情防控措施落实情况，县政协主席林志良陪同调研。

3月16日，莆田市政协主席周青松到仙游调研政协工作，看望县政协领导班子成员和机关干部，并召开座谈会。县政协正、副主席参加。

7月9日，莆田市政协主席周青松到仙游走访市政协委员游君立、张清榕、陈文龙、杨福灿。县政协主席林志良陪同调研。

12月1日，莆田市政协主席周青松带队到仙游调研食品产业，调研组先后福建大老古食品、康辉食品、蔡襄酒业等公司调研。县政协主席林志良陪同调研。

【省文史馆领导到仙游慰问】 1月4日，福建省文史研究馆副馆长曹宛红一行4人到仙游走访慰问省文史馆员陈职仪、孙仁英、陈职仪，县政协副主席赖玉良陪同。

【市扶贫开发协会领导到仙游调研慰问】 1月16日，莆田市政协副主席、市扶贫开发协会会长张亦兵一行深入书峰乡兰石村、大济镇乌石村调研扶贫产业资助项目的落实情况，商讨2020年协会资助项目计划安排，并慰问困难户。

【九三学社中央领导到仙游调研】 10月18日，九三学社中央副主席赖明一行4人到仙游考察调研，调研组先后深入中国古典工艺博览城、三福艺术馆、“封面”新中式红木家具企业、京东（仙游）数字经济产业园。省政协副主席洪捷序、市委常委、统战部部长陈志强、县政协主席林志良陪同。

【市、县政协委员联动视察】 11月12日，县政协主席林志良带领部分居住在仙游的市政协委员、县政协常委、委员联动开展强产业、兴城市“双轮”驱动项目视察活动，联动视察组先后深入鲤城东片区、美食城片区、西片区，鲤南体育中心片区、玉田片区、金凤片区，仙港工业园诚丰餐饮中央厨房、标准化厂房，仙游经济开发区华峰绿色纤维产业园、枫亭滨海新城、鑫瑞新型功能材料园等地视察，听取相关乡镇（街道）、管委会推进“强产业、兴城市”双轮驱动相关项目情况介绍，了解项目建设进展情况、存在的问题，并与相关项目业主进行交流。

政治协商

【专题调研协商】 2020年，仙游县政协开展6次专题协商活动。

“大力培育农业经济实体”专题协商 6月19日，县政协组织开展“大力培育农业经济实体”专题协商。会前，调研组先后深入度尾、大济、龙华、鲤南、钟山、书峰等乡镇，赴泉州安溪县学习考察，通过现场视察、走访企业等形式，了解仙游县农业经济实体培育工作情况，召开座谈会进行分析探讨，形成协商建议。

为民办实事项目实施情况调研视察 7月26日，县政协组织部分政协常委、委员对2020年上半年县委、县政府为民办实事项目实施情况进行视察，视察组一行赴鲤城、鲤南、榜头、盖尾、郊尾、钟山等乡镇，现场视察蜚山安置区、仙游驾考和车辆管理中心、蜚山第二小学、蜚山第二幼儿园等16个在建项目，现场听取项目推进落实情况介绍，并召开座谈会，进行分析，形成协商建议。

“建立健全防灾减灾体系”专题民生论坛 8月24日，县政协组织召开“建立健全防灾减灾体系”专题民生论坛。会前，县政协组织部分委员及相关部门负责人，组成专题调研组，先后深入枫亭、园庄、菜溪、西苑等乡镇及县气象局、应急救援大队、疾控中心、防汛物资基地等单位，听取情况介绍，进行座谈交流，了解仙游县防灾减灾体系的现状，存在的困难和问题，就进一步做好仙游县防灾减灾体系提出建议。

“大力提高普惠率，办好人民满意的学前教育”专题协商 8月27日，县政协组织开展“大力提高普惠率，办好人民满意的学前教育”专题协商。会前，调研组采取现场视察、专题走访、座谈交流等方式，深入仙游县部分乡镇、学校开展专题调研，并召开调研座谈会听取县教育局、公安局、检察院、法院等12个相关单位的工作介绍，进行分析和研讨，形成协商建议。

“建立健全村（社区）法律顾问制度，进一步提升依法治县水平”专题协商 9月16日，县政协组织开展“建立健全村（社区）法律顾问制度，进一步提升依法治县水平”专题协商。会前，调研组实地视察了鲤城街道、园庄镇、赖店镇3个乡镇，赴福清市、永泰县学习考察，并召开座谈会，听取相关部门、乡镇（街道）的情况介绍，进行分析和研讨，形成协商建议。

为民办实事项目实施情况调研视察 11月20日，县政协组织部分常委、委员，对2020年县委、县政府为民办实事项目建设情况进行视察。视察组一行实地察看学府路人行过街天桥、龙号二期安置区、县总医院搬迁、仙怡老旧小区改造、城关大桥改造、城区第一水厂迁建、机械化屠宰场、盖尾中心幼儿园分园等项目建设情况。现场听取项目推进落实情况介绍，并召开协商座谈会，进行分析，形成协商建议。

【对口协商】 2020年，仙游县政协开展6次专题对口活动。

“仙游县农村人居环境三年整治行动”对口协商 3月中旬至4月，县政协组织部分政协委员及相关人员对全县农村人居环境三年（2018—2020年）整治情况进行专题调研。调研组实地察看枫亭、郊尾、盖尾、赖店等乡镇10多个村居开展厕所革命、生活垃圾、生活污水、农房改造、村容村貌提升等“一革命、四行动”专项整治情况，听取县农业和农村局、城市管理局、住建局、卫健局、文旅局、生态环境局等部门农村人居环境整治工作责任落实情况介绍，了解仙游县农村人居环境整治工作成效，并召开座谈会进行分析探讨，形成协商建议。

“提升台商休闲农场建设水平助力仙游乡村振兴”对口协商 5月，县政协组织相关界别委员和有关单位领导，深入仙游县台湾农民创业园和省内漳浦、漳平、清流、惠安台创园，通过实地考察、座谈征询，以及与县农业农村、自然资源、生态环境、文旅、发改、林业、财政等部门交流协商，形成协商建议。

“加快仙游县中医药发展”对口协商 5月，县政协组织部分委员及有关单位负责人，深入县中医院、慈康中医院、盖尾王加步门诊部、莆田市人民医院、枫亭镇卫生院，就“加快仙游县中医药发展”课题进行调研，赴德化、龙海、晋江等地考察调研，在调研的基础上召开对口协商会，听取有关单位情况介绍形成协商建议。

“仙游县生活垃圾分类处理情况”对口协商　6月，县政协组织部分委员及有关单位负责人，对全县生活垃圾分类工作进行调研，调研组学习借鉴福州市、鼓楼区、马尾区经验做法，先后深入鲤城、鲤南、龙华等乡镇（街道）实地考察，并召开座谈会，听取有关单位的工作情况介绍，形成协商建议。

“加快仙游县林下经济发展”对口协商　7月中旬，县政协组织相关界别部分委员和相关单位负责人，先后深入书峰、社硎、西苑等乡镇，赴长汀、武平县学习考察，并通过现场视察、走访企业和召开座谈会等，全面分析仙游县林下经济发展现状及存在问题，提出协商建议。

“加强仙游县养老服务机构管理”对口协商　10月中旬，县政协组织部分社会治理和社会保障等相关界别委员，深入鲤城颐康养老公寓等5家养老服务机构，实地视察日常管理情况，并召开专题协商会，分析仙游县养老服务机构管理现状及存在问题，形成协商建议。

提案工作

【概况】　2020年，县政协十三届四次会议以来，政协各参加单位、广大政协委员聚焦仙游县发展大局，通过提案参政议政，提交提案188件，经审查立案183件，其中团体提案16件、委员提案167件，不予立案2件，转为意见和建议3件，立案提案分别由60个单位办理，并全部办复。所提提案已解决或基本解决的71件，解决之中或列入分步解决的100件，因条件所限暂不能解决的12件。

【重点提案督办协商】　3月23日，经县政协主席会议研究，确定2020年重点督办提案5件（《关于既有住宅增设电梯的建议》《关于整治违规占用消防通道的建议》《关于乡村医疗卫生体系建设的建议》《关于加强国有资产管理的建议》《关于优化营商环境，支持建筑企业发展的建议》）。重点提案由县政协正、副主席分别挂钩督办，县政协提案委会同县政府督查室对重点提案的办理落实情况进行跟踪督查。截至12月底，5件重点提案跟踪督办工作全部完成。

【重点提案办理对口协商】　9月中旬，县政协提案委召开《关于加强乡村医疗卫生体系建设的建议》重点提案办理协商会。在承办单位县卫健局办理回复的基础上，县政协提案委员会召集提案人、部分医卫界委员和县卫健局等承办单位进行面对面协商，就加强仙游县乡村医疗卫生体系建设进行交流讨论，形成协商意见。

【听取提案办理情况通报】　12月30日，县政协召开十三届十八次常委会会议，听取县政府关于政协提案办理情况通报。

民主监督与文史宣传

【民主监督员选派】　2020年，县政协选派部分委员到有关部门担任民主监督员，围绕事关群众利益的行风政风、效能监督、公共服务、司法公正等重点领域开展民主监督，助力解决群众关心关注的热点难点问题。

【专项民主监督活动】　2020年，县政协先后选派部分委员参加县法院校园欺凌、侵害妇女权益、经济合同纠纷等案件庭审；参加县检察院“检爱同行、共护未来”为主题的检察开放日活动，维护未成人合法权益；协同政法等部门开展《宪法》《中华人民共和国民法典》等法律宣传；在依法行政和营造公平正义的社会环境方面发挥政协机关应有的民主监督作用。

【文史宣传】　2020年，县政协统筹“两会”集中宣传与常规报道，加大对政协工作的宣传力度；建立社情民意信息收集网络报送反馈机制，组织委员就疫情防控、复工复产、完善治理体系等建言，报送情况反映、意见建议100多条，精选上报20多条，其中《建立营商环境“通报制”》《加快发展中等职业教育的建议》《整治农村禽舍，做好动物卫生防疫工作的建议》等，获市委、市政府主要领导批示；编纂出版《仙游文物》，发挥文史资料“存史资政，团结育人”功能。

（蔡冠宇）

综 述

【概况】 中共仙游县纪律检查委员会与仙游县监察委员会(简称"县纪委监委")推进政治监督具体化常态化，加强对贯彻新发展理念，落实"六稳""六保"任务，强产业、兴城市"双轮"驱动和持续优化营商环境、加强文化遗产保护、意识形态领域等监督执纪执法，推动各项重点任务有效落实。把贯彻习近平总书记治理木兰溪的重要理念作为监督重点，跟踪推进木兰溪全流域系统治理专项巡察整改情况，整改率居全市第一，木兰溪流域4个国省考断面全部达标。成立7个联合督导检查组，对全县防控新冠肺炎工作开展督导，发现并督促整改问题900多个，查处防控不力问题9起，处理23人，通报典型案例2起6人，劝阻"三不"(不办婚庆、不办寿宴、不办民俗活动)活动2.48万场，其中婚庆362场、寿宴2.4万场、民俗活动256场、其他活动192场。压紧压实"两个责任"，协助县委做好省委巡视莆田涉及仙游县问题整改和抓好2019年度市委全面从严治党主体责任落实情况检查反馈意见整改，督促整改各类问题36个，处理20人。协助县委抓好2019年度县委全面从严治党主体责任落实情况检查，发现整改问题291个，处理62人，建章立制20项。协助县委做好提(转)任干部任前廉政谈话，谈话6批128人次。协助落实县委领导干部述职述廉制度，做实做细主体责任。加大追责问责力度，严肃查处履行主体责任不力、问题整改不及时、工作弄虚作假等问题，问责38人，其中党纪政务处分18人。

【纠治"四风"】 2020年，县纪委监委进一步落实中央八项规定及其实施细则精神，紧盯元旦、春节等重要时间节点，发挥党风廉政监督员和机关职能部门作用，开展"点穴式"暗访和专项检查，严查滥发津补贴或福利、违规收受礼品礼金、违规吃喝等易发多发问题，全县查处违反中央八项规定精神问题21起，给予党纪政务处分34人。贯彻落实习近平总书记关于反对浪费节约粮食重要批示指示精神，把节约粮食、制止餐饮浪费作为监督重点之一，制定制止餐饮浪费行为监督执纪工作意见14条，遏制"舌尖上的浪费"。加大形式主义、官僚主义突出问题整治力度，针对文山会海、督查检查考核过多过滥、过度留痕、"填表抗疫"等问题，加强监督检查，为基层松绑减负。对工作中出现的不担当、不作为、乱作为等形式主义、官僚主义问题，依规依纪依法严肃处理，共查处28件，处理44人。

【深化国家监察体制改革】 2020年，县纪委监委深入推进纪律检查体制改革、国家监察体制改革、纪检监察机构改革，完成县纪委监委派驻(出)机构"三定"工作，将派驻(出)机构名称统一更名为"中共仙游县纪律检查委员会仙游县监察委员会派驻纪检监察组"，设立1家派出机构、15家综合派驻纪检监察组、3家独立派驻纪检监察组。改革后，派驻纪检监察组根据县纪委监委授权，履行党的纪律检查和国家监察两项职能，行使相应纪检监察权限，对县纪委监委负责。同时，完成驻县法院、检察院、公安局编制划转工作，划转行政编制10个。按照做好纪法贯通要求，进一步加强与司法机关的协作配合，与司法机关建立提前介入阶段的专家论证会商等工作衔接制度，构建监察机关与司法机关高效协同、有效配合的衔接机制。继续推行派驻纪检监察组"选点督"工作模式，确定工作选题80个，督促整改问题

280多个，建立健全相关制度42项。进一步落实“两为主一报告”工作机制（查办腐败案件以上级纪委为主，线索处置和案件查办在向同级党委报告的同时，必须向上级纪委报告；各级纪委书记、副书记的提名和考察以上级纪委会同组织部门为主），强化对下级纪委、派驻机构的领导和指导，推进纪检监察工作双重领导体制具体化、程序化、制度化，全年向市纪委监委和县委报告各类工作220多件次。

【党风廉政教育宣传】 2020年，县纪委监委加强新闻宣传报道工作，总结宣传全县纪检监察工作特色亮点，在《人民日报》《中国纪检监察报》等媒体刊发稿件3篇。做好融媒体和网站宣传工作，撰写有关中小学新冠肺炎疫情防控稿件在省纪委微信公众号刊登后，成为莆田市第一篇获得10万+人次阅读量的稿件，产生了较大的社会影响。深入推进“一镇一孝廉”廉政文化创建工作，进一步挖掘孝廉人物和御史人物勤廉事迹，全县10位历史孝廉人物列入《家国莆田》编书内容，进一步讲好仙游廉政故事，传播仙游廉政文化。做好县纪检监察机关互联网网站“信息公开”栏目整改工作，设立8个一级子项目。加强舆情分析研判，全年报送网络舆情信息1200多条，快速处置舆情事件3件，营造良好的舆论导向。

【纪委监委干部队伍建设】 2020年，县纪委监委坚持和完善县纪委监委领导班子学习制度，建立“不忘初心、牢记使命”长效机制。深化大学习、大培训活动，采取选派培训、干部轮训、跟班学习等形式，提高干部执行政策、执纪执法和思想政治工作水平，全县参训人数160多人次。加快推进“数字纪委（监委）”建设，通过涉密信息系统分级保护测评，完成纪检监察内网迁移。做好18个乡镇（街道）纪（工）委、监察组和19个派驻（出）机构电子政务外网接入和数字证书发放，完成检举举报平台推广部署应用任务，用科技手段提升精准监督和审查调查能力。加强对纪检监察干部的自我监督，落实纪检监察干部问题线索提级办理制度，及时处置办理涉及纪检监察干部信访举报件。是年，办理4件，予以立案审查1人，诫勉谈话1人，批评教育1人，有效防止“灯下黑”。

【领导调查与检查】 1月30日，省纪委副书记、省监委副主任洪仕健带领省纪委党风室等相关部门负责人，在市纪委副书记、市监委副主任林清忠陪同下，对榜头镇进行察访，督查乡镇落实疫情防控责任情况。

2月8日，市纪委副书记、市监委副主任潘冬英深入榜头镇、大济卫生院隔离点开展疫情防控工作督导检查，县委常委、县纪委书记、县监委主任施晓阳陪同。

2月20日，省纪委常委、省监委委员邱天华一行到仙游察看三福公司、京东数字经济产业园、东亚机械、宏泰纸业、3C产业园复工复产情况。市纪委副书记、市监委副主任林清忠，县委常委、县纪委书记、县监委主任施晓阳陪同。

3月11日，省纪委常委、省监委委员邱天华一行到仙游督导检查企业复工复产、重点项目建设、春耕生产等情况，市纪委副书记、市监委副主任林清忠，县委常委、县纪委书记、县监委主任施晓阳陪同。

4月22—23日，省纪委常委、省委巡视办主任游美萍带队到仙游开展脱贫攻坚督导工作，县委常委、县纪委书记、县监委主任施晓阳陪同。

5月20日，市委常委、市纪委书记、市监委主任吴立新到仙游督导信访维稳、精准扶贫工作，市纪委副书记、市监委副主任潘冬英，

12月2日，县纪委书记、监委主任施晓阳（左三）视察挂钩赖店樟林村旧村复垦建设新村情况 （陈志东 摄）

县委常委、县纪委书记、县监委主任施晓阳陪同。

6月15—19日，市纪委副书记、市监委副主任林清忠，带领市委第一检查组到仙游开展2019年度全面从严治党主体责任落实情况检查工作，检查组延伸检查鲤南镇、钟山镇、县自然资源局、县住建局。

7月15日，市委书记刘建洋带领市委落实全面从严治党主体责任检查组到仙游开展约谈反馈，对县委领导班子进行集体约谈，移交7个方面14个大项25小项的问题清单和5个问责建议。

8月7日，省委巡察办副主任陈晓光带队到仙游调研巡视巡察工作，县委常委、县纪委书记、县监委主任施晓阳陪同。

主要会议

【县委领导干部述责述廉工作会议】 2月17日，县委召开领导干部述责述廉工作会议，县委委员、候补委员，县纪委监委领导班子成员，各乡镇（街道）党委（党工委）书记，各管委会主任参加会议。县委领导班子成员逐一述责述廉，县委书记郑亚木逐一进行点评，参加评议对象对县委领导班子成员述责述廉情况进行评议。

【县纪委监委领导班子述责述廉会议】 2月21日，县纪委监委召开领导干部述责述廉会议。县纪委监委领导班子成员、县委巡察办主任、委机关各部室负责人参加会议。县纪委监委领导班子成员逐一述责述廉，县委常委、县纪委书记、县监委主任施晓阳逐一进行点评，参加评议对象对县纪委监委领导班子成员述责述廉情况进行评议。

4月9日，仙游县纪检监察工作推进会召开　（陈志东　摄）

【纪检监察工作推进会议】 4月9日，全县纪检监察工作会议召开，会议总结回顾2019年工作，部署2020年工作任务。郊尾、鲤南、枫亭镇纪委，县水利局、卫健局、宣传部纪检组作经验交流发言；县纪委林仁福副书记、傅宗勇副书记分别作工作部署；县委常委、县纪委书记、县监委主任施晓阳作讲话。委领导班子成员、机关各部室负责人，县委巡察办主任、副主任，县委正科级巡察专员，各乡镇（街道、管委会）纪委（纪工委）书记，县纪委县直机关工委书记，县纪委各派驻纪检组组长，县直各系统纪委书记，县总院纪委书记参加会议。

【县纪委十三届五次全会】 5月11日，在县委党校礼堂召开。县委、县人大、县政府、县政协领导，县法院院长、检察院检察长，不是四套班子成员的县处级领导，县纪委委员，县直单位主要领导、各乡镇（街道）党政主要领导、各管委会主任，县委巡察办正副主任、县委巡察组正副组长，各乡镇（街道、管委会）纪委（纪工委）书记、县纪委县直机关工委书记、县纪委各派驻纪检组长、县直各系统纪委书记、县总医院纪委书记，在仙游的垂直单位纪委书记、纪检组长，县纪委监委机关各部室负责人，270多人参加会议。其中，县纪委委员应到人数26人、实到22人。县委书记郑亚木出席并讲话，县委副书记、县长吴国顺传达市纪委七届五次全会精神，县委常委、县纪委书记、县监委主任施晓阳代表县纪委常委会作题为《健全完善监督体系　深化全面从严治党　为全面建成小康社会、加快建设新时代美丽新仙游提供坚强保障》的工作报告，会议由施晓阳主持。

案件审查调查

【纪律审查和监察调查】 2020年，县纪委监委坚持稳中求进工作总基调，统筹兼顾审查调查安全、疫情防控与工作推进，持续提高治理腐败效能。全年受理检控类初信初访479件，立案255件，累计结案284件，予以党纪政务处分252人，其中科级干部11人，涉嫌犯罪移送司法机关6人。准确运用监督执纪“四种形态”，处理1313人次，其中第一、二、三、四种形态占比分别为79.82%、14.78%、1.75%和3.65%。贯彻检举控告工作规则，严谨规范开展函询101人次。做实查办案件“后半篇文章”，发出纪检监察建议书6份，推动案发单位建章立制16项。严格文明安全办案，组织开展全县审查调查和“走读式”谈话场所安全大排查，督促整改问题30多个。抓好案件审结，委机关全年审结案件76件、95人（不含乡镇纪委、派驻纪检组查办案件），给予党纪政务处分97人次，其中7人受到党纪政务双重处分。完善监督执法程序，加强与公检法机关情况通报和案件移送，健全与检察机关办理职务犯罪案件衔接机制，进一步促进纪法贯通、法法衔接。

【整治群众身边腐败和作风问题】 2020年，县纪委监委深化“四访”（开门接访、全员接访、带信下访、入户走访）活动，化解信访积案。全年受理检控类初信初访479件，化解信访难题积案18件。围绕扫黑除恶斗争工作，开展“惩腐打伞专项攻势”行动，全年立案52件53人，其中组织、领导、参与黑恶势力违法犯罪活动16件17人，涉黑涉恶腐败问题6件6人，“保护伞”案件10件10人，其他失职失责问题20件20人。整改教育医疗、食品安全、生态环境保护等民生领域违纪违法行为，促进惠民政策有效落实。2020年，查处群众身边腐败和作风问题63件，处理71人。

【扶贫领域专项治理】 2020年，县纪委监委开展扶贫领域“强监督促攻坚”专项行动和贫困村观测点督导调研，探索推行“扶贫+”（“扶贫+蹲点”，推动履责担责；“扶贫+巡察”，推动问诊问效；“扶贫+科技”，推动精准精细；“扶贫+制度”，推动常态长效）工作模式，按照不低于40%的比例随机抽访2583户，加强对脱贫摘帽后“四不摘”（不摘责任、不摘政策、不摘帮扶、不摘监管）情况的监督检查，发现并督促整改问题30个。加大对盲目决策、监管缺失造成政策落实不到位、扶贫资金闲置浪费问题的查处力度，查处7件，处理8人。

巡察工作

【概况】 2020年，县委高度重视巡察工作，先后召开县委常委会会议9次、中心组学习会会议4次、县委巡察工作领导小组会议4次，专题研究部署巡察工作，推进巡察工作向重点领域、重点行业、重点部位延伸拓展。全年完成3轮25个单位的常规巡察和1轮的“村（居）+扶贫领域”专项巡察，发现并反馈问题2591个，整改到位2129个，到期整改率82.17%，移交问题线索33条，给予党纪政务处分12人次，挽回经济损失252.3万元。

【“巡察工作规范建设年”活动】 2020年，仙游县调整充实县委巡察工作领导小组，建立整改工作评估分析会，统一“四簿三书”（县委巡察工作记录簿、临时党支部活动记录簿、巡察组组务会记录簿、巡察谈话记录簿；保密承诺书、纪律承诺书、“零持有”报告书）规范填写和移交管理办法，开展“巡察工作规范建设年”活动。制定《仙游县村（社区）巡察指标体系》，细化模块14个、指标91个，推进村级党组织巡察内容模块化、标准化运作。

【专项巡察和村（社区）巡察】 2020年，县委进一步加大政治巡察力度，先后开展优化营商环境暨“放管服”改革、疫情防控和复工复产、脱贫攻坚等专项巡察和村（社区）巡察全覆盖，着力发现和纠正政治偏差，督促被巡察单位党员领导干部强化政治担当。注重巡察成果运用，落实“双约谈”（县委书记和县纪委书记约谈被巡察单位党组织和纪委负责人）制度，提出整改意见和要求，夯实整改主体责任，全年约谈被巡察单位党组织和纪委负责人12人次。

（方仁禹）

中国国民党革命委员会仙游县总支委员会

【概况】 2020年，民革仙游县总支委员会有党员61人。总支党员通过系列理论学习，思想认识水平和理论素养得到提高，夯实与中国共产党团结奋斗的思想基础，端正理想信念和价值追求，坚定与中国共产党共同建设中国特色社会主义的信心与决心。

【助力疫情防控】 2020年，民革仙游县总支43位党员参加捐款，收到捐款资金1万元，总支以全县民革党员的名义，捐赠县红十字会作为抗疫资金。总支主委杨兴坚深入挂钩的石苍乡及乡卫生院督促指导疫情防控工作。总支副主委、龙华镇综治办副主任谢华，组织镇村干部走村入户宣传倡导，向村民发放口罩2563个，排查寿宴、婚宴，劝导全部取消。

【参政议政】 2020年，民革仙游县总支党员中的市政协委员、县人大代表以及县政协委员，开展参政议政和社会服务工作，履行参政党职能作用。在2020年市、县两级“两会”上，围绕市、县社会事业的发展，针对群众关注的民生问题的热点、焦点，提交县级政协提案14篇，市级政协提案1篇，县人大建议1篇，开展参政议政和社会服务工作，履行参政党职能作用。总支要求党员要发挥各自的优势和专业特长，针对社会关注的民生问题的热点、焦点，为社会民生事业建言献策。总支推荐党员杨平燚、林益萍等人，受聘担任特邀监察员、行风监督员，他们参与党风、政风、行风评议和视察活动。

【暑期读书班】 9月12—13日，民革仙游县总支在钟山镇麦斜村举办民革仙游县总支党员暑期读书班活动，参加活动的党员有20多人。学员们通过学习贯彻习近平总书记有关重要讲话精神，开展以“不忘合作初心，继续携手前进”为主题的革命传统教育活动。读书班安排党员林建华（律师）为学员们上《中华人民共和国民法典》等法律法规的基本知识课程，提高党员的法律意识。

【社会服务】 2020年，民革仙游县总支发挥民革党员的优势和作用，在扶贫帮困、捐资助学、科技兴农、书画义卖等方面开展社会服务工作，全县各条战线上民革党员立足本职，爱岗敬业，在平凡的岗位上展现风采。

（洪　新）

中国民主同盟会仙游县工委

【概况】 2020年，民盟仙游县工委发展盟员3人，全县盟员176人。是年，民盟仙游县工委加强理论武装，巩固政治共识，强化责任担当，推进自身建设，提升盟员的政治素养和综合能力。

【参政议政】 2020年，民盟仙游县工委与盟内人大代表、政协委员和骨干盟员的作用，选题、调研，在促进区域经济发展、繁荣地方文化、加强教育管理等方面建言献策。年初，工委会向省盟报送调研课题《关于中小学生课外阅读情况的调查与研究》。莆田市人大第四次会议召开期间，市人大代表吴丽娜向会议提交提案3份；4月，参加市人大常委会组织的市人大代表“进工地、看现场、问进度”活动，关注教育民生，推动荔城区盯紧项目，加快项目建设，促进区域教育质量

5 月 31 日，民盟仙游县工委会第六次盟员代表大会在仙游召开

（尹元洪 摄）

提升。枫亭小组撰写提案《关于解决农村住房存在问题的提案》报送第十三届四次全县政协会议。疫情防控期间，一中支部向盟上级报送社情民意信息 7 份。组织参与省盟组织的“我与民盟”征文比赛，报送 2 篇征文。7 月 6 日，县政协会议上，民盟仙游县主委作专题发言交流。8 月 5—7 日，3 位盟员参加县统战部在凤山举办的暑期读书班活动。11 月，盟员王国斌向盟上级报送建议《道口规划助推革命老区旅游发展 》，盟员黄玉淑撰写省两会快件《关于加强流动餐饮摊管理的建议》，撰写市级课题《关于中小学生课外阅读情况的调查与研究》调研报告。

【活动开展】 5 月 31 日，民盟仙游县工委会举行第六次盟员代表大会，选举产生民盟仙游县工委会第六届委员，以及民盟仙游县工委会第六届主任委员 1 名，副主任委员 3 名。7 月 21 日，“文创旅游”基地盟员之家在仙游凤山落地，省盟主委阮诗玮到仙游为“盟员之家”揭牌。10 月，拍摄 5 位盟员宣传片，参加省盟举办的盟员风采展示。10 月 25 日，县组织部、民盟仙游县工委会联合举办“相约邻里 欢度重阳”书画现场笔会，共度重阳佳节。

【社会服务】 2020 年，民盟仙游县工委会深入贯彻落实中央、省、市、县关于疫情防控工作部署，做好疫情防控社会宣传引导工作，利用界别优势，探索疫情期间教育教学工作，以及复学后线上线下教学衔接工作，助推仙游教育教学质量提升。盟员吴丽娜参与福建省教育厅组织的省级名师工作室在线主题式指导与答疑活动，指导主题为《“快乐读书吧”导学策略》，全省惠及师生 500 人。吴丽娜、黄李炮老师利用市级领衔名师优势，尹元洪、杨丽萍、吴纪梁利用市级名师工作室成员的优势，借助市教育局超星阅读平台，开展线上答疑活动，受惠 300 多人次。县直机关支部吴丽娜、尹元洪、杨丽萍深入了解各校在疫情期间线上教学情况，对复学后线上线下衔接工作、六年级毕业班教学进度、集体备课等情况进行调研指导，并提出建设性的意见，有效促进区域教育质量的提升。

盟员书画家前往木兰社区义务为群众写春联；仙游文化支部发起“抗疫情 歌卫士 赞国策”民盟书画家网络书画展，收到盟员画家投稿 30 余件。联合县妇联举办“蒲公英在行动”暑期公益写作培训活动，受益学生 50 多人次。民盟市委教育工作委员会、市人社局、仙游邮政局、莆田众翔双创职校联合举办“同心抗疫，共稳民生”公益培训活动。培训民办幼儿园园长和幼儿园保育员 100 多人次。联合民盟市委教育工作委员会举行仙游民盟退休老盟员教师送温暖活动，分发月饼等礼物。

（杨丽萍）

中国民主建国会仙游县支部

【概况】 2020 年，民建仙游县支部会员 32 人。4 月，会员企业福建省三福集团黄福华技能大师工作室代表仙游古典工艺家具制作技艺入选国家级技能大师工作室，开仙作行业先河。

【专题调研】 3 月 19 日，民建莆田市委专职副主委林玉和带队深入会员企业福建云敦服饰有限公司、仙游县凯力塑胶有限公司、莆田市福通电子科技有限公司，对转型生产医用防护服、口罩等医用物资的服装企业、从事塑料和橡胶制品的传统重要基础性行业、外贸企业等重点领域的骨干会员企业的复工复产情况进行专题调研。民建仙游县支部副主委陈海仙陪同调研。

【暑假读书班】 8 月 22—23 日，民建莆田市委在仙游县西苑乡凤山村举办 2020 年暑期读书班、建华课堂福建分课堂“兴莆讲坛”第十期专题讲座、《中国民主建国会章程》抄写活动、新会员入会仪式，到仙游革命老区凤山教育馆、仙游县书峰乡大类战斗革命遗址开展爱国主义、作风建设、革命传统教育活动。

【民建福州市委到仙游交流】 9月12日，民建福州市委到仙游县开展工作交流，调研仙游县高新科技产业园区建设情况，考察仙游特色产业，利用互联网以及大数据带动当地传统行业发展等。民建莆田市委主委、市民政局局长张宗贤，莆田市科技局局长张福清，县委常委、统战部部长陈朝霞，民建莆田市委副主委、民建仙游县支部主委、县科技局局长林敬柏等参与调研座谈。

（陈海仙）

中国民主促进会仙游县支部

【概况】 2020年，民进仙游县支部明确县支部委员会各级委员职责，参加各级委员培训班，组织新会员参加统战理论、政协知识学习，5人在政府或部门任职，2人分别被聘为特邀监察员、行风评议员、行风监督员。会员朱福忠获“福建省参政议政先进个人”称号；会员张益群获“民进福建省抗疫先进个人”称号。

【参政议政】 2020年，民进仙游县支部在县“两会”上，履行参政议政的“职能”，反映社会关注的热点和难点问题，组织部分会员深入调查研究，走访有关部门，听取人民群众的意见和建议的基础，撰写提案或建议。撰写报送县政协十三届四次会议发言材料1篇。提出个人提案或建议20件（团体6篇、个人14篇）。朱福忠代表民进仙游县支部在政协会议上发言。被市委会采用工作信息16篇，社情民意信息20篇。

【社会服务】 2020年，民进仙游县支部根据支部优势和特色，在社会服务工作上，进行项目的对接与落实。1月，组织支部全体会员度尾镇举办文化下乡暨“春联万家”义务写春联活动，为群众赠送一批农业科技、健康生活等方面的书籍和春联，现场为群众书写一批春联；8月，在西苑凤山举办暑期读书班；10月，昌山中学开展“不忘合作初心，继续携手前进”主题教育暨传统文化进校园的活动。通过一系列的社会服务活动，密切支部会员与民众的关系。

（张益群）

中国农工民主党仙游县总支委员会

【概况】 2020年，农工党仙游县总支委员会设发展新党员3名，在册党员95名（担任市人大代表1名，县人大代表2名；县政协委员7名，其中常委1名）。农工党仙游县总支发挥党员中的人大代表、政协委员和有关方面的专家学者的骨干作用，以带动全体党员的积极性，集中群体智慧，开展调查研究，建言建策。

【参政议政】 2020年，农工党员的人大代表和政协委员提交个人建议9件，涉及经济、医疗、环保、教育等行业，其中颜怀群提出的《关于加快推进配套建设鲤南镇中学》的建议得到县政府的重视。

【助力疫情防控】 2020年，农工党仙游县总支委员会发挥界别优势，号召大家冲在第一线抗疫，仙游县总医院的多个党员担任县救治专家组成员和疫情防控各个岗位；获得市级以上参政议政先进个人1人，优秀党员2名。

【社会服务】 2020年是农工党成立90周年，仙游总支组织多位党员参加由农工党省委会、市委会和仙游县统战部组织中国农工民主党建党90周年的各类实践学习和征文比赛活动，选送多位党员参加省、市、县社会主义学院培训学习，8月8日，组织党员在仙游西苑凤山开展“不忘初心，爱我中华”为主题读书班教育活动，重温多党合作历史，弘扬爱国主义精神和革命优良传统，增强爱国爱党的自觉性。全年组织党员利用界别优势举办上山下乡义诊和送医送药活动共4期。12月5日，举办年会暨民主推荐会，增进党员间的交流和团结。

（郑建新）

中国致公党仙游县支部

【概况】 2020年，中国致公党仙游县支部有党员56人，其中有归侨6人，侨眷22人。2020年，致公党仙游县支部加强支部自身建设，组织党员加强政治理论学习，发挥地方参政党组织的作用，发动支部党员开展社会调研，建言献策、参政议政，开展党建和多种形式的服务社会的活动。

【助力疫情防控】 2月1日，致公党仙游县支部召开线上支委及骨干党员会议，专题学习致公党莆田市委会关于坚决打赢疫情防控阻击战的倡议。支部党员仙游博爱医院董事长助理黄鹏向仙游县卫健局捐赠一批防疫口罩，也向到院看望住院病患家属们赠送防疫口罩。因腰椎间盘脱出住院治疗支部党员陈清海，主动要求出院，忍着疼痛投入到疫情防控工作当中，被人们称之为“硬核拐杖副乡长”。支部党员徐维雄教授将价值8万元的100万只口罩鼻梁条捐赠给莆田市红十字会。3月12日，致公党仙游支部召开线上支委及骨干党员会议，学习致公党莆田市委会响应省委会抗击疫情捐款捐物的倡议。支部党员们第一时间捐款捐物助力疫情防控阻击战。

【调研工作】 2020年5月13日，致公党仙游县支部派出党员林春香、李恩树等深入枫亭镇开展以“饮水安全保障”为主题的调研活动。8月21日，党员陈建新、郑胜峰等6人参加致公党莆田市委会组织的廉政教育活动，前往东圳精神教育基地参观学习并进行座谈。11月27日，党员余丽钦、陈琼斌、颜莉等参加致公党莆田市委妇委会和城厢区支部赴仙游县菜溪乡园宅村开展乡村振兴调研，了解新农村建设模式，乡村振兴战略的新对策新举措。12月4日，党员陈建新、郑胜峰、郑德强参加致公党莆田市委宣传工作委、海外联谊委及市直总支部组织到仙游县游洋镇兴山村上宫支部、桥光村幸福院实地调研。

【参政议政】 2020年，致公党仙游县支部党员深入社会调查研究，关心社会热点和民生问题，利用政协平台，撰写提交提案，有《关于加强莆田市儿童青少年近视防控的建议》《关于推进“党建+”社区文化建设的建议》《加强村卫生室建设 发挥卫生服务兜底作用》《特色小镇建设应处理好三个关系》《新时代民主党派参与基层政党协商实践中存在问题及对策探讨》等。上送研究课题《加强农村文化建设助力乡村振兴战略》。致公党仙游县支部在“仙游致公之家”进行参政议政。

【社会服务】 2020年，致公党仙游县支部以各种形式参加服务社会活动，党员陈荣振义务在仙游文庙内为鲤城街道居民免费写春联，在暑假免费教授中小学生书法课。在抗击疫情期间，支部响应致公党莆田市委会抗击疫情捐款捐物的倡议，支部党员们捐款捐物助力疫情防控阻击战，所捐赠款项折合人民币12万余元，体现致公党人致力为公的奉献精神。

【争先创优】 2020年，致公党仙游县支部党员张力学、李恩树、黄灼津、郑德强、陈灿、余丽钦、黄朝华、郑育、陈建新等多次受所在单位领导的“优秀”表彰。党员郭力菠获湄洲湾职业技术学院2019年度精神文明建设“先进个人”；湄洲湾职业技术学院2019—2020学年优秀教师；“互联网+”全国创新创业大赛国赛铜奖指导老师；第二届全国新零售创新创业大赛国赛一等奖指导老师“畅享杯”全国跨境电子商务技能大赛国赛二等奖指导老师。党员郑淑琼获智能网联汽车检测与运维职业技能等级考评员，成立湄州湾学院汽车维修协会。

（陈建新）

九三学社仙游县支社

【概况】 2020年，九三学社仙游县支社总社员38人，其中主委1名，副主委员3名。担任县政协常委1名，县政协委员3名，社员分布在各行各业。支社被九三学社莆田市委员会评为2020年度社务工作量化考评先进集体。

【参政议政】 2020年，九三学社仙游县支社发挥参政议政职能。在县政协十三届五次会议共提交提案5篇，被县政协评为2019年度优秀提案2篇：优秀团体提案《关于加快农村土地流转的建议》，优秀个人提案《关于加强乡镇生态环境管理队伍建设的建议》。社情民意被采纳有3篇：王祚《关于进一步优化营商环境的建议》被省政协采纳；程烟萍《关于在莆田市开展儿童口腔保健工作的建议》被市政协采用；陈燕燕《关于加快发展中等职业教育的建议》被市政协采用、市长李建辉批示。

【培训学习】 2020年9月4–5日，九三学社仙游县支社在西苑乡凤山村举行第一次暑期读书班，社市委专职副主委黄秀姐、专职秘书长陈捷音及市直第三支社主委肖金树应邀出席，支社部分骨干社员20余人参加学习活动。3名新社员参加县社会主义学院第1期党外人士培训班，3名社员参加统战系统暑期读书班，6名社员参加统战系统暑期读书班，1名社员参加2020年九三学社全国新闻宣传骨干网络培训班。

【社会服务】 2020年，九三学社仙游县支社为新冠疫情奉献力量，支社社员通过不同渠道在抗击新冠疫情中捐资7000多元。12月10日，九三学社仙游县支社围绕“传染病防护知识”宣传，与仙游县龙泉小学联合开展“秋冬季呼吸道传染病防护知识宣传进校园”主题健康教育活动，捐赠各类书籍等50余册，价值1000余元，充实学校的图书室。12月11日，九三学社仙游县支社开展“古村落保护”参观学习活动，感受前连古民居群独特的美，先后参观前连村的新厝、阿五亭厝、阿六亭厝、中厝、旗杆厝、下张厝等。

（陈燕燕）

仙游县工商业联合会

【概况】 2020年11月2日，中共仙游县委重新设立中共仙游县工商业联合会党组，李向阳任党组成员、书记，谢超雄、张薇任党组成员。2020年12月，县工商联被省工商联确认“2020年度全省民营企业调查点工作先进单位”。

【助力疫情防控】 2020年，仙游县工商联开展“防控疫情——莆商在行动”工作，第一时间向乡镇（街道、园区）商会、所属商会、异地商会、广大仙商发出公开信、倡议书、动员令，引导企业家捐款捐物、保障物资供应、协助防控隔离。疫情期间，仙游县105家民营企业和民营企业家向仙游县红十字会捐款663.4万元；4家民营企业和民营企业家向莆田市红十字会捐款50万元；1名民营企业家直接向湖北省红十字会捐款10万元；3家民营企业家和商会为仙游县防控疫情捐赠4万个医用口罩，12万只医用手套，500只体温计；9家民营企业和民营企业家向仙游县总商会捐款52万元，用于购买医用口罩。

【精准扶贫——莆商再行动】 2020年，仙游县工商联持续深入开展“精准扶贫——莆商再行动”品牌活动，高效统筹、精准投放仙商资源力量，助力打好脱贫攻坚战。2020年春节前夕，由宁波市莆田商会黄清杰带领的10名在甬莆乡籍企业家到仙游县西苑乡仙山村和仙东学校进行扶贫助学慰问活动。西苑乡仙山村是革命老区村，全村有国定、省定贫困户9户，贫困人口41人。这次扶贫项目为仙东学校捐赠6万元作为60多位在校学生营养餐餐费；赠送图书500册，丰富学生的知识需求；对仙山村九户贫困户每户送去慰问金1000元和毛毯、鲁花一级花生油、米粉、手工线面等生活用品。在当地采购大批量扶贫对接农特产品香菇、笋干等，为帮助革命老区村促销产品，增加村民收入。2020年初，广州仙游商会慰问游洋镇兴山村21户贫困户，每户慰问金500元和大米、食用油棉被等价值600多元的生活用品。广东莆田商会慰问伍狮村7户贫困户，每户送去600元现金和大米、食用油、毛毯等价值约600多元的慰问品。

【异地商会】 2020年1月18日，厦门市仙游商会召开首届第一次会员大会。大会选举产生商会首届领导班子，厦门盛亿隆贸易有限公司董事长颜建生当选为首届会长。

（曾飞剑）

群众团体

仙游县总工会

【概况】 2020年，仙游县总工会（简称“县总工会”）通过各种活动，弘扬劳模精神、培育典型，引导和教育职工提高自己的思想道德和文化技术素质，维护职工群众的合法利益和民主权利。2020年，县总工会召开全委（扩大）会议，下发《仙游县2020年工会工作要点》和《仙游县总工会关于认真学习宣讲贯彻中共十九大精神的通知》，深入工厂、车间、学校、社区，通过走访慰问、座谈会、讲党课等形式，与一线职工、劳动模范、工会干部一起学习宣讲中共十九大精神，掀起“大学习”活动热潮。

【职工素质提升工程】 2020年，县总工会联合基层企业工会举办安全生产、应急救护等岗位技能竞赛12场，开展名师带高徒活动，实现师徒结对700多对；开展职工“五小”创新大赛，收集采纳小发明小创造200多个，小建议600多条，推荐上报51个“五小”创新项目参加福建省职工“五小”创新大赛，获省级二等奖1个、三等奖6个，推荐上报省级工人先锋号2个，市级工人先锋号2个。

实施职工素质工程，提升产业工人技能水平。联合基层企业工会开展11个工种的实用型和订单式职工技术技能培训，培训提升职工1000余人。

推动职工文化繁荣兴盛。坚持“工会主导、企业主体、职工主角”，构建职工文化服务体系，加大对基层职工文体中心、职工书屋等职工文化阵地建设力度。截至2020年底，建设“职工书屋”全国示范点4家，省级示范点2家，市级示范点26家，市级“书香企业”7家。

【劳动精神弘扬】 2020年，县总工会做好全国劳动模范、福建省五一劳动奖、莆田市劳动模范的推荐评选工作。2020年，分别推荐评选全国劳动模范1名、福建省五一劳动奖章3名、福建省五一劳动奖状1家、莆田市劳动模范17名。开展“福建省（示范性）劳模工作室”创建工作，发挥劳模传帮带作用。分别推荐1家省级劳模工作室申报“福建省示范性劳模工作室”，2家市级劳模工作室申报“福建省劳模工作室”，1家劳模示范性工作室申报“福建省劳模工作室优秀创新成果”。“五一”国际劳动节前夕，县总工会开展庆“五一”慰问劳模活动。

【职工服务】 2020年，县总工会主要通过帮扶、慰问、劳保、助学、医疗互助、关爱特殊群体等方式服务全体职工，保障职工权益。

开展慰问活动。元旦、春节慰问困难职工230人，资金41万元。慰问县总医院、县妇幼保健医院、县德安医院及援鄂护士、家属等共10.88万元；慰问抗疫一线医护人员15.2万元；慰问复工复厂的企业及生产标兵、积极分子、仙游动车站等共11.7万元。慰问“留守企业职工”资金11万元，覆盖企业14家，覆盖职工1.2万人。

关注防暑降温。县总工会开展“夏送清凉”慰问活动，投入资金13.9万元，覆盖企业16家，覆盖职工1.31万人。慰问征迁攻坚一线党员干部，资金6万元。

助推金秋助学。2020年，县总工会发放助学金10.5万元，资助21名困难学生圆大学梦。

开展医疗互助。截至12月，有110家8899人参加医疗互助，收互助金48万多元，111人次申请医疗补助，发出补助金额32万多元。

关爱特殊群体。“三八”国际妇女节慰问30名奋战在防疫一线环卫女工。2020 年，6 个家庭被莆田市总工会授予“职工最美家庭”称号。新建“妈妈小屋”2 个。

举办 2020 年仙游县青年干部职工“情牵七夕，爱在仙游”交友联谊活动。引导青年职工树立文明、健康、理性的婚恋观，弘扬文明新风、增进社会和谐。

【典型培育】 2020 年，县总工会创新渠道提升工会干部服务广大职工群众的能力，培育典型。

推进“会、站、家”一体化建设。县总工会领导包片联系基层工会，创新入会方式，抓重点领域、重点行业、重点群体建会入会工作。截至 2020 年 12 月，仙游县有 1402 个基层工会，工会会员 14.04 万人。有 4 个产业工会（经贸、卫生、教育、供销）、3 个行业工会（古典工艺家具行业、建筑行业、金融行业）、1 个经济开发区工会，1 个工业园区工会，18 个乡镇（街道）工会。建立 1 个经济开发区总工会、7 个镇街总工会。

维护职工合法权益。2020 年，县总工会配备专门的工会兼职维权律师，对职工反映问题进行即时解答、即时处理，保障职工特别是困难职工农民工及时获得法律援助。各乡镇（街道）建立劳动争议调解委员会，保障职工信访需求，维护和谐劳动关系。开展集体协商“要约行动月”活动。全县已建工会企业发出集体协商要约书 2289 份，收到应约 2060 份，覆盖企业 2654 家。抓好职代会制度建设，提高厂务公开民主管理和职代会建制率。县国有、集体及其控股企业和事业单位的厂务公开、职代会继续保持全覆盖，规模以上非公企业职代会建设达 80% 以上，厂务公开也在企业中推行。开展安全生产宣传活动，推行“一法三卡” 活动。开展职业病“三查一看”活动，开展安康杯知识竞赛活动，全县有 550 家企业 3.14 万多人参与竞赛。

激发基层工会活力。配齐配强镇街（园区）工会专干，落实考评奖惩等激励制约制度，在省总工会经费补助基础上，市、县（区）两级工会分别安排配套资金 1 万元、6000 元，作为工会专干绩效工资。加强工会干部教育培训工作，各级工会干部参加福建省总工会培训 6 期次，参加莆田市总工会培训 12 期次，提升工会干部服务广大职工群众的能力。

加强共享职工之家建设。制定《仙游县总工会关于推进“党建+”社区邻里中心建设提升基层治理效能实施方案》，选择在鲤城街道南桥社区和木兰社区建设“共享职工之家”。加强对已成立共享职工之家的京东（仙游）数字经济产业园共享职工之家的业务指导。

（陈 军）

共青团仙游县委员会

【概况】 2020 年，共青团仙游县委员会（简称“团县委”）以中共十九大及十九届二中、三中、四中、五中全会精神和习近平总书记重要讲话重要指示批示精神为指引，以“青年大学习”网络主题团课和主题团日活动等为重要抓手，开展“扣好人生第一粒扣子”“传承红色基因”“关注两会 致敬先锋”等各类学习实践活动 48 场次，组织青年大学习 19 万余人次，引导青少年坚定理想信念。开展“两红两优”“向上向善好青年”“新时代好少年”评选表彰活动，选树表彰先进个人 127 名，先进集体 26 个，其中省级先进个人 1 名，省级先进集体 1 个；市级先进个人 23 名，市级先进集体 8 个，为全县青少年成长成才树好学习榜样。截至 2020 年底，全县团员已注册报到 2.35 万个，学校团员报到率 100%，乡镇团员报到率 66%，星级团支部创建率 98%。5 月，团县委被团市委评为“莆田市五四红旗团委”。

【助力疫情防控】 2020 年，团县委招募返乡医务大学生志愿者 50 余名，成立全市首支返乡大学生医务志愿服务队伍，先后分三批次定岗到各村（社区）卡口，配合做好疫情防控相关工作。成立秩序维护、便民服务、调查登记等多类防疫青年突击队 14 支 205 名，参与疫情防控。招募小区网络志愿者 70 余名，参与线上防疫志愿服务，引导市民群众共同抗疫，不信谣，不传谣，听官宣。对防疫一线人员开展走访慰问送温暖活动，为全县 16 个值勤卡口一线防疫人员送去慰问物资 1.6 余万元，为基层一线防疫青年突击队、青年志愿者送去口罩 1000 余个。

【志愿活动】 2020 年，团县委以文明创城为契机，线上召开“志愿汇”信息系统推广应用培训会，引导全县广大团员青年注册志愿者，加入创城志愿队伍。开展“青春助力创城”集中服务月活动，累计发布邻里守望、环境保护、政策宣讲、交通劝导等各类线下志愿服务 111 场，活动参与人数 9100 人次，活动总时长 2.99 万小时。组织开展仙游县“抵制高价彩礼 倡导文

8月25日，2020年仙游县青年干部职工“情牵七夕，爱在仙游”交友联谊活动召开。图为主办方启动活动（唐伟 摄）

明新风”青年公益集体婚礼，引导仙游青年摒弃高价彩礼、婚事大操大办等陈规陋习，传播婚事简办、喜事新办的社会新风尚。

【青春关爱活动】 2020年，团县委深化希望工程圆梦行动。开展“青春暖冬”行动，走访慰问困难青少年36名，发放慰问物资2万余元。举办公益夏令营1期，28名留守儿童报名参加。依托县青少年宫，举办青少年美术、科技公益培训班2期，受益青少年达800余名。推进完善政府购买青少年工作服务机制，购买重点青少年服务项目2个，累计开展青春自护、中高考心理减压、关爱帮扶等活动11场次，覆盖群体6000多人次。其中，“仙游县‘歧路•启路’不良行为青少年帮教项目”，创新性采用“1个社工+1名公安干警（团干）+1位监护人（村“两委”干部）共同帮扶1位具有不良行为或严重不良行为的青少年”的“3+1”工作模式，降低未成年人再犯罪风险。

【青年服务】 2020年，团县委落实莆田市“壶兰计划”和仙游县“蜚山兰水计划”，开展2020年仙游青年人才计划暨返乡大学生暑期社会实践活动，向企事业单位公开征集各类实践岗位117个，中南大学、华东师范大学、厦门大学、福州大学等省内外高校130余名返乡大学生参加。做好仙游县第二届返乡大学生临时团支部委员会换届选举工作，组织开展岗前素拓、青春筑梦、参观交流等系列活动，促进返乡大学生认识家乡、热爱家乡，激发大学生建设家乡的热情。以线上线下相整合的模式，举办青年公益交友活动2场次，全县各行各业适龄青年368人报名参加，为单身青年干部职工搭建展现个人风采、拓展沟通交友渠道、增进情感交流的平台。

（郑雪梅）

仙游县妇女联合会

【概况】 2020年，仙游县妇女联合会（简称“县妇联”）助力疫情防控，做好妇联组织基础建设、关爱妇女儿童家庭、家庭文明建设工程、妇女儿童维权等。

【助力疫情防控】 2020年，县妇联部署抗击疫情具体工作，发动爱心人士和女企业家捐款53.1万元，各乡镇妇联共募捐1.26万元和100个N95口罩，全县村级妇联组织募捐1.27万元、爱心口罩7000个；为一线的志愿者、民警等工作人员捐赠一批价值4500元左右的生活物资，发放口罩、手套等物资6000余个，联合中国人寿仙游县支公司向全县抗疫一线妇女工作者赠送362份康E保险，合计4.16亿元风险保额；慰问坚守抗疫一线的乡镇妇联主席和5位村（社区）女主干；在微信公众号发布30条防疫信息等，在全县范围内开展寻找省、市级“最美‘抗疫’家庭”活动，徐端沈川花家庭被评为福建省“最美抗疫家庭”、蔡立德贺七英家庭等15户家庭被评为莆田市“抗疫•复产”最美家庭。

【妇联组织基础建设】 2020年，县妇联开展“四有”基层组织创建和“五亮”活动，着力打造一批有特色亮点的基层妇联组织。在4个企业新建妇联组织，并在榜头镇京东产业园、好梦娃职业培训学校建立“妇女之家”。在妇女比较集中的领域，建设51个“妇女微家”，打造妇女贴心娘家驿站。实施领头雁计划，开展寻找“最美妇联执委、最美女主干”主题宣传活动。抓好执委学习，落实《乡村两级妇联执委学习制度》，组织妇联执委学政策、学知识、学文化，以学习促能力提高。参与南桥社区、木兰社区“党建+”邻里中心建设，推动社区妇女之家、家长学校、幸福婚姻家庭驿站和儿童之家创新完善，提升服务妇女儿童和家庭水平，打造妇女参与社会治理服务新亮点。

【关爱妇女儿童家庭】 2020年，县妇联慰问贫困妇女儿童69人，送去慰问金8.8万元，资助22名女大学生，金额12万元。每月定期走访精准扶贫挂钩户；继续开展“母亲健康1+1”募捐行动，向社会各界募集爱心款5.11万元；持续实施贫困“两癌”妇女救助行动，为50名两癌贫困妇女发放救助金20.61万元；助力女性创业发展，走访女企业家，关心了解在生产生活中的困难和问题，邀请有爱人士帮助度尾果农解决水果滞销问题；展示优秀创业女性的风采；加强妇女儿童发展纲要监测评估工作，跟踪收集和分析两纲指标数据，着手组织撰写妇女儿童两个发展纲要监测报告和评估报告。

【家庭文明建设工程】 2020年，县妇联开展家风家教实践行动，在兰溪书苑建立“仙游县家庭亲子阅读示范基地”，以书为媒，传承好家风；“六一”国际儿童节期间，开展关爱留守儿童微心愿活动、“看见幸福阅出梦想”亲子阅读手抄报征集等活动；开展生命安全教育等暑期儿童关爱服务活动48场；向全县广大妇女发出倡议，实施光盘行动，弘扬勤俭节约中华美德。推进和谐家庭建设。利用微信平台，线上传播科学家教理念，线下联合职能部门组织家教专家开展家庭教育大讲堂，6月，携手县教育局在仙游县各学校开展防性侵主题班会，在全体学生及广大家长中普及防性侵知识。

【实施维权行动】 2020年，县妇联在县行政服务中心婚姻登记处建立幸福婚姻家庭驿站，为办理婚姻登记的人员提供婚前宣传、婚姻辅导、婚育知识讲解。开展“12338”维权热线“巾帼暖人心，普法维权在身边”妇联主席维权在线服务，邀请女性特邀调解员、女性人民陪审员在线为来访妇女群众提供法律服务。是年，接待来访妇女群众80多人次。特邀专业律师举办“用法律知识，守护女性权益”主题沙龙，邀请专家在全县范围内开展“民法典伴你同行”系列讲座，推动民法典的实施，引导妇女儿童懂法守法用法，争当法律明白人。以“十无十好”（无家暴、夫妻关系好；无邪教、崇尚科学好；无涉毒、珍爱生命好；无涉赌、勤劳致富好；无涉黄、自立自尊好；无拐卖、防范意识好；无纠纷、邻里关系好；无失信、诚实守信好；无歧视、道德品行好；无奢侈、移风易俗好）为标准，开展“平安家庭”星级户评选活动，营造和谐稳定的社会环境，评选出一星级平安家庭5296户，二星级平安家庭2602户，三星级平安家庭612户。激发群众主动参与平安创建的积极性，以小家的平安促进仙游的平安。

（史美清）

10月23日，社会各界携手援建的仙东小学平安爱心食堂、儿童之家举行揭牌仪式。图为活动现场 （刘燕钦 摄）

仙游县科学技术协会

【概况】 2020年，仙游县科学技术协会（简称“县科协”）统筹推进创新创造、科学普及、学术交流、决策咨询、人才举荐、组织建设等各项工作。

【科普宣传】 2020年，县科协开展“全国科普日”系列活动。开展科普进机关、进学校、进农村、进社区、进企业等十大类10多项活动，举办科普讲座1场，展出科普展板15面，分发科普宣传资料2000多份，参与的科普志愿者100多人，受益群众3.5

万人次。开展文化科技卫生“三下乡”活动。分发科普小册子300多册、科普宣传资料1000多份。开展各种主题科普活动。2020年，县科协开展“决胜全面小康，践行科技为民”为主题的全国科普日活动，开展10次大型活动，分发科普宣传资料3000多份，受益群众3万人次。

【科普站点建设】 2020年，加强院士专家工作站建设，新建1个青少年科学工作室，组织5家农技协入驻全国智慧农技协平台。发挥与高等院校、科研院所的联系，与广大科技工作者互动密切和横纵组织网络健全的优势，深入基层、企业调查摸底，征集技术需求信息10项，上报省科协。

2020年，筛选上报省级科普示范村2家，省级示范农技协2家，申报市级科普宣传教育基地4个，新建1个科技小院。

【青少年科技活动】 2020年，县科协实施《全民科学素质行动计划纲要》，围绕五大重点人群，开展科普宣传活动，提升城乡居民科学素质。青少年科技教育成绩显著，组队参加第35届全国青少年科技创新大赛获得好成绩，位居全省各县区前列。成立仙游县青少年科技活动协会，举办“科普知识网络竞赛”等活动。新增3个青少年科技活动站。

【农村实用技术培训】 2020年，县科协开展各种农村实用技术培训，在多个乡镇举办农村实用技术示范培训班，350多人参加培训；举办科普知识培训班，分发科普书籍1500多本。

【科普阵地建设】 2020年，县科协创新科普宣传方式，利用现代传播手段，定期、不定期宣传一些贴近实际、贴近生活、贴近群众的科普新知识，宣传优秀科技工作者先进事迹，扩大科普宣传的受众面。

基层科普行动计划 2020年，实施“基层科普行动计划”。科普行动计划建设政策实施成绩斐然，其中莆田市科普基层设施与阵地建设专项补助资金15万元，其中：科技小院项目，福建省意达科技股份有限公司获得补助资金5万元，示范农技协项目，仙游县葡萄种植技术协会5万元，青少年科学示范工作室，龙华中学青少年宫工作室获得补助资金5万元。

防控科学知识传播 2020年，仙游县科协发挥科普资源优势，利用科普e站、科普宣传栏、科普工作室等传播渠道，向城乡群众传播疫情防护科普知识，在科普e站大屏循环播放《科学预防新型冠状病毒肺炎》视频。发挥科普网络平台、科普微信、科普e站、科普宣传栏等作用，结合实际，以群众易于获得、易于理解的科普化方式提升传播效果，引导公众科学应对疫情。

竞赛活动 发动全县市民参加2020年福建省全民科学素质网络竞赛活动，综合成绩位居莆田市第二，全省前列。

县科技馆建设 2020年，仙游县科技馆（新馆）二装建设按上级要求进行按时间节点顺利推进。

（陈宏卿）

【老科学技术工作】 2020年，仙游县老科学技术工作者协会（简称“县老科协”）由农、林、工、医、教等各界中、高级职称的老科技工作者组成。2020年，新发展会员12名，有会员190多名。医科组林捷利获2020年度福建省老科协先进个人。在《福建老科协通讯》上发表报道2篇，其中1篇及照片被中国老科协采用。

指导“三农” 在盖尾镇东许村庆森家庭农场建立百亩水稻、甘薯、花生综合示范基地。推广杂优良种+再生稻栽培模式。水稻推广杂交水稻“中浙优8号”，早季亩产550多千克，晚季作再生稻（一项省种、省工、省肥、节水、增收节支的栽培新技术），亩产300千克左右，平均两季亩产900千克。2020年，县老科协在龙华镇、大济镇、盖尾镇示范点周边推广0.68公顷。示范推广甘薯覆盖地膜栽培技术。采用甘薯地膜覆盖6.67公顷，虽遇旱情影响，亩产4000千克左右。技术辐射周边群众，推广面积33.3多公顷，促进农业增产增收。示范基地引起市老科协关注。10月28日，莆田市老科协会长宋一然带领副会长、秘书长及专家一行6人，到盖尾镇东许现场视察，肯定县老科协务实态度。11月27日，县电视台、《仙游今报》对甘薯地膜覆盖技术示范作专题报道。建华老科协分会在建华村推广杂优良种“两优5867+”再生稻高产栽培33.3公顷，一般年亩产900千克以上，亩增收节支300元以上，带动周边镇村推广40多公顷。为解决花生种大部靠外调而价高、质量不均衡问题，建立1.73公顷的秋花生种植示范田，确保来年花生种质量。在早稻收割后，立即转季种植秋花生，亩产花生种子180多千克，总产近万斤，确保下年春季全村种植花生品种供应。

项目试验 盖尾镇东许村庆森家庭农场，承担县农技站安排的再生稻品种（8个）筛选试验，通

过对比试验，选择出产量高、再生能力强、适应性广的优良品种2个；该家庭农场也承担县土肥站甘薯地膜覆盖配方施肥的对比试验。龙华镇建华分会引进球形丝瓜、四季茭白、无核荔枝和果蔗新品种试种，其成果待观察。

义诊活动　2020年，县老科协响应中国老科协在全国开展“健康行”号召，弘扬中华民族尊老爱幼传统美德，10月23日，医科组组织8位医疗专家在慈康中医院举办“关爱老年人，重阳献爱心”义诊活动，当日受诊320多人。县电视台、《仙游今报》作专题新闻报道，《福建老科协通讯》、中国老科协均作报道。4月21日，组织老中医进校园，上好防疫第一课，配合慈康医院往私立一中向全校师生讲解新冠肺炎的医学知识和防控措施，《仙游今报》和仙游电视台作报道。7月16日、26日和8月15日的“三伏”期间，医科组配合慈康医院在该院开展“冬病夏治”免费治疗便民活动，采用穴位外治、敷药治疗哮喘病、过敏性鼻炎等疾病，3天治疗300多人次。11月中旬，医科组在慈康中医院召开名老中医座谈会，研讨中医的发展思路和举措。

文化宣传　2020年，仙游县老科协理科组多次组织会员往鲤城、榜头、盖尾、大济、龙华、度尾等中小学、幼儿园座谈调研，了解学校办学状况和远景规划，形成《当前中小学生使用手机状况的反映》报告，呈交有关学校参考。

参与仙游文化工程建设，会员陈丰周接受县有关部门委托，先后完成《九仙传奇》《蔡襄与民俗》2部介绍仙游传统文化沿革专著；会员吴子雄撰写多篇姓氏文化研究论文，编写《仙游吴氏族谱》《乌台吴氏族谱》等书。陈丰周、黄金荣参与组织、收集、评选《仙游好族训》《仙游好家风》工作，为仙游县文化建设做贡献。

文体组配合县中心工作和文化宣传，组织、编排、参演《仙游县首届音乐舞蹈选拔赛》，会员郭梅青自编自导《九龙灯舞》获三等奖，节目在莆田市林龙江文化协会、“长俸书院”庆典、广场舞协会成立2周年庆祝活动上演出。12月，组织部分会员往厦门翔安学习轻机械广场舞，应“长俸书院”邀请，编排、演练6个舞蹈节目参加民俗庆典活动。

（郑清芳）

仙游县社会科学界联合会

【概况】　2020年，仙游县社会科学界联合会（简称“县社科联”）领导和协调所属学术团体工作，开展理论研究和学术交流活动；开展社会科学知识普及和咨询工作，围绕县委县政府中心工作搞好调查研究，为推进新时代美丽新仙游建设提供精神动力、理论普及和智力支持。

【理论研讨】　2020年，县社科联组织开展“突出开放招商　强化项目带动　加快建设新时代美丽新仙游”征文活动。发动各乡镇（街道）、县直各单位的实际工作者和理论工作者，集思广益，建言献策，推出精品力作20篇，获三等奖4篇；组织开展《习近平谈治国理政》（第三卷）理论研讨会，引导广大宣传工作者和哲学社会科学工作者切实学好用好《习近平谈治国理政》（第三卷），加深对中共十九大以来科学理论新发展新内容的理解和认识。

【社科普及】　2020年10月21日，县社科联在鲤中步行街组织开展2020年仙游县社会科学普及宣传周启动仪式，围绕“决胜全面小康　决战脱贫攻坚”，开展图片展、知识竞答、社会科学在你身边普及咨询等活动，推动社会科学普及向基层延伸，为百姓服务；推荐《仙游歌谣民间选集》为2019年度福建省社会科学普及出版资助项目；发动广大干部群众参加“深入贯彻落实中共十九届四中全会精神　推进新时代新福建治理现代化”“社会科学普及”“深入学习贯彻《习近平谈治国理政》（第三卷）”网上有奖竞答活动，获优秀组织奖；挖掘地方优秀传统文化，推进魏昇文化研究，成立魏昇文化研究会；加强祠堂文化建设，优化对祠堂工作的科学管理，推进先进文化进宫庙祠堂，与县委文明办、县姓氏文化研究会联合开展2020年度仙游县文明祠堂和文明示范祠堂评选工作；组织开展评选“好族训”“好家风”活动，深化精神文化建设，弘扬崇德向善的社会风气，推动中华优秀传统文化创造性转化创新性发展。

【社科基地建设】　2020年，县社科联弘扬红色文化，助力老区苏区脱贫奔小康，中共仙游上宫支部旧址红色教育活动获福建省革命老区中央苏区社科普及特色活动资助项目2万元；创建中共仙游上宫支部旧址、龙山海峡书画院为县级社会科学普及基地，给予支持开展社会科学普及活动 1.3 万元；成立魏昇文化研究会，弘扬抗倭英雄魏昇文化，弘扬魏昇爱国主义精神，激励乡人爱国爱乡，奋发进取。

【社科学会活动】 2020 年 1 月，莆田市书法研究会仙游理事会在东门茶坊举办“2019 书法研究年会暨十件作品大家谈书法沙龙”活动；2 月，莆田市书法研究会仙游理事会携手飞山诗社同心战“疫”，举办《风月同天，仙邑诗书战疫情》微信展览，助力打赢疫情防控阻击战；9 月，县姓氏文化研究会组织开展评选“好族训”“好家风”活动，弘扬中华优秀传统文化，发挥优秀祖训和好家风好家教在推动社会主义精神文明建设的推动作用；6 月起，县诚信促进会携手县供销社、农业农村局、县人民银行在全县农资系统开展“健全农资市场信用机制优化三农服务活动”；7—8 月，县诚信促进会携手县文旅局开展“诚信旅游服务示范单位”创评活动，全县 6 家 A 级景区、2 家旅行社、1 家星级饭店获得“诚信旅游服务示范单位”称号；11 月，县姓氏文化研究会组织开展评选县文明祠堂和文明示范祠堂活动，弘扬先进文化，发挥祠堂及祠堂文化的社会服务和教育功能；11 月 11 日，县诚信促进会组织参加“全省社会科学界 2020 年学术年会诚信分论坛”，县党校讲师陈静的《推进国家治理能力现代化视角下的社会信用体系建设》获二等奖；县教师进修学校张秋娥的《疫情“大考”唤诚信——新冠肺炎突发公共卫生事件视域下的诚信建设价值》获优秀奖。

（陈凤金）

仙游县归国华侨联合会

【概况】 2020 年，仙游县归国华侨联合会（简称“县侨联”）在鲤城街道、赖店镇、枫亭镇、榜头镇、龙华镇、游洋镇 6 个乡镇（街道）和县教育系统分别成立侨联，在 27 个重点侨村成立侨联小组，在 93 个非重点侨村设立侨联工作联络员，在全县 12 个非重点侨乡（镇）和县卫生系统建立侨联工作联络组，初步形成基层侨联组织网络。

【华侨权益维护】 2020 年，县侨联成立仙游县涉侨纠纷调解委员会，依法推进涉侨领域矛盾纠纷多元化解，打造共建共治共享的社会治理格局，维护侨眷侨属和海外侨胞正当权益，提供司法保障。

10 月 26 日，县侨联到游洋镇开展 2020 年侨法宣传月暨“送法律、送科技、送文化、送医疗、送温暖、送服务”活动。侨联干部为群众宣传侨法内容、接待群众侨法咨询以及信访，组织义诊队为群众爱心义诊，发放宣传材料 600 多份；到游洋中心小学开展关爱侨乡留守儿童活动，为该校的 66 名侨界留守儿童发放国学机 66 台，拓宽留守儿童学法的渠道；关爱留守老人，去游洋镇里洋村和桥光村入户，给留守老人讲法普法，为他们准备智能电子拐杖和暖手护腰袋的暖冬大礼。

11 月 18—20 日，仙游县 2020 年侨联系统第一期干部培训班在钟山镇好柿多庄园举办，各乡镇统战委员、镇村侨联主席等 20 余人参加。

【侨胞之家创建】 2020 年，仙游县申报福建省侨联系统侨胞之家“五好”示范点 2 个，申报福建省侨联系统侨胞之家“五有”7 个。被评为莆田市侨联系统“侨胞之

10 月 26 日，县侨联到游洋镇开展 2020 年侨法宣传月暨“送法律、送科技、送文化、送医疗、送温暖、送服务”活动。图为县侨联在游洋中心小学为侨乡留守儿童发放国学机　（刘燕钦　摄）

家”“五好”示范点2个、莆田市侨联系统侨胞之家“五有”7个。

【巴西华侨农业科技园授牌】 2020年12月16日，省、县侨联出席关于新侨创新创业服务点授牌活动——福建省兴泰庄园农业开发有限公司举行授牌仪式（巴西华侨农业科技园）。

【侨胞扶贫助学】 2020年8月28日，县侨联在党校举办卢金峰助学金发放仪式，卢金峰通过视频参与会议并寄语贫困学生。截至2020年底，发放马来西亚侨胞卢金峰助学金近150万元，受助学生约600多人。

【助力疫情防控】 2020年，县侨联配合做好国内疫情防控工作。1月29日，仙游县侨联向仙游籍重点侨商、侨领发出《致仙游县归侨侨眷、海外侨胞的倡议书》，并在多个海外微信群中转发，动员广大侨胞、侨商、侨企捐资捐物，联系县红十字会等相关部门，对接物资接收、使用事宜以及协助仙游县寻找生产口罩的机器设备。仙游县侨界捐赠物资和资金728.84万元。其中，捐资累计574.58万元，捐赠抗疫物资折合人民币154.26万元。县侨联购买5万个一次性口罩捐赠给县红十字会和各级基层侨联、回乡侨胞、重点侨眷和重点侨企。县侨联全体党员捐赠现金1200元支持抗疫。支持侨资企业、侨商会成员企业单位复工复产和做好疫情防控工作，县侨联赴万鑫公司、龙华镇金溪茶厂、巴西华侨科技园等单位各捐赠1000个口罩，向工人讲解并分发有序复工复产需注意的各项事项宣传单。为县侨联华侨捐赠的四处房产（仙游县华侨大厦、仙游县侨联综合楼一层两坎店面、仙游县侨联综合楼二层、县侨联原枫亭华侨服务社）的承租方降低营运成本，为承租方减免租金52.98万元。

县侨联多举措应对境外输入性疫情工作。加强海外联系和宣传力度。第一时间将县侨联主席手机号码作为24小时服务海外侨胞咨询热线电话，通过省、市侨联向海外公布。通过微信群等多渠道向海外社团、侨胞宣传疫情相关政策和《防疫知识手册》等，引导海外侨胞科学防疫。做好侨胞安抚劝留工作。第一时间利用微信群、朋友圈等网络平台发出《致海外仙游籍侨胞的一封信》，提醒海外侨胞防疫注意事项，规劝海外侨胞留在住在国，劝留509人。通过电话了解侨胞所在国防疫、人身安全等情况，引导主动配合住在国疫情防控工作，将收集到信息及时反馈上级有关部门，针对防疫物资缺乏情况，为印度尼西亚仙谿总会争取到一次性口罩5万个，向美国、加拿大等国家的侨胞寄送一次性口罩近3000个。做好回乡侨胞信息反馈沟通协调工作及开展人文关怀活动。将接收到的回乡侨胞信息，做好登记汇总，反馈给县指挥部综合组以便做好回乡侨胞接送工作，持续做好侨胞回乡路途的跟进工作，宣传讲解仙游县相关政策并引导服从防疫检查点的体温检查、信息登记、临时管控等措施，减少旅途感染风险。对于在集中隔离点隔离的回乡侨胞，县侨联领导送去鲜花和果篮，开展人文关怀慰问。配合县疾控中心、县卫健局做好疫情防控时期出国人员的新冠疫苗接种登记和信息汇报工作。截至2020年底，接种270余人次。在工作推进过程中将有关数据汇报给相关领导和各方部门，将接种疫苗的时间、地点提前告知出国人员，确保他们能地接种到疫苗从而安全出国。配合卫健局、县疾控中心和市侨联实时汇报相关数据，做好信息报送。

（戴　楠）

仙游县台湾同胞联谊会

【概况】 2020年，仙游县台湾同胞联谊会（简称“县台联”）学习习近平新时代中国特色社会主义思想，落实县委工作部署和上级台联会议精神，在做好台胞工作、争取台湾民心和两岸交融等方面发挥作用。组织全体干部学习习近平总书记在《告台湾同胞书》发表40周年纪念会上的重要讲话、习近平总书记在参加十三届全国人大二次会议福建代表团审议时的重要讲话精神、国台办“31”条措施、省“66”条实施意见和市“35”条惠台政策。引导全体干部树牢“四个意识”、坚定“四个自信”、坚决做到“两个维护”，将思想和行动统一到中央对台工作决策部署上来。加强宣传教育，通过座谈、走访、调研活动等契机，在全县台胞群体中大力宣传中央对台工作方针政策，宣传县委、县政府对台的工作部署，营造良好的工作氛围，促进台联事业持续发展。

【服务台胞台企】 2020年，县台联强化落实对台服务工作，加强与在仙台商的经常性联系，会同县涉台部门走访榜头镇、钟山镇、枫亭镇等地，深入基层，开展调研，对当地台企、台商、台农情况进行摸底，帮助他们解决生产生活中的实际困难，营造亲商安商环境；加强与台湾行业协会的联系，邀请台商组团参加项目对接，落实招商引资工作，提高对台交流合作的层次和水平。

【摸排调研】 2020年，县台联根据上级有关文件精神，协助上级台联做好两岸婚姻家庭及定居大陆两岸婚生子女普查登记工作，拟定工作计划、制定普查方案、展开宣传动员，并按照属地原则，向各乡镇（街道）下发工作任务。截至2020年底，摸查出定居大陆的两岸婚姻家庭70对、两岸婚生子女74人；配合省、市台联做好2021年度老龄、困难台胞“两补”工作，通过摸底、调查、登记、核实，符合“两补”条件的在仙台胞61人，指导填报好莆田市定居台胞和老龄台胞生活补助调查表，对补助人员进行公示。

（陈舒悦）

仙游县文学艺术界联合会

【概况】 2020年，仙游县文学艺术界联合会（简称“县文联”）围绕全县中心工作和重要节庆开展文艺活动，搭建文艺平台，引导文艺工作者始终把人民群众作为艺术表现的中心，以全县人民建设“经济强、百姓富、生态美、文化兴”的新时代美丽新仙游为创作主题，多出文艺精品，各项工作顺利稳步推进。仙游县文联下设作家协会、书法协会、摄影家协会、美术家协会、音乐舞蹈家协会、李耕画院、竹木雕刻工艺研究所等文艺家协会和挂靠社团，有会员1200多人。

【文艺活动】 2020年1月13日，县文联配合县委宣传部在社硎开展文化、科技、卫生三下乡活动，为社硎乡人民送去春联和文艺演出；春节期间，组织县书协美协二十余人分别在县城及乡镇开展2场为广大老百姓义务书写送春联活动，为老百姓书写送春联800余副；3月，县文联联合钟山镇党委、政府等单位共同举办钟山风光摄影展览，推动生态旅游产业繁荣发展；6月，组织县文联下属协会会员代表陪同市民政局和市文联走进仙游革命老区游洋上宫支部和西苑凤山新村开展“红色记忆·老区风采”文艺采风活动；7月，仙游县竹木雕刻研究所在福建省海峡民间艺术馆举办“虚怀若谷——新文艺群体竹刻艺术作品展”；8月，与县文旅局、教育局、总工会联合举办“仙游县音乐舞蹈选拔赛”，促进仙游县音乐、舞蹈事业的发展；9月，在市博物馆举办“近代中国古典人物画三杰——李霞李耕黄羲作品展”；10月，在县文庙举办“国展之路”仙游县国画作品汇报展，在莆田举办“陈文龙国画精品展暨《山河万里》新书发布会”；12月，与省摄影家协会联合举办的首届西苑凤光全省摄影大赛评选揭晓，评出一等奖2名，二等奖3名，三等奖5名。

【文化成果】 2020年，仙游县竹木雕刻研究所在福建省海峡民间艺术馆举办“虚怀若谷——新文艺群体竹刻艺术作品展”；县美协会员叶新喜作品《秋庭婴戏图》入选“第十一届全国工笔画作品展”入会资格（中国美术馆），《红妆》入选第三届“邮驿路　运河情”全国美术作品展（中美协主办）；县音乐舞蹈家协会选送的鼓吹乐《凯歌高奏“得胜令”》创作入选莆田市文艺精品创作扶持项目；县作协会员王清铭出版书籍《乡路引我回家》，张金湘出版书籍《树阴照水》，王晓出版作品《石鼓书札》。县美术家协会傅振文和叶新喜两位会员加入中国美术家协会。

（李　洁）

仙游县残疾人联合会

【概况】 2020年，仙游县残疾人的总数6.5万人，占总人口的6.25%。各类残疾人的人数及各占残疾人总数的比重分别为：视力残疾1.05万人，占16.15%；听力残疾1.8万人，占27.69%；言语残疾793人，占1.22%；肢体残疾1.47万人，占22.62%；智力残疾5616人，占8.64%；精神残疾4790人，占7.37%；多重残疾1.06万人，占16.31%。截至2020年底，2.98万人残疾人办理第二代残疾人证。

【残疾人康复】 2020年，仙游县推进精准康复行动完成残疾人康复服务6450人，基本康复服务率100%，完成辅助器具适配服务1640人，适配率100%，超额完成市残联下达的年度工作目标。抓好康复救助政策落实，为499名0—14岁残疾儿童提供康复救助服务。在枫亭、园庄镇开展老年残疾人精准康复服务，通过政府购买服务方式，为1234名60周岁以上的肢体、智力老年残疾人开展康复筛查服务，为其中300名老年残疾人提供精准康复服务。突出抓好贫困残疾人康复服务，协调卫健部门落实建档立卡残疾人家庭签约医生率100%，提供康复服务评估、家庭康复指导、随访等支持性服务。累计为16名贫困残疾儿童提供康复训练补助。

【残疾人教育】 2020年，县残联组织实施省彩票公益金学前助学项目。对6名家庭困难的残疾在园幼儿进行助学补助，每名3000元。与教育局协调，做好全县未入学残疾儿童控辍复学工作。分别在春秋两季学期开学伊始，组织对全县残疾在园幼儿、残疾高中生和家庭经济困难中职、大专、本科残疾学生进行调查摸底。

【残疾人就业】 2020年，县残联扶持农村困难残疾人就业创业补助88户，每人5000元，资助居家托养对象297人，每人2000元；协助税务部门征收就业保障金并在就业保障金征收过程减税降费25家企业，降费11.33万元；推荐6名盲人参加线上培训，推荐6家企业参加线上网络招聘；8月15—19日，委托湄洲湾职业技术学校举办第一期残疾人电脑技术培训、农业技术知识培训班，培训残疾人85人。10月17—18日，在仙游大酒店举办第二期残疾人电商技术和农业技术知识培训班，培训残疾人110人，两期培训残疾人195人；分别为10家盲人按摩机构，分发各1支额温枪和口罩各50个。对盲人按摩机构自行租赁、自购（建）房的经营场租分别按3000元、1500元标准予以一次性补助。

【残疾人社会保障】 2020年，县残联做好残疾人低保工作。与民政部门配合将符合条件的残疾人全部纳入城乡最低生活保障制度，实现应保尽保，纳入低保的残疾人数5569人；为800名残疾人免除基本殡葬服务费，免除费用约80万元。对全县持有第二代残疾人证的残疾人医保和养老保险的基本费用全部由政府代缴。做好残疾人“两项补贴”审核工作，审核1.46万名残疾人享受护理补贴，由民政部门发放补助1633.19万元。审核1.44万名残疾人享受生活补贴，由民政部门发放补贴金额1371.23万元。落实“一户多残”补助，全年发放补贴资金651.45万元，受惠残疾人家庭2826户5942人次。由政府出资为全县残疾人投保意外伤害险。为2万多残疾人缴纳意外伤害保险，协助20多人住院残疾人办理意外伤害保险赔偿。

【残疾人工作联络员培训】 2020年9月1—4日、7—10日，仙游县残联在仙游大酒店分四批（每批2天），举办2020年度乡、村残疾人工作联络员培训班，提升乡、村两级残疾人工作联络员的整体素质，逐步适应新形势下残疾人事业发展的需要，按时保质保量完成上级下达的各项任务。全县18个乡镇（街道）、325个村（社区）残疾人联络员和县残联工作人员等360多人参加培训。

【残疾人扶贫】 2020年，3415名残疾人列入精准扶贫户，符合条件的均可优先享受各项残疾人补助。一户多残补助3727人次，补助金额106.98万元；残疾人托养补助82人，补助金额16.4万元；就业创业37人，补助金额是18.5万元；无障碍改造15户，补助资金6万元；残疾儿童康复训练补助9人，补助资金12.19万元。

【残疾人文体工作】 2020年，县残联宣传残疾人工作、事迹。在《湄

8月24日，县残联组织举办普及应急救护知识及技能提升行动培训班。图为85名残疾人参加培训 （彭丽程 摄）

洲日报》《莆田晚报》《莆田侨乡时报》《仙游今报》等新闻媒体刊登13篇，在省市残联网站和刊物上刊登12篇；做好微信公众号政策宣传工作。在“仙游残联”微信公众号集中宣传残疾人政策及县残联工作动态，帮助残疾人及时了解最新政策，全年在微信公众号刊发稿件100余篇，重点发布防疫和政策相关文章。开展残疾人“五个一”文化活动。10月16日，组织榜头、鲤城、鲤南、赖店、大济、龙华6个乡镇（街道）的40名困难残疾人或重度残疾人在仙游鑫鼎影院参加《中华人民共和国民法典》发放仪式并观看影片《我和我的家乡》，为全县110名困难残疾人或重度残疾人每人发一本《中华人民共和国民法典》读本，开展法律知识教育。11月16日，县残联举行颁奖仪式，为3位参加全国第十届残疾人运动会暨第七届全国特殊奥林匹克运动会并取得优异成绩的残疾人运动员发放奖金。

【残疾人权益保障】 2020年，县残联落实领导接访日工作。每周三领导接访日没有收到信访件，日常业务登记6人次，各乡镇（街道）来信来访5件；回复“12345”诉求件。全年受理“12345”平台诉求件42件，满意率及回复率100%；结合助残类节日和志愿者进社区活动，落实“七五普法”宣传工作。印制《中华人民共和国残疾人保障法》《中华人民共和国残疾人就业条例》和残疾人优惠政策小册子进行宣传，发放宣传材料700多份；做好家庭无障碍改造摸底工作。入户走访贫困残疾人家庭无障碍改造家庭，全县完成38户；抓好残疾人机动轮椅车燃油补贴工作。燃油补贴5人，每人补贴260元，计1300元；C5驾照的补贴发放3人，每人补贴3000元，计9000元。

【残疾人申请辅具补贴创新】 2020年，省残联新修订的《残疾人基本型辅助器具适配补贴实施办法》出台后，残疾人申请辅具补贴实现“全程网办”。在实施新政策过程中，针对仙游县地域较广、山区乡镇人口居住分散、残疾人数量多、辅具需求量大、残疾人文化程度普遍较低、进行线上申请辅具适配操作较难、残疾人工作者较少（每个行政村只有1名）等实际情况，县残联在全省率先探索采取“健全辅具评估网络+网格化管理+精准化服务”工作模式，实现残疾人网上申请辅具补贴“一趟不用跑，最多跑一趟”的目标，受到上级残联和残疾人好评。该做法在全省、全市得到转发推广。

（颜 立）

仙游县红十字会

【概况】 2020年，仙游县红十字会（简称“县红会”）县红会履行《中华人民共和国红十字会法》和《红十字章程》赋予的职责，弘扬“人道、博爱、奉献”的红十字精神，围绕红十字的职责使命和政府中心工作，发挥红十字会组织在党和政府人道工作领域的助手作用，以救灾、救助、救护为重点，为政府分忧，为群众解难。

【助力疫情防控】 2020年，县红会坚守一线，担当尽责，助力疫情防控。向社会发出为抗击新冠疫情募捐倡议书，发动海内外仙游籍乡亲踊跃捐款捐物，募集款项876万多元，物资价值227万元，全部按规定移交给县防疫指挥部使用。发动志愿者参与社区疫情防控工作，发动社会捐款捐物。

【人道理念传播】 2020年，县红会利用世界红十字日和世界急救日等红十字有关节日开展红十字精神传播，宣传“人道、博爱、奉献”的红十字精神，传播国际人道主义和红十字基本知识，传播应急救护知识和理念，提高公众应对突发事件时的自救互救技能，推动全社会参与红十字事业的热情。

【应急救护培训】 2020年，县红会根据省、市红十字会关于开展“救在身边、机关先行”红十字应急救护培训方案，联合县委组织部、县直机关党工委和县委党校制定出台仙游县《关于开展“救在身边、机关先行”红十字应急救护培训的通知》，开展应急救护培训进机关活动。按照《仙游县关于开展应急救护知识“六进”活动实施方案》要求，推进应急救护知识培训“六进”活动，加强应急救护的全民普及。2020年，县红会开展应急救护知识培训18场，培训人数1200多人。其中，开展“救在身边、机关先行”红十字应急救护培训进机关11场，培训人数700人。发放应急救护手册和“家庭急救”等宣传学习材料800多份，通过手机微信等渠道宣传推广“人人学急救APP”。

【应急救护大赛】 2020年8月21日，县供电公司5位职工组成的代表队参加参加莆田市第三届应急救护知识大赛取得好成绩，获得团体一等奖并包揽赛会个人一、二等奖，1位队员获得个人三等奖，1位队员获得演讲二等奖，参赛的队员每个人都有得奖。9月11—13日，由县代表队代表莆田市参加全省第五届应急救护知识大赛，名列全省第四名，获团体三等奖，1位队员获得个人三等奖。

【人道医疗救助】 2020年，县红会通过仙游广播电视台、《仙游今报》《莆田晚报》等媒体和仙游那些事等微信公众号以及印发文件给各乡镇街道等方式宣传省红会福万通少儿大病救助政策，宣传市红十字会的烧伤医疗救助政策和全国红十字基金会小天使基金申领政策，让符合救助条件的患者能够得到救助。

【“三献”工作】 2020年，县红会组织开展“三献”工作。

无偿献血 2020年，县红会制定无偿献血计划，把无偿献血任务分解到各乡镇（街道、管委会）和县直各单位，与创建省级文明县城和评选文明单位相结合，加大宣传，组织献血车到各个乡镇、街道和部分学校、机关单位上门服务，发动干部群众无偿献血，全县涌现出许多献血达人和献血志愿者，郊尾红十字志愿服务队队长陈海峰等多名无偿献血志愿者获得国家卫健委、中国红十字会总会和中央军委后勤部卫生局授予的无偿献血奉献奖表彰，陈海峰获得无偿献血志愿服务奖，陈振琳、王航获得无偿捐献造血干细胞奖。2020年，全县完成献血人数3000多人，超过市下达1800人次的指标任务，继续位居莆田市第一名。

造血干细胞捐献 宣传造血干细胞捐献的重大意义，结合无偿献血活动采集捐献志愿者血样，推进造血干细胞捐献工作。9月7日，央视第12套社会与法频道的《道德观察》栏目专题片《七夕秀出的爱》播报仙游县90后女青年陈振琳捐献造血干细胞的故事，省、市、县电视台和新闻媒体都对仙游县的造血干细胞捐献工作进行宣传报道。

器官遗体捐献 4月6日、4月22日，在仙游务工年仅41岁的江西籍人士丁九胜和50岁的游洋镇龙溪村村民肖长虹因病医治无效去世，其家人按照逝者生前的遗愿，分别捐献肝脏、肾脏和眼角膜，救治6个人的生命，让4位眼疾患者重见光明，这是仙游县第6例和第7例遗体器官捐献者。全年线下增加登记3位遗体器官捐献志愿者。截至2020年底，仙游县进行器官遗体捐献登记的人数20多人。11月26日，全市遗体器官捐献十周年纪念活动在仙游县实验小学举行。

【志愿服务】 2020年，县红会组织志愿服务队每周固定在郊尾、枫亭等人员密集的街头组织发动无偿献血活动，并进入企业发动无偿献血，为临床用血提供支持。参与新冠肺炎疫情社区防控工作。成立红十字志愿调解委员会，派人常驻县法院参与法院诉前调解等工作，化解多起矛盾。

【康明眼科医院红十字会成立】 2020年12月11日，县红会举行康明眼科医院红十字会成立暨红十字会团体会员单位揭牌仪式，吸收康明眼科医院为县红十字会团体会员单位，是仙游县首家非公企业红十字会员单位。

【公益活动】 2020年春节期间，开展红十字“博爱送万家”等扶贫助困送温暖活动，慰问器官遗体捐献者家属和造血干细胞捐献者，深入各乡镇慰问精准扶贫户、困难户等贫困弱势群体，发放现金6000元，红十字慰问箱9个。在腾讯“9•9”公益日期间，发起“爱•过年”腾讯公益募捐活动，募集资金近万元。

（傅彬齐）

法治

政法委及综治

【概况】 2020年，中共仙游县委政法委（简称“县委政法委”）紧扣安全稳定“双二十”（平安“三率”退出全省后二十位，进京非访总量排名退出全省前二十位）目标任务，以“345”（“三大建设”“四大工程”“五大行动”）为抓手，建设更高水平的平安仙游、法治仙游。2020年，莆田市党政领导平安建设（综治工作）责任书考评中，仙游县考评等次名列前茅，连续两年获得“优秀”等次；扫黑除恶专项斗争半年和年终考评综合排名均居莆田市县（区）第1名；安全稳定“双二十”目标实现，尤其是2020年底全省平安“三率”测评中，群众安全感率取得历史最佳成绩，位居全省第35名，比上年提升31名。

【助力疫情防控】 2020年，县委政法委坚持群防群控、联防联控，统筹推进常态化疫情防控和经济社会发展，为打赢疫情防控斗争提供坚强的政法力量和法治保障。加强关口查控，在莆田市率先实行卡口站长制和卡口勤务考评，率先提出“十个一”保障并下发卡口勤务工作规范，先后设置入仙路面卡口15个，检查车辆13.7万辆次，核查人员26万人次。动车站核验人员128万人次，汽车站核验车辆4.85万辆次、人员19万人次。根据疫情防控需要，投入近10万元新建海岸线视频探头45个，实现视频监控全覆盖。加强境外返仙人员管理，摸排出161名偷渡回国、2名被遣返回国人员。加强社区管控，按照“外防输入、内防反弹”的要求，加强重点场所、重点人员、重点部位的排查管控，集中开展出租房屋及流动人口管理工作，访查出租房屋2.64万次，新登记备案出租房屋935户，查处不按规定登记承租人信息的违规出租房屋案件325起325人，罚款6.45万元。

【营商环境优化】 2020年，县委政法委营造良好的法治营商环境，助力实施“双轮”驱动、全方位推动高质量发展超越。2月，出台《关于政法各单位在疫情防控期间服务企业有序复工复产的三十条措施》，为企业复工复产创造良好条件。县法院先后制定《关于仙游县营商环境保护中小投资指标第三方评估问题的整改方案》和《民营企业法律风险指引手册》，服务企业发展。整合律师、公证、司法鉴定、法律援助等服务资源，组建民营企业法律服务团，开展一对一“法治体检”活动，服务企业疫情防控和复工复产。组织专业法律服务团队12次、服务重点民营企业15家，防范和化解重大法律风险4个，研究个案8个，解答各类法律咨询40多人次。推广“互联网+法律服务”模式，为群众提供免费、优质、便捷的法律服务。为企业、职工提供各类法律咨询300余人次。强化权益保障，落实“六稳”“六保”措施，深化民营经济服务保障行动。2020年，调撤涉企案件942件，审结2519件，结案标的9.58亿元。

【扫黑除恶专项斗争】 2020年，县委政法委围绕扫黑除恶专项斗争决战决胜收官战，以“一十百千万”行动为抓手，以“六清行动”为重点，坚持深挖根治、长效常治，实施扫黑除恶专项斗争“1568”工程。聚焦“六清”行动目标任务，按照依法严惩、除恶务尽的总要求，对黑恶势力穷追猛打、重拳出击。围绕“六建”工作要求，梳理总结提升扫黑除恶专项斗争“周汇报”“旬通报”“月协调”“季督导”等全过程协调推进机制；重点线索挂图作战、“双向移送”、法检“双提前”介入等全环节司法衔接机制；行业治乱积分评估管理、扫黑除恶“网格+”等全领域协同作战机制；派驻纪检组“选点督”“三个联合”“巡察+”等全方位打伞破网机制；党支部达标创星、软弱涣散整顿“六个一”等全覆盖强基固本机制；学校安全风险源辨识及分级管控清单、职业放贷人名录等全范围提质增效机制等“六全”工作机制20余项，用制度化、规范化的形式巩固和深化专项斗争成果，推动扫黑除恶专项斗争长效常治。2020年，全县破获九类涉恶案件133起、刑拘各类嫌疑人234名，打掉省公安厅认定的黑恶势力犯罪团伙6个，其中涉黑组织1个、恶势力犯罪集团2个、恶势力团伙3个，查封、冻结、扣押涉案资产4.05亿元。

【多元调解】 2020年，县委政法委坚持和发展新时代“枫桥经验”，构建矛盾纠纷多元化解新格局。县司法局获“2020年度全国组织宣传人民调解工作先进集体”称号，仙游县医患纠纷人民调解委员会庆元调解工作室被省委政法委、省司法厅命名授牌为省级金牌调解工作室。以“三抓三促”调解强基工程为抓手，创新开展人民调解工作“三比三看”（比排查数量，看化解成功率；比规范管理，看案件录入率；比活动实效，看群众满意率）活动，坚持“两个例会”制度，抓好乡镇（街道）人民调解委员会实体化运作。2020年，全县排查各类矛盾纠纷2255件，调解成功2252件、调解成功率99.9%。充实调解组织，分别在县退役军人事务局、县工艺美术协会和县红十字会志愿服务队成立人民调解委员会；7月21日，成立全市首家百人以上规模企业人民调解委员会——莆田市海通劳务派遣有限公司人民调解委员会。

【综治“三率”】 2020年底，仙游县在省综治“三率”测评取得历史最佳成绩。其中，群众安全感率99.33%，位居全省35名；扫黑除恶好评率97.99%，位居全省31名；政法执法满意率98.09%，位居全省57名。按照措施精准化、工作常态化，做好“全面宣传发动、精准高效巡逻、及时解决问题、优化窗口服务、规范文明执法、坚持入户回访”六篇文章，增强人民群众的获得感、幸福感、安全感。

【区域治安突出问题整治】 2020年，仙游县政法部门针对非法加工销售象牙及制品、非法经营成品油等区域性治安稳定突出问题，落实“五个一”工作要求，广泛宣传、深入摸排、精准施策、强化打击，确保整治工作取得实效。2020年底，市委政法委决定对整治工作取得较好成效的榜头镇和枫亭镇取消市级通报整治。打击电信网络诈骗，坚持上下一条心、全县“一盘棋”，由县委主要领导担任重点整治工作领导小组组长，形成“党政主导、公安牵头、部门联动、社会参与”的打击治理工作格局，确保各项工作措施落到实处。开展“断卡”行动，果断斩除犯罪“温床”。2020年，立电信诈骗案件288起，比上年上升4.3%；抓获嫌疑人196人，上升157.9%。

【执法监督】 2020年第一阶段，仙游县政法部门评查案件100件，其中一类案件80件，二类案件20件，对二类案件要求各政法单位及时整改，并对经办人员进行约谈问责。第二阶段，县委政法委从县检察院、公安局抽调4位人员对法院已判决的赌博类案件进行评查，对发现的问题反馈给县法院，并要求整改。探索公调、检调、诉调对接机制，通过调解衔接、律师参与申诉、司法救助有效化解社会矛盾纠纷。中央国家司法救助资金拨付给仙游县130万，研究下拨113.4万元，救助43人；县级司法救助研究下拨29万元，救助9人，解决当事人“法度之外、情理之中”的生产生活难题，促进一批诉求合理的信访事项得以化解。依法对非访的信访重点人员调查取证，依法予以处置，全年依法处置人员3人次，刑拘1人，行政拘留1人，立案1人。

【治安防控体系建设】 2020年，县委政法委完善立体化、信息化社会治安防控体系，提升风险防控能力。推行“五侦合一”的侦查模式，建立刑侦主导、多警种联动，形成常态化打击治理现行违法犯罪的“合侦快破”新机制。深化“雪亮工程”应用，建立全方位、立体化的视频监控系统。

【社会治理专项行动】 2020年，县委政法委坚持共建共治共享，建设人人有责、人人尽责、人人享有的社会治理共同体。践行习近平总书记治理木兰溪的重要理念，探索出台《仙游县木兰溪流域生态环保行政执法与刑事司法协作联动机制的意见》，完善“多方联动”的生态执法司法新模式，为木兰溪流域系统治理提供司法保障。推进民主协商建设，筛选31个城乡社区民主协商示范村（社区）。探索建立村（社区）民理事会、议事会、决策听证会、民主评议会等多形式协商机制，鼓励居民群众参与民主协商事务，提升社会治理效能。推进“党建+”社区邻里中心建设，以网格员为流动服务窗口，发挥综治（网格）中心优势，搭建“智慧邻里”服务管理平台，发动社会力量参与邻里中心建设和服务。鲤城街道南桥社区和木兰社区在莆田市“党建+”社区邻里中心考评中，分别名列第二名、第四名。

（林碧双）

法治政府建设

【概况】 2020年，仙游县健全规范性文件监管和清理长效机制，接收并审核县直部门提交的县政府规范性文件送审稿7件，向市政府、县人大常委会备案规范性文件12件。清理保留以县政府和县政府办发文的行政规范性文件237件，修改3件，废止51件；加强执法监督，县乡两级共有9项行政裁决事项。近五年来，仙游县自然资源局办理土地权属争议裁决3件，其他部门并未办理行政裁决事项；做好营商环境专项巡察反馈问题整改，制定《仙游县司法局关于进一步做好证明事项清理工作的通知》，对全县县直部门自行设定的证明事项进行清理，并要求各部门做好证明事项公示工作。

【领导干部依法行政能力提升】 2020年，仙游县落实领导干部任职前法律知识考试制度，把能不能遵守法律、依法办事作为考察干部的重要内容，51名领导干部通过考试，增强领导干部带头学法守法用法意识。

【公共法律服务体系完善】 2020年，仙游县投入50万元完成对县级公共法律中心、榜头镇公共法律服务站的试点建设和11个公共法律服务场所修缮，其余乡镇（街道）公共法律服务站建设正在有序推进。抽调整合县司法局干部无偿为全县111个偏远地区的村（社区）担任法律顾问，减轻律师、基层法律服务工作者工作压力，做到优势互补，让法律顾问腾出更多的精力、时间，有针对性为人口密集的村（社区）开展法律顾问服务。

【行政复议应诉案件办理】 2020年，仙游县收到行政复议申请26件，受理22件，审结21件。办结案件中维持12件（含上期结转1件），撤销3件，终止6件。是年，落实行政机关工作人员和行政机关负责人出庭应诉制度，指导办理相关县政府应诉案件，办理以县政府为被告的一审行政应诉案件22件。

【法治宣传教育方式创新】 2020年5月17日，仙游县牵头20余家重点县直机关、乡镇与县融媒体中心、县广播电视台合作，投入近30万元，以2018年创办的《法治仙游》电视栏目为基础，在“仙游广播电视台”微信、微博、抖音等新媒体平台增设《法治时空》《普法我先行》《与法同行》等分栏目，每周播出一期扫黑除恶、反电诈、禁毒等宣传节目，推送各项普法工作进展情况和所取得成效相关文章145篇。

（林宇苒）

公 安

【概况】 2020年，仙游县公安局（简称“县公安局”）聚焦抗疫防控、维护稳定、打击犯罪、治安防控、交通管理、服务民生、队伍建设等公安主责主业，深化公安改革，着力提升全县公安机关驾驭社会治安和服务民生发展的工作水平，确保社会大局的持续安定稳定。县公安局2020年度综合考评位居莆田市第一，获评“2019年度全省公安机关执法质量优秀单位”“莆田市一类平安单位”，治安管理大队被省委、省政府授予“福建省抗击新冠肺炎疫情先进集体”称号。

【信访工作】 2020年，县公安局重视初信初访工作，围绕省信访局“最多投一次”工作要求，实行“接诉即办”工作机制，通过压实首办责任、缩短办理时限、滚动月考评、预警周通报等措施，实现“两降一升”的良好成效。2020年，受理初信初访件102件，比上年下降16.7%，办结102件，办结率100%，比上年上升12.1%，居全市前列；到部来信量204件次，比上年下降19.6%。推进信访积案攻坚化解，办结6件公安部交办信访积案和15件省厅交办信访积案。以民生、民意、民愿、民盼为导向，探索、创新矛盾调处新机制，推进矛盾纠纷化解工作，维护社会安定稳定。主动融入“党建”+邻里中心建设，社区民警入驻中心办公，将社区摸排、警务咨询、矛盾调处、疫情防控、法治宣传、巡逻防控等警务工作全部纳入中心，进一步延伸警务触角，打造群众家门口的派出所。年内，组织民警、镇村干部、志愿者等治安力量2758人次，排查各类矛盾纠纷2718起，调解2657起，成功调处2533起，成功率95.33%；排查上报民间纠纷等引起的轻微伤害问题、道路交通事故纠纷、涉众型经济纠纷355起，化解353起，化解率99.44%。

【刑事打击】 2020年，仙游县立刑事案件1839起，比上年下降20.4%，破1246起，破案率67.8%，比上年上升11.7%，破案率再创历史新高，位居全省第三位。其中，八类案件立104起，比上年上升13%，破104起，破案率100%，比上年上升13%；电信诈骗案件立288起，比上年上升4.3%，破85起，破案率29.5%，比上年上升6.7%；现行命案发生5起，破5起，连续13年保持现行命案全破。查处各类犯罪嫌疑人1993人，比上年上升6.7%。

扫黑除恶专项斗争　2020年，立9类涉恶案件160起，破133起，刑拘234人，冻结、扣押资产4.05亿元，打掉黑社会性质组织1个，恶势力犯罪集团2个，恶势力团伙3个。省以上督转重点线索68条，办结68条，办结率100%。向县纪委监委推送涉腐败、保护伞线索38条。专项行动以来，打掉黑社会性质组织3个，恶势力犯罪集团6个，恶势力团伙12个，成绩位居全市前列。

合侦快破机制建设　落实市公安局“合侦快破”机制要求，结合县局工作实际，创新推出“五中心融合、多警种联动”协同作战新机制，健全完善图侦、刑侦、情报、技侦、网侦“五侦合一”同步上案的侦查模式，得到全国扫黑办第13督导组，省委常委、政法委书记罗东川等各级领导肯定。年内，“两抢一盗”刑事案件立案382起，破256起，破案率67.01%，快侦率68.13%，高于全省平均水平；抓获各类嫌疑人298名，其中“两抢一盗”案件嫌疑人161人，追赃率70.11%，破案成效明显上升；传统“盗抢骗”破案率62.1%，位居全省第16位。

电信诈骗打击整治　2020年，成立以县委主要领导任组长的全县重点整治工作领导小组，出台专项行动工作方案，开展多部门联动，不断加强宣传防范，减少案件发生和群众损失。成立诈骗犯罪侦查队专门负责电信诈骗打击整治工作，密切与合成作战中心联动，强化对电信诈骗案件的研判力度。2020年，电信诈骗案件立288起，比上年上升4.3%，破85起，破案率29.5%，比上年上升6.7个百分点。群众财产损失金额893万元，比上年下降6%。抓获嫌疑人196人，比上年上升157.9%。打击利用疫情实施诈骗行为，立涉疫案件14起，破案9起，破案率64.29%，刑拘5人，行政受理9起，查结5起，抓获5人。

经济犯罪打击　防范化解金融风险，持续开展打击金融犯罪、集资诈骗、制售假鞋服、“云端2020”“猎狐2020”等系列专项行动，破获莆田“5·22”销售盗版幼儿教辅案，专案组被国家版权局评为“2019年度查处重大侵权盗版案件有功单位”。发挥打私办牵头抓总作用，对枫亭镇非法经营成品油多发问题综合整治，取得明显工作成效。12月21日，市政府打私办解除对枫亭地区的挂牌整治。2020年，受理各类经济案51起，立案31起，不予立案18起，立案审查2起，破案26起，刑拘32人，批捕14人，取保候审26人，移送起诉34人，抓获在逃人员14人（包括境外在逃人员1名），涉案总金额3亿余元，依法收缴罚没款300余万元，遣送10名越南籍犯罪嫌疑人出境。

禁毒工作　组织开展“飓风肃毒2020”会战行动，全面强化涉毒要素摸排管控和侦查破案、查处收戒工作。年内，破获各类毒品刑事案件7起（其中省目标案件1起），

1月10日，公安警营开放日在县公安局新办公大楼举行。图为特警向学生展示装备
（唐伟 林燕钦 摄）

抓获涉毒嫌疑人 13 人，抓获涉毒在逃人员 3 名，缴获各类毒品 0.97 克，公诉 15 人，刑拘 1 人，查处吸毒人员 90 人次，社区戒毒社区康复执行率 100%。全县登记在册的吸毒人员按照一表五档工作机制排查管控到位。10 月 29 日，仙游县林则徐禁毒教育基地正式揭牌。

【治安防控】 2020 年，县公安局治安大队围绕疫情防控和年初提出的工作目标，完善“枫桥式公安派出所”创新机制，以“百万警进千万家”活动为抓手，打造仙游“枫景”。

治安案件查处 2020 年，受理治安案件 4352 起，比上年上升 2.6%。查处 4332 起，比上年上升 3.2%，结案 3633 起，比上年上升 9.9%。其中，调解 2015 起，比上年上升 32.6%。查处违法人员 1398 人，比上年下降 30.5%，其中，治安处罚 1375 人，比上年下降 30.2%；警告 6 人，比上年下降 45.5%；罚款 762 人，比上年下降 29.2%；拘留 607 人，比上年下降 31.3%。

治安专项行动 以打击食品违法犯罪“食安 4 号”专项行动为契机，结合“昆仑 2020”专项行动，深化开展“打四黑除四害”专项行动。立“四黑四害”刑事案件 83 起，破 83 起，抓获犯罪嫌疑人 10 人；其中立生产、销售假药案 12 起，破 12 起；立生产、销售不符合标准的医用器材案 1 起，破 1 起，生产、销售伪劣产品案 39 起，破 39 起；立销售假冒注册商标的商品案 1 起，破 1 起。持续开展打击“六合彩”“时时彩”等黄赌违法犯罪专项整治活动，立赌博刑事案件 99 起，破 77 起，其中破两起省厅督办案件，查处赌博治安案件 259 起。2020 年，抓获涉赌人员 1228 人，其中刑事拘留 72 人，在逃人员抓获 37 人，行政拘留 261 人，治安处罚 858 人。立组织、容留、介绍、强迫、协助组织卖淫案 5 起，破 9 起；查处卖淫嫖娼治安案件 33 起。抓获违法犯罪嫌疑人 101 人，其中刑事拘留 10 人、行政拘留 37 人，在逃人员抓获 7 人，罚款 47 人。

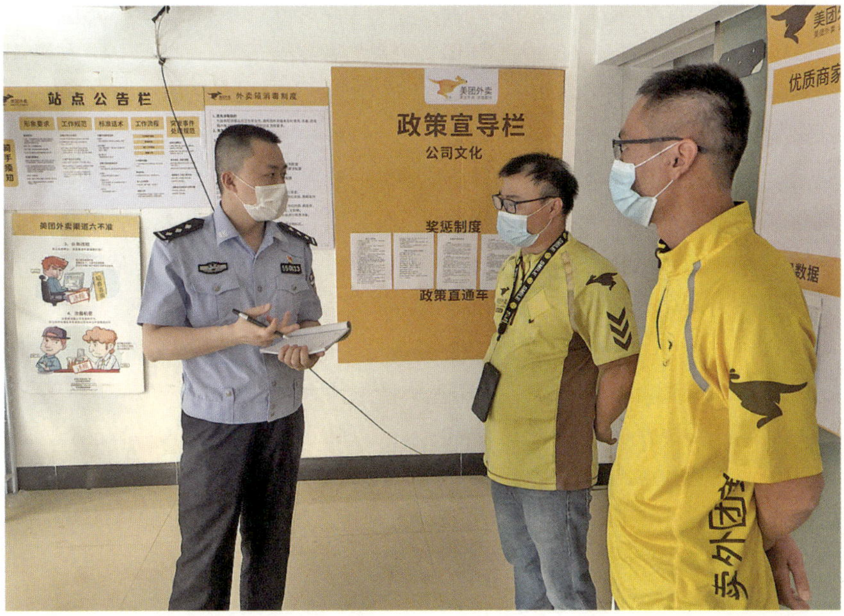

5 月，县公安局交警大队首创对外卖骑手的交通行为身份识别体系。图为交警对外卖骑手宣传交规 （唐 伟 摄）

疫情防控 全县公安机关第一时间组织全警奔赴战“疫”斗争最前线，投入设卡盘查、入户访查、重点人员核查、隔离点安全保卫等工作，打击涉疫违法犯罪行为，服务“复工复产”，防范疫情海上输入风险，战疫情、保稳定、守安宁、护民生，用公安民警血肉之躯筑起维护人民群众生命安全和身体健康的铜墙铁壁。年内，累计检查车辆 13.72 万辆次，核查人员 26.02 万人次，动车站核验人员 128 万人次，汽车站核验车辆 4.85 万辆次、人员 19 万人次。

社会治安管控 2020 年度，县公安局与县网格化中心配合，利用 Wi-Fi 智能感知设备，以“网格 +”的形式，由社区民警负责与网格员联手，联合开展流动人口、出租房屋信息采集登记工作。2020 年，全县登记有效流动人口 8.58 万人，新登记流动人口 8.35 万人，注销流动人口 7.22 万人，出租房屋登记在册 2.41 万户，访查出租房屋 2.64 户次，新登记备案出租房屋 935 户。查处不按规定登记承租人信息的违规出租房屋案件 325 起 325 人，罚款 6.45 万元。

【户籍管理】 2020 年，县公安局把好出生申报、户口迁移、项目变更、居民身份证签发核准关。年内，申报出生 1.39 万人，其中弃婴收养落户 314 人；受理死亡注销户口 6365 人次，市外户口迁入 2348 人次，迁出市外户口 6285 人次，市内户口变动 2.75 万人次；受理多报（错报）删除户口 85 人次，受理补登漏报户口 157 人次，受理姓名变更更正 2319 人次，变更出生日期57人次，变更更正性别27人，变更民族35人，办理第二代居民身份证6.03万张、第二代居民临时证3074张，受理居住证1450张，受理审核签发港澳台居住证44张，审核签发跨省异地身份证3093张，受理跨省异地身份证739张。

【出入境及往来港澳台管理】 2020年，县公安局落实国家移民管理局“只跑一次”制度，受理各类出入境证件2630件次，其中普通护照1870件，内地居民往来港澳通行证530本、签注1517次，大陆居民往来台湾通行证225本、签注297次，前往港澳台定居5件。新增报备国家工作人员190人，法定不准出境人员3174人。在新冠肺炎疫情防控工作中，分析全县居民出国出境基本情况，关注出国出境未归人员，分析前往国家、回国动态，为有关部门提供数据支持。与侨联沟通联系，推动县侨情调查摸底等相关信息共享，纳入社区监测工作范畴。在防疫工作中发现139名非法出入境人员、2名被遣返回国人员。

【交通管理】 2020年，县公安局围绕道路交通安全“三年提升工程”实施方案，结合辖区实际，开展各项交通安全专项整治活动，确保道路交通安全畅通。2020年，发生交通事故696起、死亡48人、受伤785人、直接经济损失17.3万元，与上年相比，事故起数下降8.78%、死亡人数下降7.69%、受伤人数下降9.46%、经济损失下降28.18%。

交通设施建设　排查整治交通标志标线、信号灯、隔离栏杆缺损等问题，规范交通设施建设。完成356国道隔离栏杆建设4.2千米，重新施划主要路口交通标线2.1万平方米，增设交通标志86块，新建路口信号灯3处、卡口3个。

8月15日，县公安局交警大队在县城鲤中步行街开展“一盔一带 安全常在”助力创城普法宣传活动。图为交警演示佩戴头盔　（唐伟 摄）

安全隐患整治　完成省级为民办实事道路安全隐患7处，完成率100%。排查道路安全隐患150处，完成整治150处，完成率100%。

交通安全宣传　强化农村劝导站建设，全县325个村（社区）均建成劝导站点，建设示范劝导站33个、电子劝导站65个、警保联动劝导站2个。其中，电子劝导站可通过违法视频倒查、截图开展交通劝导，强化劝导效果。开展道路交通安全宣传，与莆田广电集团合作，持续发挥82个网络广播大喇叭的作用，定时播放交通宣传音视频材料，加强农村道路交通安全宣传。开通交通违法曝光台，播出32期，曝光1300多起交通违法和典型案例。通过各级媒体报道拓宽宣传渠道，其中国家级9篇，省级149篇，市级407篇，县级252篇。通过仙游交警与您同行微信平台，发布交通安全提示、安全知识342条，曝光酒醉驾、闯红灯等交通违法2100条，强化宣传氛围。

交通违法打击　2020年，查处严重交通违法4.09万起。其中，查处酒驾741起，醉驾568起，查处量均居全市第一位。诚信系统录入3.91万起，农交安系统录入23.1万条，录入量均居全市第一位。8月，县交警大队被省公安厅交警总队授予工作成绩突出集体。

交通安全保卫　组织开展防疫新冠肺炎疫情卡点防控，完成仙游县“两会一节”、首届中国农民丰收节等大型活动交通安保任务。

服务民生建设　推进仙游县机动车驾驶员科目二考试场及车辆管理所项目建设，项目位于仙游县鲤城街道金井社区，占地面积3.2公顷，总建筑面积7800平方米，总投资4500万元。2020年，实现项目主体大楼封顶。

推进仙游县公安局交警大队停车场项目建设，停车场占地面积2.02公顷，总投资931万元，可供各类违章车辆2000多部，工程施工。

【边防管控】 2020年，仙游县

4 月，县公安局巡特警大队联合沧溪边防派出所首次启用警用无人机开展海岸线巡查防控 （唐 伟 摄）

海防大队贯彻落实上级部署的各项目标任务，保持沿海安定稳定、转改过渡期队伍管理平稳有序，实现内外“双稳定”目标。

严防境外疫情输入　强化岸线巡防力度，优化海岸线视频探头，建立视频探头 45 个，并制定防控预案，指定专人 24 小时不间断进行巡查，实现视频全覆盖。利用无人机开展海岸线巡查防控工作，形成“天上、地下”+“网巡、车巡、步巡”全方位全时空的立体巡防体系。持续强化船舶渔船民管理，排查各类偷私渡人员、辖区港岙口码头及船舶渔船民底数，踏查港岙口码头 6 处，检查船舶 64 条次，教育船渔民 128 人次。持续强化联防联控，分别与仙游海警工作站开展共同海上联合巡防、与泉州市公安局狮东边防派出所签订沿海管防联勤联防工作协议，建立联合防控、信息共享机制，落实闭环管控办法，防止非法入境人员滞留、藏匿其间。持续强化宣传发动，组织沿海乡镇、村居召开沿海管防等各类会议 20 余场次，累计悬挂横幅 60 余条，张贴、发放通告 532 份，签订治安责任状 125 份，编发短信 676 条，其他宣传材料 1032 份。

4 月 20 日，沧溪边防派出所民警 24 小时不间断巡逻，切断疫情从海上向内地传播通道 （唐 伟 摄）

严密沿海边防管控　2020 年，开展严控赴敏感海域捕捞、整治涉渔“三无”船舶、打击非法盗采海砂、出海船舶和人员备案信息采集会战等专项行动。新登记备案渔船民 46 人次，核查修改渔船信息 64 艘次，新刷号渔船 8 艘次，摸排辖区重点部位 13 个，张贴通告 31 份，宣传教育群众 24 名。查获涉砂案件 11 起，查扣砂石 355.3 万千克，共立涉海走私类刑事案件 9 起，查获成品油 4.71 万千克。

（王祥香）

检 察

【概况】　2020 年，仙游县人民检察院（简称“县检察院”）作为基层法律监督机关，依法履行法律监督职能，保障国家法律的正确实施。开展各类培训 41 期，受训人员超过 673 人次。获得国家级、省级表彰7次，其中集体2次、个人5次。

【批捕起诉】 2020年，县检察院发挥批准逮捕、审查起诉职能。是年，受理审查逮捕案件532件731人，批准逮捕481件660人；受理移送审查起诉案件902件1203人，提起公诉915件1183人。推进扫黑除恶专项斗争，批准逮捕涉黑恶犯罪案件5案8件9人，提起公诉9案15件28人。打击严重暴力犯罪和“黄赌毒”“盗抢骗”犯罪，批准逮捕291人，提起公诉506人。办理各类电信网络诈骗犯罪案件16件68人，为人民群众挽回经济损失，化解社会矛盾。依法受理审查监委移送职务犯罪5人，决定逮捕5人，提起公诉2人，确保“三个效果”有机统一。

【检察服务】 2020年，县检察院打击破坏疫情防控秩序犯罪。依法提前介入7件，批准逮捕8人，提起公诉8人，服务疫情防控大局。打好“三大攻坚战”，办理涉嫌金融诈骗、破坏金融管理秩序犯罪案件7人，涉案金额3496万余元，为金融安全护航；向5个因案致贫返贫的受害家庭发放司法救助金20万元，向脱贫攻坚助力；对污染环境、非法采矿、滥砍偷伐等犯罪从严惩处，批准逮捕6人，提起公诉8人。开展“关爱木兰溪，保护母亲河”专项监督，办理生态环境领域公益诉讼案件18件，《检徽长护兰溪清》专题片在莆田电视台播出，取得良好反响。办理的“A公司、杨某非法占用农用地案”和“游某、赖某假冒注册商标案”入选莆田市人民检察院《检察机关服务民营经济案例选编》。

【刑事检察】 2020年，县检察院落实“少捕慎诉慎押”司法理念。对不构成犯罪或证据不足的决定不批准逮捕39人，不起诉6人，办理刑事和解案件43件。对侦查、审判中不需要继续羁押的，建议取保候审19人。贯彻宽严相济刑事政策，认罚从宽制度适用率79.2%，量刑建议采纳率95.5%，促进矛盾化解、社会和谐。推进“两项监督”工作，开展“翼动2020”立案监督专项活动，监督公安机关立案8件，撤案3件，说明立案理由2件；加强侦查活动监督，针对公安机关存在超期解除取保候审等问题发出纠正违法通知书、检察建议3件。常态化开展社区矫正检察，发出纠正违法通知书9件，检察建议5件，探索开展讯问合法性核查工作，对3件重大案件侦查终结前讯问合法性进行核查，提出书面核查意见，守好防止冤假错案司法底线。

【民事行政检察】 2020年，县检察院坚持抗诉与息诉并。办理当事人申请民事生效裁判监督案件6件，对认为确有错误的裁判提出再审检察建议3件。发挥行政检察维护司法公正、促进依法行政的作用，受理各类行政监督案件5件，提出检察建议5件。开展涉行政处罚执法活动法律监督，针对公安机关存在对被不起诉人未依法进行治安管理处罚的情况提出督促履职检察建议，县公安局依法对6人作出相应行政处罚。

【公益诉讼检察】 2020年，县检察院办理刑事附带民事公益诉讼1件，行政公益诉讼22件。与政府部门形成维护公益合力，发出诉前检察建议21份，回复整改率90%，以最小司法投入获得最佳社会效果。开展“驾校非法用地清理整治公益诉讼专项监督活动”，提出诉前检察建议督促行政机关履职，推动国有土地资源保护。规范涉刑人员养老待遇发放，向县人社局提出检察建议督促履行社会养老金监督管理职责，依法追回违规发放的服刑人员养老金。加强野生动物保护工作，新冠肺炎疫情发生后提起莆田市首例捕猎野生动物刑事附带民事公益诉讼，被告戴某被判令赔偿并在《仙游今报》上赔礼道歉，震慑相关犯罪。

【未成年人检察】 2020年，县检察院依法惩治未成年人犯罪。批准逮捕30人，提起公诉61人，作出不批准逮捕决定15人，作出附条件不起诉5人，决定变更强制措施3人，封存未成年人犯罪记录43人次。打击侵害未成年权益犯罪，提起公诉暴力伤害、性侵、拐卖、虐待等侵害未成年人犯罪37人，其中判处5年以上有期徒刑的8人。推进“一号检察建议”落实，联合教育、公安部门在教育行业落实入职查询与从业禁止制度，利用“青春防线”法治巡讲、检察开放日等形式凝聚社会共识，推动建立未成年人支持保护体系。

【执法规范化建设】 2020年，县检察院开展案件质量评查89件，提出口头纠正意见17件次，办案期限预警25次。主动接受人大及其常委会的监督，按要求向县人大常委会专题报告检察工作，梳理、落实人大代表审议报告、视察、座谈提出的意见建议。自觉接受政协民主监督，通报检察工作。落实“群众信访件件有回复”制度，全年收到群众信访 170 件，3 个月办理过程或结果答复率 100%，邀请 12 名人大代表、政协委员、人民监督员等对 4 件疑难案件公开听证。坚持以公开促公正，公开程序性信息 1350 条、法律文书 767 份，发布重要案件信息 1 条。优化辩护与代理接待服务，依托“12309”中国检察网及微信平台受理律师阅卷申请，提供电子卷宗光盘 292 份，监督纠正阻碍律师依法履职 2 件。检媒协作不断深入，在省级以上和主流网络媒体发表稿件 220 篇，检察工作透明度不断提高。

（王俊南）

法院

【概况】 2020 年，仙游县人民法院（简称“县法院”）发挥审判职能作用，防范化解重大风险，深化司法体制改革，为经济社会发展提供有力司法服务。受理各类案件 1.7 万件，审结 1.6 万件，结案率 94.12%。2020 年，县法院集体受到国家、省、市级表彰 6 次，先后获得全国法院先进集体、全国法院第七届微电影微视频金法槌奖评选活动百优微视频奖、全省法院“砥砺奋进 70 年”微电影微视频微动漫征集活动三等奖等，个人受到上级表彰 23 人次，涌现出全省法院“基本解决执行难”工作突出个人、全市法院司法服务保障脱贫攻坚工作先进个人、莆田市劳动模范称号等先进典型。

【刑事审判】 2020 年，县法院维护政治安全和社会稳定，紧盯国家政治安全和社会稳定，打击危害国家安全、公共安全、暴力、侵财等犯罪，审结刑事案件 951 件；其中，“两抢一盗”“黄赌毒”等侵犯公民人身安全犯罪及合同诈骗、集资诈骗、非法吸收公众存款等涉众型经济犯罪案件 240 件，审结贪污、贿赂、渎职等职务犯罪案件 9 件 10 人，向纪检监察机关移送党员及国家工作人员受刑事处罚线索 74 条。妥善审理涉及精准脱贫、乡村振兴和侵犯农村基层扶贫资金职务犯罪案件。

【民商事审判】 2020 年，县法院依法维护人民群众合法权益，妥善审理教育、医疗、侵权等涉民生案件 488 件，对审结的莆田市首例“高空抛物”案以案说法；加强商事审判队伍专业化，构建商事审判质量提升体系，强化类案检索、专业法官会议、审委会把关等制度，率先出台诉前司法鉴定规范，提升执行合同、破产审判等司法指标评估效果。审结各类商事案件 5687 件，标的 16.9 亿元，比上年上升 18.26%。着力防范金融风险，建立银行信贷风险处置绿色通道，成立金融速裁团队，依托福建省金融服务云平台，快速处置金融案件 1628 件。完善破产清算机制，审结企业破产、清算重组、股权转让案件 2 件，其中莆田市首例破产和解案件用时 43 天顺利收官，被省级媒体宣传报道。

【助力扫黑除恶】 2020 年，县法院审结涉黑案件 1 件 2 人，涉恶案件 9 件 28 人，保护伞案件 2 件 2 人。判处罚金、追缴违法所得、没收财产 1484.8 万元，确保打狠打准打深打透；加大“打财断血”执行力度，制定印发《“打财断血”专项执行行动实施方案》，成立专项执行行动领导小组，受理涉黑恶财产刑执行案件 45 案，涉案标的额 1826.41 万元，执行到位金额 1577.36 万元。开展“亮剑八闽——扫黑除恶 利刃行动”，网易全程直播院长带队执行，50 万网友在线围观，“打财断血”执行活动打出声威。注重源头治理、综合治理，

4 月 2 日，仙游法院举行新任审判员宪法宣誓仪式，6 名新任审判员参加

（唐 伟 摄）

深挖彻查“伞网关系”，向县检察院、市场监督管理局等部门发出司法建议13份。

【执行攻坚】 2020年，县法院发挥执行职能，部署实施“六稳”“六保”专项执行行动，受理各类执行案件7330件，执结6871件，执行平均用时缩短23.88%。强化执行惩戒，开展“执行攻坚——强制清场”执行行动，新增纳入失信被执行人名单库2291人，对4775名被执行人采取限制高消费措施，线上多渠道曝光失信被执行人540人，线下通过走村入户方式张贴督促公告523张，促成273案达成和解或实际执结。构建拒执罪公诉、自诉“双渠道”联合打击模式，在莆田市率先受理拒执罪自诉案件，移送公安机关追究拒执罪11件12人。强化执行管理，优化执行集约事务中心，建立执行通知前置程序，落实执行案件减量增效机制，规范金融案件执行，发挥司法化解金融风险、维护金融稳定的职能作用。强化阳光执行，升级执行指挥中心建设，开展“亮剑八闽——扫黑除恶，利刃行动”执行直播活动。创新司法网拍方式方法，在传统委托评估方式基础上，结合当事人议价、定向询价、网络询价，丰富财产处置参考价确定方式，提高拍卖效率网拍标的物464件，处置成交72宗，成交金额1.3亿元，溢价率31.41%；成交后强制清场或交付4.3万平方米。

【“生态司法+”】 2020年，县法院办理生态环境各类案件35件，督促2名被告人签订“补种复绿”协议，缴纳“补种复绿”补偿金5.64万元，恢复林地面积12.53公顷，重视珍贵、濒危野生动物保护工作，重拳打击涉象牙等珍贵、濒危野生动物及其制品犯罪28件，依法从严判决莆田市首例涉野生动物刑附民公益诉讼案。推进“生态司法+”衔接机制，在全国县域范围内率先开展生态审判与领导干部自然资源资产离任审计衔接工作，召开生态司法与审计衔接工作座谈会，落实细化《关于建立生态司法与审计衔接机制的意见》，完善自然资源资产离任审计评价指标体系，对420份裁判文书进行分析汇总，形成数据信息库。增设“一馆一厅三基地”，形成生态修复、法治宣传、警示教育为一体的特色生态项目，该项目及“固坝填石”河道修复模式分别入选“福建生态环境司法十佳百优”中的“十个体验基地”“十个修复模式”，并被中国环境资源审判、福建高院微信公众号头条推介。

【家事审判】 2020年，县法院审结家事案件1134件，调解、撤诉582件，调撤率51.32%。举行心理咨询师聘用仪式，聘请婚姻咨询师2名、心理咨询师4名，强化心理疏导团队建设，提高纠纷实质化解率。与“壹心理测评”开展合作，引入婚姻质量评估服务，截至2020年底，免费为7名当事人提供婚姻质量测评，实现专业化纠纷化解。完善家事修复中心硬件设施，打造以“家和万事兴”为主题的温馨和谐氛围，2020年运行以来，运用单面镜观察室对3件离婚案件涉及的未成年人进行询问沟通，在家事调解室、情感修复室和教育感化室对48件离婚案件的当事人、3位有心理障碍的未成年人进行心理沟通。举办传统文化道德教育公益性讲座、校园家庭教育等活动10场次。家事少年审判庭获全国先进集体称号，省妇联副主席调研家事少年工作时给予肯定。

【司法体制改革】 2020年，县法院落实司法责任制，制定审判权力和责任清单，明确法官、审判辅助人员职责，细化“四类案件”类型及监管程序。完善员额法官工作

2020年，仙游法院立案庭设立“创和一站式解纷中心”，聘请社会各界人士担任特邀调解员。图为调解员在中心为群众做调解 （唐 伟 摄）

量计算规则和团队配置办法，员额法官人均结案 279.1 件。实施目标管控，强化审判执行工作动态监控和分析研判，制定月度、季度、年度的结案任务和日通报、月总结管理要求，审执结率居莆田市第一。提升审判质量，开展案件质量评查活动，评查案件 202 件，并结合“三以教育活动”开展学习研讨，审判质量明显提升，一审服判息诉率居全市基层法院第一。深化诉讼制度改革，贯彻执行“三项规程”，稳妥实施刑事案件认罪认罚从宽制度，判处认罪认罚案件 679 件 845 人，平均审理天数缩短 9 天。优化“分调裁审”改革措施，前移速裁调解工作，建立“创和一站式解纷中心”，入驻律师、红十字志愿者、人大代表等特邀调解员 232 人，对小额诉讼案件进行包案调解，调解成功率 73%。推进速裁快审工作，适用简易程序审结一审民商事案件 5668 件，简易程序适用率 73.7%。完善诉非联动机制建设，挂牌成立诉非联动中心，牵头制定《仙游县关于深入推进诉非联动中心建设的实施方案》。持续深化外部联动，主动对接综治网格，发展各行业领域的调解协作，率先建立旅游纠纷调处中心、消费类纠纷调处中心等调解平台，实现纠纷解决方式从“司法一元”向“社会多元”转变。加快在线调解场所配套建设，持续优化司法确认程序改革，诉前分流调解案件占比 83.5%。升级智慧法院建设，投入 200 万元建设数字审委会、网上庭审系统和方舱法庭等信息化建设，提升审判执行工作水平；开通“12368”诉讼服务热线、推广福建移动微法院和“云庭”小程序，开启互联网办案模式。

（陈玲玲）

司法行政

【概况】 2020 年，仙游县司法局（简称“县司法局”）在莆田市率先对全县社区矫正对象的集中教育、公益活动、实地查访和社会调查评估等工作由县社区矫正局统一执行，社区矫正对象较少的 7 个山区乡镇（钟山、游洋、石苍、菜溪、社硎、书峰、西苑），县社区矫正管理局不再委托司法所开展社区矫正工作。2020 年，受理社会矛盾纠纷 2255 件，调处 2255 件，成功化解 2252 件，调解成功率 99.9%；接收刑满释放人员 355 人，安置帮教 355 人；接受审前社会调查委托 461 件，接收社区矫正对象 441 人，期满解除矫正 382 人，在册的矫正对象 551 人；收到行政复议申请 28 件，其中受理 24 件，办结 21 件、不予受理 4 件；办理以县政府为被申请人或第三人的行政复议案件 3 件，办理以县政府作为被告、第三人行政应诉案件 21 件。全县律师事务所担任法律顾问 325 家，继续保持全县村（社区）法律顾问覆盖率 100%。县公证处办理各类公证 1019 件，业务收费 34.1 万元；县法律援助中心接受各类法律咨询 760 人次，受理法律援助案件 453 件，免收诉讼费用 136.1 万元，受援 453 人。

【人民调解】 2020 年，县司法局强化“三抓三促”调解强基工程，2020 年，在抗击新冠肺炎疫情期间，全县 1500 余名调解员始终奔赴在战“疫”一线，为抗击疫情、维护社会安定稳定贡献人民调解力量。对 18 个乡镇（街道）、325 个村（社区）的人民调解委员会 1058 个调解案件进行补助，发放县级奖励经费 11.02 万元，并对 243 起案件进行回访；创新“三比三看”调解工作模式；深化公调对接等多元调解模式；完善矛盾纠纷多元化解平台（慧合解）平台系统功能建设，全年派驻公安派出所调解工作室累计受理和化解各类矛盾纠纷 557 件，“公调对接”模式取得预期成效。依托县医调委化解医患矛盾，全年受理城区医疗纠纷 23 件，调解率、成功率、协议履行率均为 100%，依托县交调会化解各种交通事故矛盾损害赔偿 272 件。在县退役军人事务局、县工艺美术协会、县红十字会志愿服务队指导成立人民调解委员会，指导莆田市海通劳务派遣有限公司成立莆田市首家百人以上规模企业的人民调解委员会。

【社区矫正】 2020 年，县司法局强化社区矫正信息化基础设施、应用能力建设，完成“智慧社矫”社区矫正人车管控、生物信息采集、远程教育、指挥监控等项目，投资 26.87 万元。累计投资 71.17 万元，完善社区矫正信息管理、远程视频督察和社区矫正对象手机 APP 定位三大系统，实现市、县、乡镇多级社区矫正信息化联网、大数据分析、可视化管理；落实社区矫正安全稳定工作“三重”管控要求，执行疫情防控各项制度，自 1 月 26 日起，走访社区矫正对象 4552 人次、信息比对 8.04 万人次，无确诊、疑似、隔离和密切接触史等情形，无脱管、漏管，无发生社区矫正对象参与赌博、吸毒、再犯罪等问题。

【安置帮教】 2020 年，县司法局细化刑释人员衔接工作，在落实“必接必送”“两头包、双列管”“一表五单”工作机制的基础上，提请属地综治网格中心，协助日常排查走访，最大限度减少“三假”情况发生。

【普法宣传】 2020年，县司法局开展“防控疫情、法治同行”专项普法宣传工作，印发《中共仙游县委依法治县委员会守法普法小组关于做好新型冠状病毒感染的肺炎疫情防控普法宣传工作的通知》，发布典型案例和疫情防控法律法规文章90篇。编辑、制作《疫情防控法律知识汇编》手册1万本；落实“谁执法谁普法”责任制，健全普法宣传教育机制，制定印发《2020年仙游重点县直机关普法责任清单》，结合各类纪念日、新法颁布时机、重大公共事件，强化部门普法工作责任，营造良好的法治氛围；开展“服务大局普法行”活动，走访宣传1000余户，分发《中华人民共和国民法典》等普法书籍、礼品、宣传单6000余份；全方位打造《法治仙游》宣传品牌，投入30万元与县融媒体中心，县广播电视台等媒体合作，宣传扫黑除恶、反电诈、禁毒等节目；开展《中华人民共和国民法典》学习“七进”宣传系列活动60余场；召开县委全面依法治县委员会第二次会议，审议通过《县委全面依法治县委员会2020年工作要点（送审稿）》；拍摄仙游县“七五”普法工作纪录片、宣传片，制作“七五”普法工作图册；开展“国家宪法日”“宪法宣传周”宪法“七进”宣传活动。

2020年1月，省委依法治省办、省司法厅联合授予仙游县“‘七五’普法中期先进县”称号。图为宪法宣传周普法活动 （唐 伟 摄）

【法律服务】 2020年，县公共法律服务中心和18个公共法律服务工作站改造升级工作并投入使用；开展法律咨询、人民调解和综合服务三大板块内容，全年提供各类咨询600余人次；完善公共法律服务实体语音、网络平台建设；普遍实行“网上查询、网上咨询、网上预约、网上受理、网上审核、状态跟踪、结果查询、网上投诉、网上监督”一网通；全面推行“一村（社区）一法律顾问”工作；为基层民主法治建设提供优质高效的公共法律服务；强化公证服务意识；疫情期间共组织专业法律服务团队12次，深入福建晔晨集团（福建）有限公司、福建天纵电子商务有限公司、福建三福古典家具有限公司等15家民营企业开展“法治体检”，防范和化解重大法律风险4个，研究个案8个，解答各类法律咨询40多人次，赠送疫情防控法治知识汇编和法治物品200余份，疫情防控惠企政策汇篇20余册，为企业、职工提供各类法律咨询300余人次。

【助力扫黑除恶】 2020年，县司法局摸排线索2件，办结2件，成案2件；行业监管再深化，制定《仙游县司法局关于开展律师行业领域扫黑除恶专项整治的实施方案》。2020年，登记报备律师参与黑恶违法犯罪案件辩护代理11件，组织现场旁听律师辩护代理14次；宣传引导再发动，利用新媒体发表相关文章10篇，分发扫黑除恶专项斗争宣传折页3000份，营造扫黑除恶治乱的舆论声势。

（傅杨敏）

人民武装

【概况】 2020年，仙游县人民武装部（简称“县人武部”）以习近平新时代中国特色社会主义思想和强军思想为指导，按照省军区和军分区党委决策部署，坚定举旗铸魂、聚焦动员备战、着力强基固本、持续严抓党建、推动转型发展，确保年度各项工作圆满完成。

【实兵演练】 5月22日，组织县人武部、公安局、消防大队、县医院和民兵分队参加联合作战背景下军分区——人武部联合搜救保障行动。

【民兵应急分队集训】 2020年，县人武部按照年度民兵军事训练计划，组织县民兵应急连和乡镇民兵应急排集训。10月22日，采取封闭式集中组训方式，集训内容为共同基础训练、专业训练及任务行动训练，重点完成军事理论的学习、基本军事技能的掌握运用、卡点布设和要点守护的研练，并组织轻武器实弹射击训练。6月15—21日，组织鲤城街道、榜头镇、郊尾镇、度尾镇、鲤南镇、龙华镇、盖尾镇、钟山镇、游洋镇、西苑镇、书峰乡、菜溪乡12个乡镇(街道)民兵应急排，采取由县人武部统一计划、乡镇组训、县部督查的方式组织民兵应急排集训，提高民兵应急分队遂行任务能力。

【民兵整组】 2020年，县人武部经过检查自查，民兵整组软件资料齐全完善，按照流程抓好整组各项落实。

抓好潜力调查。1月14日，为确保潜力调查工作落实有力，协调县政府下发通知，组织2020年度仙游县民兵整组潜力调查任务部署会，召集县交通局、商务局、税务局、统计局、市场监管局等12家地方单位分管领导和经办人员参会，采取分工合作、分别采集汇总的方式组织落实。4月1—2日，在县委党校礼堂集中组织专武干部和科局人员，对照省军区下发的人员潜力登记表等13个潜力调查表格，现场进行补充完善，现场将数据录入民兵工作管理信息系统。

开展业务培训和集中办公。运用多种方法举措，提高民兵编组质量。3月4日，结合疫情实际，依托县政府视频会议系统，组织民兵整组业务会，召集乡镇及科局经办人员，学习基干民兵编建要点，打回预建专业不符合的民兵分队。3月28日，召开民兵整组工作推进会，召集各乡镇专武部长、科局分管领导和经办人员，强调执行“六率”(在位率、适龄率、党员比例、专业对口比例、退役军人比例、文化程度比例）编组标准及要求，明确基干民兵体检、政考、人员花名册和档案登记表等具体事项。5月、6月召开业务会2次，打回基层武装部编得不实的基干民兵，要求重新上报。9月中下旬，采取移动“和商务”套餐的模式，数次将对个人编组信息发送短信到每名基干民兵。10月底，为迎接国动部检查，组织民兵应急连开展迎检前装备操作训练2次。

搞好民兵组织建设调整。抓好基干民兵专业单位预建，下发企事业单位目录，实地查看仙游蓝豹救援中心等预建单位。根据基干民兵编制表和整组任务，梳理形成基干民兵编组详细说明，方便对照落实。完成基干民兵编组任务。组织基干民兵体检、政考，督导编组单位搞好档案整理。

推动基层规范化建设。11月初，在军分区组织的村（社区）民兵规范化建设检查中，受到通报表扬。11月17日，迎接全市专武干部集训队到枫亭镇辉煌村民兵营参观指导。

【兵员征集】 2020年，仙游县征兵工作以省、市征兵工作电视电话会议精神为指导，以“五率”量化考评为抓手。年初，着眼一年两季征兵，紧前展开征兵各项工作。1月9日，召开第一次征兵工作业务会，分析2020年一年两季征兵工作形势，明确新年度征兵宣传硬性要求。1月19日，召开2020年度县征兵工作领导小组会议和县征兵工作会议，部署春季征兵工作任务。提高大学生入伍积极性，并形成征兵领导小组会议纪要下发各乡镇。调整充实县征兵工作领导机构，协调地方宣传、教育、公安、卫计、民政、财政、交通、人社等部门参与征兵工作。

发动强化大学生精准宣传。4、5月，先后三次召开大学毕业生工作推进会，将辖区内未就业大学毕业生名单分解下发，建立大学生预征人员微信群和花名册；采取“乡镇小集中、县里大集中”的方式，分别组织大学生征兵政策宣讲会，安排大学生及其家属一并参加，提高宣传动员效果。委托县移动公司逐人进行电话调查，摸清宣传动员底数。以网上授课的形式，对湄职院仙游校区大学毕业生进行视频动员。

抓好兵役登记和大学生预征。注重对乡镇兵役登记的检查督导，突出抓好适龄青年兵役网上登记和现场报名，坚持每半月通报一次兵役登记进展情况，持续推动工作落实。按照疫情防控要求，与县卫健局和县总医院协调，5月8—13日、6月27日，按照“人到即检、分批上站”的方式，在县总医院体检中心组织有意向入伍的大学毕业生进行预征体检，采取纸质版体检表填写，严格体检标准，走实体检科目。

【年度定兵会】 9月2日，仙游县召开2020年定兵工作会议。会议明确2020年定兵方法和要求，各乡镇（街道）分别报告拟定人员名单，与会人员现场审议并确定定兵人员名单。

【国防教育晚会】 2020年7月26日，为加强国防教育宣传，增强全民国防意识，县人武部、县国防教育办公室在天博广场联合主办“仙游县青少年国防教育主题晚会”。县人武部在现场设立征兵宣传点，发放征兵宣传单，组织征兵政策现场咨询等。

【县委议军会】 2020年8月1日，县人武部协调驻军和县委常委召开2020年度议军会，研究解决专武干部队伍建设、仙游籍立功受奖军队人员的喜报及奖励金发放等问题。会议要求，全县各级党委、政府要深入学习贯彻习近平新时代中国特色社会主义思想，贯彻落实习近平总书记“加强全民国防教育，巩固军政军民团结”的重要指示精神，强化党管武装的政治意识和责任使命，增强“爱我人民爱我军”的思想自觉和行动自觉，把党管武装各项工作落到实处，巩固提升“省级双拥模范县”创建成果。县委常委、县人武部、县委县政府相关部门主要领导等30多人参会。

（吴克南 陈剑豹 黄伟琪）

武警仙游中队

【概况】 2020年，中国人民武装警察部队莆田支队仙游中队（简称“武警仙游中队”）隶属于武警福建总队莆田支队。武警仙游中队完成仙游县看守所外围武装警戒和驻地反恐处突、抢险救援等任务。武警仙游中队真抓实干，紧抓快干，严格工作标准，加快工作进度，抓经常性基础性工作落实，实现任务与建设双促进，保证部队的安全稳定，执勤目标的绝对安全。2020年，单位立三等功1人。

【部队管理】 2020年，武警仙游中队坚持依法从严治军，做到以管理抓养成、以养成促正规、以正规保安全。落实制度促正规。以学习新《军队基层建设纲要》为契机，以上级正规化达标验收检查为契机，持续深入开展正规化建设，通过支队验收中队正规化建设任务基本完成；强化较真意识，狠抓工作标准，发现问题敢于得罪人，敢于唱黑脸，解决问题不迁就，问题不解决决不放手，在一点一滴中提升管理水平。向官兵传达管理领域负面问题清单、严肃纠治“四个秩序”方面土政策土规定，做到坚持按纲抓建不搞变通，落实规章制度不打折扣。抓好人员管理，落实查铺查哨、晚点名及在外人员每日电话联系等制度，堵塞人员失管失控、不假外出、违规喝酒等安全漏洞，干部每日检查熄灯就寝秩序，拉出问题清单、每周进行排名划档，每月中队总结讲评，让责任人“红红脸、出出汗”。组织“暑期百日安全竞赛”活动和安全倒计时翻牌仪式，呼喊安全口号，通过警示标语等形式，把安全元素渗透到中队角角落落，使官兵抬头能见、侧耳能听、随时能学，树立安全在心中的思想。依据“条令年”活动要求，开展“守法尽责”活动，组织《中国人民解放军共同条令》的学习贯彻，坚持日学一法规、周抓一规范，从作息、就餐、例会、点名等制度严起，强化官兵的行为自觉。开展七个重点管理安全领域活动，突出手机治理这个焦点，管好网络这个热点，严格各项规定要求。

【军事训练】 2020 年，武警仙游中队按照《军事训练与考核大纲》，坚持每月支部议训，每周分析训练形势和安全工作。结合上级各类培训、集训等措施，加强中队军事人才队伍建设，注重发挥教练员“酵母”作用，抓干部士官训练，提高干部士官组织指挥和教学能力，以干部士官训练带动中队整体训练水平。严格奖惩制度，坚持从难、从严训练，利用“五小练兵”“军事竞赛”等活动，强化官兵基础体能和“比学赶帮超”的训练氛围，激发官兵训练热情，提升官兵遂行多样化军事任务的能力。

中队按照年初既定目标，持续推行落实“军事训练 4 个 100%”“军事训练一票否决”和立功受奖 70% 用于练兵备战的硬指标，开展军事训练表彰奖励，激发官兵训练热情。严格标准练。按照上级月训练计划中训练课时安排和中队训练实际，组织教练员进行备课和试讲示教，完成多个课目的训练，普考成绩达到良好以上水平。中队每周组织对军事体育通用五项和专项训练进行摸底测试，对测试成绩张榜公示解决偏训、漏训、粗训的问题。紧盯短板练。在指挥训练上重点解决好“协同配合”，每月开展“军事教学日”活动，组织开展两官进行编组作业；战术训练立足任务，灵活设置情况，练熟“五个基本”，中队针对教练员能力素质不高、编写教案质量低、组训方法不灵活的实际，9 月，让班长和新改转士官捆绑起来练教学组训，利用军职教育平台，丰富教学方法，促进教练员教学组训水平提升。

武警仙游中队开展日常训练（2020）　（武警仙游中队 供稿）

【思想政治教育】 2020 年，武警仙游中队加强思想政治建设，发挥党支部战斗堡垒作用和党员先锋模范作用，重点抓好两个群众组织（团支部、军人委员会）和三支队伍（干部队伍、党员队伍、士官队伍）建设，搞好骨干培训，确保部队建设的正确方向。中队官兵扭住“听党指挥、能打胜仗、作风优良”的强军目标，紧随改革强军步伐，把党的先进理论投身于多样化军事任务实践，牢记使命、苦练本领、忠于职守、勤奋工作，完成上级赋予的各项任务。

2020 年，武警仙游中队抓班子提素质。坚持把提升政治素质作为强化组织功能和干好工作的前提和基础。凝聚思想、模范带头。以“传承红色基因、担当强军重任”主题教育活动为载体，落实“三会一课”、党费缴纳等制度，提升全体党员的思想认识；通过“七一”党日活动，引导党员、干部、士官建设中队做主人，落实工作唱主角，完成任务当主力，为中队建设凝聚兵心士气。中队注重带动“两个群众性组织”发挥作用。在入党、士官选取、评先选优等问题上作用发挥明显。团支部组织各类文体活动，创新活动类型，官兵喜闻乐见，促进中队建设。

中队统筹安排、创新教育模式、科学开展思想政治教育。抓实主题教育。在每个专题开始前坚持专人谈话，摸清官兵教育薄弱环节和喜欢的配套活动，组织课后讨论，组织对规定的书目进行集中学习，定期进行笔记展评，确保活动顺利开展；利用强军故事会、演讲比赛、群体讨论等活动，提高官兵参与热情，激发爱岗敬业和履职尽责的精神动力；注重发挥影视教育的作用，组织官兵观看《建国大业》《高山下的花环》等优秀主旋律影片。抓好基础教育。带领官兵原文学习《习近平论强军兴军（二）》《习近平谈治国理政》第三卷、《习近平强军思想学习纲要》《习近平新时代中国特色社会主义思想学习纲要》等书籍，坚定理想信念。先后组织官兵开展敏感时段的形势任务教育，结合百日安全活动竞赛，搞好枪弹安全教育、防疫教育和隐患排查，引导官兵清醒看待形势，结合专项行动、“三防”专项教育，增强官兵守法护法、珍爱生命的意识，开展以心理健康、法纪和四反教育为重点的政治教育，深化官兵思想认识。搞活经常性思想工作。针对官兵现实思想反映及9月满服役期人员思想活跃的特点，中队支部提前介入，搞好摸排，掌握主动，运用“三互”“双四一”“三帮一带”等有效载体。

【后勤保障】　2020年，武警仙游中队以官兵是否满意为工作的出发点和落脚点，围绕服务大局、服务中心开展工作，提升后勤保障综合效益，狠抓后勤制度，搞好后勤经费物资管理，落实账目及财务公开，树牢“小而精”的理念。结合中队人员饮食习惯改善伙食，更新口味。将食堂卫生、炊具清洗、餐具消毒、食物留验等制度作为监督管控重点。坚持每周保养武器，每日安全检查等制度，确保枪弹绝对安全。落实疫情常态化防控的相关要求，坚持每月进行卫生常识教育，每日对营区消毒一次，使官兵了解防病常识，做好传染性疾病的防治工作。中队支部把解决“五难”问题作为一项重点改转来抓，并通过抓工作的落实强化支部的落实能力和工作作风，协调目标单位和县退役军人事务局为中队新建淋浴室；增置毛巾架，解决中队官兵洗漱难的问题；利用“八一”慰问之际，协调万柏林区新的社会阶层联谊会赠送中队空调2台，解决顶楼官兵住宿环境，提升官兵生活质量。

（苏志伟　林俊峰）

人民防空

【概况】　2020年，仙游县人民防空办公室（简称“县人防办”）与仙游县住房和城乡建设局实行一个机构、两块牌子，为县政府工作部门，是县国防动员委员会的常设办事机构，实行县政府和县人武部双重领导机制，受莆田市人民防空办公室直接领导，负责管理全县的人民防空工作。2020年，县人防办做好人防工程的修建与监督，加强人防安全宣传，提高市民人防意识。

【人防工程建设】　2020年，仙游县人防工程建设继续保持增长，人防专业队工程和物资库等配套工程日趋完善，人防综合防护能力得到提升。

【防空警报试鸣】　2020年9月18日，县人防办为提高仙游县民的人防意识，检验防空警报器的性能和覆盖范围，由仙游县人民政府向全县发出防空警报试鸣通告，上午9时30分，全县防空警报试鸣，人防专业队同步按实战化标准开展演练。

【人防安全宣传】　2020年，县人防办结合“5•12”全国防灾减灾日和“9•18”防空警报试鸣演练开展人防知识宣传活动，通过电视、广播、网络及手机短信等开展多方位的宣传活动，增强全民国防观念和人民防空意识。

（许建平）

2020年，武警仙游中队开展业余文化生活，欢迎新战友到队

（武警仙游中队　供稿）

外事侨务 港澳台事务

外 事

【概况】 2020年，仙游县人民政府外事办公室(简称“县外事办”)是仙游县人民政府办公室的办事机构。县外事办坚持遵守外事政策，结合外事实际发展需求，拓宽对外交流渠道。落实上级疫情防控工作，畅通联络渠道，建立联防机制，助力企业复工复产，突出外事服务理念。2020年，办理APCE商务旅行卡3批10人次，办理邀请外国工程师入境3批17人次。

【抗疫涉外工作】 2020年，县外事办畅通联络渠道。贯彻落实习近平总书记对统筹做好疫情防控和经济社会发展工作的重要讲话、重要指示精神，落实党中央、国务院、省委省政府、市委市政府决策部署和工作要求，坚决防止境外疫情输入和涉外抗疫工作。仙游县制定《仙游县应对新型冠状病毒感染肺炎疫情工作指挥部外事组工作方案》，成立外事领导小组，明确责任分工，第一时间将县侨联主席手机号码作为24小时服务海外侨胞咨询热线电话，及时了解海外侨胞信息，做好归国侨胞接送、检测、隔离等工作。利用网络平台发布《致海外仙游籍侨胞的一封信》，及时、多渠道向海外社团、侨胞宣传国内疫情相关政策和防疫知识等，倡导国内国外共同携手打好防疫战。

建立联防机制。协同县卫健局、宣传部、公安局出入境管理大队等相关部门保持密切联系，及时沟通防控信息、及时掌握境外入仙人员信息动态。指定专人收集掌握海外侨胞回乡动态，并落实“日报告”及“每日工作小结”工作制度。督促指导境外企业结合驻在国相关规定，妥善处理与当地关系，加强对员工健康和居所封闭管理，做好防疫和生活物资储备、隔离点准备、日常防疫消毒等工作，保障员工居住环境务必符合防疫要求，完善落实企业日常疫情防控方案和发生疫情应急处置预案，做好疫情防控工作。

加强联络宣传。按照福建省应对新冠肺炎疫情工作指挥部的有关要求，加强预防管控，履行防控职责，开展涉外疫情防控工作。一旦发生紧急情况，按照工作方案及时有序开展工作，把各项任务不折不扣落实到位。注重宣传引导，排查落实，做好内部防控，加强宣传，正确引导。多渠道向海外社团、侨胞宣传国内疫情相关政策和防疫知识等，并引导周围人群做好疫情防控，万众一心抗击疫情。

【对外交流渠道拓展】 2020年，县外事办推动对外交流。坚持把推介APEC商务旅行卡作为企业“走出去”发展、开阔国际视野和提升国际竞争力的重要抓手，宣传推介。3月11日，省外办友协秘书长陈国全带队到仙游举行省、市、县外办APEC商务旅行卡现场办公会，邀请11家优质企业参加，为有资质的优秀企业办理APCE商务旅行卡，助推私营企业“走出去”，开拓市场。为企业“走出国门”、拓展国际市场打造“绿色通道”。2020年，县外事办指导企业办理APCE商务旅行卡3批10人次。

【助力复工复产】 2020年，受新冠肺炎疫情影响，企业复工复产受阻，县外事办寻求多渠道、新方式，创新开展对外工作。服务福建赛隆科技有限公司申报邀请外国工程师入境3批17人次，助力企业复工复产。

(余明海)

侨 务

【概况】 2020年，仙游县旅居

海外华侨3万人，华人26.25万人。仙游县归侨侨眷4.99万人，是福建省侨务工作大县。

【服务侨胞】 2020年，县侨办向县财政局申请2020年度归侨退休职工生活补贴、2020年度归难侨救济专项资金3.42万元，用于困难归侨、侨眷及归侨退休职工的临时救助和扶持工作；组织各乡镇（街道）上报符合条件的散居社会贫困归难侨18人，并申报2020年度散居社会贫困归难侨生活补助资金4.48万元。所有资金于2020年12月前下发完毕。

【侨务受理】 2020年，县侨办做好涉侨群众业务受理工作。通过“仙游统战信息”微信公众号、县行政服务中心综合（侨办）窗口开展侨法政策宣传，明确办理要求，提供具体业务人员联系方式，实现“最多跑一趟”或“一趟不用跑”。2020年，协助县公安局、乡镇（街道）派出所受理侨胞相关业务18件，其中开具不具备华侨身份认定书14份、华侨回国定居证3份、归侨身份证明1份；协助县行政服务中心做好优化营商环境专项巡察暨“放管服”改革巡察“回头看”工作。

【助力疫情防控】 2020年2月，县侨办联合县委统战部、县侨联向广大海外侨胞发出倡议书，号召大家为家乡的疫情防控一线捐款捐物，境内外乡亲纷纷响应，捐款捐物。3月，县侨办率先开通华侨回乡咨询24小时服务热线电话，并通过微信公众号、涉侨微信群第一时间对外发布，指派专人收集掌握海外侨胞回乡动态，并落实“日报告”制度，将收集到的信息及时上报上级侨务部门和县指挥部；通过微信公众号发布《致仙游籍海外侨胞的一封信》，向广大仙游籍海外侨胞发送防疫“温馨提醒”，对拟返乡的人员进行耐心劝导，分析回程的风险利弊，稳定波动情绪，增强抗疫信心；在上年侨情普查工作的基础上，再梳理、再摸排仙游县海外侨胞的分布情况，并通过境外侨团，重点对接15个境外疫情防控重点国家（地区）的同胞，了解其近期是否有回国的打算，随时掌握动态，分类施策，跟踪服务；加强与外事、侨联、公安、卫健、乡镇（街道）等单位的密切联系，建立沟通联络平台，做到信息互通、数据共享、工作联动，随时掌握返乡人员动态，确保境外疫情防输入工作取得成效；协助做好境外入仙人员安全服务、生活保障和关心关怀工作，深入仙游县集中医学观察点开展专项检查，并为留点观察的境外进入仙游人员送上慰问卡片和水果礼盒151份。

【侨法宣传】 2020年9月中旬至10月中旬，为纪念《中华人民共和国归侨侨眷权益保护法》颁布30周年，县侨办在全县范围内举行“侨法宣传月”活动。组织各乡镇（街道）、管委会利用本辖区内公共领域宣传载体，在乡镇机关大院、城区主干道、人流量密集场所进行侨法宣传氛围布置，悬挂侨法宣传横幅600余条；在“仙游统战信息”微信公众号上发布《涉侨法律政策指南》系列文章8篇，引发全县归侨侨眷广泛关注，随时随地知侨法、懂侨法、学侨法；联合县直各有关部门分别在赖店镇古玩城、钟山镇朗桥村举办2次“侨爱工程——送温暖医疗队”义诊暨侨法宣传活动，义诊受惠500人次，发放侨法宣传册及侨法宣传品近1000份。培养干部职工学习侨法的自觉性，提升侨务法治观念和为侨服务水平。

（陈舒悦）

10月15日，县侨办在赖店镇开展侨法宣传暨义诊活动

（县侨办 供稿）

港澳台事务

【概况】 2020年，县委台港澳办根据仙游的实际，发挥优势，整合力量，多领域开展仙台经贸和文化等交流。截至2020年底，仙游县有台资企业86家，其中农业企业75家（台湾农民创业园区台资农业企业和个体工商户）、工贸企业11家。涉及鞋业、化工、塑胶、工业、彩艺、物流、农业开发等行业，提供就业岗位1.7万个。

【仙游台湾经贸文化交流】 2020年，仙游县推进开放招商工作。依托仙游国家级台湾农民创业园着力引进台资农业企业。全年新落地5家台资农业企业，分别为火龙果种植项目、水果种植项目、果园改造项目、农机具租赁制造项目和花卉苗木生态休闲观光园项目。

着力推进项目建设。2020年，省级台创园专项和基础设施项目完成台农项目申报。新引进以色列黄火龙果、黄晶果、翡翠葡萄柚、大百香果新品种4个；自走式风送喷药机、农药稀释搅拌机等台湾农机具2个。

加强交流，打造两岸同胞心灵契合。仙游县组织台胞台商参加第十二届“海峡论坛”妈祖文化活动周中“心灵契合·莆台融合交流”活动，增进两岸同胞心灵契合。邀请台商参观仙游古典工艺览城，推动仙台经贸、文化领域交流合作。

创建平台，打造台创园青创集聚地。鼓励和支持台湾青年人才到仙游就业创业，做好鲤南镇创建市级台湾青年就业创业基地评定工作，促进台湾青年人才到莆田就业创业。

9月18日，仙游县组织台胞台商参加第十二届“海峡论坛”妈祖文化活动周。图为活动现场 （县委台港澳办 供稿）

【服务台商、台胞】 2020年，仙游县委、县政府及有关部门保障台商、台胞的合法权益。县委台港澳办多次组织人员深入涉及县域外人员务工的台资企业，分组进行详细摸排登记，造册，确保底数清、情况明。建立仙游县台胞健康信息台账，为台胞提供便捷化服务，落实健康管理，维护和保障台胞健康福祉。

组织人员深入台资企业，进行结对帮扶，了解掌握并协调帮助台资企业复工复产中存在的困难和问题。对2家台资企业急需果园施肥管理，因员工无法及时返回复工造成用工不足，协调企业所在地镇村组织临时工帮助企业顺利复工；对台创园区部分尚未完成甜柿修剪急需复工复产的企业主动上门服务，协调解决口罩等防护物资不足难题，缓解企业燃眉之急。帮助5家台资企业上报莆田市工信局企业“白名单”。

开展两岸婚姻家庭普查工作，登记居仙两岸婚姻家庭70对、两岸婚生子女74人；做好老龄、困难台胞“两补”工作，核实符合条件台胞61人。

【港澳事务】 2020年，县委台港澳办联合县委统战部、县侨联成立3个业务指导组，开展香港有关数据普查工作，数据库日趋完善。香港仙籍社团响应“香港各界撑国安立法联合阵线”号召，发动在仙游的香港同胞120余名参加“撑国安立法”网上签名活动。

（郑祁斌）

城乡规划

【概况】 2020年，仙游县城乡规划局（简称“县规划局”）编制新一轮国土空间规划为契机，统筹国土空间整体格局与建设时序，推动实施“东拓南进西扩北兴中修”的城市发展新战略，契合全市城市功能与品质提升暨拓展新城区三年行动，力争“一年有提升，两年上台阶，三年大变样”。构建全县统一的“三级三类”国土空间规划体系。截至2020年底，基本完成国土空间总体规划中生态红线和永久基本农田的划定工作，初步划定城镇开发边界。

【规划设计提升】 2020年，县规划局邀请国内外名家参与城市规划设计，强化片区设计引导和风貌管控，持续推进鲤城东片区、美食城片区、鲤城西片区、玉田片区、金凤片区和体育中心片区等重点片区以及城市门户、主干道等重要节点的策划规划、城市设计。对重要公建配套方案，征求公众意见，提高群众在城市建设中的参与度，汇集民智、反映民意。

【新城拓展】 2020年，县规划局按照“基础设施优先、产业优先、公共配套优先、环境优先”要求，推进城市更新“双百”行动六大片区（鲤城东片区、美食城片区、鲤城西片区、金凤片区、玉田片区、体育中心片区）改造，进一步拉开城市框架、优化城市布局，提升城市功能和品质。六大片区改造涉及征地593.87公顷、拆迁171.5万平方米、拆迁户3143户，新增可出让土地304.07公顷，新增城镇人口11万人，通过改造提高城镇化率10个百分点。

【地块规划条件出具】 2020年，县规划局出具工业地块规划条件6幅（XG挂-2020-3号地块、XG挂-2020-4号地块、福建省恒通智造科技有限公司扩建用地、XG挂-2020-2号地块、XG挂-2020-5号地块、XG-2020-6号地块）。出具经营性地块规划条件11幅（PS-2020-2号地块、PS-2020-1号地块、PS-2020-4号地块、PS-2020-5号地块、PS-2020-3号地块、PS-2020-7号地块、PS-2020-8号地块、PS-2020-13号地块、PS-2020-14号地块、PS-2020-6号地块、PS-2020-22号地块）。

【村庄规划】 2020年，仙游县纳入2019年乡村振兴试点村和2020年村庄规划编制试点村25个，需要编制村庄规划的有22个。截至2020年底，22个村庄规划全部上报县政府批准实施。

（陈燕青）

自然资源管理

【概况】 2020年，仙游县自然资源局（简称“县自然资源局”）对自然资源开发利用和保护进行监督，建立空间规划体系并监督实施，按权限履行全民所有自然资源资产所有者职责，统一调查和确权登记，建立自然资源有偿使用制度，加强测绘和地质勘探行业管理等。

【用地报批】 2020年，按照《中国人民共和国土地管理法》要求，仙游县重构农用地转用和土地征收审批流程，为保障项目建设用地需求，县自然资源局拓展服务途径，提升服务水平，按照“及早谋划、主动对接、提前介入、热情服务”的原则，主动深入基层一线指导、讲解新土地管理法中对农转用报批及土地征收的新要求，协助业主做好用地报批材料的收集、整理，加强与县直有关部门之间及上级自然资源主管部门的沟通协调，争取更多支持，做到材料齐全一批、上报一批、跟踪一批，做好用地报批工作。全年审批及通过审查13个批次，其中城市用地4个批次，建新方案1个批次，农村个人建房农转用8个批次，用地总规模25.82公顷，其中耕地19.97公顷。

【用地供应】 2020年，县自然资源局制作土地出让招商专题片，介绍拟出让土地的地理位置、周边配套、规划条件等，并在县“两会”期间进行宣传推介，征求代表、委员的意见，调动潜力、凝聚智慧、达成共识。配合有实力、品牌佳的开发商对拟出让地块的考察、洽谈，多方面宣传推介。对条件成熟的地块，应用各类媒介平台进行全方位推介，吸引境内外投资者，实现土地资产效益的最大化。全年出让9幅经营性土地，涉及面积29.22公顷，出让总金额16.08亿元，溢价率55.67%。工业挂牌土地出让6宗，总面积34.6公顷，出让金总额8887.3万元。

【耕地保护】 2020年，县自然资源局加强耕地保护和节约集约用地，坚持做到责任有落实、运作有制度、资金有保障，统筹推进耕地保护与经济社会发展、生态文明建设，推动补充耕地工作，储备土地增减挂钩指标。莆田市政府下达仙游县补充耕地任务34公顷，完成37.61公顷，完成面积及完成率均居全省前列、莆田市第一。

【不动产登记】 2020年，仙游县深化“放管服”改革、优化营商环境改革的工作部署，聚集营商环境建设、聚力推进难点、堵点、痛点问题解决，着力打造不动产登记互联网+登记新模式，提升不动产登记便民利企服务水平和能力。县自然资源局办理不动产登记业务4.43万笔，其中办理不动产权证1.67万本、不动产登记证明1.73万本，办理查、解封业务3496笔，办理房地产楼盘首次登记9656笔，开具各类查询证明3.12万笔，配合相关查询不动产档案5323宗。全县有竣工安置房项目46个1.51万套（含套房8629套、店面4119坎、工具间等2363间），全部完成首次登记，完成率100%，居全市第一；办理安置房转移登记1.03万套，完成率95.31%。

【土地纠纷化解】 2020年，县自然资源局坚持点、线、面统筹，法、情、理兼顾的办信思路，做到有访必接，有案必查，查必到位，近年来涉地信访问题呈逐年下降趋势。全年受理1036宗，办结1036宗；受理“12345”网上信访件911宗，办结861宗，办结反馈率94.5%；受理省信访信息系统125宗，均办结。

【矿产资源管理】 2020年，县自然资源局落实“常态抓、时时抓”的工作要求，抓紧、抓实、抓好矿山生态恢复治理及打击非法采矿行为，通过不断契合部门之间的无缝链接，监管责任再强化，良好态势再重构，矿政秩序再重塑。县自然资源局组织矿山巡查、排查252次，发放整改通知书3份，开展联合安全生产检查3次。全县先后投入1000多万元对25处过期或废弃矿山实施生态恢复治理并完成验收，累计修复面积80多公顷。

【地质灾害预防】 2020年，仙游县地质灾害隐患点剩余47处，点多、面广，防范任务重，县政府主要领导、分管领导多次召开地质灾害隐患点消除工作专题推进会、加温会，层层分解任务，逐级落实责任，做到分工负责，分片包干，不留空白，不留尾巴，不留死角。向省自然资源厅争取地灾专项资金，结合旧村复垦、造福工程等，实行叠加补助，最大程度地使群众得到实惠。4月下旬，举行群测群防业务培训；6月中旬，开展地质灾害转移演练。组织14户隐患点群众搬迁、完成10点简易治理。

【征地拆迁】 2020年，县自然资源局围绕中心、服务大局，践行“创新、协调、绿色、开放、共享”五大发展理念，督促各乡镇（街道办）规范做好征地拆迁各项工作，重点突破“临门一脚”项目的扫尾工作，重点推进出让土地征迁净地的“关键一环”。进一步规范征地拆迁工作，维护好、实现好被征收人的合法权益，保障建设用地征收工作和项目建设的顺利实施，县政府研究制定并印发《仙游县征地拆迁补偿安置标准》。全年完成征地135.85公顷，完成房屋拆迁100.5万平方米。

【规划审批】 2020年，县自然资源局完成各个乡镇集体规划审批项目7个，补办个人建房房屋审批情况说明57件，办理农村个人建房规划许可9批次295户。

【城市配套项目建设】 2020年，仙游县美术馆项目完成施工合同约定的土建、水电及消防安装。

（陈燕青）

城乡建设

【概况】 2020年，仙游县建成城区面积30平方千米；市政道路242.8千米，人均城市道路面积15.67平方米；城区绿地面积1199.7公顷，建成区绿地率39.99%，建成区绿化覆盖率45.82%，人均公园绿地14.74平方米；排水管道389.26千米，生活污水处理率94.09%，生活垃圾无害化处理率100%，人居生活环境大幅度提升，成功创建国家级园林县城。

【市政道路建设】 2020年，仙游县围绕实现“两通”（即二环全面贯通、一环二环互联互通）的目标，组织实施东一环路、东二环路、木兰大道等城市建设，推动城市路网骨架的内通外延。加快金凤桥改造工程和艺都大道建设进度，构建城区快速通道。推进书院路、新厝路、宫后路、园区中路等“断头路”建设，完成投资3.41亿元，新增道路15.4千米，新增道路面积58.37万平方米。完善城区路网，缓解城区南北交通压力。完成兴泰东路、学府路、迎勋路3座人行天桥建设，启动解放大桥（即南门桥）拓宽改造，完善城区交通微循环。结合民生基础设施补短板，加快“六馆”、鲤北市民广场、石鼓山公园和鲤南中心小学等公共停车场建设，新增停车泊位1000个以上，超额完成市政府下达的800个停车泊位建设指标任务。

【城镇污水处理设施建设】 2020年，仙游县组织实施老城区雨污分流改造提升。以“雨污分流、各行其道、污水处理、雨水利用”为目标，委托泛华建设集团有限公司编制《老城区污水管网提升改造工程实施规划（2019—2023年）》，分步实施老城区雨污分流改造，从根本上解决老城区雨污混合、溢流污染问题。投资1.03亿元，完成解放路、党校路、南大路等7个老城区雨污分流改造项目建设，将南桥、城内、东门3个社区16.05千米，列入PPP项目污水处理工程，2020年底完工。牵头实施排水大户截污纳管工作。指导、督促县教育局、卫健局、工信局、商务局等部门，开展城区学校、医院、综合商业体等排水大户污水纳管工作，应收尽收。组织检测、修复城区污水管网。委托福建省高创环境科技股份有限公司对城区（涉及鲤城管委会、仙港工业园管委会、工艺产业园管委会）实施存量156千米污水管网进行QV检测，2020年4月出具检测报告并函告3个管委会，督促各建设单位抓紧修复尚存的部分缺陷后，再次进行CCTV检测，提交检测合格报告，移交县住建局统一管理。抓好住宅小区污水管网修复改造。组织对老城区12个住宅小区（山中豪园、海宏鲤城花园、亿佳花园、龙仙购物广场、海宏鲤城广场、锦福状元府、鲤中小区、洪桥商贸城小区、洪桥胜南小区、锦福上城、润家新天地、山中花园）排水管网进行普查、清淤、检测和改造。保障集镇污水处理设施正常运行。组织对10个集镇区污水处理设施进行检测，对钟山、社硎、西苑污水处理站进行处理工艺改造，对园庄、游洋、菜溪、石苍、书峰、度尾等污水处理站进行提标改造，保障设备设施正常运行。将集镇区涉及村庄污水管网都纳入PPP项目，组织编制未纳入农村污水PPP工程的剩余村庄污水管网可行性研究报告，移交县水务集团分步实施，协助中标单位加快PPP项目建设，组织实施集镇区污水管网建设，提高污水收集率。

【城乡环境改造】 2020年，县住建局开展老旧小区改造，投资9086万元，完成洪桥社区农贸市场、仙怡小区、维特小区、洪桥社区过溪片区、南桥社区东南片区、十字社区下溪尾片区6个老旧小区改造，建设内容包括雨污分流改造、路面修复、管线整治等，同步改造污水管网5.728千米。开展铁路沿线环境综合整治，完成裸房立面装饰448户16.8万平方米、“平改坡”350户6.99万平方米，规范新建房屋3栋。实施“绿满城乡·美丽家园”园林绿化提升三年行动，投资约1亿元，完成公园（含口袋公园）、道路、木兰溪两岸、单位小区绿化提升等35个绿化项目建设，新增绿地75公顷。投资8200万元，完成木兰溪两岸、政法组团、仙游大剧院、两校两中心、仙港大桥、锦福滨江国际、皇庭美域、中央御景、丹郡、香港财富、富力等24个夜景项目建设。

【住房安全保障】 2020年，中央农村危房改造任务120户全部验收，省级补助资金58.4万元、中央补助资金165.2万元，全部发放到位。会同县财政局、县扶贫办组织各乡镇（街道）对住房结构安全如存在漏雨透风等影响居住质量的建档立卡贫困户房屋进行修缮，经验收，335户建档立卡贫困户完成住房修缮。开展房屋结构安全隐患排查整治。组建138人的专业技术服务队伍和13人的钢结构专项排查技术队伍，统筹协调乡镇和技术人员，开展房屋结构安全隐患大排查大整治百日攻坚行动，全县排查房屋（含钢结构房屋）25.46万栋（城市房屋9944栋、农村房屋24.47万栋），发现913栋重大危险房屋，对913栋明确的危房全部分类处置，其中封房29栋、加固160栋、拆除724栋（拆除总面积11.54万平方米），整治率100%，有效处置率（非封房等临时措施）96.8%，居全市第一。

【保障性住房建设管理】 2020年，县住建局加强廉租住房管理，建立信息管理系统，将所有1208套廉租房、公租房房源情况、承租人情况、租赁合同期限、年度审核情况等信息，通过局网站向社会公开，并实行动态管理。公布举报电话，主动接受社会各界监督。依托建行"悦生活"建设租金缴费平台，承租人可通过扫描二维码、微信公众号、手机银行等支付渠道，实现租金线上收取，堵住现金收取租金存在的管理漏洞。

【棚户区改造项目】 2020年，计划棚改建设2个项目1035套，建筑面积16.7万平方米，总投资8.65亿元，年计划投资1亿元，完成投资6000万元。续建45个项目，建设安置房1.11万套，面积162.98万平方米，总投资50.83亿元，年计划投资7.02亿元，年完成投资6.16亿元。2020年，新建的2个项目全部动工，其中龙号安置区1—6号楼（748套12.23万平方米，总投资6.5亿元，年计划投资5000万元，年完成投资2000万元），4月签订回购协议，中标公示中。仙游县琼峰安置区（287套4.47万平方米，总投资2.15亿元，年计划投资5000万元，年完成投资4000万元），1号楼完成主体6层，2号楼3层，6号、7号楼地下室顶板施工。

【安置房建设】 2020年，仙游县计划建设安置房83幢92.53万平方米，其中续建工程73幢75.75万平方米（鲤南34幢38.83万平方米、鲤北39幢36.92万平方米），新建工程10幢16.79万平方米（鲤南4幢4.5万平方米，鲤北6幢12.29万平方米）。续建安置73幢75.76万平方米，其中完工30幢29.95万平方米，封顶30幢27.59万平方米，在建13幢18.22万平方米。新建安置房工程10幢16.78万平方米，其中桩基施工10幢16.78万平方米〔瑞峰盖尾琼峰安置区4幢4.5万平方米、鲤城龙号二期（1—6号楼）6幢12.28万平方米〕。

【房地产开发建设】 2020年，仙游县取得资质的房地产开发企业有82家，其中二级企业3家，三级企业31家（含暂定13家），四级企业48家（含暂定16家）。2020年，新取得土地的房地产开发项目有8个，在建的项目有51个。完成土地开发面积21.33万平方米。施工总建筑面积576.46万平方米，比上年减少4.73%，其中续建494.2万平方米，比上年增加14.67%；新开工有枫城新都三期、永鸿文化城C地块、财富里、凯天悦府、碧桂园•公园左岸、育英花园、滨海名都、永鸿•和樾8个项目；新开工建筑面积82.25万平方米，比上年减少52.53%；竣工面积72.2万平方米，比上年减少35.07%。2020年，完成投资37.88亿元，比上年减少50.36%。

办理商品房预售许可证46份，预售总建筑面积为87.04万平方米，比上年减少14.11%，其中住宅74.84万平方米，住宅5347套；商业面积3.36万平方米；办公面积0.93万平方米；车库面积7.91万平方米。

商品房销售总建筑面积78.53万平方米，比上年增长4.75%；销售总额为56.02亿元，比上年增长12.56%，其中住宅销售5048套，面积64.19万平方米，销售额47.46亿元，销售均价为7394元每平方米，比上年增长5.48%。

2020年3月，制定《仙游县商品房预售资金监管暂行规定》。4月1日起，运行预售资金监管系统，进一步加强商品房预售资金监督管理，规范商品房预售资金的缴存使用行为，维护商品房交易双方合法权益，促进房地产市场健康发展。

【重点城建项目】 2020年，仙游县计划实施建设项目33个，年度计划完成投资10.14亿元。全年完成投资11.32亿元，占比年度投资计划的111.54%，超序时完成建设任务。其中，道路交通项目完成投资2.76亿元；水环境治理项目完成投资1.04亿元；供水安全项目完成投资310万元；防洪防涝项目完成投资2亿元；城乡洁净项目完成投资1200万元；管线建设项目完成投资2.76亿元；景观提升项目完成投资1.2亿元；配套服务完成投资 1.41 亿元。

【政务公开“两权”工作】 2020 年，仙游县全面推行政务公开，规范干部依法行政行为。设立固定公开栏和举报电话，注重“三公”消费、“三重一大”事项公开，做到事前、事中、事后公开，通过仙游县建设网、局党务、政务公开栏等载体公开党务、政务等事项。2020 年，通过监察网公开行政处罚案件 23 宗，处罚金额 221.26 万元。规范行政权力运行，推进机关依法行政工作。按照“两权”行政，结合住建系统的工作实际，完善《仙游县住建局行政权力清单》、仙游县住建局行政处罚自由裁量权修订和相关制度、权力运行流程图等，并汇编成册。

【规范工程招标管理】 2020 年，仙游县进一步规范全县政府投资小额工程领域招投标监管工作，营造公平、公正、公开的良好市场环境，县住建局、发改局等相关部门联合制定《关于进一步加强对小额工程招投标监管的通知》，完善小额工程数据库及对小额工程招投标活动的监管。通过福建省公共资源电子监督平台大数据统计及巡查。2020 年，发现 9 个项目在招投标活动中存在串通投标行为，查处 34 家涉事企业。取消工程建设项目招标代理机构资格认定，加强事中事后监管，规范工程招标代理行为。2020 年，受理 52 个建设工程公开招标备案。遵守公开、公平、公正原则，参照福建省、莆田市招标投标相关的管理规定，在仙游县行政服务中心进行招标工作。

【规范质安监管】 2020 年，仙游县开展工程质量三年提升活动，实施工程项目责任单位和责任人员质量安全动态考核制度，对工程质量安全管理不力的责任单位、责任人实施记分。依托“福建省工程项目建设监管系统”开展建筑施工企业信用综合评价，对施工现场的质量安全文明施工行为进行评价记分。2020 年，评价全县项目 300 次，项目经理总扣分 3016.82 分，总监理工程师总扣分 2591.3 分，施工企业总扣分 3016.82 分，监理单位总扣分 2591.3 分。检查采取“双随机”方式，事前制定检查事项清单，检查人员在监督人员库中随机抽取，在系统中生成整改通知书和违规记分告知单。

【扶持服务企业项目】 2020 年，仙游县有建筑施工总承包企业 166 家，一级资质 4 家，二级资质 11 家，三级资质 151 家；建筑工程施工总承包企业 148 家，市政公用工程施工总承包企业 148 家，水利施工总承包企业 58 家，公路施工总承包企业 23 家。监理企业 8 家，工程质量检测 2 家，商品混凝土企业 4 家。2020 年，辖区内施工企业累计完成建筑施工产值 120.31 亿元。规范投标、履约等保证金收取额度退还时间，推行银行保函制度，减轻企业负担。开展创建“无欠薪项目部”活动，推进房建、市政在建工程“无欠薪项目部”全覆盖。

（谢 晖）

城市管理

【概况】 2020 年，仙游县城市管理局（简称“县城管局”）做好城市面貌综合整治、环境卫生优化、市政公用维护管理、市政公用维护管理、行政执法等工作。注重法治建队、培训强队，开设“法治周课堂”，全年累计开课 55 期，每周定期组织全体执法人员开展专题学习，安排法务工作者专门授课，内容涵盖民法典、行政处罚法、城市管理法律法规、执法规范、典型案例等多方面，提高执法队伍业务水平。

【城市综合整治】 2020 年，县城管局通过市容市貌管理、户外广告之类、制图车“滴洒漏”整治、“数字城管”平台运行、“违法建设”整治等工作，加强城市面貌综合整治。

市容市貌管理 出台《仙游县规范临时占道经营管理实施方案》和《仙游县城区便民服务摊点管理办法》等文件，通过施划标示线、集中设置便民服务摊点和夜市一条街等措施，累计提供 690 个允许占道经营摊位；组建 8 支值守队、1 支机动队，在迎勋路、田岭底、党校路、木兰市场、龙泉市场周边等城区 8 个重要路段实行人员定岗定点责任制，对占用车行道、盲道、超越标示线的摊位以及露天烧烤等污染环境现象开展集中整治行动。2020 年，整治店外经营 8976 处，取缔乱摆摊 8865 个，取缔烧烤摊点 54 处，查扣销毁烧烤炉具 60 套，处罚占道经营行为 624 起，罚款金额 14.15 万元。

户外广告治理 城区大型户外广告 20 处，其中鲤城街道 12 处（商业）、鲤南镇 8 处（商业）。县广告办督促各大型户外广告权属单位开展安全检测工作；对学府路、清源路的广告进行重点防控，建立皇庭美域·丹郡、香港财富·吉第、城区中心农贸市场等新小区的店招广告示范点，发挥小区物业、专业人员、广告公司、局内部及社会其他力量，征求小区店招设置方案，依据《莆田市招牌标识设置导则》的指导，形成不同小区不同风格。组织执法人员进行日常巡查，发现破损的户外广告及时督促整改，对违规设置的户外广告组织力量予以联合拆除。2020 年，组织联合拆除 16 次，拆除两高沿线 100 块，国省县干道 125 块，市政道路沿线 88 块，拆除大型户外广告 44 块、招牌标识 298 块，整改户外广告安全隐患 13 处。广告中队日常巡查发现“牛皮癣”小广告 2100 多处，督促锦辉公司清理到位。

6 月 23 日，县城百货美食一条街开业，经营者持健康证上岗营业。图为夜市营业现场 （彭丽程 摄）

渣土车“滴撒漏”整治　要求各建筑工地在清运工程渣土前，必须到县行政服务中心申请办理建筑垃圾处置核准证，明确建筑渣土的产生点、消纳点和运输时限，以及渣土运输车辆的数量和车牌号；按照建筑垃圾处置核准证上标明的时间、地点、路线等要求进行运输。加强路面执法巡查力度，打击“滴撒漏”现象，2020 年，处罚 87 宗违规运输渣土污染城市道路的行为，处罚金额 14.24 万元，遏制渣土运输车辆超载、不按规定路线行驶和污染路面的现象。

“数字城管”平台运行　县数字化城市管理中心有工作人员 13 人，系统及硬件设备由市数字化城市管理中心统一提供，网格采集员由市城市管理局统一外包管理（仙游县出资 74.34 万元），引入第三方专业人员开展巡查采集工作，每个网格安排专职人员每日不间断巡查。2 月，仙游数字化网格将全县建成区中的 24.89 平方千米的 19 个网格调整为 12 个网格，市城市管理局升级、完善数字化系统。2020 年，受理包括市数字城管平台、“12345”平台、“110”指挥中心、领导交办和市城市管理局督办等各类案件 16.82 万件，日均 461 件，整改率 100%。

“违法建设”整治　以城区违法建设整治工作为主线，依法依规查处涉及房屋安全违法违规问题。成立鲤城街道、鲤南镇“违法建设”整治工作专职执法队伍，配合属地政府加强日常巡查，参与联合执法整治行动。2020 年，配合属地政府拆除违法占地、违法建设 3.02 万平方米，优化城区治违环境，消除“两违”“四无”涉及的房屋安全隐患。

【环境卫生优化】　2020 年，仙游县城区卫生保洁 1+N 项目承包期 5 年，总承包额 2.63 亿元（月承包额 438.6 万元），主要服务业务分为环卫保洁作业、市政设施维护管理、木兰溪流域及景观工程维护管理 3 部分，该项目 2019 年 7 月由福建省锦辉环境科技有限公司（简称“锦辉公司”）接手。其中，县城市管理局作为城区保洁、公厕、垃圾转运站、洒水车雾炮车及护栏清洗车运营、小广告、路灯维护、主城区市政设施及桥梁维护 8 个子项目监督管理的牵头部门。每月组织县环卫所、市政维护中心、广告办对县城管局牵头的业务开展日常抽查工作 4 次，在月底组织 9 个相关单位进行月考核工作。2020 年，组织月考核 12 次并及时结算每月服务费用。

生活垃圾分类　2020 年，全县列入生活垃圾分类工作范围涉及鲤城街道、鲤南镇 12 个居委会（鲤城街道东门、十字、南桥、坝垄、城内、木兰、洪桥、龙泉，鲤南镇玉田、西埔、柳坑、仙安），户籍约 3.03 万户，涉及住宅小区 44 个（1.79 万户）、学校 23 座。为保障生活垃圾分类各项工作推进，采购240升桶垃圾分类收集桶800个，购置餐厨、厨余垃圾电动收运车35部，餐厨垃圾收运小货车6部；购置自装卸式其他垃圾收运车5辆、有害垃圾收运车1部；按照300—500户建设一个分类屋（亭）标准，2020年计划在鲤城、鲤南12个社区建设100座分类屋（亭）（鲤城街道80座、鲤南镇20座），建成80座，在建20座。

垃圾处理（焚烧发电）厂　项目总投资6.19亿元，一期投资4.82亿元，根据垃圾量增长，计划动工建设二期工程。一期工程进入收尾阶段，设备调试中整组启动调试完成。1月8日，完成焚烧发电主体工程竣工验收备案。截至2020年底，接收生活垃圾17.76万吨，焚烧处置垃圾14.75万吨，发电量5371万千瓦时，上网量4545.87万千瓦时；配套设施飞灰固化物填埋场开展前期筹备工作。

“厕所革命”项目　2020年，建设城乡公厕19座（城市公厕14座、乡镇集镇区新建公厕5座），全部完成建设并投入使用。加强已建公厕监管，每月组织一次督查，并纳入美丽城区、美丽集镇、美丽乡村考评，督促各乡镇（街道）强化管理，确保干净整洁。

7月20日起，仙游县推行企业开办“一窗受理、一事联办”服务，优化营商环境。图为市民在行政服务中心领取营业执照　（彭丽程　摄）

城区垃圾转运站　城区（鲤城和鲤南）有运行垃圾转运站5座（其中鲤城3座、鲤南2座），由城区保洁公司负责运营和管理并列入“1+N”考核。县城市管理局定期和不定期组织人员对城区垃圾转运站运行情况进行督查，确保城区垃圾转运站有序运行。新建鲤城环卫综合场（垃圾中转站），位于大济镇蒲峰村，建筑面积约500平方米，2020年公厕完工，垃圾压缩站完成建设并投入使用。

3月9日，仙游县首座垃圾焚烧发电厂一期项目投运。图为垃圾焚烧发电厂一期全景　（张　力　摄）

全省首创“1+N”环境卫生执法工作新模式　为精细化管理环境卫生、持续改善环境卫生状况，10月，在全省首创“1+N”环境卫生执法工作新模式，成立1支环境卫生执法队伍（仙游县城市管理局环境卫生综合执法队），依托环卫工人+社区网格员+群众志愿者+数字城管采集员+城管巡查员等N个人员分布点多面广的优势，第一时间发现破坏环境卫生违法违规行为，第一时间通过微信群、电话等渠道提供线索、移交综合执法队依法处理，第一时间联系最近的环卫工人同步跟进清扫保洁，第一时间恢复干净整洁市容环境。2020 年，立案查处案件 64 起，罚款 5.32 万元。加大执法力度，提高居民自觉维护环境卫生的意识，从源头上根治“城市市容环境反复污染反复清扫”现象。

【市政公用维护管理】 2020 年，仙游县通过加强物业行业管理、市政设施维护、城镇燃气管理、道路挖掘修复管理等，做好市政公用维护管理。

物业行业管理　推进物业行业规范管理，出台《仙游县安置房小区物业管理规定》《仙游县城市管理局关于开展“物业规范化管理试点小区”培育工作的通知》，完善物业管理办法，指导“示范小区”和“平安小区”创建，规范物业企业服务行为。2020 年，向县城管局进行物业合同备案的物业企业 42 家，中奥兰溪首府和万星幸福城 2 个物业住宅小区被市评为“2020 年度平安小区”。

推进党建 + 社区邻里中心建设，城管执法力量下沉到物业小区，建立物业小区城市管理“党员助邻站”，发挥调解矛盾纠纷等职能。2020 年，安排 36 名执法人员，挂钩联系 49 个物业小区，做好社区邻里“最后一百米”服务。

指导小区成立业主委员会，成立业主委员会的物业小区 25 个，11 个小区筹备成立业主委员会。开展物业小区安全隐患大排查大整治工作，督促物业住宅小区完成“消防通道”画线工作，联合消防大队等部门开展清理违规占用消防通道专项整治行动，发放检查责令整改通知书 60 多份，约谈 5 家企业负责人，对物业企业违规违法行为立案查处 5 起，行政处罚金额 7500 元。

2020 年，加强住宅专项维修资金管理，新增 9951.36 万元。截至 2020 年 12 月 31 日，仙游县受理、办理住宅专项维修资金缴存 5.44 万户，变更 2025 户；办理退款 149 户 102.35 万元，全县维修资金余额 4.69 亿元；2020 年，维修资金使用审批 28 个项目，金额 27.2 万元，累计使用审批 65 个项目，累计使用金额 93.3 万元。

市政设施维护　开展城市排水安全大检查，推进雨水管网清淤疏浚及雨水窨井盖隐患排查整治工作；开展人行道、市政道路修复及积水点改造工作。加大市政道路、桥梁、人行道、窨井盖、路灯等设施的巡查、维修力度，加大市政道路、桥梁、人行道、窨井盖、路灯等设施的巡查、维修力度。2020 年，修复道路破损、人行道砖 731 处 3406 平方米，补缺修复窨井盖、雨水篦 111 个，重新浇筑混凝土路面 1280 平方米，清理桥面伸缩缝 2 次，修复路缘石 32 处 64 米，安装雨水检查井防坠网 52 个，疏通堵塞下水道 26 处，新增雨水篦 1 座、检查井 2 座、排水管 32 米，清理疏通雨水篦排水孔 315 处，整治积水点 11 处，安装桥铭牌 5 座，设置桥梁安全界桩 20 根，清理润家步行桥伸缩缝并维护、安装不锈钢护栏 12 米，修复兰溪大桥人行道铺砖约 10 平方米及伸缩缝清理，霞苑桥桥面铺 6 平方米、警示标语描红，清理解放大桥排水孔 1 次；修复电缆故障 235 处，更换电缆 3650 米，修复灯杆车损、倾斜灯杆 36 处，修复不亮灯 8200 盏，更换路灯灯罩 780 个。完成 356 国道赖店柴桥头至郊尾圣岭路段 588 盏路灯更换 LED 光源的节能改造建设。

城镇燃气管理　2020 年，全县建成天然气管网 337 千米，其中铺设中压管网 147 千米，小区低压管网 190 千米，通气居民用户约 2.27 万户，工商用户 315 户，工业用户 30 户。开展燃气行业安全隐患大排查大整治工作，制定《关于开展城镇燃气行业安全生产隐患排查治理专项行动的通知》《进一步加强城镇燃气安全生产工作》《强化燃气场站“四防”工作》，指导燃气企业对所有生产车间、瓶装供应站和餐饮场所开展安全隐患大排查大整治，开展入户宣传和抽检，确保全县燃气行业安全工作落到实处。开展瓶装液化气“打非治违”行动，联合县应急管理、公安、交通执法等部门开展执法整治，组织打击“黑气”行动 30 次，出动人员 260 余人次，取缔 23 处非法经营点，查获非法运输液化气 4 起，行政拘留 1 人，查扣违规液化气钢瓶 490 余个。开展燃气安全生产月活动，制定 2020 年“安全生产月”和“安全生产专题行”活动实施方案，定期组织召开安全生产月专题会议，部署城镇燃气安全工作。全年组织企业开展消防应急演练 4 场、安全宣传活动 2 场，组织送气工安全教育培训和技能培训 2 场，提高燃气企业的突发事件的消防应变能力，发放宣传材料 2000 多册。

道路挖掘修复管理　2020 年，仙游县出台《关于进一步规范城市道路挖掘修复管理的通知》，统筹安排各类管线建设需求，力争同段道路最多挖掘一次；实行联审联批制度，所有挖掘项目均需管道燃气公司确认安全后方可办理道路挖掘许可证；落实现场监管责任，在燃气等易燃易爆管线的安全范围内施工作业时，要求相关管线产权单位必须专职人员“旁站”监管，有效预防随意施工和重复开挖损坏燃气管线造成安全事故。全年受理道路挖掘申请事项73件，合并8段道路的不同挖掘施工计划，立案处罚违规挖掘道路行为为22宗，罚款4.19万元。

2020年，县财政安排资金500万元，推动各乡镇（街道）、村（社区）、学校、机关事业单位开展生活垃圾分类工作。图为县城管局组织志愿者进校园宣传垃圾分类 （唐 伟 摄）

【行政执法】 2020年，县城管局依法查处违法违规行为。对城区内占道摆摊设点、道路“滴撒漏”、随意倾倒建筑及生活垃圾等违法违规行为持续强力整治，按照法律法规立案查处。2020年，对占道摆摊、滴撒漏、道路挖掘等违法行为行政处罚827起，罚款44.99万元。其中，渣土车“滴撒漏”55起、渣土车车身未封闭或车身不洁32起、占道经营624起、违规挖掘道路22起、擅自砍伐树木4起、乱倒建筑垃圾及倾倒泥浆13起、违规处置建筑渣土8起、运输生活垃圾遗撒路面9起、抛弃动物尸体1起、偷倒餐厨垃圾3起、乱倒生活垃圾20起、焚烧树叶及垃圾6起、乱张贴广告1起、破坏绿化带2起、店面装修未设护栏6起、未履行责任区环境卫生管理责任6起、道路施工现场未设置明显施工标志和安全防护4起、擅自占道堆放垃圾等物料或占道堆放装修建筑垃圾3起、乱倒污水5起、擅自占用城市道路1起、在道路冲洗车辆1起、不按规定清运垃圾1起。

2020年，县城管局倡导简化优化审批流程，缩短审批时限，推行网上办事，减少人员聚集。2020年，受理办结申请事项805件（个），其中行政审批97件、年审瓶装液化气供应站15个和加气站2个、业主委员会备案7件、物业服务合同备案16件、住宅专项维修资金缴存事项318件、更名317件（其中一事联办299件）、退款1件、物业专项维修资金使用申请32件（其中办理资金划拨项目28件，办理使用备案4件）。

【城乡环卫服务】 2020年7月1日，仙游县城乡环境卫生服务有限公司正式挂牌成立，位于仙游县鲤南镇仙妃路517号（环卫综合场），占地面积4200平方米，由县城市管理局负责具体管理，具有城乡环卫设施设备投资、建设、维护和经营职能。公司试运营以来，开展餐厨垃圾管理收运、公厕运营管理、物业小区垃圾分类清运、飞灰固化物填埋场运营等业务。

餐厨垃圾管理收运 7月1日，接收木兰溪流域及13个二类乡镇餐厨垃圾收运及管理工作；7月15日，健全各乡镇收运队伍并投入收运，全县13个二类乡镇餐厨垃圾收运每天从5.8吨提升至13吨左右；10月，开展5个三类乡镇餐厨垃圾收运工作，对各乡镇生产单位进行摸底、排查、签约等前期工作。11月15日，健全各乡镇收运队伍并投入收运，实现全县餐厨垃圾收运全覆盖和无害化处理。

公厕运营管理 2020年，新建14座城市公厕移交城乡环卫公司运营管理，公司按照省、市、县公厕管理标准要求，提高保洁质量标准。

物业小区垃圾分类清运 7月21日，完成全县48个物业小区摸底，31家有意向与公司合作（合同未到期20家）。物业小区垃圾分类清运收费标准以入住户率为基数，每户费用为人民币6元/月。11月16日，对已签约的12个小区开展垃圾分类收集、清运工作，投入其他垃圾清运车1辆、厨余清运车1辆、有毒有害清运车1辆、司机3名、装车员2名，同步完善内业（收运管理制度、收运作业流程、收运操作规程、制定收运应急预案、建立收运台账等）。

对接接管转运站 7月29日，完成赖店镇、盖尾镇、郊尾镇、钟山镇、游洋镇、石苍乡、龙华镇、社硎乡、菜溪乡、大济镇、度尾镇、西苑乡12个乡镇14座垃圾转运站摸底，并于12月21日接收度尾镇完成对接接管转运站的事宜。

飞灰固化物填埋场运营 仙游县垃圾处理（焚烧发电）厂配套的飞灰固化物填埋场位于书峰乡鲤岭村和大济镇坑北村交界处，占地4.2公顷，库容量8.5万立方米，总投资3300万元，可使用10年，3月完成竣工验收。10月底，在收到关于《仙游县飞灰固化填埋运营方案》的批示后，公司已与市、县环保局对接办理固废危废许可证及排污许可证，12月30日完成仙游县飞灰固化物填埋场应急预案报告书的编辑。

（林娴静）

住房公积金管理

【概况】 2020年，莆田市住房公积金管理中心仙游管理部（简称“仙游住房公积金管理部”）完成编制、执行住房公积金的归集、使用计划；记载职工住房公积金的缴存、提取、使用等情况；住房公积金的核算；审批住房公积金的提取、使用；住房公积金的保值和归还；编制住房公积金归集、使用计划执行情况的报告；承办住房公积金管理委员会决定的其他事项。2020年，仙游住房公积金管理部在落实住房公积金阶段性支持政策、保障业务办理不断档等方面始终做到“四个不”，构筑起疫情防控的防线。

【助力企业复工复产】 2020年，仙游住房公积金管理部对受新冠疫情影响的缴存单位和职工给予政策支持，助力企业复工复产。推行“网上办、掌上办”审批模式，引导广大缴存职工通过网上办事大厅、闽政通、惠民宝及微信公众号等线上渠道办理业务，防止交叉感染，保证业务不断档。延伸对于受疫情影响的企业和职工申请公积金业务，优先受理和审批；对因特殊情况超过疫情结束后次月还未办理提取、贷款业务的新冠肺炎重症、危重症患者和参加疫情防控工作的职工，在提供相应证明的情况下，予以办理。响应号召，发动党员参与社区防疫和服务企业复工复产工作，指导企业有序复工复产。改进服务情况，包括推进住房公积金服务“跨省通办”工作情况，服务网点、服务设施、服务手段、综合服务平台建设和其他网络载体建设服务情况等。

【公积金业务精准服务】 2020年，仙游住房公积金管理部运用大数据共享进行精准服务，优化“营商环境”“放管服”工作走在全县窗口单位前列。优化流程，全省首批实现公积金贷款、支取业务“一次办”。将“群众要办”变为“提前为群众办”，在职工申请公积金贷款时为其提前办理逐月冲还贷业务，让职工“少跑一趟”。数据赋能，全省首批实现公积金业务“三个零”办。精简办事材料，全省首批推出离退休、离职等提取公积金“零材料、零跑腿、零见面”办理，31项公共服务事项100%实现“一趟不用跑”和“最多跑一趟”。无缝对接，全县首家在惠民宝上实现公积金业务“一趟不用跑”。在莆田惠民宝上可24小时网上自助办理个人住房公积金三项电子证明的基础上，推出租房、离职等提取公积金以及个人信息变更等业务办理事项，实现“一趟不用跑”。服务社区，全省首批实现公积金业务“社区办”。推进“党建+”社区邻里中心建设，全省首批在阔口社区政务自助机上开通办理职工住房公积金缴存证明、贷款证明、异地贷款职工住房公积金缴存使用证明自助业务。

（王国平）

综述

【环境状况】 2020年，仙游县环境空气质量达标率100%，环境空气质量指数为2.22，空气质量持续保持莆田市第一，连续达标800余天。重点流域木兰溪国控断面园头桥水质为Ⅲ类，省控断面蒋隔水库水质为Ⅰ类、西台桥和石马桥水质为Ⅲ类，仙游县境内木兰溪干流4个国、省控考核断面水质均达到年度水质目标要求。全县15个省控小流域考核断面达标率100%，未出现劣Ⅴ类水质。全县12个乡镇级以上集中式饮用水源地水质全部达到Ⅲ类以上，水质优良比例100%。2020年，仙游县党政领导生态环境保护工作目标责任书考评名列莆田市第二。

【环保宣传教育】 2020年，仙游县开展一系列环境宣传教育工作。“6·5”世界环境日期间，在度尾镇度峰社区举行环保宣传咨询活动，在度尾蒋隔水库（饮用水源保护区）开展增殖放流鱼苗活动，在木兰溪流域开展巡河活动，对木兰溪沿岸企业（鳗鱼养殖场）排污情况进行巡查，提高社会对环境保护的认知度，激发公众参与环境保护的责任感，更好地保护木兰溪、保护母亲河。在《湄洲日报》《仙游今报》投放环保公益广告宣传，通过移动超级短信向广大群众宣传公民生态环境行为规范，组织环保志愿者开展环保志愿活动，深入社区、企业、学校等发放环保宣传单，宣传环保有关知识，解读环保有关政策，发放宣传单1000多份，发送环保公益短信20万条。

【环保信访处理】 2020年，仙游县生态环境局（简称“县生态环境局”）对群众通过来访、来信、“12345”“12369”等投诉方式，处理各类环境纠纷投诉件878件，处理率100%。

环境整治

【攻坚碧水保卫战】 2020年，县生态环境局推进“污水零直排区”试点创建。印发实施《2020年度仙游县木兰溪流域“污水零直排区”试点建设实施方案的通知》，推进木兰溪沿线6个重点乡镇“污水零直排区”试点创建工作，各试点乡镇已完成各试点村行政区范围所有排污纳管情况普查、规划设计工作，对接县农村污水PPP项目工程，按照“污水零直排区”的创建思路开展综合整治工作。

推进省委、省政府“小流域综合治理”为民办实事项目建议。沧溪流域整治项目列入2020年省委、省政府小流域综合治理“以奖促治”为民办实事项目，投资3000万元新建村级污水处理站1座、配套管网33.5千米、河道清淤25.5千米。郊尾镇完成古店村污水处理站建设，郊尾镇古店、阮庄、埕边、沙溪等沧溪沿线村污水管网完成铺设主管、支管共30千米；完成长岭至染厝，宝坑至沙溪，三浦、长安至集镇区河道清淤20.5千米；枫亭镇完成沧溪沿线污水管网建设4千米，河道清淤5.5千米。累计完成投资额3012.12万元，投资完成100.4%。推进入海排污口排查整治。印发实施《仙游县入海排污口排查整治工作方案的通知》，按照“查、测、溯、治”要求，枫亭镇政府作业主委托第三方机构进行排查及整治方案制定，完成排查工作和水质监测工作，排查38个。

推进入河排污口设置。全市率先完成办理入河排污口设置审核手续的4家。农村污水治理方面。仙游县申报全省申报农村污水治理试点县，根据省生态环境厅要求，对列入试点县的先行开展试点乡镇的农村污水治理建设，推进郊尾镇的试点乡镇工作，由省厅研究拟预拨付400万元用于治理试点乡镇的启动资金。主要用于推进郊尾镇的新和村、塘边村、染厝村涉及农村污水主管网9.76千米、入户管27.24千米的建设。

加快农村污水设施建设。推进涉及木兰溪流域农村生活污水治理续建项目，根据《莆田市2020年度农村污水治理实施方案》要求，是年仙游县涉及农村污水治理建设任务主要是推进木兰溪、沧溪、龙华溪、枫慈溪流域农村污水续建工程。2020年，计划投资1.32亿元，建设主管71.26千米，入户管190.94千米。农村污水设施建设完成情况：根据调度情况，截至11月底，累计完成投资1.02亿元，完成主管58.89千米，入户管142.64千米。完善流域水质监测监管能力。龙华溪口、仙水溪口2座水质自动监测站完成建设任务并投入试运行；根据市里要求新建8座水质自动站，完成招投标程序，施工建设中。

加强淡水养殖尾水监管。2020年，县生态环境局组织执法人员和县环境监测站技术人员对鳗鱼养殖场开展四轮测管联动，倒逼业主做好养殖尾水治理工作，测管联动23家次。其中，第一轮测管联动5家（3家达标、2家超标）；第二轮测管联动6家（3家达标、3家超标）；第三轮测管联动力6家（5家达标、1家超标）；第四轮测管联动力6家（全部达标）。6家超标的鳗鱼养殖场均按法律程序立案查处。

强化饮用水源地环境保护。推动饮用水源保护区规范化建设。开展古洋水库、金钟水库2个县级及以上饮用水源地勘测定界及水源地周边污染源和风险源名录编制，金钟水库4条主要入库河流水质简易自动监测站动工建设。园庄镇东石水库、盖尾镇后井水库、枫亭镇外坑水库、大济镇溪南山水库、钟山镇西滁水库5个农村“千吨万人”水源地保护区划定正式批复。

【打赢蓝天保卫战】 2020年，县生态环境局推进重点行业挥发性有机物治理。编制全县大气污染物源清单，实现精准管控。通过测管联动、污染源监督性监测及双随机抽查等，严格执法，促进挥发性有机物3个地方排放标准落到实处。推进大气污染热点网格试点工作，配套热点网格员，加强大气污染源网格化管理，提高污染天气应对成效，发现并解决大气环境问题。2020年，新增涉VOCs整治企业5家，按要求配套废气处置设施并全部达到免错峰生产要求。

推进柴油货车污染治理攻坚战。加油站油气回收，制定《莆田市仙游生态环境局关于进一步落实加油站、油罐车油气回收治理工作的通知》，督促年销售汽油量大于5000吨加油站要自费完成油气回收自动监控设备安装与联网工作，3家年销售汽油量大于5000吨加油站，完成油气回收自动监控设备安装与联网工作。完成全县柴油货车保有量20辆以上企业的排查摸底，9家柴油货车保有量20辆以上企业，计913辆。联合公安交警、交通运政全市率先开展并完成柴油货车上路检测及入户检测工作，路检车辆120台，入户9家企业，检测45辆车辆。督促机动车排放检验机构做好新国标实施工作，完成检测设备和软件升级改造。

开展工业炉窑治理专项行动。加大不达标工业炉窑、中小型煤气发生炉淘汰力度，出台工业炉窑综合整治实施方案，开展拉网式排查，建立各类工业炉窑管理清单、重点督查3家企业工业炉窑综合治理（深度治理3家：仙游县渝州新型建材有限公司、仙游县东风新型建材有限公司、仙游县鑫泉新型建材有限公司）。上述3家完成建设项目环保设施竣工验收。开展工业企业无组织排放整治工作。对全县建材、铸造等重点行业及燃煤锅炉所有涉及无组织排放的工业企业，完成物料运输、生产工艺、堆场环节的无组织排放深度治理。建立各类工业企业无组织排放管理清单，做好工业企业无组织排放整治工作，推动环境空气质量持续改善。全县排查工业企业无组织排放企业7家，完成整改7家。加强轻微污染天气应对。

制定三单一图详细名单。加强预警预报和轻微污染天气应急响应。修订完善《仙游县轻微污染天气应对办法》，进一步明确部门职责，实现各项应对工作“有人管、有响应、有部署、有落实”，形成工作合力。2020年，仙游县启动99次轻微污染天气应急响应，落实相应措施，督促住建部门加强对建筑工地施工扬尘整治，检查施工工地26个；指导雾炮车和洒水车作业，出动雾炮车908车次，洒水车5820车次；加强对VOCs企业的监管，组织人员现场督查企业治理设施的管理和维护情况，出动649人次，检查210家次；联合县城管局开展露天烧烤整治，出动787人次，取缔违法露天烧烤54处，查扣销毁烧烤炉具59个。

【推进净土保卫战】 2020年，

红木生态园一景（2020）（薛燕辉 摄）

县生态环境局落实《土壤污染防治法》，结合农村人居环境整治三年行动，开展农村垃圾治理行动，提高工业固体废物综合利用和医疗废物处置能力，开展耕地土壤环境类别划分和受污染耕地安全利用试点工作。全县排查年产工业固废100吨以上及年使用工业固废100吨以上企业12家，工业固体废物综合利用率85%；全县34家设有床位的医疗机构医疗废物集中处置率100%；全县受污染耕地安全利用措施面积累计完成1000.2公顷，对污染地块进行全面管控，未发现擅自开发现象，污染地块安全利用率达100%。危险废物规范化管理情况。制定《仙游县2020年度危险废物规范化管理工作方案》，通过梳理仙游县有产废单位26家。按工作方案及“一季度一安排”计划要求完成危险废物规范化管理工作考核。

环境督察与监管

【第一轮中央环保督察整改】 2020年，第一轮中央环保督察反馈问题涉及仙游县18个问题，整改到位16个，按序时推进2个面上共性问题（环境基础设施建设滞后老城区管网改造进展缓慢，污水收集管网建设滞后）。涉及仙游县牵头销号的2个问题（城区污水厂停电、二污厂）均已交账销号；特别是第二污水处理厂在短时间内整改成效明显，被市里推荐为“督察整改看成效”典型案例上报省上。交办的61件信访件全部完成交账销号。

【第二轮中央环保督察整改】 2020年，第二轮中央环保督察涉及仙游县4个问题（思想认识、能源消耗和油品质量管控、水产养殖管理、近岸海域污染防治），细化为9项具体整改任务。第二轮中央环保督察交办的60件信访件，完成交账销号59件，销号率98.3%；省环保督察反馈问题涉及仙游县23个问题，已整改到位21个，按时序推进2个（面上共性：城镇污水管网不配套、重主干管道建设、轻支线管网配套；农村污水处理PPP项目建设缓慢）。

【环境监管】 2020年，县生态环境局健全环境监测机制。持续强化对建设项目环境监管，加快推进生态环境监管综合能力建设。1-12月，开展“双随机”执法检查176家次；推进监测吹哨机制，县环境监测站高质量完成辖区16个饮用水源地日常监测和疫情期间上级要求医疗定点、观察点及饮用水源监测；开展重点污染源监督、测管联动监测，涉及第三方监测企业调查摸底并监督检查。为全县生态环境保护提供科学数据支撑。健全网格管理机制。积极构建“纵到底、横到边、全覆盖、无死角”的网格管理机制，1—12月，网格员巡查任务数量17111个，上报环保事件数量4300件。严厉打击环境违法行为，全年出动执法人员1123人次，检查企业405家次，下达违法改正决定书44家，立案处罚35家，罚款234.22万元，其中治安拘留移送公安1家。严格信访办理，处理各类环境纠纷投诉件878件，处理率100%。

（陈永权）

经济管理与监督

宏观经济管理

【概况】 2020年，仙游县地区生产总值521.49亿元，比上年增长3.8%；规模以上工业增加值199.76亿元，下降0.3%；农林牧渔业总产值42.08亿元，增长4.0%；全社会固定资产投资258.17亿元，下降26.7%；财政总收入40.84亿元，增长1.7%，其中地方级财政收入27.2亿元，增长4.0%；社会消费品零售总额348.92亿元，下降3.6%；实际利用外资100万元；居民人均可支配收入2.55万元，增长4.5%；居民消费价格指数101.7%，增长1.7%；完成节能减排降碳等莆田市下达各项约束性指标任务。

【规划编制实施】 2020年，仙游县发改局牵头编制《仙游县国民经济和社会发展第十四个五年规划和二〇三五年远景目标基本思路》《关于仙游县2020年国民经济和社会发展计划执行情况与2021年国民经济和社会发展计划草案的报告》等纲领性文件。开展国民经济运行态势分析，收集汇总仙游县经济运行情况，做好月度、季度、半年和全年计划执行情况（含重点项目建设）分析，准确把握经济运行态势，定期撰写计划执行情况分析报告，总结经济运行特点，剖析存在问题，提出对策措施建议。2020年，统筹疫情防控和经济社会发展工作，做好“六稳”工作，落实“六保”任务，全方位推动高质量发展超越，突出开放招商、强化项目带动，实施“双轮”驱动，经济运行稳中有进，“十三五”规划目标任务基本完成。

【重点项目管理】 2020年，仙游县有省重点项目13个，总投资240.5亿元、年计划投资68.3亿元，完成投资78.7亿元，占年计划的115.7%。市重点项目75个，总投资834.8亿元、年计划投资131亿元，完成投资152.9亿元，占年计划的116.8%。县重点项目350个，总投资1920.5亿元、年计划投资332.1亿元，完成投资337.1亿元，占年计划的101.5%。项目实现开工86个，竣工90个。

2020年，被列入“五个一批”项目235个，总投资1514.8亿元，全年在库谋划项目58个，总投资412.8亿元。全年在库签约项目24个，总投资201.6亿元。全年在库开工项目36个，总投资425.6亿元。全年在库投产项目117个，总投资527.7亿元。全年无在库增资项目。

【项目审批服务】 2020年，仙游县发改局优化项目审批服务。压缩审批时限，企业投资项目核准、政府投资项目审批、节能审查时限由5个工作日再缩减为3个工作日。开展“多评合一”，促进项目可行性研究报告（项目申请报告）、初步设计及概算、节能报告评估、设计方案、水土保持、环评等联合评审；县发改局对2个项目开展多评合一。推行企业投资项目告知承诺制，企业签订承诺书在一个月内补齐补正申报材料，县发改局可先行对该项目进行核准批复；全年有3个核准项目实行告知承诺制。推进区域评估，牵头起草《仙游县工程建设项目区域评估实施细则》，实现项目评估评审由“独立评”转变为“集中评”、单体把关转变为整体把关；仙游经济开发区、仙港工业园区已开展环评、水土保持、地质灾害等事项的区域评估。

（郑裕霞）

价格管理

【概况】 2020年，仙游县居民消费价格指数（CPI）比上年同期上涨1.7%。具体来看，食品烟酒类价格上涨幅度最大，比上年同期上涨5.5%，影响CPI上涨约1.76个百分点。食品中，畜肉类价格上涨29.3%，其中猪肉价格上涨37.9%，影响CPI上涨约1.58个百分点；水产品价格上涨2.4%，影响CPI上涨约0.07个百分点；鲜菜价格上涨2.3%，影响CPI上涨约0.05个百分点。其他七大类商品和服务价格呈“四升三降”态势。其中，教育文化和娱乐类、其他用品和服务类、生活用品及服务类、医疗保健类价格分别上涨2.8%、1.3%、0.4%、0.3%。衣着类价格下降0.6%、居住类价格下降0.8%、交通和通信类价格下降2.6%。

【价格监测】 2020年，仙游县发改局推进民生价格监测工作，丰富价格监测品种，扩大监测点覆盖面。设置4个食品监测点，监测内容包含7个大类35种群众密切关系的粮、油、肉、蛋、菜等副食品价格；扩大对农业生产化肥、种子以及生产资料监测，设立2个农资价格监测点，监测内容包含3大类15种常用农业生产资料价格。健全民生价格信息发布工作机制，发挥价格监测对稳定市场价格的积极作用。拓宽价格信息发布渠道，做好县统计局、工信局、市场监督管理局沟通协作，实行信息共享，提升信息准确度，发挥价格监测对稳定市场价格的作用。健全完善价格监测工作规章制度，明晰工作职责，强化责任意识，参加价格监测业务培训，提升价格监测人员业务水平。

【收费管理】 2020年，仙游县发改局清理涉企收费、清理规范转供电环节加价行为，加大价费监管力度。建立收费目录清单“四级联动”，实行常态化公示制度。建立收费报告制度，清理并公布2020年度仙游县行政事业性收费单位名单及收费项目，79个单位32个收费项目；清理并公布仙游县实行政府定价管理的经营服务性收费项目3类6项，其中涉企经营服务性收费3项。贯彻落实国家、省、市出台的收费减负政策。降低仙游县一般工商业用电成本、减免机动车牌证工本费和机动车驾驶许可证考试费、减免企业工程交易服务费、停征地热水和矿泉水水资源费，下调燃气价格等。开展清理整治涉企收费相关工作。要求相关单位开展自查自纠并公示收费清单，汇总《仙游县行政事业单位涉企收费项目清单》并予以公布，实地走访相关单位，要求收费单位严格按照政策文件收费，做好收费报告和公示。清理规范转供电环节收费行为。制定《仙游县发展和改革局关于落实清理规范转供电环节收费行为工作的方案》，成立清理规范电网和转供电环节收费领导小组；加强政策宣传，会同市场监管部门和电网企业再集中开展转供电价格政策的宣传，通过门户网站、微信公众号、新闻媒体、主动上门、印制宣传单以及在电网企业营业场所公示政策、在给转供电主体的电费通知单上提示政策等多渠道多方式，开展对转供电主体的政策宣传和提醒告诫；召开清理规范转供电环节收费行为会议，根据各转供体的自查自纠情况，会同市场监管部门和电网企业进行现场走访，对存在转供电加价行为的单位整改落实情况进行实地核实。

【价格认定】 2020年，仙游县发改局履行价格认定职能。做好涉案购物价格认证工作，提高工作的质量和效率。主动参与全县土地、房地产的评估价格论证及土地、房地产招拍挂底价确定近20件，增加县财政土地收入，减少县财政负担。发挥成本监审服务职能。加强对成本监审结论运用情况的督查，提升对定价的约束作用，提高价费审批准确、公平和公正。

（郑裕霞）

财 政

【概况】 2020年，仙游县财政局（简称“县财政局”）贯彻执行上级有关财税政策、法规，编制年度县级预决算草案并组织执行，负责全县财政收入、管理县级财政公共支出、开展监督检查等重要职能。2020年，全县一般公共预算总收入40.84亿元，比上年增收0.68亿元，增长1.7%。其中，全县地方一般公共预算收入27.24亿元，比上年增收1.04亿元，增长4%。全县一般公共预算支出58.09亿元，比上年增支1.43亿元，增长2.53%。全县政府性基金预算收入20.06亿元（其中土地基金18.18亿元），政府性基金支出28.18亿元。国有资本经营预算收入、支出5.7亿元，实现年度平衡。社会保险基金预算收入9.24亿元，支出8.17亿元，当年度结余1.07亿元。

【财政收支管理】 2020年，县财政局发挥财政职能，统筹谋划财政收支、盘活现有存量资金、向上争取资金，把牢财政大盘。抓好地方级收入。加强财源建设，拓宽税源，密切同税务部门、其他非税执收部门沟通协调，堵塞征管漏洞，以月保季，以季保年，多措并举组织财政收入，确保各项财税收入应收尽收、及时缴库，夯实全县财力保障基础。2020年，落实税收收入30.65亿元。

盘活存量资金。加大结转结余资金额度清理和国有资产资源盘活力度，盘活沉淀资金，对沉淀资金逐项审核，按照规定可以收回的报县政府同意后一律收回国库。2020年，收回存量资金3900万元。

争取增量资金。对接上级财政部门、研究上级财税政策改革变化情况，争取支持补助。2020年，省、市下达仙游县转移支付补助27.91亿元（含抗疫特别国债1.4亿元），新增债券16.96亿元。

【财政保障民生】 2020年，县财政局注重民生发展，提升民生基本保障，支持教育发展，改善民生基础设施，优化营商环境。保障基本民生底线。下达城乡居民最低生活保障7357万元、特困人员救助供养2717万元、残疾人生活和护理补贴2221万元，提高新农合筹资标准每人每年提高30元。下达基本和重大公共卫生经费8105万元。拨付扶贫发展相关资金1.14亿元。拨付就业补助资金396万元。

支持教育事业发展。安排教育强县资金1.07亿元，拨付农村中小学生均公用经费1.02亿元。教育费附加安排4564万元用于改善办学条件。下达学前、高中、中职等各类助学金及义务教育困难学生生活补助1459.07万元。

改善城乡人居环境。投入3369.52万元用于老城区污水管网建设工程。拨付“厕所革命”建设资金1310万元。拨付主城区卫生保洁管理“1+N”服务项目资金5523.2万元。下达保障性安居工程建设资金6896万元、农村危房改造和社区配套设施改造改善资金663.82万元。

落实疫情资金保障。2020年，累计用于疫情防控有关支出6187万元。拨付支持企业复工复产相关资金556.3万元，拨付各级各类惠企补助资金2.49亿元，帮助132家中小微企业申请纾困专项贷款资金8250万元。出台减免承租国有资产租金政策方案，帮助107户中小微企业、个体工商户承租户减免租金557.31万元。

【财政保障项目建设】 2020年，县财政局保障项目建设资金，推动完成“十三五”目标任务。保障仙港工业园区基础设施及市政配套设施项目建设资金5亿元、纵三线工程项目建设资金1.1亿元。拨付纵三线、各片区政府性项目购买服务费6.27亿元、木兰溪防洪工程安全生态水系项目建设资金1.14亿元。拨付京东（仙游）数字经济产业园扶持专项资金3780万元，拨付福厦快速路（联十一线）仙游段建设资金3000万元。

【财政改革】 2020年，县财政局聚焦债务监管、绩效监控、政府采购、集中支付、扶贫监管、财政评审、国资管理领域开展改革。强化政府债务监测预警，防范财政运行风险，落实债务风险防控化解工作方案，安排政府性债务还本付息资金，全年未发生一笔政府性债券违约或逾期。

加强预算绩效监控工作，落实绩效评价结果运用，对疫情防控资金等关注度高的项目资金开展重点绩效评价。持续推进“三公”经费电子监察系统管理，对纳入“三公”经费电子监察系统的59个县直部门进行监管。

健全政府采购管理机制，提升节约率。2020年，政府采购实际成交金额1.18亿元，节约资金1486.04万元，平均节约率11.15%。

提升财审工作水平，把好财政项目性资金使用关。2020年，完成工程预、结算项目328个，送审总造价为34.62亿元，经审核，核减造价为1.18亿元。

国库集中支付改革推进，纳入改革的财政资金逐年递增。2020年，受理支付申请4.33万笔，累计金额61.21亿元，为全县加强资金的统一调度和管理，发挥财政资金的最大效益，集中资金办大事创造基础条件。

加强扶贫资金在线监管。2020年，涉及扶贫项目34个1.31亿元，确保扶贫资金及时、足额、安全拨付到位，进一步提升扶贫资金使用效益。

加强国有资产管理，规范固定资产日常管理。2020年，国有资产按程序处置、招租、拍卖等交易金额8735.35万元，按规定批准各类国有资产划拨划转、捐赠、报废等39批次。

（林　辉）

税　务

【概况】 2020年，仙游县累计税费收入42.7亿元。其中，税收累计收入31.68亿元，比上年同期31.26亿元增收0.42亿元，增长1.36%。社会保险基金收入9.37亿元；非税收入0.99亿元，其他收入0.7亿元。累计办理出口退税1.23亿元。2020年，入库100万以上企业242户，累计纳税23.75亿元，户数较上年279户减少37户，下降13.3%，累计纳税金额较上年20.8亿元增加2.95亿元，增长14.18%。全县个税汇算退税申报人数1.09万人，进度103.48%，总体汇算进度102.03%，超过预计的汇算人数。

【社保费征收】 2020年，仙游县税务局（简称“县税务局”）对接人社、医保部门，了解征收费种、费源情况和往年工作流程，做好系统联调测试和辅导、宣传、学习。组织召开城乡居民基本医疗保险征缴工作动员部署会，保障社保费划转征收工作有序推进。2020年，城乡居民养老保险申报参保31.38万人，申报率52.57%；城乡居民医疗保险申报参保78.44万人，申报率85.22%。

【减税降费】 2020年，县税务局实施“减税降费巩固年”行动，围绕国家出台的疫情防控税费优惠政策。全县累计新增减税降费3.98亿元，其中出台疫情防控和经济社会发展税费优惠政策新增减税降费2.76亿元；上年年中出台政策在2020年翘尾新增减税降费1.22亿元。

【“放管服”改革】 2020年，县税务局优服务，提质效。对外配合市局组织10场线上纳税人学堂，培训辅导纳税人1000余人次，提升税务干部综合素质和服务意识，提升纳税人、缴费人办税体验。拓“网路”，疏“堵点”。推广网上电子税务局和掌上办税，纳税人登录使用率达90%以上；推行“非接触式”办税事项213项，福建省全程网上办事项208项，网上办税事项占全部涉税事项90%以上。送政策、解难题。支持企业复产复工，为全县5000多户企业邮寄疫情防控税费优惠政策“大礼包”，辅导税收优惠政策。通过“银税互动”平台，推动金融部门累计为守信企业发放信用贷款16.39亿元，惠及企业520户。

（陈志伟）

3月，县税务局对列入省级以上部门确定的疫情防控重点保障物资生产企业开展“一对一”税费优惠政策宣传辅导。图为税务人员在莆田市坚强缝制设备有限公司开展“一对一”走访服务　（唐伟　摄）

统计与调查

【概况】 2020年，仙游县统计局（简称“县统计局”）树立“用数据说话、为决策服务”理念，发挥统计工作职能，主动作为，执行国家各项统计报表制度，做好各项常规统计年报和定期报表工作，做好第七次全国人口普查工作，反映全县经济社会发展全面成果。按照“六稳六保”工作要求，加大对数据的挖掘、深入解读和分析研判，发挥统计监测职能，定期编制《国民经济重要指标完成情况表》《统计月报》《统计年鉴》《统计公报》等统计资料，为推动经济高质量发展落实赶超提供统计保障。

【第七次全国人口普查】 2020年4月起，第七次人口普查（简称“七人普”）开始。仙游县按照成立领导小组，并下设办公室挂靠县统计局，部署七人普工作。县人普办在部门协调、经费保障、普查宣传、普查区划分和建筑物绘制、“两员”选聘和培训、物资发放等方面持续发力。在前期准备阶段，全县划分327个普查区和4516个普查小区，选聘“两员”5390人。在摸底登记阶段，摸底户数35.33万户，并通过市级质量验收。11月1日起，第七次全国人口正式开始入户登记关键阶段，县人普办发扬连续作战的优良作风，通过建立每日通报制度、24小时值班制度实时掌握登记进度及时协调解决登记过程中遇到的困难和问题。12月10日，完成复杂艰巨的入户登记和比对复查工作，汇集普查基础数据。

【统计服务经济发展】 2020年，县统计局坚持聚焦主业主责，强服务重调研，做好统计服务工作。做好符合条件企业入库申报工作，坚持每季度至少开展一次进企业调研活动，宣传相关惠企政策。在疫情防控期间，围绕做好“六稳”工作、落实“六保”任务工作要求，一手抓疫情防控、一手抓经济检测，为县打赢疫情防控和复工复产“双线战役”贡献统计力量。多渠道、多批次组织开展《关于当前企业生产经营情况的问卷调查》工作。通过网络问卷、电话调查等方式，在疫情不同阶段针对企业复工复产情况，先后开展10余批次的问卷调查工作，密切跟踪企业复工时间、疫情影响、阶段生产经营状况、存在困难及应对疫情的诉求等，为加强经济形势预警预判，摸清底子，掌握实情。精细化服务企业开复工。第一时间实地深入企业（项目）做好疫情防控政策宣传解读，了解企业用工、防护物资保障、物流运输、资金运行等情况及存在问题。尤其针对工艺美术产业、农业等多个重点行业开展专项调研，形成多篇有数据、有问题、有分析、有对策的高质量调研报告，为县委、县政府精准恢复疫情期间经济社会秩序的施策、决策提供坚实统计服务。抓好数据生产和数据分析。组织所有专业开展“稳经济、稳增长”统计分析工作，横纵向对各产业、各行业的经济运行情况进行预测预判，并针对疫情对全县一季度指标影响和当前面临的形势、困难、下一步工作建议及时向县委、县政府和相关经济部门提出意见建议。确保“应统尽统”，为全县经济发展提供不间断的统计服务保障。

2020年，仙游调查队与县统计局合编《仙游统计月报》，使县委、县政府和有关部门及时了解主要指标完成情况和在全市各县、区中所处的位次，掌握经济社会发展进度和存在的不足。仙游调查队在全县设立15个调查点，开展城乡居民收支调查，定期向县卫健局、法院、民政局、农业农村局等部门提供城乡居民收入指标，作为制定政策依据，为促进居民增收提供可靠的资料。开展流通和消费价格调查，定期发布居民消费价格指数，及时向县财政局反馈，作为发放最低生活保障补助的依据。在《仙游今报》《仙游信息》上刊登市场动态信息、引导居民关注市场物价波动情况，推动合理消费。开展主要畜禽监测调查，反映全县大（中）型生猪、家禽养殖场生产经营情况，为稳定主要畜禽产品供应、保障民生、促进农村发展提供决策依据。开展全县稻谷面积及产量调查，抽取17个调查村，54个调查样方，通过遥感测量、实地割测方式，统计春播、夏播稻谷面积和早、中、晚稻产量，为粮食安全提供科学资料。利用下乡调查访户机会，开展普法进企业、进家庭活动，向有关企业和调查户宣传统计法治知识，开展“统计开放日”活动，宣传《中华人民共和国统计法》及统计法规制度，提高全民依法统计的自觉性。

【统计执法】 2020年，县统计局贯彻落实《中华人民共和国统计法》《中华人民共和国统计法实施条例》《关于深化统计管理体制改革提高统计数据真实性的意见》《统计违纪违法责任人处分处理建议办法》《防范和惩治统计造假、弄虚作假督查工作规定》，建立防范和惩治统计造假、弄虚作假责任制，以高水平的统计法治工作来服务和保障全县统计中心任务。开展系列统计业务培训，加强县乡村三级统计服务培训教育，重点加强统计调研分析和预警预测及法律法规培训工作。2020年，强化执法力度，规范统计行为，采用“双随机”方式抽取部分乡镇的四上企业，对贯彻执行统计法律法规、统计制度、企业“一套表”联网直报和统计数据质量等情况开展统计监督检查，抽查联网直报企业、单位15家，立案1起，结案1起，罚款0.5万元，保障基层统计数据质量。

（严　莉）

市场监督管理

【概况】 2020年，仙游县市场监督管理局（简称“县市场监管局”）深化商事登记制度改革，服务企业“零距离”，促进市场主体发展；推进实施商标广告战略，加大商标培育和品牌建设；“宽进严管”，整顿市场经济秩序，严格食品药品安全监管，加强特种设备安全监管，提高质量综合管理，查处无照，打击传销，消费维权，诚信建设。

【注册登记】 截至2020年12月31日，仙游县内资企业（含农民农专业合作社）2.04万户，注册资本814.31亿元（其中农民专业合作社803户，成员出资总额20.7亿元）；个体工商户11.03万户，资金数额89.69亿元。全县外资市场主体161户，注册资本3.82亿美元。

内资企业 2020年，仙游县内资企业（含农民农专业合作社）2.04万户，注册资本814.31亿元，本期新增内资企业6279户，注册资本136.06亿元，分别比上年增长10.84%和减少23.69%。其中新发展农民专业合作社35家、注册资本0.96亿元。本期注销内资企业2053户。

个体工商户 2020年，实有户数11.03万户，比上年增长16.83%；注册资本86.96亿元，增长12.53%；新发展1.93万户，增长25.52%；注册资本15.76亿元，增长20.49%。

外资企业 2020年，仙游登记外资企业161户，注册资本3.83亿美元，比上年分别增长5.92%和0.53%；2020年，新设立登记19户，注册资本1581万美元，比上年分别增长11.76%、减少87.69%。

【商事登记制度改革】 2020年，县市场监管局推进企业年度报告公示工作。印发《仙游县市场监督管理局关于印发2019年度全县市场主体年报公示工作实施方案的通知》，落实挂钩负责制和通报约谈制。截至2020年6月30日，全县上年度内资企业年报公示1.37万户，年报率93.71%；外资企业年报公示144户，年报率97.29%；农民专业合作社年报公示711户，年报率94.80%。

企业开办审批流程优化 实行企业开办“1+X”套餐式服务，开设企业开办“一事联办”专窗，推广使用企业开办“一网通”平台，整合登记注册、刻制公章、申领发票、银行开户预约、医社保信息采集等事项，规范经营范围表述，实行登记注册身份实名认证，实现“一窗受理、并行办理”，企业开办环节压缩至2个，承诺时限压缩至1个工作日。自2020年10月起，对符合条件的新开办企业（有限责任公司、内资企业法人、外商投资企业、分支机构）免费刻制首套印章。

市场监管“证照同办”审批改革推进 通过完善“证照同办”审批事项清单，整合市场监管行政审批资源，细化“证随照办”工作流程，做到网上办、就近办、协同办。群众往返窗口情况由原先向多层级分多次递交材料转变为向一个窗口一次性递交材料即可，以“数据跑”代替“企业跑”，实现“一次受理、一次审批、一次发照”，做到企业“最多跑一趟”。2020年10月，莆田市市场监管“证照同办”审批改革现场会在仙游召开，对仙游县市场监管局“证照同办”工作的经验做法进行推广。

“证照分离”改革复制推广 对涉及的县级涉企事项进行全面梳理和分类管理，按照直接取消审批、审批改为备案、实行告知承诺、优化审批服务4种方式，直接复制推广“证照分离”进行分类审批改革，破解“办照容易办证难”和“准入不准营”问题。

“多证合一”改革推进 按照市、县政府及市局的统一部署，整合有关涉企证照事项，实行“七十二证合一”的第三批“多证合一”改革工作。采取统一受理模式，实行“一套材料、一表登记、一窗受理”模式，核发加载统一社会信用代码的营业执照，登记信息实时推送到信息共享平台，不再要求企业提供关于整合证照事项额外证明材料。

市场主体退出机制完善 落实市场主体注销便利化改革工作，完善市场主体简易注销登记制度，优化市场主体普通注销流程。为企业提供在线办理清算组成员备案渠道，登记系统增加企业注销公告功能页面，简化企业注销申请材料，市场监管部门和税务部门已共享企业清税信息的，不再收取企业纸质清税证明文书。

外商投资企业登记注册规范 执行外商投资准入前国民待遇加负面清单管理制度，对负面清单之外的领域，按照内外资一致原则实施登记。继续支持和引导2020年以前设立的存量外商投资企业，在《外商投资法》实施后五年过渡期内，按照《中华人民共和国公司法》等规定做好相关变更登记工作。

【服务市场主体发展】 2020年，县市场监管局服务重点项目，实行食品经营许可告知承诺制，推进全程电子化应用。

服务重点项目 2020年，制定《仙游县市场监督管理局运用登记职能服务重点项目企业工作制度》，由行政审批服务股主动对接重点项目主管单位，提前介入指导，实行马上就办、容缺受理工作机制，开辟绿色通道，专人负责、全程服务，营造良好的营商环境。开通京东企业、总部经济、智慧能源设立登记“绿色通道”，安排专人对接，服务重点项目企业80多户次。在全民抗疫期间，针对仙游县疫情防控物资扩产、转产、新建企业，主动靠前服务，开通“绿色通道”，提供预约服务、周末服务等，接受疫情防控物资扩产、转产、新建企业相关咨询60多户次，新增疫情防控物资生产企业45户。

食品经营许可告知承诺制实行 自2020年8月，对新申请食品销售经营许可（仅限预包装食品）等5种情形实行食品经营许可告知承诺制，优化准入服务。9月，在全县推行五类食品经营许可告知承诺制改革的基础上，深化改革，仙游作为试点，在全市率先将新申请餐饮服务经营许可（仅限经营场所面积50—150平方米的小型餐馆）纳入食品经营许可告知承诺制改革范畴。对申请人承诺符合审批条件且提交申请材料齐全、符合法定形式的，不进行现场核查，当场作出许可决定。截至2020年底，363户食品经营者通过食品经营许可告知承诺制形式申请食品经营许可证。

全程电子化应用推进　推进企业登记全程电子化应用，实行经营范围规范化填报，不断提升无纸化、智能化程度，企业设立登记审批办理时限由2个工作日压缩至即办；推广个体工商户全程智能化登记，实现“微信申请+直接登记+自动审核+自助打照”登记模式，改变传统设立登记中“到现场办理”“提交纸质材料”“手工签名”等模式，实现“网上申请”“县域通办”“刷脸办”“电子签名”等，将个体工商户设立审批办理时限从2个工作日压缩至即办，实现“不见面审批”的全程无纸化智能化登记。

【商标广告战略实施】　2020年，县市场监管局按照培育一批、扶持一批、推荐一批原则，指导具有一定规模和实力的企业优先申报地理标志证明商标、驰名商标、集体商标。2020年底，全县有地理标志证明商标4枚，集体商标2枚。

2020年仙游县商标注册统计表

表3

注册商标总量的比例（%）								占福建省注册商标总量的比例(%)	占莆田市注册商标总量(%)的比例	2020年新注册商标（件）	按商标类别（件）		
总数（件）	其　中			按类型分							第25类服装鞋帽等	第30类茶米等	第20类家具竹木工艺品
	驰名商标（件）	地理标志（件）	集体商标（件）	商品商标		服务商标							
				数量（件）	占总量	数量（件）	占总量%						
17505	10	4	2	13192	75.36%	4313	24.64%	1.03%	15.92%	3381	328	226	442

商标侵权打击　2020年，立案查处商标侵权案件18起，案值7.14万元，罚没款21.89万元。其中办理侵犯“NIKE”“adidas”等鞋类商标案件5起，案值4.07万元，罚没金额15.45万元，对案件涉及的880双侵权商标的鞋面给予全部扣留。

广告监管整治　重点查处涉及人民群众健康安全的医疗、药品、食品以及工艺美术等领域违法广告。2020年，立案查处广告违法案件64件，案值6.37万元，罚没款15.9万元，全部为互联网领域案件。

【市场经济秩序整顿】　2020年，县市场监管局查处各类违法案件419件，罚没入库248.79万元。其中，罚款万元以上的案件36件，罚款5万元以上案件19件，10万元以上案件4件。

无证无照查处　落实《福建省查处无证无照经营行为办法》，加强监管执法。立案查处无照经营案件56起，案值53.35万元，罚没28.5万元，在宽进严管的登记制度改革新形势下，加大对无照经营的查处力度，维护市场秩序。

市场主体抽查　推进市场主体抽查工作，组织开展双随机抽查3次，抽查各类市场主体834户，其中跨部门双随机抽查2次，开展保健品市场专项抽查1次，实现100%公示。进一步完善经营异常名录制度、商事主体信息公示制度，依法列入经营异常名录企业877户次，受理并移出被列出异常经营名录企业271户次。以双随机抽查为契机，配合县纪委对43户红木家具企业开展“1+X”专项督查。

动产抵押审批　发挥部门职能作用，为企业抵押贷款、市场融资提供便利，办理动产抵押登记22笔，帮助企业盘活资金约5.47亿元。配合外省法院开展股权冻结工作，冻结相关公司股东17人次，冻结股权1.44亿元。

打传规直加强　依托现场宣传活动开展打传规直宣传，调整完善仙游县打击传销联席会议成员单位，进一步整合力量，开展打击传销工作。8月，联合县公安局连夜捣毁1个传销窝点，涉案金额200余万元。

反不正当竞争　开展重点行业不正当竞争违法行为专项执法行动，围绕整治的重点领域和重点行业，摸底排查，狠抓大要案件的查处。牵头完善仙游县公平竞争审查联席会议制度，对内制定公平竞争审查工作意见，对外部署开展全县审查工作。协调开展存量、增量文件公平竞争清理工作，对现存有效的规范性文件进行登记，逐一对照公平竞争审查“四类标准”、18个“不得”和四类例外情形，梳理审查，提出“废改立”意见。清理工作完成，继续有效文件12份，未发现有违背公平竞争的内容。各乡镇、部门也陆续向社会公示清理结果。发现2起在招投标中设置涉及限制竞争的条款，对相关单位进行约谈提醒，要求其进行自我审查改正。

扫黑除恶专项斗争助力 把乱点乱象整治作为当前扫黑除恶专项斗争的重中之重，通过“撒网式”摸排调查，分析、研判、梳理本领域可能存在的乱点乱象，制定印发《2020年扫黑除恶专项斗争工作要点》《组织开展2020年全县市场监管系统扫黑除恶治乱专项整治行动的通知》等一系列文件，成立以局长为组长的行业领域乱象整治工作领导小组，提高政治站位，抓紧深入排查治理，明确责任单位，部署开展整治行动。通过微信公众号推广全国智能化举报平台，号召全体干部职工通过朋友圈转发扩散，结合辖区商户LED屏滚动播放、张贴公告等线下宣传方式，扩大宣传覆盖面、影响力。跟踪移送的扫黑除恶线索，12条线索全部收到相关部门的反馈。疫情期间立案查处5起防疫物资案件，其中1起无照加工口罩案件罚没4.6万元，移交外地部门5条案件线索；向县公安局移送1起销售过期消毒液案件，成功拦截近3万瓶过期消毒液流向市场。8月，联合县公安局连夜捣毁1个传销窝点，涉案金额200余万元。

系列专项执法行动 组织开展合同监管、网络监管系列行动，部署开展“618”、双十一定向监测，联合其他部门形成执法合力，达到全面联查、有效震慑、树立权威的良性互动。2020年，查处涉网案件27起，是上年同期的2倍多，罚没款6.34万元。立案查处农资案件1起，罚没0.1万元；合同案件1起，罚没0.5万元。开展野生动植物市场监管，对农贸市场、超市、餐饮单位、电商平台等进行监督检查，宣讲食用、购销、宰杀野生动物的安全风险。出动执法人员检查农贸市场、商场超市4523个次，检查县内订餐平台，督促下架野生动物交易信息12条。

【食品安全监管】 2020年，县市场监管局生产流通领域监管。开展食品生产安全风险、食品生产环节非法添加专项整治工作，围绕重点企业、重点品种、重点环节认真梳理排查，全面开展整治。2020年，出动执法人员129人次，检查生产企业37家，立案查处生产超范围使用食品添加剂的食品案件1起；开展流通环节食品安全风险排查整治工作，出动执法人员453人次，检查食品销售者341户次，检查检查批发市场、集贸市场等各类市场23个次，查处违法案件28起，抽检760批次，不合格11批次；开展进口冷链食品安全监管工作，以食品生产企业、农贸市场、商场超市、冷冻冷藏库房、餐饮服务单位等为重点，严格查验“四证”，出动执法人员1060人次，检查各类经营场所930家次，抽检217批次，均为合格；开展农村假冒伪劣食品治理专项整治工作，检查食品生产主体78个，食品销售主体327个，餐饮服务主体198个，批发市场、集贸市场等各类市场18个，网络食品交易第三方平台提供者2个，组织开展食品生产经营者培训625人次，组织开展宣传活动5次，立案查处不合格食品案件2起，查处假冒伪劣食品行政处罚案件57起，受理消费者投诉举报36件；开展食品加工小作坊专项整治工作，出动执法人员72人次，检查小作坊33家次，取缔未经许可生产加工白粿的“黑作坊”1个，查处无证食品生产加工小作坊5家；结合市局年度工作要点，进一步摸清底数，建立档案，了解状况，掌握风险；开展保健食品安全监管工作，确保保健食品生产经营者严格按照《中华人民共和国食品安全法》开展生产经营活动；开展学校及周边食品安全检查工作，要求从业者开展食品安全自查，不得销售无合法来源、无合格证明、过期、三无、虚假宣传等不安全食品；开展猪肉等生猪产品市场排查工作，出动执法人员415人次，重点检查食品经营者采购生猪产品是否履行进货查验和记录义务、动物检疫合格证明、肉品品质检验合格证明以及非洲猪瘟病毒检测结果（报告）。推进“一品一码”追溯信息录入，督促辖区食品生产经营企业对福建省食品生产经营追溯管理系统进行操作录入，注册食品生产企业29家，上传信息5.92万条，注册批发及批零食品销售企业27家，上传信息184.72万条，确保形成完整的追溯链条。加大食品抽检力度，邪主完成国家、省、市食品安全抽样检测3502批次，快检4043批次，不合格食品36批次；完成县级食品安全抽样1010批次，不合格9

批次，合格率99%以上。

餐饮服务领域监管　强化日常监管，开展校园及周边、节假日食品、网络订餐等食品安全专项整治工作，打击各类违法行为。2020年，立案查处餐饮环节违法案件27起，其中警告处罚11起，罚没款11.18万元。开展学校食堂及校园周边食品安全专项整治工作，重点检查从业人员健康情况、设施设备运转情况、食品原料采购贮存情况、食品加工制作情况、餐用具清洗消毒情况等，检查各类学校食堂202家，下发整改通知书10份。推进“一品一码”追溯信息录入，指导学校食堂、大型以上餐饮服务单位、集体用餐配送单位等特定餐饮服务提供者注册并录入追溯管理系统，辖区内注册大型以上餐饮服务单位、集体用餐配送单位18家，录入信息数10.9万条；已注册学校食堂202家，录入信息65.38万条。突出重大活动保障，防控餐饮食品安全风险，开展中高考、“两会”期间等重大活动食品安全保障工作，对定点接待单位进行全面的食品安全监督检查、指导，对存在的问题出具监督意见书，选派食品安全驻点监督员实行驻点监督、全程监控，预防食物中毒和食源性疾病等食品安全事故的发生。加强餐饮环节监管做好疫情防控工作，督促餐饮单位严把食品采购关，严禁购买、饲养、宰杀、加工活畜禽和野生动物以及来源不明、未经检验检疫合格的畜禽肉及其制品，并加强冷链食品的食品安全进货查验检查力度。

食品安全考核　做好市对县（区、管委会）2019年度食品安全评议考核工作，获第二名；组织对各乡镇（街道）、食安委成员单位履行食品安全职责进行考核。针对疫情防控，推动食品安全监管部门落实“部门主管”责任，增加食品抽检频率，提升风险监测能力，做好食安应急处置；加强对集体性聚餐活动监管。发挥先进典型示范引领作用，仙游宾馆等17家单位获评2020年莆田市“百家餐饮名店”；许仁山（枫亭糕）、赵新晃（线面）、郑志中（赤饼）3人获“美食匠人”称号。创建省级小作坊示范点2家、省级“明厨亮灶”示范单位2家、永辉超市仙游鲤城店获评“放心肉菜示范超市先进典型”等。

食品安全宣传　受县委、县政府委托，草拟《仙游县落实地方党政领导干部食品安全责任制加强食品安全工作行动方案》，作为指导当前及“十四五”时期食品安全工作的纲领性文件；印发《仙游县食品药品安全委员会工作规则》，厘清25个县食安委成员单位食品安全工作职责；出台《仙游县深化改革加强食品安全工作重要政策措施分工方案》，明确食品安全工作重点。加强食品安全宣传，举行“食品安全宣传周启动仪式”，先后在《中国食安报》《中国质量报》《福建人民政府网》等媒体平台刊登130余篇的食品质量安全宣传报道，发放《致全县食品生产经营者、消费者告知书》《关于疫情防控期间辖区单位食堂供餐管理的工作提醒》等宣传材料9000多份，利用“法治仙游”微信公众号推送3期食品安全相关知识。对接省、市、县（区）人大常委会三级联动开展《中华人民共和国食品安全法》和《福建省食品安全条例》（简称食品安全“一法一例”）实施情况检查工作，并牵头督促存在问题整改；办理县人大、政协提出的“关于食品药品安全生产监督”等建议。

【药品日常监管】　2020年，县市场监管局推动药品零售企业审批改革，按照“简政放权、服务企业”的原则，简化新开办药品经营企业的筹建审批环节和程序，新开办药品零售企业18家、换发药品经营许可证56家、发放三类医疗器械许可17件。截至2020底，全县有药品零售企业182家，三类医疗器械经营企业122家，医疗机构273

9月底，全县203所执政学校食堂全部连接食品安全智慧监管平台。图为工作人员实时监控食品制作过程　（唐伟 摄）

家，化妆品经营企业2330家。开展无菌和植入性等医疗器械、化妆品专项检查、药品零售环节违法违规经营突出问题、疫苗流通使用专项治理、中药饮片质量等专项整治行动，检查药品医疗器械经营使用单位375家次，检查疫苗接种单位24家次。2020年，开展化妆品规范创建，完成6家化妆品规范创建任务。推进建立企业信用电子监管档案和信用等级评定制度，推动药品、医疗器械经营风险分级管理工作有效开展。

【特种设备安全监管】 2020年，县市场监管局开展特种设备日常监督检查，开展大型游乐设施、气瓶充装和检验、压力容器、压力管道、电梯等各项专项检查行动和重大活动及节假日的安全保障工作。2020年，累计出动监察人员1072人次，检查特种设备使用单位381家次、检查特种设备812台次，排查并消除一般安全隐患35处。组织、指导开展应急救援演练24场，参与人数244人。组织宣传队伍深入农村、住宅小区、商场超市等区域开展电梯安全知识宣传活动10余场，累计发放宣传资料2500余份，解答群众关注问题81个；开展以“消除事故隐患 筑牢安全防线”为主题的安全生产月宣传咨询日活动，设置咨询服务点1个，制作宣传展板5块，发放宣传图文资料1000余份、印有安全宣传标语的礼品近1000份，耐心解答群众关注的问题16个；通过微信公众号、微信工作群等渠道发送特种设备安全知识35余次，扩大安全宣传覆盖面。全县特种设备定期检验率99.5%、使用登记率100%、问题整改闭环率100%、日常检查率100%，全县特种设备安全无事故，未发现重大安全风险隐患，特种设备安全形势良好稳定。

【质量综合管理】 2020年，县市场监管局加强质量品牌建设。疫情期间，深入口罩生产企业一线开展技术指导工作，对产品标准建立、原材料进货把关、产品标识标注等情况进行规范；召开2次全县口罩生产企业约谈会议，督促企业履行产品质量主体责任，保证产品质量可靠；开展防疫物资领域认证活动专项监督检查，向外地市场监督管理部门移送4条案件线索，维护认证市场秩序。开展中国家具品牌集群各项工作，作为协办单位出版《当代品牌·仙游》专刊，提高仙作家具的知名度；推动对京东平台销售的仙作家具产品实施产品质量认证，对生产者的生产过程和品质管理进行规范，不断提高消费信心；组织企业参与小微企业质量提升行动试点，向市市场监管局推荐2家企业；开展“质量月”宣传活动，提升全社会的高质量发展意识；提前介入抖音直播基地建设，指导完善质检品控体系，保障基地顺利运营；开展2020年度“仙作”家具品牌价值评价工作。

计量工作管理　开展疫情防控额温计、体温计校准服务。主动为复产复工企业提供校准服务，累计检测校准2300余把额温体温计。开展民生计量检定工作。2020年，检定电子天平36台、砝码415件、戥秤10件、电子台秤319台、加油机1151枪、数字心电图机48台、电子血压计155台、血压计727台、B超15台、压力表1624台、体温计2支、灌装机13台、水表2台、额温枪2342件、集贸市场电子台秤2474台，计9333台件。其中强检计量器具6548台件、非强检2785台件。抽查定量包装商品产品6类24批次，净含量标注合格23批次、合格率96%，净含量检验合格21批次、合格率87.5%。开展金银制品销售领域计量专项监督检查。检查相关商场、店铺10家。开展世界计量日宣传活动。结合“计量精准战疫 助力复工复产”的主题，通过横幅展示、资料发放、主动提供校准服务等形式，宣传世界计量日。

【消费者维权】 2020年，新建县级“12315”消费维权服务点1家（全县有“12315”消费者维权站点437个，其中“一会两站”349个，“12315五进”88个。（“一会两站”指消费者协会、投诉站、联络站；“12315五进”指进商场、进超市、进市场、进企业、进景区）。2020年，县市场监管局综合投诉举报服务台与县消费者权益保护委员会共同受理消费者投诉及举报1.01万件，其中适用简易程序调解投诉案件1942件，为消费者挽回经济损失165.13万元，诉转案23件。举报件8170件，立案113件。县市场监管局实地约谈防疫措施落实不到位的超市、药店等经营场所的负责人，出动执法人次720人次，累计检查重点场所1445家，加强监督检查，强化民生商品、疫情防控物资的质量安全和价格监管，查处虚假宣传、捆绑销售及哄抬物价的违法行为，做好疫情防控工作。县市场监督管理局综合投诉举报服务台联合仙游县消委会开展“绿色家装”消费宣传教育线上、线下活动。

【下属协会建设】 2020年，县市场监管局下属有仙游县工商行政管理学会、仙游县消费者权益保护委员会、仙游县诚信促进会3个协会。

仙游县工商行政管理学会 2020年，仙游县工商行政管理学会调研文章《为让企业专心生产经营，福建省仙游县坚持“三零三有”服务助企复工复产》《自主创新带来场效应，福建省仙游县实施创新驱动战略助推跨越式发展》《破难疏堵纾困，助企复工复产》《积极培育仙作特色品牌，打造千亿产业集群》《木兰溪畔勇作为，落实赶超尽职责》《绷紧生产“安全弦”，当好企业“护航人”》《唱响高质量发展强音，推动全方位发展超越》分别发表在《中国质量监管》《中国质量报》《福建质量技术监督》等新闻载体上。配合完成市市场监管局年鉴和工商志编写任务，下发2020年市场监管创新举措相关调研课题。发表新闻信息657篇，其中国家级135篇，省级169篇，市级111篇，县级242篇。

仙游县消费者权益保护委员会 2020年，与县市场监管局综合申诉举报服务台受理消费者投诉件1942件，为消费者挽回经济损失165.13万元，接受法律法规及电话咨询200多人次。

2020年，新建县级“12315”消费维权服务点1家（全县有“12315”消费者维权站点437个，其中“一会两站”349个，“12315五进”88个）。对“消费者维权站”人员进行法律知识业务培训，培训工作人员200多人次。发布消费提示，强化防疫宣传普及工作。通过在农贸市场、药店、酒店等商铺LED滚动播放新型冠状病毒防控知识。深入重点场所如超市、复工企业、药店、集贸市场发放宣传资料1000余份，向群众宣传疫情期间消费维权、食品安全、识假辨假等法律法规知识；通过微信平台等渠道发动消费者参与“绿色家装”消费知识网络有奖竞答和有奖调查问卷。组织消费者代表参观群丰家居建材城，通过听讲解、现场询问、实地观摩等方式，直击绿色家装平台，搭建销售企业与消费者零距离沟通平台；实地约谈防疫措施落实不到位的超市、药店等经营场所的负责人，督促经营者依法依规经营。

（柏春良）

仙游县诚信促进会 2020年，仙游县诚信促进会有会员66人。

5月6日，莆田市诚促会，文明办、发改委发出《关于开展莆田市第二届“十佳诚信市民”评选活动的通知》，县诚信促进会推荐林瑞容、郑秋祥为“市十佳诚信市民”候选人。

5月14日，县诚信促进会联手县市场监督管理局开展“诚信八闽行，商场在行动”主题活动，指导永辉超市仙游县鲤城海宏广场、天博广场两大商场悬挂“诚信经营，取信于民”大型服务承诺牌子。

5月18日，莆田市诚信促进会发出《关于开展评选莆田市“十佳诚信企业”活动的通知》，县诚信促进会推荐福建省海安橡胶有限公司、福建省三福古典家具有限公司为“十佳诚信企业”候选名单。

6月，县诚信促进会携手县供销社、农业农村局、人行仙游县支行在全县农资系统100多家商家中开展“健全农资市场信用机制，优化三农服务活动”。通过考评，对优胜单位，县诚信促进会与人行仙游县支行专题召开贷款优惠协调会议，对农资经营店的贷款额度、利率予以优先优惠。支持农资商家复工复产，促进农业经济发展。

6月8日，莆田市诚信促进会《关于确定第二批十所诚信教育进校园示范学校的通知》，仙游县第一中学、仙游职业中专学校、仙游县实验小学三所学校确定为全市第二批诚信教育进校园示范学校。9月9日，市、县诚信促进会会长陈文儒、林开榜等为这三所示范学校揭牌。并考察调研榜头镇诚信促进会“诚信经营示范街”等工作，听取榜头镇党委、榜头镇诚信促进会有关工作汇报，并提出希望。

6月24日，县政协党支部、县诚信促进会党支部，晔晨集团党支部联合举行以“支部共建促融合，政协共诺诚信行，企业践诚筑担当”为主题的结对共建暨主题党日活动。3个党支部签订党建共建协议书并授牌。与会人员一同赴兰溪书苑开展“诚信进企业，共诺诚信行”赠书活动，并倡议在全县企业商户深入开展文明诚信经营创建活动，3个支部建立常态化联络机制，挖掘和发挥各自的资源优势，探索党建工作新模式，构建结对共建新格局。

5月27日，由县文化体育和旅游局、县诚信促进会联合发出《关于认真开展仙游县旅游行业“诚信旅游服务示范单位”创建活动的通知》。全县旅行社、星际饭店、A级景区参加创建活动。围绕遵纪守法、诚信守信、制度健全、服务优质、接受社会监督为主要内容展开。采取企业申报、评审小组评审、并公示候选名单。7月30日，进行授牌表彰。仙游县九鲤湖风景区等6家A级景区、2家旅行社、1家星级饭店获“诚信旅游服务示范单位”称号，并颁奖授牌。县文旅局局长胡建新、县诚促会会长林开榜受副县长吴兰芳委托分别在会上讲话。

9月1日，市诚信促进会会长陈文儒带队赴仙游，走访福建省海安橡胶有限公司、仙游县龙虎山古典家具有限公司和晔晨集团（福建）有限公司等副会长单位，调研诚信企业党建工作，就如何做好抓党建带诚建促发展开展深入交流探讨。

9月16日，市诚促会、发改委、文明办联合发出《关于开展政务诚信建设示范乡镇（街道）活动的通知》。经县诚信促进会推荐，榜头镇、鲤城街道、枫亭镇3个乡镇（街道）被列入莆田市开展政务诚信建设示范活动单位。

10月19日，经市委组织部审批同意，县政协党组副书记、副主席赖玉良兼任仙游县诚信促进会会长。

10月21日，仙游县2020年社会科学普及宣传周活动启动仪式在鲤中步行街举行。该活动由县委宣传部和县社科联举办。县诚信促进会作为联办单位配合开展这一活动，围绕“决胜全面小康，决战脱贫攻坚”的主题，向群众开展诚信宣传咨询活动，回应群众诉求，向参加活动的群众分发《习近平关于诚信建设论述摘编》《习近平关于社会主义核心价值观论述摘编》等宣传资料400多本。

（林新霖）

审计工作

【概况】 2020年，仙游县审计局完成审计项目28个。查出主要问题金额8.6亿元，其中违规金额1376万元、管理不规范金额8.46亿元；审计发现非金额计量问题201个；出具审计报告和专项审计调查报告28篇，被批示、采用1篇次。审计处理处罚金额4491万元，其中应上缴财政446万元、应归还原渠道资金2586万元、应调账处理金额1459万元；无移送司法机关、纪检监察机关和有关部门处理问题线索。审计促进整改落实有关问题资金407万元；审计提出建议87条，被采纳87条；促进被审计单位建立、健全规章制度9项；提交审计信息16篇，被批示、采用7篇次。获得中国时代经济出版社审计通联工作先进单位表彰，1个项目被莆田市审计局评定为优秀（表彰）审计项目。

2020年，县委书记、县委审计委员会主任郑亚木主持召开县委审计委员会会议4次，主要听取仙游县审计工作情况汇报，谋划部署“十四五”时期审计工作，统筹推进经济责任审计工作、内部审计、国有企业审计、审计整改等重点工作，审议通过《关于加强国有企业审计监督的十条措施》《关于加强内部审计管理的十条措施》《关于加强审计整改工作强化审计成果运用的十条措施》《仙游县经济责任审计工作联席会议议事规则》文件4份。

【政策措施落实跟踪审计】 2020年，县审计局开展重大政策措施落实情况跟踪审计项目8个，查出问题金额96.56万元，提出审计建议40条。

【财政审计】 2020年，县审计局开展对县财政局、教育局、自然资源局、人社局、卫健局5个部门2019年度预算执行及其他财政收支情况审计、土地收储和存量情况审计，查出主要问题金额8.1亿元，审计提出建议18条。

【疫情防控资金和捐赠款物专项审计】 2020年，县审计局开展应对新冠肺炎疫情防控资金和捐赠款物专项审计，查出问题金额137.66万元，提出审计建议2条。

【经济责任审计】 2020年，县审计局开展领导干部经济责任审计9个，查出主要问题金额1218.44万元，提出审计建议23条。

【金融审计】 2020年，县审计局开展对仙游县农村信用合作联社2019年度资产负债损益审计，查出主要问题金额3497.7万元，提出审计建议3条。

【专项资金审计】 2020年，县审计局开展2015年电子商务进农村示范县省级专项资金收支情况审计，提出审计建议1条。

【企业审计】 2020年，县审计局印发《关于加强国有企业审计监督的十条措施》。

【审计科研】 2020年，县审计局获得审计通联工作先进单位，印发《关于加强审计整改工作强化审计成果运用的十条措施》。

【内部审计】 2020年，县审计局印发《关于加强内部审计管理的十条措施》。

【审计整改】 2020年，县审计局多措并举建立健全审计整改长效机制，着力“治已病”“防未病”，提高审计整改的质量和效果。至

2020年12月底，整改期限到期的审计项目19个，其中：审计发现问题107个，整改101个，部分整改6个，整改率94.39%，比上年同期整改率提升9%；审计建议提出建议37条，被采纳37条，采纳率100%，推动被审计单位建立健全规章制度9条。

（陈 磁）

海关监管

【概况】 2020年，莆田海关主要对仙游辖区出口货物进行检验检疫，对以仙游为进口目的地的货物进行检验检疫和鉴定工作。

【出口申报】 2020年，仙游辖区出境申报5638票，货值4889万美元，涉及出口商品有竹木制品、蛋制品、茶叶、蘑菇、米粉等。其中，竹木制品出境申报5155票，货值4141万美元；蛋制品出境申报452票，货值667万美元，其他出境申报31票，货值81万美元。

【特色农产品出口】 2020年，无铅松花皮蛋、红心咸蛋主要出口加拿大、美国、中国香港、新加坡、马来西亚、韩国、日本及印度尼西亚等。莆田海关指导仙游福建大老古食品有限公司、仙游大济副食品厂两家蛋制品企业通过实施“龙头企业+基地+产业化”经营模式，探索建立“小区化”养殖新模式，引入GAP（良好农业规范）先进管理理念，推进蛋鸭标准化生态化养殖。完善出口蛋制品质量安全控制体系、监管体系、追溯体系，保障出口蛋制品质量安全。4月2日，仙游大济副食品厂熟咸蛋黄出口澳大利亚，助力仙游特色农产品开拓新海外销路。

【竹木藤柳草制品出口】 2020年2月，受突发新冠肺炎疫情的影响，莆田海关在全省隶属海关当中率先发布“防疫情、助复产、稳外贸”14条措施，结合仙游辖区竹木藤柳草制品以出口业务为主的特点，对出境竹木草制品生产企业实行注册登记备案、年审考核和分类管理制度，对不同类别企业实施不同的检验检疫、监管频率办法，帮助企业建立健全有害生物疫情防控和有毒有害物质质量管理体系，并在确保质量安全的前提下做到通关便利化。2020年，竹木制品出境比上年增长47.3%。

【助力“仙作”家具走出国门】 2020年，莆田海关提前介入指导，帮助铭华古典家具企业加强质量管理，提升自控自检水平。2月19日，45件刺猬紫檀产品出口法国，填补“仙作”产业自主出口的空白。

【通关效率提升】 2020年，莆田海关坚持关口前移，便企利企，设立仙游监管科，承担仙游辖区外贸进出口监管。克服人员不足、经费紧张、港区分散、路途较远等困难，通过“5+2”工作模式，保持常年通关作业节假日常态加班和预约加班的做法，协调处置各类通关应急事务，确保仙游辖区进出口货物实现快速口岸通关。

推广复制通关便利措施，助力企业复工复产。推进原产地证书自助打印工作。在福州关区内首家组织召开专题政策宣讲会，指导企业做好准备；增配采购打印机等设备，在现场设立专窗为企业提供便利；经常性对企业进行个性化指导，解决自助打印的问题和困难。推动自贸创新复制推广工作。推广“金关二期”工程加工贸易管理系统，实现加工贸易和保税监管企业100%安全切换到新系统运行。推进进出口企业诚信体系建设。办理要求特定资质认定的出口食品企业及其出口食品原料种植养殖基地、出口竹木草企业的备案登记事宜和企业卫生许可资质备案事项；加强与市场监管部门、商务部门的沟通联系，提升企业信用管理体系建设实效。

（李建峰）

综述

【概况】 2020年，仙游县金融工作领导小组办公室（简称“县金融办”）打赢防范化解重大金融风险攻坚战，落实各项融资政策，着力发挥金融在落实“六稳”“六保”工作任务、助推辖区经济高质量发展超越中的作用。

【金融防范与化解】 2020年，县金融办化解属地企业不良贷款37家37笔3亿元，全县不良贷款比年初减少1.41亿元，不良率比年初减少0.75%。完善协同配合机制，牵头持续做好金融风险监测、评估、化解工作，建立健全金融稳定风险监测体系，完善金融突发事件应急预案，打击“逃废债”；推进金融放贷领域扫黑除恶专项斗争及非法金融放贷、“套路贷”、非法网络借贷、非法集资等行业乱象整治工作；强化源头治理，加强对县域类金融机构、网贷机构、交易场所实行常态化摸排管理，做到严格排查、严厉打击。

【“白名单”融资担保】 2020年，县金融办强化帮扶，引导“白名单”企业获得政策性融资担保，全年为推荐109家“白名单”企业办理政策性融资担保110笔4.4亿元，笔数、金额均居莆田市第一。

【应急转贷】 2020年，县金融办继续做好企业应急转帮扶工作，全年为17家企业办理过桥转贷资金22笔5.41亿元，确保企业及时转贷，缓解企业融资难、融资贵问题。

【纾困专项资金】 2020年，县金融办引导银行向上争取省纾困专项资金，指导企业通过“金服云”平台填报贷款需求。截至年底，全县39家企业获得1.85亿元授信。

【企业上市帮扶】 2020年，县金融办推荐3家企业申报上市后备企业，福建海安橡胶有限公司、福建省意达科技股份有限公司被列入福建省重点上市后备企业库，其中福建海安橡胶有限公司完成股份制改造准备中的两轮融资工作。

（余丽丽）

金融监管

【概况】 2020年，中国人民银行仙游县支行（简称“人行仙游县支行”）坚持稳中求进的总基调，执行稳健的货币政策，强化金融支持实体经济发展，防范化解金融风险，优化金融服务，强化外汇管理工作，推动辖区经济金融高质量发展。

【金融政策】 2020年，人行仙游县支行牵头抓总推进疫情防控和稳企业保就业金融支持工作，围绕“打造全省最强县支行”目标，在全县金融系统提出要打造一流县域金融业、一流县域金融机构，倡导公平竞争，激励勇争先进。截至2020年底，全县本外币各项存款余额448.51亿元，比年初增加40.59亿元，比上年增加1.47亿元，增长9.95%；各项贷款余额312.56亿元，比年初增加38.75亿元，比上年增加33.43亿元，增长14.15%。

精准施策，强化纾困惠企。落实再贷款再贴现专用额度“一把手”工程，建立专项央行资金支持疫情防控和复工复产工作专班，推动5000亿元再贷款再贴现专用额度快速落地，指导地方法人机构对符合条件的企业、农户快速精准发放优惠贷款，全省率先完成再贷款专用额度规划2.68亿元的贷款投放，贷款利率均低于4.55%，惠及仙游县30家企业和529户农户，

3 月 3 日，人民银行仙游支行统筹金融机构助力疫情防控，授信防疫企业 4000 余万元。图为金融机构入企优化服务　（唐伟 摄）

仙游农商银行支农再贷款投放量位居全省单点首位。推动 1 万亿元再贷款再贴现政策快速衔接，引导法人金融机构持续发力，以优惠利率向量大面广的中小微企业提供信贷服务，降低企业融资成本。全年 2 家法人银行发放符合 1 万亿元再贷款政策要求的贷款 3.6 亿元，覆盖稳岗就业人数 1762 人；为 2037 户普惠小微企业办理延期还本付息，涉及贷款 5.5 亿元，保证 2199 人稳岗就业；为 1752 户普惠小微企业发放信用贷款 2.6 亿元，覆盖稳岗就业人数 2184 人。

督导优化服务，加强信贷支持。督导金融机构疫情期间特事特办，启动信贷绿色审批通道，仙游农商银行按照“特事特办、急事急办”的原则为转型生产防疫物资的云敦服饰发放 400 万元的优惠利率贷款。引导银行通过线上金融服务，为农户和小微企业提供便捷的办贷服务。督促银行及时对接“金服云”平台上的中小企业融资需求，发挥政务大数据功能，为客户提供高效的线上“一站式”综合服务。指导法人银行稳妥有序全面推进存量贷款定价基准转换为 LPR，确保利率市场化改革落地，降低企业融资成本。

创新工作机制，推进普惠信贷。打造农村普惠信贷示范田，牵头制定《关于开展健全农资市场信用机制 优化“三农”服务活动的意见》，引导涉农银行机构选取信用环境优、特色产业强的村作为普惠信贷“白名单”试点村，整村推进，普惠授信，重点给予守信农资企业贷款额度及贷款利率优先优惠支持，优化“支农、助小、扶弱、小额、便捷”的普惠信贷服务。

创新管理机制，强化金融扶贫。推动县政府出台小额扶贫贴息贷款风险补偿管理办法，加强扶贫小额信贷风险补偿金使用管理，推动金融扶贫，小额信贷风险补偿金代偿 8 户，金额 32.32 万元。发现并督促仙游农商银行解决小额扶贫贷款经无还本续贷操作后风险等级下移问题，妥善做好到期转贷服务，确保小额扶贫贷款有序发放，推动精准扶贫取得良好成效。

【金融风险防控】 2020 年，人行仙游县支行持续提升金融风险监测防控能力。参与县委、县政府制订“金融风险防范及化解工作要点”“年度打击治理电信网络新型违法犯罪专项行动方案”等，对瑞狮村镇银行拨备覆盖率临近监管最低要求等风险情形，出具《存款保险风险警示函》，并约谈该行经营班子，提出整改意见，督促及时整改，取得良好成效，年末该行各项经营指标显著改善，抗风险能力提高。

开展对天安保险公司仙游网点经营情况调查，并向县政府呈送《关于天安财险仙游县营销服务部风险处置工作的报告》。即时加强与地方部门协作，快速处置涉及村镇银行负面舆情事件，监测处置工作取得良好成效。

用好央行评级、存款保险、稳健性评估监管方式，督导银行加强信贷风险防控，推进不良贷款控新化旧，不断化解元生智慧、枫亭面粉厂等潜在风险，不良贷款实现大幅双降。截至 2020 年底，全县不良贷款余额 5.11 亿元，比年初减少 1.39 亿元，不良贷款率 1.63%，比年初下降 0.74 个百分点，不良贷款率首次降至 2% 以内。

强力谈话警示，把“断卡”行动作为防范系统性风险、极其重要的工作抓紧抓实。针对两家法人金融机构对苗头性风险认识不足、贯彻人行工作意图不彻底的实际，人民银行仙游县支行约谈仙游农商银行、瑞狮村镇银行高管层，督促抓紧落实稳企保就政策和“断卡”行动措施。

【外汇业务管理】 2020年，人行仙游县治安支行持续提升外汇管理和服务水平，制定《仙游县支局新冠肺炎疫情防控期间外汇管理业务办理流程操作指引》并向涉汇主体公开，引导银行和企业以“网上办、邮寄办、预约办”等“非接触式”方式办理外汇业务，督导银行对接企业复产复工外汇金融需求，畅通疫情防控所涉跨境结算渠道，用好低成本外汇贷款和商业贴现，为受疫情影响的企业快捷办理延期付汇业务，缓解企业复产流动资金紧缺难题。

强化外汇核查监测。加强外汇业务非现场核查分析，加大对重点领域事中事后监管力度，加强对大额异常资金汇出入核查，防范跨境资金异常流动风险。开展对企业国际收支统计间接申报数据、银行结售汇统计月报、两家法人金融机构对外金融资产负债及交易统计非现场核查，对两家非外汇指定银行进行非现场业务指导，进一步规范各项外汇业务操作。

完善外汇试点工作和内控建设。做好政务服务网上办理系统“好差评”功能模块上线运行工作，开展对2家外贸企业经营情况问卷调查，开展资本项目便利化试点工作，修订《仙游县经常项目外汇管理业务操作规程及内控制度》。

【监督引导】 2020年，人行仙游县支行加强征信体系建设。完善公职人员不良贷款信息收集与监测工作，为仙游县选拔任用干部任前审核提供参考意见。加强纠纷协调，稳妥协调仙游农商银行做好一起征信纠纷信访的相关工作，与县法院商讨完善金融纠纷多元化解机制，协调1家企业通过“白名单制度”克服征信不良记录的影响，摸索疫情下“信用修复”模式。推动仙游农商银行开展“信用户”“信用村”“信用乡镇”信用创建活动，落实信用村、信用乡镇金融优惠措施。加强管理，开展对银行征信管理业务检查，规范银行征信业务操作；开展辖区个人信用报告自助查询机年度安全巡查，进一步规范征信查询业务。协助中心支行创新开展台商台胞金融信用证颁发制度的学习考察、台创园调查摸底及动员申领工作，截至2020年底，46家申领通过，数量居全省前列。

改善货币流通环境。督促辖内银行落实疫情防控现金管理工作，为社会大众营造安全放心的用钞环境。开展对银行人民币流通业务考核评价，督促银行提高人民币流通服务水平。推进赖店现金服务示范区、反假货币示范区创建工作，组织开展对反假货币工作站网格员和银行相关人员反假币业务培训，推进反假币工作站点“八个一”规范化建设，组织开展多层面走村入户反假货币知识宣传。

推进移动支付示范县建设。分阶段召开移动支付示范县建设推进会，分解机构任务指标，压实工作责任。推动银、证、保密切协作，推进移动支付“金融机构全覆盖”“金融系统员工全员参与”。会同有关单位结合拓展云闪付，制定全闽乐购仙游县消费券活动实施方案。推动枫亭南街区机关单位运用云闪付“智慧食堂”，引导银行在商圈街区和营业网点周边500米商户全面拓展云闪付“无感停车”，推动农村普惠金融服务示范点与农村电商、物流、城乡社保等合作共建。截至12月底，定位网点周边500米活跃商户372户，达标网点29个，网点达标率32.22%，排名全省示范县域第9名；用户渗透率29.29%，排名全省示范县域第16名。

强化企业银行账户管理。开辟账户防疫绿色通道，优化“工商+金融”企业开户服务，推动不断优化营商环境。约谈县农行和农商银行相关业务人员，督促规范平台企业开户。牵头开展“资金链”治理，推动落实涉赌涉诈账户快速查控机制，督导银行开展“长城2号”涉案银行卡和企业账户倒查。联合公安部门落实“断卡”行动工作，约谈警示、开大会、上电视、上报纸、下一线抓督查，把“断卡”行动作为当前及其重要的一项工作抓紧抓出成效。开展对中行仙游支行影像支票退票问题的约谈，依法对“仙游县元生智汇科技有限公司”影像支票业务退票问题作出处理意见。

提高扫黑除恶反洗钱工作质效。支行领导多次走访县公安局、扫黑办会商金融放贷领域线索排查工作，参加县扫黑办召开的金融放贷领域专项整治工作推进会，会商推进扫黑除恶专项斗争工作。成立支行打击治理跨境赌博和电信诈骗工作专班，强化跨境赌博违法交易线索的排查。落实“122”工作机制，严打严防跨境赌博和电信网络诈骗违法犯罪活动；制定《打击非法金融放贷专项整治工作方案》，并部署银行开展对2018年以来金融放贷行业涉黑涉恶可疑交易线索回溯性排查，对2019年以来“涉众型经济领域违法交易线索”进行倒查，发挥反洗钱情报支持扫黑除恶工作的作用。加强部门协作，整理报送并经县公安局确认4条涉嫌电信诈骗、网络赌博等可疑交易线索，组织对天安财产保险公司仙游营销部开展反洗钱监管走访，就反洗钱管理问题约谈仙游农行、仙游建行、仙游兴业银行、仙游瑞狮村镇银行和仙游海峡银行5家金融机构，督促其加强资金监测和可疑交易线索的报送。

优化经理国库服务。2020年，加强抗疫服务，开辟财政资金拨付“绿色通道”，应急拨付防疫财政资金34笔，金额3842.59万元。落实个人所得税退库政策，应退款项及时安全退付给纳税人和扣缴义务人。开展对银行机构国债发行业务巡查，组织做好第二批国债收款单系统的测试工作。

夯实调查统计基础工作。撰写上报《新常态下基层外汇局外汇管理支持优化营商环境的政策建议》，并组织抓好地方特色产业贷款月度统计工作。组织开展对小微企业融资问卷调查，对工业企业、服务业企业景气问卷调查，完成新冠肺炎疫情对出口企业经营的影响、疫情冲击下批发零售业恢复的路线和效果等6项调查，为经济金融形势研判提供翔实基础信息。开展企业生产经营和对外投资情况的调查，对企业生产经营预期、企业面临困难、政策诉求等调查，分析具体案例，提出经济运行预判建议。

开展金融知识宣传活动。组织全县银行机构开展“3·15”金融消费者权益保护宣传活动，向金融消费者宣传正确的理财观，守护好钱袋子。开展新版人民币防伪知识、支付结算和征信知识宣传，得到莆田广播电视台和仙游广播电视台专题报道。组织开展国库35周年主题宣传、防范电信诈骗户外集中宣传，组织到南桥社区“党建+”邻里中心开展普惠金融宣传，开展“打击非法金融放贷、共建平安金融生态”主题宣传，制作“金融支持稳企业保就业政策解读”方言视频宣传，开展外汇政策进企业宣传、诚信兴商金融知识宣传，普及金融知识。

（黄朝阳）

银行业

【中国工商银行仙游县支行】 截至2020年12月31日，中国工商银行股份有限公司仙游县支行（简称“仙游工行”）本外币全部存款余额45.9亿元，较年初增加8.24亿元，增幅21.89%，增量实现同业第一；其中，储蓄存款余额28.15亿元，比年初增加3.08亿元，同业第三，日均增量2.29亿元，同业第二。公司存款时点余额9.15亿元，比年初增加5.33亿元，任务完成率561%，公司存款年末存量和增量均创历史新高，突破9亿元大关，公司存款增量四大行排名第一，四大行占比进一步提升。机构存款8.56亿元，比年初减少0.16亿元。

2020年，仙游工行本外币全部贷款余额38.05亿元，较年初增加8.31亿元，增幅27.95%，增量实现同业第一。其中，个人贷款24.18亿元，比年初增加4.52亿元。公司贷款时点余额13.71亿元，比年初增加3.89亿元，公司贷款增量继续稳居四大行前列，公司不良贷款余额为0，较年初减少3419.82万元，达到近年最高水平，实现不良贷款余额、不良贷款率“双0”的目标。

实现拨备前利润1.57亿元，比上年增加2518万元，比上年增长19.05%，任务完成率114.53%；实现净利润1.05亿元，任务完成率142.16%；2020年，实现中间业务收入5842万元，任务完成率98.14%。

个人客户数较年初增加1.22万户；时点资产5万元以上客户较年初增加873户；日均5万元以上客户较年初增加837户；时点资产100万以上客户较年初增加71户。私人银行达标客户数较年初增加12户，增量排名莆田市第1名，月日均600万元（含）客户，较年初增加16户，完成任务228%，居莆田市第一。月日均800万元（含）客户，较年初增加4户，完成任务100%，私银专业实现中收39.85万元。

2020年末，机构业务实现中收70万元，完成全年分行下达任务78%。2020年底，净增机构有效户9户，净增日均1万元以上客户8户，日均5万元以上客户培育2户，日均100万元以上客户2户，工银e政务平台拓户13户；第三方存管客户数1827户，贴现通营销客户2户，委托金额3548万元，完成率3548%，占莆田市全部委托金额的98%以上。

（陈其忠）

【中国农业银行仙游县支行】 截至2020年12月31日，中国农业银行仙游县支行（简称“仙游农行”）各项存款时点余额82.67亿元，比年初增加4.95亿元，增量占“四行一社”（仙游工行、仙游农行、仙游中行、仙游建行、原仙游农信社）份额16.11%，排名第三，其中个人存款余额75.31亿元，比年初增加4.01亿元；对公存款余额7.36亿元，比年初增加9333万元。

2020年，仙游农行各项贷款余额39.93亿元，比年初增加4.91亿元，比上年增加2.82亿元，增量占“四行一社”份额12.53%，排名第三。其中，法人贷款余额

19.72亿元，比年初增加9390万元，比上年增加2.73亿元，“四行一社”增量排名第三；个人贷款（含信用卡）余额20.2亿元，比年初增加3.97亿元，“四行一社”增量份额27.72%，排名第二。

仙游农行个人客户70.83万户，比年初净增2.4万户；年日均金融资产10万元以上个人贵宾客户2.25万户，比年初净增1387户。贵宾客户金融资产比年初提升6.33亿元；私人银行客户金融资产增量比年初增长7700万元。信用卡有效客户3.57万户，比年初增加5190户，实现有效聚合码商户客户4611户；掌银月活客户数3.42万户，比上年增加5064户，比年初提升14个百分点。

仙游农行不良贷款余额8949万元，比年初下降9167万元，其中，法人不良贷款余额4904万元，比年初下降8444万元；个人不良贷款余额4045万元，比年初下降723万元。不良贷款占比2.24%，比年初下降2.3个百分点。

仙游农行惠农e贷授信户数6067户，授信金额6.77亿元，用信户数5228户，余额5.17亿元，比年初净增2.26亿元。有贷农户覆盖全县17个乡镇、314个村，开展“惠农e贷”增值服务工作，提升有贷户价值贡献度，累计开通掌银5529户，网银5547户，短信通4875户，信用卡2668张，增进银村、银农关系。

（林智鸿）

【中国银行仙游支行】 截至2020年底，中国银行股份有限公司仙游支行（简称“仙游中行”）各项人民币存款余额26.64亿元，各项外汇存款余额0.13亿美元，各项人民币贷款余额26.13亿元，各项外汇贷款余额99万美元，不良贷款余额0.41亿元，不良率1.56%，不良率较年初下降0.22%。2020年，累计发放各项人民币贷款余额（含分期付款）3.3亿元、外汇贷款约254万美元，实现国际贸易结算量1.48亿美元，支持仙游县外向型企业、民营企业资金需求及居民消费贷款需求。2020年，实现中间业务收入0.25亿元，实现主营业务收入1.27亿元，拨备前利润0.77亿元，缴纳各种税收0.2亿元。

2020年，仙游中行做好金融服务，支持企业复工复产。对疫情防控物资生产及民生领域的名单内的企业提供优惠利率的信贷支持情况，实行2.05%利率；对于受疫情影响出现暂时还款困难的企业贷款客户，为减轻企业财务成本，给予借新还旧续贷办理；优化新增授信审批流程，对于符合相关优惠政策适用范围的客户，缩短信贷审批流程等。对全国重点防疫企业清单客户，从材料收集到完成投放，合计用时不超过3个工作日。

2020年，仙游中行加大投放，服务实体经济。信贷投放支持27家企业，累计发放人民币122笔，金额3.3亿元；外汇5笔，金额254.24万美元。贯彻落实监管部门及上级行要求，多措并举，践行普惠金融各项举措。降低成本，针对普惠小微企业实行优惠利率定价，并落实小微企业费用减免政策。创新产品，推广“中银流水贷”“中银税贷通”“中银企E贷”，为成长性良好、经营稳健的小微企业办理业务。落实普惠信贷“能押尽押、能贷尽贷、能快尽快”的“三项放宽”情况，除法律禁止抵押的物品，做到能押尽押。根据企业经营状况及实际资金需求，其提供抵押担保的不动产抵押率65%放宽到90%；对无法提供质押物和其他合格保证担保的经营规范企业，可申请不超过500万元的授信；对存量授信客户，执行“不断贷、不压贷”政策，对纾困专项资金贷款客户提供绿色审批通道，采取优先审批、优先放贷、优惠报价的政策。

（陈晓段）

10月16日，仙游中行联合县公安局等在天博广场开展防范电信网络诈骗宣传活动。图为宣传现场合影

【中国建设银行仙游县支行】 截至2020年底，中国建设银行股份有限公司仙游县支行（简称“仙游建行”）一般性存款时点余额69.96亿元，新增3.11亿元，其中对公存款余额12.56亿元，年下降1.59亿元；个人存款余额57.4亿元，年新增4.7亿元。一般性存款当地四行第二，个人存款新增额当地四行第一；各项贷款余额45.19亿元，年度新增0.54亿元，县域竞争力持续增强。不良贷款余额1.59亿元，实行上级行控制目标，增强防范风险能力。实现中间业务收入3351万元，居莆田建行系统第二位，全年计划完成率102%，居系统第一位；实现主营收入1.45亿元，全年计划完成率104%，完成率居系统第一位；实现账面利润1.3亿元，对公产品覆盖度4.26，折算后对公有效客户数新增565户，居系统第一位。2020年，经过人民银行外汇管理局和建设银行上级行的批准，仙游建行开办外汇对公存款业务。

（连清勇）

【兴业银行莆田仙游支行】 截至2020年底，兴业银行股份有限公司莆田仙游支行（简称“仙游兴业银行”）各项本外币存款余额12.45亿元，其中单位存款5.96亿元，个人存款6.49亿元；表内贷款余额16.99亿元。

2020年，仙游兴业银行坚定贯彻党中央及监管部门精神，主动作为，在民营企业融资难、融资贵难题上践行。强化线上融资，服务县域企业。仙游兴业银行强化线上融资平台“金服云”及线上票据贴现平台“兴E贴”系统功能，服务企业融资便利。截至2020年12月末，通过“金服云”线上申请的贷款业务，累计投放9户，金额合计1895.8万元，贷款全部信用免担保。“兴E贴”平台为票据贴现线上系统，流程简便，可以快速解决企业流动资金难题。2020年，累计为企业办理贴现贷款9949.71万元。坚持减费降利，降低企业经营成本。对县域内年度纳税额超过100万元的中小微工业制造业企业给予2020年2—4月的贷款利息优惠。其中，2月贷款利率优惠50个基点，3月、4月贷款利率分别优惠25个基点，合计优惠企业6户，优惠贷款金额合计2.04亿元。对接白名单企业融资，助力企业复工复产。截至2020年12月底，市担保公司担保的白名单企业贷款余额2200万元。响应政策，落地纾困贷款。全年累计投放纾困贷款2000万元。

（傅堂敏）

【福建海峡银行仙游支行】 截至2020年度，福建海峡银行仙游支行（简称“仙游海峡银行”）各项存款余额5.28亿元，比年初新增3.22亿元。其中，对公存款4.47亿元，比年初新增2.95亿元；个人存款余额0.81亿元，比年初新增0.27亿元。

2020年，仙游海峡银行各项贷款余额2.7亿元，比年初新增2.02亿元。其中对公贷款余额1.63亿元，比年初新增1.34亿元；个人贷款余额1.06亿元，比年初新增0.68亿元。

不良贷款余额329.74万元，累计不良贷款清收处置305.35万元，信贷资产质量得到较好改善，实现拨备前利润872.62万元。

2020年，仙游海峡银行推出“复工复产贷”“纾困快保贷”“税易贷”“代发贷”等，为企业乡里香黑猪授信投放300万元；为企业供销投资集团授信投放1500万元。给予9家“白名单”企业授信投放3400万元；给予仙游县发电有限公司授信投放8000万元；给予仙游城南总公司投资第一期及第二期公司债券4.7亿元。

2020年，仙游海峡银行发挥城商行管理沟通半径的优势，做到一企一策，为2家存量企业降低贷款利率；为1家存量客户因贷款使用借新还旧等无还本续贷产品而被调为关注类企业风险分类调为正常类；为4家存量到期企业使用“续贷通”实现无还本续贷；为1户受疫情影响还本付息出现困难小微企业主办理应延尽延展期政策。

（陈　涵）

【中国民生银行莆田仙游县支行】 2020年，中国民生银行莆田仙游县支行（简称“仙游民生银行”）坚持服务实体经济的总基调，加大对民营企业、小微企业的资源支持和政策支持。截至2020年12月31日，民生银行仙游支行贷款余额为7.56亿元，较年初减少2.75亿元，其中红木贷款余额1.88亿元。存款余额3.06亿元，较年初减少2996.79万元；存贷比247.26%。

12月31日，仙游民生银行小微企业贷款余额3.83亿元，年内新增小微企业放款9541.2万元，合计93笔。1—12月，小微企业无还本续贷1.22亿元，合计112笔，金额占全面续贷金额91.42%，无还本续贷占比提升。

12月31日，表内不良贷款余额1877.02万元，较年初减少6831.66万元，不良率2.48%；表内逾期余额3232.21万元，较年初减少7628.59万元，逾期率4.27%。

2020年，通过核销、现金清收处置不良情况1.21亿元。

2020年，仙游民生银行为了维护良好的金融环境，普及公众金融知识，提高公众识别和防范金融风险的能力，履行社会责任，先后开展多场反洗钱宣传、反假币宣传、打击非法集资宣传、存款保险宣传等。

（郑兰钦）

【中国邮政储蓄银行仙游县支行】 截至2020年底，中国邮政储蓄银行仙游县支行（简称"仙游邮储银行"）各项存款余额（含代理网点，下同）44.53亿元，比年初4.03亿元。其中个人存款余额42.36亿元，较年初新增3.71亿元；公司存款余额2.18亿元，较年初新增0.32亿元。个人贷款结余10.39亿元，比年初增3.39亿元，贷款年净增量居全县金融机构第四名；小企业贷款结余1.65亿元，较年初增长3739万元。

2020年，仙游邮储银行新增发放助学贷279笔，助学贷净增387万元，超额完成个人精准扶贫及产业扶贫指标；在服务"三农"方面，全年新建17个信用村，带动小额贷款年净增5930万元，年净增完成率147%；在绿色信贷方面，贷款净增3.57亿元；在提升金融服务效率方面，推动"互联网+不动产抵押登记"率先上线，实现群众抵押贷款一站式办理，为广大群众提供更加高效便捷的金融服务。

（郑兆益）

【福建仙游农村商业银行】 福建仙游农村商业银行（简称"仙游农商银行"）前身为仙游县农村信用合作联社。2020年1月21日，仙游农商银行召开创立大会暨第一次股东大会。9月22日，在获得监管部门核准后，仙游农商银行正式挂牌开业。

截至2020年底，仙游农商银行各项存款余额132亿元（位居全省农信系统第16位，全县各金融机构第1位），较年初增加13.77亿元，增幅11.65%，存款市场份额由年初的29.21%上升至29.70%，提高0.49个百分点。各项贷款余额突破100亿元大关，达100.09亿元（位居全省农信系统第14位，全县各金融机构第1位），较年初增加22.78亿元，增幅29.47%；贷款增量占全县银行业总增量的58.8%，贷款市场份额由年初的28.23%上升至32.02%，提高3.79个百分点。

2020年，仙游农商银行缴纳各项税收1.04亿元，位居全县各大企业第6位，连续10年位居仙游县银行业第1位。2020年，为助力打赢新冠肺炎疫情阻击战，仙游农商银行向福建支援宜昌医疗队及县红十字会捐款49.62万元，并为居家学习的学子免费打印学习资料3万余份。连续7年开展捐资助学活动，先后出资106.4万元，资助317名贫困学子。

2020年，仙游农商银行按照党中央、国务院关于全面做好"六稳"工作，落实"六保"任务的相关决策部署，通过加大信贷投放，支持"三农"、小微企业发展。加大小微企业信用贷款投放，全年发放小微企业信用贷款1682户，金额2.52亿万元。加强与政策性融资担保机构合作。对接市、县主管部门公布的各类"白名单"企业，与莆田市再担保有限公司合作，建立"一对一"专项金融服务通道。截至2020年底，累计受理由莆田市再担保公司担保的各类白名单企业55户，授信金额1.94亿元。与福建省农业融资担保有限公司开展合作，推出专项贷款产品——"助农贷"。截至2020年底，为121户涉农主体发放"助农贷"3060万元。

8月10日至9月10日，仙游农商银行在全县范围内启动2020年"福万通"助学活动。该行连续7年开展"福万通"助学活动。图为活动现场

（陈国孟 摄）

单列中小企业纾困专项资金。重点支持受疫情影响严重的外贸、商贸物流、批发零售、住宿餐饮、文化旅游、交通运输等行业，帮助企业渡过难关。截至2020年底，受理专项纾困贷款30笔，金额1.1亿元。其中，利率按一年期LPR基础利率加50BP执行的有10笔，金额5077万元；利率按一年期LPR基础利率减50BP执行的有20笔，金额5873万元。在辖区内率先成立小微企业首贷服务中心，为全县民营小微企业及个体工商户提供“一站式”金融服务。截至2020年底，首贷服务中心累计受理小微企业贷款252户，授信金额1.41亿元。其中，企业贷款32户，授信金额7520万元；个体工商户220户，授信金额6538万元。

2020年，仙游农商银行率先在银行间市场发行疫情防控专项同业存单（全国首批2家银行），面值5000万元，通过市场化手段筹集资金，对接本地疫情防控和民生保障企业的融资需求。针对辖内企业复工及群众生产消费需求，推出“战疫支农贷”“天使贷”“存单贷”“学费贷”“丰收贷”“助农贷”“加油贷”等多款信贷产品。加快推广无还本续贷业务，减轻企业还款压力，全年办理无还本续贷业务5537笔，占全部续贷贷款笔数的47.41%，金额7.9亿元，占全部续贷贷款金额的41.47%。针对出现暂时性经营困难、发展前景良好的中小微企业（含小微企业主、个体工商户）给予阶段性延期还本、延期付息政策支持。截至2020年底，实施阶段性延本1924笔，金额5亿元；延息8户，延期利息73.53万元，涉及贷款金额4265万元。

（黄磊）

【中信银行仙游支行】 截至2020年12月31日，中信银行股份有限公司莆田仙游支行（简称“仙游中信银行”）各项存款总额4.05亿元，其中公司类存款1.9亿元，零售类存款2.15亿元；各项表内外授信风险敞口总额2.64亿元；存贷比63.92%。2020年，仙游中信银行支持地方医疗卫生行业、古典家具、批发零售业等县域特色行业的发展；参与地方政府基础设施建设；响应国家对房地产去库存的政策号召，介入仙游县优质楼盘按揭项目。

（肖文渊）

【招商银行莆田仙游支行】 截至2020年底，招商银行股份有限公司莆田仙游支行（简称“仙游招商银行”）各项人民币存款余额2.07亿元，其中对公存款余额5221万元，储蓄存款余额1.55亿元。各项贷款余额5.51亿元。其中，个人贷款余额5.51亿元，比上年增长1.08亿元。农村承包土地的经营权抵押贷款3笔，金额714.68万元，扶贫贷款10笔，金额268.52万元。

（梁依如）

【福建仙游瑞狮村镇银行】 截至2020年12月底，福建仙游瑞狮村镇银行（简称“仙游瑞狮银行”）各项存款余额3.85亿元，各项贷款余额4.98亿元，全行各项资产总额6.73亿元，资本净额1.44亿元，资本充足率30.62%，资本利润率6.64%，主要监管指标平稳。

仙游瑞狮银行强化责任担当，坚持“立足县域、服务社区、支农支小”的市场定位，以服务“三农”为经营宗旨，为仙游人民提供优质的金融服务。以助力实体经济复产复工为使命，持续强化小微企业金融服务。着力缓解小微企业融资难融资贵问题，做好金融支持稳企业保就业工作。

（叶春妹）

保险业

【中国人民财产保险股份有限公司仙游支公司】 截至2020年12月31日，中国人民财产保险股份有限公司仙游支公司（简称“仙游人保公司业务”）保费累计收入16.73亿元，累计各项赔款9.26亿元。截至12月31日，仙游人保财险公司向仙游县地方税务累计交纳税款约1.54亿元，连续25年为仙游县“纳税大户”。

截至2020年12月31日，公司全年实现保费收入1.3亿元，比上年增长4.17%，市场份额保有率48.17%，其中车险市场份额保有率占比44.44%。全年续保团队实现保费收入5307万元，占据公司业务总量近50%。公司全年支付各项赔款6884万元，简单赔付率62.37%，实现利润810万元。全年上缴地方税收1474万元。

（刘国文）

【中国人寿保险股份有限公司仙游县支公司】 2020年，中国人寿保险股份有限公司仙游县支公司（简称“仙游国寿公司”）总保费2.93亿元，比上年增长4.95%；其中，长险首年保费7181.43万元，比上年增长17.85%；10年期及以上期交保费4302.33万元，比上年增长34.99%；保障型保费2958.74万元，比上年增长42.99%；短期险保费3307.34万元，比上年增长2.32%。

2020年，仙游国寿公司缴纳地方税款279.88万元。仙游国寿

3月9日，仙游国寿公司向仙游妇联362名抗疫一线人员捐赠保险
（仙游国寿公司 供稿）

公司向全县362名抗疫一线女性干部赠送国寿康E无忧防疫保险，每人保险金额115万元，合计赠送保障金额4.16亿元。

（魏德水）

证券业

【兴业证券股份有限公司仙游鲤城街营业部】 2020年，兴业证券股份有限公司仙游鲤城街证券营业部（简称“兴业证券仙游营业部”）累计缴纳税金1.35亿元，连续多年成为仙游县纳税超过亿元的企业。2020年，兴业证券仙游营业部整体营收增长率超过90%。

（张德仙）

【恒泰证券仙游营业部】 2020年，恒泰证券股份有限公司仙游学府东路证券营业部（简称“恒泰证券仙游营业部”）按照中国证监会及地方行政监管部门的许可开展各项业务，提供沪深A、B股交易、融资融券、50ETF期权等交易品种、同时代销和承销其他金融机构和本公司发行的各项投资理财产品，以满足个人和机构投资者的需求。截至2020年12月31日，营业部开发1678名客户，托管总资产2.5亿元。营业部资产总额1671.31万元，营业收入242.93万元，其中融资融券收入45.97万元，营业支出243.96万元，缴纳各项税金629.93万元。

（郑章文）

【华福证券仙游营业部】 2020年，华福证券仙游营业部经营范围包括证券经纪；证券投资咨询；与证券交易、证券投资活动有关的财务顾问；证券承销与保荐；证券自营；证券投资基金代销；为期货公司提供中间介绍业务；证券资产管理业务；融资融券业务；代销金融产品业务。截至2020年底，客户资产规模29.23亿元，经纪业务市场份额万分之1.29，分别被莆田市委市政府、仙游县委县政府授予“2020年突出经济贡献奖”。

（王怀瑾）

农业 农村

综 述

【概况】 2020年，仙游县完成农林牧渔业产值42.08亿元，比上年增长4%，增幅居莆田市第二位。农村居民人均可支配收入增长4.9%，达到1.88万元。

【农业园区建设】 2020年，仙游县围绕现代设施农业、生态畜禽养殖、壮大“四大名果”（龙眼、荔枝、枇杷、文旦柚）、水利建设、林业规模等主要建设内容。通过补齐园区短板，健全“产业园+合作社+农户”等利益联结机制，继续推进省级农民创业园建设，推进仙游蔬菜产业园、钟山优质大米产业园、度尾文旦柚产业园等特色产业园建设。2020年，推进农业产业园区建设，由13家农业经营主体承担，项目合计总投资1900.56万元，补助1000万元。重点围绕文旦柚主导产业，以度尾、大济和赖店3个镇为创建区域，通过打造高标准核心示范基地，提升水果加工能力，促进产业融合发展，高新技术推广与品牌宣传，建设特色现代农业示范窗口。

【生态农业建设】 2020年，仙游县推进省级以上农业可持续发展试验示范区建设，发展生态农业。2020年，完成3个高效节水灌溉项目，建设总面积37.65公顷。新创建优质农产品标准化示范基地4个，含1个国际标准农产品标准化示范基地。新增“三品一标”12个（包含度尾文旦柚、金沙薏米2个地理标志农产品）。全县现有福建名牌农产品3个（金溪茶叶、仙溪果业、利农蔬菜），福建区域公用品牌1个（度尾文旦柚），“三品一标”农产品86个、国家地理标志农产品5个（度尾文旦柚、金沙薏米、书峰枇杷、仙游郑宅茶和仙游甜柿）。全县526家农产品生产主体列入省级农产品质量安全追溯监管信息平台管理。畜禽粪污资源化利用整县推进项目，完成整县推进实施方案编制，进入论证修订阶段。

【农业生态环境整治】 2020年，仙游县农业农村局（简称“县农业农村局”）落实畜禽水产养殖整治常规化、化肥农药使用减量化、农业生产清洁化。

落实畜禽水产养殖整治常规化 开展畜禽养殖“反弹复建”整治工作，完善畜禽养殖长效管理机制。成立督查组，定期或不定期对各乡镇畜禽养殖场进行督查，确保“发现一处，拆除一处”。2020年，全县查排畜禽反弹复建养殖场93家，整治面积1.28万平方米。其中，畜场62家，面积0.6万平方米，缩减存栏0.12万头；禽场31家，面积0.68万平方米，缩减存栏1.77万羽，畜禽养殖反弹复建现象基本上得到遏制。规模养殖场粪污处理设施装备配套率100%，粪污综合利用率94.49%。加强全县水产养殖尾水治理监管工作，确保达标排放或是资源化利用。根据《仙游县淡水养殖场专项整治工作方案》，落实开展木兰溪流域淡水养殖场尾水整治工作。2020年，全县44家淡水养殖场完成尾水整治工作，尾水实现达标排放或是资源化利用。

落实化肥农药使用减量化 实施化肥农药使用量零增长减量化行动，采取推广测土配方施肥、耕地质量提升、化肥减量增效示范、推广病虫害绿色防控、统防统治、重大病虫害监测体系建设和农药减量控害等技术措施。2020年，全县化肥使用量（折纯）2万吨，农药使用量939吨，分别比上年减少4.3%、7.39%。

落实农业生产清洁化 开展仙游县秸秆综合利用示范县建设，在8个重点镇开展秸秆禁烧和综合利用有关的培训、宣传及田间指导，

对全县早季和中稻13个生产主体给予秸秆综合利用作业补助。2020年，农作物秸秆综合利用率96%。着力解决农田残膜污染，发挥市场主体和行业协会等社会组织的作用，逐步建立健全农膜和农药包装废弃物回收再利用激励机制。2020年，在钟山、游洋开展农业废弃物综合利用回收试点工作，重点回收田间废旧农膜，回收处理废旧农膜44.86吨。2020年，全县种植业废旧农膜回收率81.2%。开展农药包装废弃物回收处置工作，回收农药包装废弃物2.4吨，超额完成任务目标。

【农业信息服务】 2020年，“12316”农业服务热线接到群众来电咨询141次，来访咨询326人次，现场指导623次、群众在现场接受指导1520人，举办技术培训班53场、参加人数2700人，组织农技人员下乡611次1233人次，挽回经济损失520多万元、新增经济效益560多万元，发放宣传手册1500多份、相关技术指导及技术培训资料3000多份，举办场外宣传推介及技术培训、“放心农资下乡”、农民田间学校活动3场，宣传培训1500多人次。截至2020年底，在福建省信息进村入户平台发布农业新闻225则、惠农政策39则、政策解读12则、抗疫防疫29则、病虫情报15期。大济镇坑北村信息员入选中国优质农产品开发服务协会举办的“益农信息社助力摘疫奖励活动”人员。

【新型职业农民培育】 2020年，仙游县开设高素质农民培训27个班，完成培训人数1300人，其中线下培训1139人，线上线下融合试点培训161人。主要采用“理论授课+基地实习实训”等形式进行培训。通过对三农问题、现代农业发展、新型职业农民培育政策、体验式的农耕文化、社会责任等培训，提高农民专业技能、经营管理能力，提升农业经济效益。

【强农惠农政策落实】 2020年，县农业农村局制定《仙游县2020年耕地地力保护补贴工作实施方案》，对全县16.55万户农户发放耕地地力保护补贴，补贴面积1.7万公顷，补贴标准91.07元/亩，补贴资金2349.08万元。落实种粮大户补贴政策，对2020年连片承包种植2公顷以上的种粮大户每亩给予30元以上的奖励，全县28户早季种粮大户种植面积398.06公顷，补贴金额17.91万元。做好规模种粮新型经营主体补贴工作，对2020年中稻种植、晚季种粮和冬种马铃薯等种粮新型经营补助给予补助，连片种植1.33公顷以上的，每亩给予300元的补助，全县有93家新型经营主体申报补助，种粮面积1167.33公顷，补贴资金525.3万元。根据省、市水稻政策性种植保险工作精神，制定并落实《关于做好2020年水稻种植保险工作的通知》，全县参保农户12.82万户，参保水稻面积1.13万公顷，保费253.28万元，县级支付保费12.66万元，水稻种植参保率100%。加大农机购机补贴力度。2020年，发放购机补贴资金九批次287.23万元，结算农户购机补贴申请969份，补贴各类农业机械1093台套，受益农户887人（户）。

【新型经营主体发展】 2020年，仙游县有农民合作社821家，注册资金20.69亿元，成员3.26万人，联系带动农户5.8万户，覆盖蔬菜、茶叶、食用菌、水果和畜牧、农机等主导产业，初步形成“产、供、销”一体的发展模式。培育农民合作社示范社76家，其中国家级1家、省级14家、市级28家、县级33家。培育一批有实力、经营好的家庭农场示范场。2020年，全县注册登记家庭农场280家，其中种植业250家，林业、畜牧、渔业等30家，县级及以上家庭农场示范场28家，其中省级18家、市级8家、县级2家。拥有注册商标的家庭农场14家，拥有无公害农产品证书的12家，绿色食品证书的2家。根据《福建省农业产业化省级重点龙头企业认定和运行监测管理办法》要求，开展省级农业产业化重点龙头企业监测和增补工作，全县有8家企业通过省级农业产业化重点龙头企业监测，按照农业产业化市级龙头企业“动态管理、优胜劣汰”的原则，开展新一轮农业产业化市级龙头企业评定工作，21家企业被认定为市级农业产业化龙头企业，为培育省级农业产业化龙头企业奠定基础。

【综合行政执法】 2020年，仙游县农业综合行政执法出动执法人员1140人次，检查主体367家次。立案农业执法案件20起（其中当年度办结17起），收到罚没款12.55万元；移送私屠滥宰涉刑线索1条，县公安局受理；涉及罚没款及加处罚款6.39万元。农药领域案件立案2起，办结1起，收到罚没款0.56万元；肥料领域案件立案7起，办结5起，收到罚没款3.46万元；饲料领域案件立案2起，办结2起，收到罚没款2万元；农产品质量安全领域案件立案3起，办结3起，收到罚没款1.05万元；生猪屠宰领域案件立案2起，办结2起，收到罚没款2.31万元；动物检疫领域案件立案2起，办结2起，收到罚没款1.16万元；渔业领域案件立案2起，办结2起，收到罚没款2.01万元。

【农产品质量安全】 2020年，仙游县526家经营主体纳入“一品一码”平台管理，开展线上巡查1.13万人次，巡查主体3.94万家次，引导开具农产品合格证/追溯凭证产品1.32万批次，实现100%全覆盖。推动实时上传生产记录信息，有收获农产品的生产主体全部落实源头赋码，贴码销售。通过开通有奖举报电话、发放宣传物品，提升公众参与和社会共治水平。

【农村人居环境整治】 2020年，仙游县推进“一革命四行动”，村容村貌加快提升，人居环境持续改善。

农村厕所建设推进 将农村公厕纳入村庄日常保洁范围，同步实施厕所粪污治理。2020年，新建改造6座乡镇公厕、20座以上村庄公厕，实现乡镇每万人有3—4座公厕，村村建成1座以上水冲式公厕。新建改造旅游厕所10座。户厕改造3650户全部完成，全县无害化户厕普及率98.92%。

农村生活垃圾清理力度加大 全县18个乡镇（街道）315个村（社区），按照“三清一改”的标准开展农村生活垃圾整治，基本实现生活垃圾日产日清。

农村生活污水整治推进 2020年，新建改造三格化粪池任务1.94万户，竣工率100.14%，完成投资额3486万元。农业面源污染防治模式和运行机制基本建立，农业面源污染的趋势得到遏制。

农房和村容村貌整治推进 2020年，完成全县农房整治任务3100户。完成291个村庄整治，按要求完成90%以上的村庄村容村貌整治，完成率92.4%。编制村庄规划的行政村数量比例100%，完成22个省级乡村振兴试点村村庄规划编制工作。

【确权登记颁证】 2020年，根据10月19日下发的《中央农村工作领导小组办公室 农业农村部关于通报表扬全国农村承包地确权登记颁证工作典型地区的通知》，全县农村土地承包经营权确权登记颁证工作基本完成。

【乡村振兴】 2020年，仙游县策划生成22个省级乡村振兴试点村和实绩突出村（光埔村）项目148个，其中2020年度87个；截至2020年底，全部完工，完成投资4221.98万元。钟山镇入选2020年度福建省乡村振兴重点特色乡（镇）名单，书峰乡镇四黄村入选2020年度福建省乡村振兴实绩突出村名单。

种植业

【概况】 2020年，仙游县主要农产品生产总量37.12万吨。其中，谷物7.22万吨，比上年7.19万吨增长0.42%；薯类8271吨，比上年7615吨增长8.6%；豆类3632吨，比上年3374吨增长7.6%；油料8359吨，比上年8001吨增长4.5%；甘蔗4145吨，比上年7225吨减少42.6%；中药材926吨，较上年941吨减少1.6%；蔬菜12.32万吨，比上年11.48万吨增长7.3%；瓜果2123吨，比上年2347吨减少9.5%；食用菌2.57万吨（其中鲜品2.22万吨，干品3548吨），比上年2.62万吨（其中鲜品2.26万吨，干品3638吨）减少1.9%；茶叶3049吨，比上年2928吨增长4.1%；园林水果11.96万吨，比上年11.04万吨增长8.3%。

【重大植物疫病防控】 2020年，县农业农村局完成重大病虫测报防控任务。设立水稻测报点3个，龙眼测报点1个，枇杷测报点1个，文旦柚测报点3个，鼠情监测点1个；红火蚁监测点2个；橘小实蝇监测点10个；草地贪夜蛾监测点40个。全年各类病虫草鼠螺害中等、局部偏重发生，发生面积12.54万公顷次；发布《病虫情报》15期、《植保科技》2期，新闻稿3篇，手机短信30期4640条，农业信息31条，培训测报技术1594人次；指导防治21.72万公顷次，挽回产量损失2.87万吨，增收节支1.05亿元。

推广绿色防控和专业化统防统治技术。在赖店镇岐山村（水稻）、钟山镇东溪村（水稻）、钟山镇新莲村（水稻）、龙华镇金溪村（茶叶）建立绿色防控（兼统防统治）示范区135.6公顷，融合推广面积1600公顷，重点推广健身栽培技术、性诱技术、太阳能杀虫灯诱杀技术等绿色防控技术以及无人机施药技术。2020年，推广绿色防控面积4.72万公顷次，专业化统防统治面积3.2万公顷。

开展柑橘黄龙病专项防控。在度尾、大济、赖店、游洋、钟山5个乡镇16个村23家符合补助条件的专业合作社（公司）或家庭农场进行黄龙病专项防控，实施面积719.93公顷，辐射面积2360公顷。专项防控果园黄龙病防除前加权平均株病率0.4%，发生面积4.64公顷；防除后加权平均株病率0.39%。建立农药减量示范点9个133.33公顷，通过改进喷雾技术（使用新喷头）和推广新型助剂（添加激健助剂），9个示范点平均农药使用量减少22.87%。

开展红火蚁专项防控。2020年，累计发生面积4466.67公顷，防治8120公顷。草地贪夜蛾监测与防控：2020年，龙华、度尾、大济、鲤南、鲤城、榜头、盖尾、园庄、赖店、枫亭、游洋、钟山12个乡镇发生病虫害，草地贪夜蛾发生面积552.6公顷，累计防治641.38公顷次；虫害防控处置率100%，损失率3.23%。设立40个监测点，智能测报灯1台，培训农技人员和监测人员9期305人次，发放草地贪夜蛾防治药剂（甲氨基阿维菌素苯甲酸盐）309千克，诱捕性器具220套。

【高标准农田建设】 2020年，仙游县完成高标准农田建设任务1960公顷，同步建设高效节水灌溉6.67公顷和新增耕地14公顷。截至2020年12月，仙游县完成上图入库2566.67公顷高标准农田项目，其中高效节水灌溉面积36公顷；完成项目立项申报23个1968.27公顷，其中高效节水7.67公顷，拟新增耕地3公顷，计划财政总投资4961万元。

（林志 郑丽娜）

畜牧业

【概况】 2020年，仙游县生猪存栏9.77万头，出栏11.91万头；禽存栏192.04万羽，出栏935.67万羽；牛存栏0.37万头，出栏0.14万头；羊存栏1.93万头，出栏3.43万头。肉蛋奶总产量为3.62万吨，比上年增长1.17%。肉类总产量为2.4万吨，比上年下降0.49%，其中猪肉产量9764吨，比上年增长0.16%；禽肉产量1.35万吨，比上年下降2.09%；禽蛋产量1.15万吨，比上年增长6.01%。畜牧业产值11.25亿元。

【动物疫病防控监测】 2020年，仙游县使用高致病性禽流感灭活苗264.15万毫升，免疫高致病性禽流感319.46万羽（其中鸡108.63万羽，鸭210.83万羽），应免禽免疫率100%；使用口蹄疫灭活苗47.9万毫升，免疫猪31.03万头，牛口蹄疫免疫7848头，羊口蹄疫免疫3.78万头，应免畜免疫率100%；使用小反刍兽疫疫苗3.77万头份，羊小反刍兽疫免疫3.77万头，应免畜免疫率100%。健全动物疫病可追溯体系，实施免疫标识制度，佩戴免疫标识18.9万套、发放免疫证1.75万本，发放消毒药品6.5吨。全县春秋两季监测家禽血清样品1195头份，监测生猪血清样品550头份，监测牛羊血清样品368头份，免疫抗体合格率均高于农业农村部规定的≥70%的要求。

【非洲猪瘟防控检测】 2020年，仙游县每季度开展一次对生猪养殖场、生猪屠宰场、运输车辆、猪肉交易市场等非洲猪瘟病毒环境污染情况进行风险监测。2020年，检测猪肉品、全血样品及环境样品共1087份，检测结果均为阴性。

【动物疫病流行病学调查】 2020年，仙游县为能及时做到掌握流通领域疫情动态，防止疫情传入和传出，确保畜牧业健康发展和人民群众生命安全。采集羊血清、羊口腔鼻腔棉拭子各240头份，采集禽棉拭子120份，野鸟粪便样品120份，送省动物疫病预防控制中心作病原检测；协助省疫控中心对16个规模养殖场进行猪群疫病和猪群结构调查。

【病死猪无害化监管】 2020年，仙游县74家企业取得动物防疫条件合格证，其中1家屠宰场，1家肉羊场，1家肉牛场，13家禽场，58家猪场。所有企业全部安装有病死猪无害化处理监控设备。全年受理并上报病死猪无害化处理补助2567头。

【动物检疫监督】 2020年，仙游县产地检疫4.03万头，屠宰检疫17.04万头。全县范围内检测克伦特罗、莱克多巴胺、沙丁胺醇各6624头份，抽检的生猪“瘦肉精”尿样结果全部为阴性，检测合格率100%。

【畜禽养殖污染治理】 2020年，仙游县68个畜禽规模养殖场全部配套污染治理设施，同时，畜禽粪污资源化利用整县推进项目（2020—2021年）组织建设。全县巡查整治反弹复建畜禽场113场，其中接到群众专线电话举报并核实56场，核实上级及相关部门转来投诉件 45 场，乡镇自查 12 场。

【高风险处置场复产复养】 2020 年，仙游县通过相关政策宣传、技术指导，养殖场改造升级生物防控设施，积极准备复产。2020 年，全县受非洲猪瘟疫情影响的 33 场生猪养殖场，复养 20 场，增加母猪约 6000 头，增加育肥猪约 5.12 万头。

【生猪养殖项目建设】 2020 年，正邦集团投资 30 亿元在仙游建设养殖生猪项目。建设年出栏 60 万头生猪生态农业循环项目，配套种植、有机肥、生物饲料生产基地、福建省总部办公大楼、屠宰场及肉食品深加工等全产业链项目。一期选址初步确定在大济镇北山村，建设 4PS+GP600 仔猪繁殖基地及年出栏量 20 万头商品猪育肥基地（种猪存栏约 1.35 万头、育肥猪存栏 8.4 万头），占地面积约 53.33 公顷，并配套污水处理、粪污资源化利用等环保设施，形成种养结合循环农业项目。县相关部门成立服务专班，配合项目筹建相关工作，11 月 3 日开始动工。

【畜禽粪污资源化利用】 2020 年，仙游县开展畜禽养殖废弃物资源化利用整县推进项目 2020 年中央预算内投资项目（2020—2021 年）。前期工作完成整县推进项目总体实施方案编制工作的招投标工作，委托福建省农科农业发展有限公司编制实施方案。建设专门负责养殖场剩余粪污处理的有机肥厂，初步完成有机肥厂选址。2020 年，24 家生猪养殖场、1 家肉牛养殖场和 1 家山羊养殖场“一场一策”方案通过评审，建设沼液储存池约 4500 平方米、固体粪污发酵罐 13 台、异位发酵床 11 组约 7500 平方米及养殖场节水改造工程；组建资源化利用社会化服务中心 1 个。其中，20 家签订设备采购协议、组织建设。

【饲料抽检】 2020 年，抽检 1 批次，16 个饲料样品，涉及 13 个养殖场、4 个经营店，经检测，全部样品合格。

（林 志 郑丽娜）

农业机械化

【概况】 2020 年，仙游县实施主要农作物生产全程机械化推进行动、农业安全生产大排查大整治和安全生产隐患排查治理等专项行动。2020 年，全县发放惠农购机补贴资金 287.23 万元，受益农户 887 人（户）；主要农作物和水稻耕种收综合机械化率 69.8%、75.86%；检查拖拉机 514 台，注册登记 14 台，新训“G1”驾驶人 13 人，“G2”驾驶人换证 112 本。

【农机购置补贴】 2020 年，仙游县农机总站按照补贴实施方案和补贴产品核验工作的要求，做好申请材料把关、信息公开、机具抽查和补贴资金的监管工作。2020 年，发放购机补贴资金九批次 287.23 万元，结算农户购机补贴申请 969 份，补贴各类农业机械 1093 台套，受益农户 887 人（户）。全年省农业农村厅下达仙游县购机补贴资金总额 285 万元，中央和省级资金使用率均超过 100%，实现资金使用“零结余”。开展机具抽查核验 14 次，涉及农户 62 户，机具 115 台套，主要是对补贴额较大的机具进行重点抽查核验，推动全年购机补贴工作的开展。

2020 年，仙游县农机总站通过开展水稻和马铃薯生产机械化演示会、农机安全宣传咨询日和农机事故应急演练等活动，现场宣传介绍 2020 年农机购置补贴政策、补贴申请具体程序和便民措施，发放《2020 农机用户购机指南》、农机补贴政策宣传手册、宣传单和宣传袋 500 余份，现场解答有关农机购置补贴的政策咨询。推广手机 App，鼓励农户使用 App 申请补贴，方便农户快捷掌握补贴政策动态。在莆田市政府网站的“农机购置补贴信息公开专栏”和单位信息公开栏上，及时做到信息公开、政策宣传。公开实施方案、补贴申请程序、补贴额一览表、补贴机具信息表、享受补贴购机者信息表和投诉咨询方式等重点信息。根据《关于福建省县级农机购置补贴信息公开工作 2020 第一次检查情况的通报》，2020 年全县农机购置补贴信息公开率 100%。

【农机示范推广】 2020 年，仙游县农机总站开展水稻全程机械化现场演示会。6 月 12 日，在钟山镇举办全市推进水稻全程机械化现场演示会，现场演示大型拖拉机组机耕作业、乘坐式高性能插秧机插秧作业和无人机植保作业。12 月，在赖店镇举办全县马铃薯机械化生产现场演示及培训会，现场推广马铃薯机械化种植技术。主推的马铃薯种植机，可以做到一次性完成种植、施肥、覆膜、覆土等作业工序，提高马铃薯播种生产效率，节约人工成本。推广农机新机具。聚焦粮

6 月 12 日，莆田市推进中稻生产全程机械化现场演示会在仙游县钟山镇东溪村召开。图为相关人员观看农机现场演示　（郑　丽　摄）

食、水果等产业，重点推广马铃薯机械化移栽、水稻插秧机、轨道搬运机和液体稀释搅拌机等机械装备和技术，开展 4 次新型高效便捷的机具示范展示。建设马铃薯和茶叶农机示范基地。通过跨区作业、订单作业、农业生产托管等多种形式，开展高效便捷的农机作业服务。马铃薯基地投入轮式拖拉机、旋耕机、马铃薯种植机、收获机和植保机械等机具，完成耕、种、管、收等环节共 26.67 公顷机械化作业服务，举办全县马铃薯机械化生产现场演示及培训会。茶叶基地投入采茶机、喷雾机、茶叶修剪机和烘干机等机具，具备管、收、烘等环节机械化作业服务能力。推进农机交流合作。依托台企福建台耕公司引进先进技术装备，宣传农机购置补贴、农机产品检验鉴定和投档申报补贴等服务政策。台耕公司研发生产的 TG-3X95 型农药稀释搅拌机，成功列入福建省 2020 年第二次投档的创新型农机装备。

【农机安全监管】　2020 年初，仙游县农机总站时组织农机监理人员召开会议，布置全年检计划，完善年检执法规范化制度建设，在农机办证大厅公开执法依据、办事程序、收费项目和标准、办事期限和流程、服务承诺等内容，要求工作人员按照《拖拉机注册登记及年度安全技术检验技术规范》严把注册登记关、安全检验关，核对档案、车、证信息，与参加年检的机手签订安全生产责任状，提高拖拉机上牌率、检验率、持证率“三率”，严防农机道路交通安全事故。加强源头管控，在注册登记和年检工作中，按照有关标准，把好注册和检审关，把隐患消灭在萌芽状态。2020 年，检查拖拉机 514 台，排查出一般隐患 4 条，整改 4 条，整改率 100%。注册登记 14 台，新训“G1”驾驶人 13 人，“G2”驾驶人换证 112 本。此外，县农机总站结合多功能（手扶）拖拉机年检与机手签订防“滴撒漏”承诺书，增强农机手的环境卫生保护意识。

专项整治　开展安全生产隐患排查治理专项行动。研究部署全县农机安全生产各项工作，制定《农机安全综合整治三年专项行动 2020 年工作要点》《仙游县农机领域安全隐患大排查大整治工作实施方案》，落实农机安全生产责任，细化农机安全综合整治行动工作方案，并以文件形式下发各乡镇，明确农机安全生产责任。开展拖拉机违法载人专项整治。组织开展拖拉机违法载人隐患排查，包括组织人员深入各乡镇田间地头开展隐患排查与整治，到全县各乡镇开展拖拉机道路交通安全执法检查，在重点路段、重点时段对拖拉机违法载人行为进行大排查，全面摸排拖拉机违法载人安全隐患，打击拖拉机违法载人行为，在检查过程中提醒未违法载人的农机手不得违法载人。

开展宣传　1 月，参加县道安办组织的开展春运交通安全启动日活动，向群众发放农机安全宣传材料。开展“农机安全生产月”活动。在农机监理窗口的 LED 上滚动显示安全生产月宣传标语，在各乡镇村道张贴横幅。6 月 16 日，市、县农机总站联合开展农机“安全生产宣传咨询日”活动，派员配合县安办在鲤中开展安全生产咨询活动，向群众分发印有农机安全宣传标语的购物袋，平安农机倡导书、农机安全警语等宣传单。全年分发安全宣传材料等 3000 份，受教育农机从业人员 600 多人次。6 月，联合市农总站在赖店镇开展农机事故应急演练，邀请乡镇医务人员演练急救知识，提高农机干部与农机手们对相关突发情况的应对能力与救援能力。

“平安农机”创建　2020 年，仙游县农机总站钟山镇开展“平安农机”建设系列活动。年末，钟山镇被市农机总站、市应急管理局授予市级“平安农机”示范乡镇称号。

（林 志 郑丽娜）

林 业

【概况】 2020年，仙游县林地面积13.32万公顷，占土地总面积的72.5%，乔木林分面积10.37万公顷，经济林（乔木经济林加灌木经济林）面积1.37万公顷，竹林面积1.09万公顷。全县森林覆盖率71.42%，森林蓄积量905万立方米。

【营林绿化】 2020年，仙游县完成植树造林1543.5公顷，占下达任务1311公顷的117.7%。完成营林机械推广示范县项目实施工作。开展义务植树活动。1月22日，在枫亭塔斗山公园举行“春节回家种棵树”启动仪式暨现场植绿活动，推动义务植树活动深入开展，全县累计参加义务植树活动54.17万人，尽责率102.21%；完成株数226.18万株，完成率105.69%。

【森林防火】 2020年，仙游县没有发生森林火灾。执行一岗双责、党政同责、失职追责。抓森林防火宣传教育，宣传车宣传1500次、张贴标语2000条、横幅900条，通过移动公司群发短信56万条，新设置215块森林防火警示牌。加强野外火源管控，发布禁火令5次。加强野外火源管控，查处各类违章用火10起，治安拘留4人，行政处罚6起。开展林区火灾隐患排查整改工作，对林区、风景名胜区、森林公园、国有林场、林区高压输电线路两侧、林中林边寺庙等重点部位、重要区域进行全方位、拉网式的风险隐患排查，共排查整改隐患61条。抓好基础设施建设。维护生土隔离带3.5千米，新建生物防火林带7公顷，在自然保护区安装23个火情预警监控探头，重点进山路口安装10个智能音箱，与铁塔公司合作在仙港大道盖尾镇莲井村路段，设置森林火灾视频监控预警试点。加强对护林员管理，利用手机定位平台对186人护林员进行跟踪定位，提高护林成效。结合精准扶贫工作，优先聘请22名贫困户担任护林员。

【林业执法】 2020年，仙游县开展“绿盾2020”、墓地整治工作、森林督查、涉林矿山整治、木兰溪综合治理、涉林扫黑除恶、打击破坏森林和野生动植物资源违法犯罪等专项行动。加强疫情防控，组织森林公安、执法大队等深入辖区加强对农（集）贸市场、超市、农家乐、餐饮酒楼等、电商平台等重点经营场所不间断巡查、突击检查等方式，督促全面禁止任何形式的陆生野生动物交易行为。2020年，出动车辆802车次，人员2748人次，检查农贸市场和超市1809家次，酒店、饭店与农家乐2688家次。向社会公布全县破坏野生动物举报值班电话并设立“举报奖励”，发挥广大群众的监督作用和参与野生动物保护的积极性。2020年，刑事立案22起，侦破17起（含积案9起）；查处林业行政案件75起，罚没71.05万元；受理涉林信访案件7起，办结7起；接到“12345”投诉件36件，办结36件。

【森林病虫害】 2020年，仙游县抓好森林病虫害防治。开展林业有害生物监测及预警工作，在全县范围内开展松材线虫病疫情集中普查。开展林业有害生物防治，累计防治舞毒蛾、天蛾、尺蠖、柳杉毛虫等食叶性害虫危害294.6公顷，利用噻虫啉、白僵菌等粉剂防治松墨天牛400公顷，挂设松墨天牛诱捕器145套，完成松材线虫病林分改造143公顷，松枯死木清理2008株。加强森林植物检疫工作，办理森林植物检疫证416份，检疫调运木材6971.31立方米。

【林业改革深化】 2020年，仙游县深化林权制度改革。促进林权规范流转和林地规模经营，提高林业效益，全年林权流转27宗，计803.33公顷。深化林业金融改革。推进林权收储担保机构规范建设，全年办理林权抵押贷款收储担保2宗，面积84.8公顷，金额240万元。创新林业经营机制。培育林业龙头企业，林业专业合作社、家庭林场等各类经营主体，新增林业专业合作社9家、家庭林场4家，上报评为市级示范社、示范林场各1个。做好集体林地承包经营权纠纷调处。发展林下经济。贯彻落实县政府加快林下经济发展八条措施，推动林下经济发展。2020年，完成林下种植33.33公顷。

【林政资源管理】 2020年，仙游县落实保护和发展森林资源目标责任制及森林指标增长情况进行检查考核，对完成情况较好的西苑乡、菜溪乡、石苍乡予以通报表扬并发放奖励金，对发生森林火灾、非法占用林地、乱砍滥伐的单位督促及时整改到位。加强林木采伐管理。全年下达人工商品林采伐蓄积指标18万立方米，完成采伐10.57万立方米。做好二类资源调查验收工作，完成全县12.88万公顷小班区划调查检查验收任务。推进重点生态区位商品林赎买等改革试点工作，全年完成木兰溪源省级自然保护区和省重点饮用水源保护区商品林赎买5宗，面积82.2公顷。加强林地管理。贯彻落实《福建省林地管理办法》，打击非法占用林地违法行为。2020年，做好重点项目林地要素保障，全县获审核审批林地项目39个、涉及林地面积52.98公顷，缴纳森林植被恢复费1353.3万元。

【林业生态保护与建设】 2020年，仙游县做好野生动植物资源保护工作。开展第24届湿地日、福建省第7个世界野生动植物日、第38届爱鸟周、第30届保护野生动物宣传月等宣传工作，累计向社会发放“世界湿地日”“野生动植物日”“两个决定”“保护野生动植物，革除滥食野生动物陋习”以及疫情防控宣传单（册）8.7万多张（册），禁止野生动物交易公告1.3万张，发送宣传短信55.6万条，新闻媒体宣传报道5篇次。

加强疫病防控，做好候鸟、野猪非洲猪瘟等野生动物保护和疫源疫病监测防控工作，全年未发现野生动物疫源疫病；开展野生动物资源救护，放生鸟类、蟒蛇等野生动物16只，移送3只猕猴到凤凰山动物园；开展执法检查，清除鸟网16张，电网2个，野猪夹20个，查处非法养殖竹鼠案2起，刑拘1人非法猎捕蟒蛇案件。加强名木古树保护。全县保护名木古树500株，其中散生古树220株，古树群21群计280株。组织开展后备名木古树普查，新发现91株古树（其中古树群4个37株），名木1株。

加强生态公益林管护。划定省级以上生态林3.72万公顷，市、县级生态公益林2173.3公顷，占林地总面积的29.5%，全年发放生态林补偿金1493万元。做好森林综合保险工作。全年完成省级以上生态公益林面积3.72万公顷和中央财政补助的天然商品林（停伐管护）面积1.9万公顷森林综合保险，做到全面参保。林农商品林参保2731.5公顷。2020年，受灾144公顷，财保公司赔款给林权所有者金额92.88万元。2020年，对2016—2017年种植20公顷红树林进行养护，对新长出的互花米草进行拔除或压埋，每亩红树林保存株数1000株以上。

推进自然保护地建设。对全县2个森林公园和1个自然保护区进行整合优化，把拟建的重点项目、民生项目、农田村庄等调出自然保护地，解决自然保护地内的现实矛盾及历史问题、保护与发展的关系，着力构建和谐的自然保护地体系。督促各自然保护地管理单位落实责任、严格保护、严把建设项目规划审批关，坚决杜绝破坏自然保护地现象的发生。

加强生态文化建设效。枫亭镇沧溪村、钟山镇朗桥村、石苍乡济川、石苍村、菜溪乡菜溪村、游洋镇天马村、鲤城街道富洋村、盖尾镇岭头村被命名为福建省森林村庄。

【自然保护区建设】 2020年，仙游县林业局推进自然保护区建设。木兰溪源保护区利用上级林业部门的支持，通过规范化的采购及工程招投标流程，木兰溪源保护区视频监控体系项目（布设野外卡口监控23台、护林员巡护终端47台、监控中心1个、无人机1架），新建仙西管护站〔建筑面积340平方米、十八股头生态风景区宣传步道（长度3千米、布设广告展板等60余个）、保护区生物多样性宣传视频、保护区防火防疫智慧音箱（8个音柱、2个野外大喇叭）等项目的建设与采购；木兰溪源保护区在省林业局的支持下采购一批防火救灾物资及森林防火皮卡车1辆，组建一支由36名正式干部职工组成的半专业森林消防队伍；按照应保尽保、实事求是、统筹平衡的原则，结合现场调查了解的矛盾冲突现状，开展木兰溪源保护区整合优化工作，对保护区内永久基本农田、成片的集体人工商品林、村庄等进行合理调出，对于矛盾冲突较大的其他耕地等进行合法按规调出及优化，确保保护区整合优化后合理完整。通过项目建设与保护区地优化整合，保护区森林生态系统及其野生动植物资源保护工作能力获得提升利用护林员地面巡护、视频监控探头、智能音箱喇叭等地面巡护措施实现保护区常态化管理时，木兰溪源保护区逐步实现“天空地”一体化的监管管理模式。2020年，开展保护区“绿盾2020”专项检查行动，通过自查木兰溪源保护区联合西苑乡人民政府拆除位于十八股头生态风景区的违规搭盖建筑1座，并责令相关责任人落实生态修复责任，“绿盾”专项的开展遏制保护区内的“两违”行为。

（林冰锋）

水利

【概况】 2020年，仙游县水利局（简称“县水利局”）完成研究拟定全县水利事业发展计划，制定相关办法监督落实；统一管理全县水资源，做好水资源费征收；打击和处理水事违法事件，调解水事纠纷；协调、指导、监督、实施全县水利建设，水土保持工作等。2020年，仙游县获省级节水型社会建设达标县。

【水利建设】 2020年，仙游县累计完成投资12.6亿元。城乡供水一体化。完成城区第一水厂迁建项目工程量的45%、赖店镇农村“一户一表”管网改造工程量的80%，仙游经济开发区水厂主体工程通过竣工验收，完成城区13个城中村管网建设及“一户一表”改造工程第一批施工招投标，并开展大济民生水厂、盖尾后井水厂、度尾水厂、枫亭溪南龙泉水厂的资产评估及审计工作。

木兰溪防洪生态景观工程 续建盖尾段、仙度段，完成堤防建设长度11.38千米，其中仙度段8.31千米、盖尾段3.07千米。

小流域工程治理 完成园庄集镇段、仙水溪后坑段、柴桥头溪（右岸）、延寿溪九鲤湖段等4个项目，基本完成沧溪郊尾集镇段、九溪仙水洋段、枫慈溪大埔段等3个项目，粗溪桥光段、粗溪菜溪象山段等2个项目完成招投标工作，治理总河长39千米。

完善移民村基础设施建设 完善郊尾镇伍狮等6个移民村生产道路硬化、视频监控、排水沟、移民休闲广场、路灯等基础设施建设。

贫困村饮水安全 实施8个贫困村饮水安全巩固提升为民办实事项目，受益人口2.2万人，256个千人以下集中供水工程全面定价，农村集中供水工程水费收缴率达到90%以上；同时新增农业水价综合改革实施面积2513公顷。

水土流失综合防治 2020年，综合治理水土流失面积1680公顷，梳理和排查县域内在建生产建设单位21家，审批水土保持方案21个。

【水旱灾害防御】 2020年，县水利局通过政府购买服务实施18个乡镇95座公益性小型水库社会化管护，推进全县公益性小型水库管理日趋规范化、专业化，开展23座水库大坝安全鉴定，实现水库大坝安全运行；汛前开展安全大检查和在建工程隐患排查；汛中落实应急水利合署办公、协同防守，防汛防台风体制机制平稳过渡；汛后将水毁项目列入水毁工程包修复计划，限期修复各类水毁设施，确保来年汛期安全度汛。针对2020年秋冬持续干旱少雨情况，多次组织有关专家技术人员进行实地察看和探讨论证，启动应急供水调配方案。根据古洋水库、东溪水库、文子水库、后井水库等库容量情况，对城区一、二水厂和东溪水厂日供水量进行调节，枫亭镇、经济开发区通过启用民安公司下辖东林山、梅岭水站应急供水处理设施供水，解决仙游中南部6个乡镇（街道）、1个开发区的用水紧张问题，采用打机井方式抽取地下水作为应急补充水源，缓解山区及平原乡镇局部缺水问题。

【水利资源管理】 2020年，县水利局开展网络区域巡查、无人机巡查及县河长办人员不定期巡查等立体巡查及督查机制，发出督办文件31份，发现并解决涉河污染问题124个。省考断面Ⅰ—Ⅲ类水质比例达90%以上，Ⅰ—Ⅱ类水质不低于近三年平均水平。

节水管理 完成企业6家、公共机构32家、居民小区8家的节水工作任务，完成2020年计划用水3.33亿立方米的下达工作。全县农业灌溉用水有效利用系数由0.558上升到0.563以上，达到节水型社会达标评价标准。

取用水监管 完成18个乡镇（街道）辖区内的取用水口排查任务，完成83个取水工程（设施）登记入库，对863个农饮、农灌及水库等取水工程（设施）进行核查登记。2020年，用水总量控制在3.1亿立方米，万元生产总值控制在51.1立方米/万元，工业增加值用水量28.56立方米/万元，确保用水总量、用水效率和水功能区限制纳污控制在目标之内。

内河整治 2020年，组织水葫芦统一打捞行动，出动人次1758余人次，设备180台，打捞水葫芦839.7吨，恢复水域面积7.63万平方米。

规费征收 2020年，征收水利规费421万元，其中水资源费177.9万元，水土保持设施补偿费231.9万元，污水处理费11.2万元。查处无证取水3起，处罚款15万元。

依法治水 2020年，开展水利行业扫黑除恶专项斗争，出动河道巡查96次，出动执法人员376人次，摸排河湖“清四乱”问题177个，整改销号177个，清理整治面积13.33万平方米，涉嫌非法采矿罪移送公安机关办理1起，查处水事案件8起，处罚款30万元；举办2场大型节水现场宣传活动，发放水法宣传资料1000份，环保宣传购物袋2000个，宣传海报100张，节水标牌1000个，通过宣传提高群众节约保护水资源的意识；联合县法院、检察院全年发出4批次

12起监察建议书，全年无违法处理水事案件和行政诉讼败诉案例。

【水利资金筹措】 2020年，县水利局争取木兰溪防洪工程、小流域治理、万里安全生态水系、小型农田水利、水保等各类资金3.76亿元，其中中央补助资金0.5亿元、省级补助资金0.43亿元、地方财政投入资金2.83亿元，推动县水利基础设施及民生项目建设。2020年，发挥县水务投资集团融资平台作用，通过直接、间接融资方式，拓宽水利投融资渠道，与国开行、农发行、农业银行、工商银行、兴业银行等金融部门沟通、对接，在前期贷款的基础上，获得农发行、工商银行、兴业银行等银行审批贷款额度19.8亿元，提款15.69亿元，主要用于木兰溪防洪生态景观工程建设和中小河流治理工程建设。通过"多渠道引水，一个水龙头放水"，倾斜向重点水利工程项目，做到水利建设有基础、改革创新有特色、资金投入有显效。

【金钟水利枢纽工程】 2020年，金钟水利枢纽工程位于仙游县北部石苍乡境内的闽江大樟溪支流粗溪的中游，水库淹没面积2.73平方千米，淹没范围涉及2个乡6个村，搬迁移民人口340人。水库流域面积200平方千米，大坝为混凝土面板堆石坝，年均来水量约2亿立方米。隧洞全线长26.34千米（一期长度13.94千米、双宝隧洞长度12.4千米）。工程总投资近8亿元。2020年，日供水量30万吨，向金莆公司和仙游城区供水9169万立方米，供水量比上年增长33.5%，直接经济效益收入4584万元。

（林慧芳）

水文监测

【概况】 2020年，仙游县水文局完成水文监测和水文资料的收集、整理和汇总工作，为国家防总及省、市、县防汛抗旱指挥部提供水文情报、预报。2020年，仙游县降水量1392毫米，折合水量25.31亿立方米，比多年平均值少21%，属偏枯水年，与多年降水量平均值相比，各乡镇雨量均偏少，水文部门实测最大点年降水量为仙游县西苑乡的前县雨量站1733.5毫米。从各个站点的年降水量情况来看，汛期（4—9月）降水量占全年降水量的比值在74.6%—80.9%之间。月降水量最大的是6月，各站点平均降水量为255.7毫米，占年降水量的20.9%。

【防汛测报预报】 2020年，仙游县主要受锋面雨及台风的影响，木兰溪支流和干流均出现小规模的洪水。木兰溪干流仙游水文站6月8日15时30分出现45.49米的年最高洪峰水位，相应流量225立方米/秒，全年木兰溪仙游水文站的径流总量2.38亿立方米，比上年少46.8%。全年发布洪水预警信号3次，向县各级防汛部门报送重要水雨情快报、洪水消息等短信100余条。

【水文服务】 2020年，仙游县推进木兰溪流域水安全、水生态、水经济建设，发挥木兰溪综合效益，打造人与自然和谐共生美丽仙游，为仙游县打造防洪减灾体系，防洪排涝防潮综合体系，提升木兰溪全流域排涝能力，提供水文技术支持。在上年与县河长办加强联动机制合作的基础上，加大专业设施设备投入，持续提高巡河效率；加大资金投入开发洪水数值模型预报系统，利用气象数据进行木兰溪洪水预报估报，将洪水预见期从不足20小时提前到2—3天，提高洪水预见期，强化对小流域洪水监测预警，拓展水文服务防汛测报预警的范围，为仙游县防灾减灾提供水文信息。

（林一杰）

工业

综 述

【概况】 2020年，仙游县成立疫情防控和复工复产小分队，抓好技改投资、创新驱动、政策对接、融资服务等工作，促进全县工业经济持续平稳发展。2020年，全县15家新投产、“下转上”进入规模工业企业名录库的，286家规模工业企业累计完成工业产值693.3亿元，比上年下降0.55%。累计完成工业增加值199.76亿元，比上年下降0.3%。完成县年计划800亿元的86.7%，完成市年计划770亿元的90%。

【工艺美术产业】 2020年，仙游县工艺美术产业拥有规上企业145家，累计完成产值288.4亿元，比上年增长1.6%；累计创税3665万元，比上年增长16%；受疫情影响，全县红木行业，特别是线上工艺品和中低端红木销售较为火爆，尤其是抖音和京东入驻仙游县，促进全县红木行业行情复苏，呈现产销两旺的局面。

串珠式核雕作品（2020）（郑 丽 摄）

【鞋服纺织产业】 2020年，仙游县鞋服纺织产业拥有规上企业55家，累计完成产值165.9亿元，比上年增长20.9%；累计创税1.61亿元，比上年减少35.5%。受疫情、国外购买力降低、东南亚新兴加工市场冲击等因素影响，多数外资鞋企生产订单不足，生产规模压缩；一些内资鞋企因受业主其他投资亏损等因素影响，资金周转较为困难，或小规模维持生产，或停产歇业。

【金属制品产业】 2020年，仙游县金属制品产业拥有规上企业23家，累计完成产值53.2亿元，比上年减少11.5%；累计创税7021万元，比上年减少4.3%。全年钢材呈倒挂趋势，一些机械装备企业因原材料价格不断上涨、成品价格利润较低。

【化工新材料产业】 2020年，仙游县化工新材料产业拥有规上企业15家，累计完成产值49亿元，比上年减少40%；累计创税9640万元，比上年减少8.7%。随着全球化工产业好转，全县工程轮胎、不饱和树脂、丙烯酸及其脂类等化工产品企业，2020年生产形势好于往年，化工企业属于大进大出类企业，生产流动资金需求量大，又囿于当前企业订

5月8日，首届陶瓷画艺术创作沙龙在仙游县土龙泉青瓷研究所举行。图为艺术家现场创作陶瓷画　（唐　伟　摄）

单增多，化工产业国内比较紧缺，出现供不应求情况，受滨海化工停产影响，该产业税收出现下降。

【仙作产业】　仙游县先后获“世界中式古典家具之都”“中国古典工艺家具之都”“中国仙作红木家具产业基地”“中国古典家具收藏文化名城”“全国红木古典家具产业知名品牌创建示范区”等称号。仙游县成为全国最重要的红木集散地之一，古典工艺家具高档产品占国内市场份额七成以上，成为引领全国红木家具市场重要的风向标和晴雨表。截至2020年底，仙游县工艺美术产业规模企业145家，实现产值288.4亿元，比上年增长1.6%，创税3665万元。该产业主要产品有古典家具、漆器、木雕、铜雕、石雕、油画及油画框等。

工业管理

【概况】　2020年，仙游县坚持动态跟踪、督促检查，协同有关部门、乡镇（管委会）督促建设单位按照工期计划、倒排工作计划、形象进度、投资目标等，组织项目建设实施。工业固投情况：2020年，全县工业投资累计完成117.56亿元，完成年度计划114亿元的103.12%，比上年增长31.33%。其中，制造业投资累计完成114.52亿元，完成年度计划102亿元的112.27%，比上年增长37.15%；技改投资累计完成79.81亿元，完成年度计划46.6亿元的171.27%，比上年增长534.38%，增长居全市第一。重点制造业项目建设情况：推动绿色纤维产业园项目、元生智汇智能终端电子产品关键技术研发及智能制造产业化项目等44个项目实现开工，元生智汇智能终端电子产品车载玻璃盖板项目、东亚DLC真空镀膜技术升级改造等16个技改项目竣工投产。

【工业园区】　2020年，仙游县继续坚持统筹规划、适度超前、集约利用，加快建设工业园区。建立政府推动与市场运作相结合的机制，拓宽融资渠道，加强园区基础设施建设，强化园区引资集聚功能，推进园区投资经营体制创新，营造效率优势、成本优势和产业配置优势，扩大产业规模，打响区域品牌，提高产业关联度和聚集度，建成集科工贸一体化、高起点、高标准、园林式、生态型的高科技工业园区，把工业园区办成全县经济发展的窗口，成为一流的工业孵化基地。以优势产业为基础，以工业园区为载体，以大型骨干企业为龙头，以优势产品为纽带，以完善延伸产业链为重点，以增强企业自主研发和创新能力为核心，以构建功能完善的公共服务体系为手段，使全县产业集中度明显提高，产业集聚力明显增强，产业的核心技术、品牌效益与营销网络优势更加明显，主导产业带动作用更加有力，产业竞争力和可持续发展能力得到全面提升，为仙游县的经济快速发展提供强有力的产业支撑。

仙游经济开发区　2020年，91家规模以上工业企业实现产值266.7亿元，比上年增长0.1%；实现工业税收2.06亿元。

仙港工业园　2020年，30家规模以上企业完成产值97.2亿元，比上年减少0.8%。创税0.31亿元。引进的元生智汇智能终端电子产品关键技术研发及智能制造产业化项目计划投资130亿元，2020年底投产。

仙游工艺产业园　2020年，22家规模以上工业企业实现产值58.1亿元，占全县规模工业总产值的8.38%；创税0.22亿元，占全县工业税收总额的4%。

【规模工业】 2020年，仙游县新投产、“下转上”进入规模工业企业名录库的有15家，286家规模工业企业累计完成工业产值693.3亿元，比上年下降0.55%。累计完成工业增加值199.76亿元，比上年下降0.3%。完成县年计划800亿元的86.7%，完成市年计划770亿元的90%。创税总额5.37亿元，与上年同期6.5亿元相比，下降17.4%，累计用电5.72亿千瓦时，比上年下降5.3%。2020年，从产值统计看，工艺美术、鞋服纺织、金属制品和化工新材料四大主导产业累计完成产值563亿元，比上年增长8.1%，占规模工业总产值的81%，仅有能源产业和造纸包装产业累计产值负增长。从用电量统计看，能源和造纸两个产业累计用电量负增长。

【工业节能】 2020年，仙游县控制能源消费总量。全县规模以上工业能源消费增量增幅比上年减少8%；完成市下达“十三五”能源消费增量增幅35%控制目标。2020年，规模以上工业万元增加值能耗0.11吨标准煤，比2015年下降19.4%。完成能耗强度下降15%目标。鑫达实业、禾欣中裕、宏海装备3家企业完成能耗在线监测企业端系统建设，建立健全能源管理体系、能源计量体系。加强重点用能单位节能管理。对滨海化工、宏海装备、抽水蓄能、日晶玻璃4家列入重点用能单位“百千万”行动管理，将企业节能目标责任考核作为加强重点用能单位节能监管、促进各项节能措施落细落实、建立节能长效管理机制的有效抓手，推进企业进一步节能降耗。

【循环经济和资源综合利用】 2020年，仙游县推进循环经济和资源综合利用，开展绿色制造体系建设。仙游经济开发区获得省级绿色园区称号，海安橡胶获得省级绿色产品供应链项目。禾欣新材料获得省级绿色工厂。海安橡胶、禾欣中裕获得省级循环经济示范试点企业。深化电力体制改革，推进售电侧改革，引导市场主体开展多方直接交易，鼓励有条件企业参与电力直接交易，降低用能成本。2020年，全县增加电力直接交易企业18家，交易量2.01亿千瓦时，节约成本420万元。

【电力运行】 2020年，仙游县开展重大节日、重大活动保供电措施，确保春节等高峰用电的电力调度工作，开展迎峰度夏，确保迎峰度夏电网安全稳定运行。开展电力直接交易活动，电力直接交易企业增加到18家，电力直接交易量2.01亿千瓦时，节约电力成本420万元。促进兴山风电场装机总容量30兆瓦发电机组投产运营。抓好配合县政府淘汰落后、环保违规企业停电断电工作。抓好仙游抽水蓄能电站生态下泻流量安装监控工作。

【充电站规划建设】 2020年，仙游县依托国网供电公司、省投资集团、市国投公司，牵头负责全县公用领域充电基础设施建设，加快建设、运营进度，保障新能源汽车充电需求。2020年，完成3个充电站（温泉路、榜头供电所、新时代），39个充电桩建设。2个充电站（枫亭明芳、枫亭万星）建设，国投4个充电站完工，累计完成投资额460万元。

【技术创新】 2020年，仙游县引导优势企业创建企业技术中心和工业设计中心，支持企业开展行业共性和关键技术攻关。推动优势企业、行业协会与中科院海西研究院、福州大学等省内外高校院所开展技术对接，依托“6·18”平台促进科技成果转化。发挥连天红、三福等省级研发设计平台的作用，引领红木工艺品和新中式家具研发，加快“仙作”产品创新。引导企业建立健全先进管理体系、企业标准体系，抢占产业发展制高点。支持业态创新，支持优势企业成立电子商务公司，促进新型商业模式与传统制造业联动。

【服务企业】 2020年，仙游县工信局开展企业走访。制定下发《仙游县工信局关于开展精准服务企业大走访活动的通知》文件，局分管领导包片，干部包企业，全局干部分2组开展企业大走访活动，了解企业复工、生产经营等情况，帮助企业了解政策、吃透政策、用活政策，协调解决重点难点问题，推动产业转型发展，密切政企合作关系。

扶持政策出台 制定《仙游县开发区改革和创新发展三年行动计划（2020—2022年）实施方案》等扶持政策，促进经济持续健康发展，稳定市场预期和投资信心。

问题协调解决 了解工业企业的生产订单、产品价格、运营资金、用工需求等情况，询问企业生产经营过程中面临的困难问题及服务需求。2020年，收集企业反映困难问题收集问题38个，解决21个，协调中17个。

惠企政策宣贯 梳理编印各级

关于疫情防控及促进企业复工复产惠企政策材料400份，分发给规模企业。编印政策解读材料100份，辅导企业用好用活产业政策，促进政策落地见效。指导倍特工艺、嘉源鞋业等18家企业获得第一批贷款贴息补助64.5万元，推荐57家市级白名单企业申报第二批受疫情严重影响和复工复产的工业企业贷款贴息资金补助，补助176.77万元。推荐福建省三福古典家具有限公司成功认定为2020年第一批福建省省级工业旅游示范基地，获得省级财政50万元奖励。指导推荐三福古典承办“八闽杯”海峡两岸大学生设计坊活动；推荐新万鑫、歌士玮、东亚机械、海安橡胶4家企业申报省“专精特新”中小企业，推荐福建中裕新材料技术有限公司申报国家级专精特新“小巨人”企业；推荐三福古典、铭天下红木申报2020年工业发展专项资金工艺美术品牌宣传奖励。坚持分类施策、“一企一策”、扶强扶大，兑现落实支持海安橡胶公司改制上市有关税收返还奖励2064.95万元，包括2018年实际入库的增值税及企业所得税与2017年基数定比增长的县级所得部分543.5万元、2019年实际入库的增值税及企业所得税与2017年基数定比增长的县级所得部分625.3万元、股权转让实缴个人所得税地方留成部分896.15万元，增强企业政策获得感和发展自信心。

强化融资支持 筛选208家中小企业列入莆田市2020年“白名单”企业名录，推荐有融资需求的“白名单”企业与金融机构和市中小企业再担保公司的联系对接，促成64家65笔（龙翔鞋业2笔）工业“白名单”企业获得信用担保贷款，担保金额2.65亿元。支持办理10家企业“过桥”转贷13笔2.66亿元。开展工业企业房地产产权情况摸底调查，协调补办华腾、艾特、新辉特等鞋企不动产登记证，提升企业融资质押能力。

2月18日，仙游县187家企业复工复产，复功率71%。图为福建东亚机械有限公司车间内，员工有序生产（郑丽 林群 摄）

【企业减负】 2020年，仙游县工信局规范涉企收费行为，清理纠正对企擅自增加收费项目、擅自提高收费标准等违规收费问题；准备按市经信委减负办要求推荐不同行业的企业参与开展企业负担调查评价工作，并落实2020年涉企保证金收费项目的清理工作，跟踪和监督各相关部门单位严格按规章办事，确保减轻企业负担有工作成效。

【国企改制】 2020年，仙游县工信局为加快推进型钢厂改制进度，成立改制领导小组，完成地块红线图测绘，土地报批拟收储，并多次与员工代表进行沟通，了解他们的思想动态，及时化解矛盾纠纷。2020年，发生上访1起，上访人数10多人，指定局分管领导和股室人员负责化解，确保不发生因单位工作失误而引发集体上访和群体事件。

【企业安全生产】 2020年，仙游县工信局组织开展安全生产专项整治活动。开展安全生产专项整治15

次，检查发现189个隐患，消除隐患189个。分别对供电公司、中石油、中石化油气管道、草山电场、九社风电、抽水蓄能、化工、民爆、工业园区等重点行业单位开展安全生产大检查。开展大面积停电事件应急演练1次，桌面推演3次；开展油气管道应急演练4次。截至2020年底，电力运行、电力设施保护领域未发现重大安全生产事故。

（陈绍杰）

2月23日，国网仙游县供电公司进企了解需求 （唐 伟 摄）

电力工业

【概况】 2020年，国网福建省电力有限公司仙游县供电公司是国网福建省电力有限公司分公司（简称“县供电公司”），担负着仙游行政区的直接供电任务。2020年，县供电公司电网覆盖全县1个街道、17个乡镇、325个建制村（社区）。

【电力生产供应】 2020年，仙游县全社会用电量24.53亿千瓦时，比上年增长4.47%，增速同比下降5.61%；供电量24.25亿千瓦时，比上年增长4.94%；县网日最高负荷473.18兆瓦，比上年减少0.1%；日最高用电量达957.09万千瓦时，比上年增长4.75%。截至2020年12月31日，国网仙游县供电公司累计实现连续安全生产6027天。电网调度实现连续安全运行8070天。供电可靠率99.91%，综合电压合格率99.99%。全国首家大面积停电事件应急体系建设示范县项目通过评审，实现政企资源共享、优势互补。

【能源建设】 2020年，仙游县域内有水电站64座（接入110千伏电网的九仙溪一至四级站、九溪电站的5座，接入35千伏电网的6座，接入10千伏电网的53座），总容量13.36万千瓦。风电厂2座（草山风电厂、九社电厂，接入110千伏电压等级），总容量6.45万千瓦。生物质能电站1座（仙游兴鸿垃圾发电厂，接入35千伏电压等级），总容量1.2万千瓦。仙游35千伏及以上输电线路37条，总长433.22千米。仙游35千伏及以上变电站18座，变压器35台，容量114.35万千伏安，新增2台主变，容量增加10万千伏安，2020年比上年增长8.75%。

2020年，福建省仙游县九仙溪水电开发总公司安全发电1.5亿千瓦时，发电收入6076万元，创税利643万元。做好防汛抗旱和供

12月3日，国网仙游县供电公司配电带电作业班首次在度尾镇后埔村成功实施带负荷更换“三遥”开关作业 （唐 伟 摄）

水工作，确保水库下游人民群众的生命财产安全和用水需求，践行绿水青山就是金山银山理念的生态文明建设，排查治理污染源，确保水库水质不受污染，按要求下泄生态水，并且跨流域引水近1亿立方米，经仙水溪注入木兰溪，提升木兰溪中下游的水质。

【电网建设】 2020年，县供电公司完成固定资产投资1.31亿元，推进仙游片区基建项目建设，相继投产110千伏海安输变电工程、福建莆田仙游钟山110千伏2号主变扩建工程、福建莆田仙游钟山T接兴山风电—庄边110千伏线路工程、35千伏钟山—游洋线路工程等4个项目，新建改造10千伏线路105千米，增容增设配变302台。改造0.4千伏线路181千米。2020年，县供电公司有220千伏变电站3座，即220千伏象坂变、220千伏盖尾变、220千伏林宅变，220千伏变电站总容量72万千伏安，110千伏变电站12座，即城关变（2×50兆伏安）、枫亭变（63+50兆伏安）、郊尾变（40+50兆伏安）、榜头变（2×31.5+50兆伏安）、鲤南变（40+50兆伏安）、大济变（2×50兆伏安）、钟山变（2×50兆伏安），昌山变（50兆伏安），下楼变（2×50兆伏安）、度峰变（50兆伏安）、园庄变（50兆伏安）、海安变（2×50兆伏安），110千伏变电总容量105.6万千伏安；35千伏变电站8座，即龙华变（10+8兆伏安）、度尾变（2×6.3+10兆伏安）、赖店变（8+6.3兆伏安）、游洋变（2×6.3兆伏安）、社硎变（10兆伏安）、五星变（3.15兆伏安）、仙东变（3.15兆伏安）、菜溪变（10兆伏安），35千伏变电总容量9.38万千伏安。

2020年国网仙游县供电公司所辖电网规模增长情况表

表4

电压等级	2020年
110千伏变电站座数（座）	1
110千伏主变台数（台）	3
110千伏变电容量（万千伏安）	15
110千伏线路回数（回）	1
110千伏线路长度（千米）	4.64
35千伏变电站座数（座）	0
35千伏主变台数（台）	0
35千伏变电容量（万千伏安）	0
35千伏线路回数（回）	1
35千伏线路长度（千米）	38.73
10千伏配变容量（千伏安）	86125
10千伏线路长度（千米）	73.41

2020年国网仙游县供电公司所辖输电线路情况表

表5

电压等级	条数（条）	长度（千米）
110千伏	23	280.38
35千伏	14	152.84
合计	37	433.22

【电力市场管理】 2020年，县供电公司落实阶段性降价政策，开展三轮次高耗能企业核查，协同物价部门清理转供加价40户，降低全县7.68万电力客户用电成本3152.32万元。放宽减容暂停期限，减轻224户企业基本电费428.42万元。开展业扩报装接电专项治理，推行“五减五优化”十项措施，精简高、低压业扩环节。成立业扩联合服务中心，实施重点项目分级管控及督办机制，2020年，完成高压送电项目129个，容量13.47万千伏安，10千伏业扩平均时长增加至53.06个工作日，比上年增长34.64%。居民智能交费占比99.42%。修订服务管控指导手册及客户投诉考核标准。2020年，榜头镇供电所通过国网五星级供电所复审，枫亭镇、龙华镇供电所保持省公司五星级供电所，郊尾镇供电所保持省公司四星级供电所，盖尾镇供电所晋级为省公司四星级供电所。

2020年仙游县及各行业用电量增长情况表

表6

项目	2020年	2019年	增长率
全社会用电总计（万千瓦时）	245348	234855	4.47%
一、农、林、牧、渔业	1925	1689	14.00%
二、工业	99516	104009	-4.32%
三、建筑业	4262	3792	12.39%
四、交通运输、仓储和邮政业	1609	1599	0.60%
五、信息传输、软件和信息技术服务业	4811	4542	5.92%
六、批发和零售业	15766	14287	10.35%
七、住宿和餐饮业	2806	2791	0.53%
八、金融业	453	447	1.30%
九、房地产业	393	234	67.86%
十、租赁和商务服务业	226	216	4.74%
十一、公共服务及管理组织	12728	11924	6.75%

【农村电力建设】 2020年，竣工配网项目272个，完成建设配变343台、10千伏线路109.9千米，改造0.4千伏线路263.9千米。公司配网业主项目部获评国网福建省电力有限公司“国网福建电力2020年配网工程优秀业主项目部”称号，指导福建永昌仙游施工项目部获评“国网福建电力2020年配网工程优秀施工项目部”称号，实现三个项目部管理模式自2018年运作以来，仙游公司优秀施工项目部零的突破。持续配电网标准化建设，高质量、高标准完成仙游小康用电示范县建设工作任务，强化质量创优意识，探索优质工程的管理方法、建设标准和施工工艺，建立健全常态工作机制，将优质工程创建融入工程建设和管理全过程，提高配电网工程建设质量和管理水平。莆田仙游35千伏游洋变10千伏金石线兴山#9变台区新建工程获国网福建省电力有限公司第三季度配电网十佳优质工程。

（陈红梅）

交通

公路建设

【概况】　2020年，仙游县通车铁路总里程7.9千米、公路总里程3248千米，其中高速公路4条108千米（8个高速互通口），国道3条31千米（含利用），省道3条109千米（含利用），农村公路约3000千米〔其中县道358千米、乡村道2642千米（含自然村道）〕。全县公路桥梁727座，截至2020年底，实施危桥改造147座。

【高速公路建设】　2020年，甬莞高速榜头互通及接线工程，总长约16.64千米（其中新建匝道长约0.79千米、连接线长约15.85千米），被列入全省乡镇便捷通高速工程项目范围，开展项目前期工作。

【国省干线建设】　2020年底，福建省普通国省道干线公路纵三线仙游境内段工程（属省重点项目之一，全长70.9千米，总投资17.9亿元），分期分段实施建设，其中，纵三线钟山湖亭至榜头上昆段约16千米，建成通车；2020年9月底，纵三线游洋双峰至钟山麦斜段7千米建成通车。2020年底，继建联十一线仙游段A11-1标段（长约1.7千米，总投资约2亿元），主体建成。

【市政道路建设】　2020年6月底，2018—2020年建设的木兰大道盖尾互通连接线（琼峰大桥），长560米，建成通车；其他路段由市城投公司负责实施，采用PPP建设模式，其中盖尾仙潭至石马段约8.1千米，2020年底完成仙潭湖坂大桥下部工程、部分预制以及部分路基工程；其余路段榜头昆仑至度尾中峰段约36.9千米完成初步设计、施工图设计等前期工作。

【农村公路建设】　2020年，仙游县开展县道仙度线X242屏山至永春界改造段约7千米前期工作，实施县道X201城游线游洋镇五星段晋级改造工程约1.64千米。2020年，全县完成新改建农村公路硬化40千米、农村公路养护提升工程375千米。

【危桥改造】　2020年，仙游县完成危桥改造8座。

3月，纵三线仙游段第一合同段完工　（郑　丽　摄）

公路养护与管理

【概况】　2020年，莆田市公路局仙游分局（简称“仙游公路分局”）完成公路投资约2234.89万元；优良路率97.8%，公路技术状况指数MQI值89.5分；安全率100%。

【公路养护】 2020年，仙游公路分局负责实施工程项目8个，总投资约315万元。完成标线工程3个：G356线K79+050—K95+000、G324线K112+000—K125+165、S213线K141+700—K156+050路面标线工程，总投资约62.78万元，工程质量合格。完成G356线K74+200—K79+050路段清灌缝工程，投资约19.3万元，工程质量合格。完成路面破碎板修复工程2个：G228线K4886+980—K4888+490、G324线K122+330—K123+120水泥混凝土路面破碎板修复工程，总投资约88.5万元，工程质量合格。完成桥梁特检项目，投资约94.12万元，工程质量合格。完成公路视频监控租赁服务采购项目，投资35万元，工程质量合格。

【公路许可】 2020年，仙游公路分局行政许可所组织上路巡查61天/220人次，组织联合整治行动23次/89人次。清理堆积物101处6230平方米、拆除违章682处4512平方米；纠正、制止占用污染公路54起、摆摊设点69起、堆放物品73起、打场晒粮26起、种植作物42起、违法设置非公路标志640起；办结路损案件2起，收取路损赔偿费2.66万元；办结协议式管理案件10起，收取公路赔（补）偿费3万元。

（许文斗）

公路运输

【概况】 2020年，仙游县有客运企业2家，客运班线12条，车辆46部，其中省际班线1条2部，市际6条23部，县内农村客运5条21部；1家旅游包车客运企业，车辆10部；普通货运企业34家，车辆1827辆；危险品运输企业1家，车辆5部、6个罐车；一类维修企业3家，二类维修企业12家，三类维修企业8家；驾驶员培训学校15家。投入使用的一级客运站1个（仙游汽车站），2级公交枢纽站场（仙游县公交总站）1个，3级公交枢纽站场（大蜚山公交首末站）1个，4级公交枢纽站场（仙游县火车站公交枢纽站）1个。

【客运】 2020年，仙游县客运55万人次，旅客周转量1.85亿人千米。全市交通综合行政执法部门查处仙游县辖区违章出租汽车3辆次，其中按规定列入考核计分的出租汽车有3辆次；按规定列入考核计分的驾驶员有3人次。均按照规定进行考核计分，列入出租汽车服务质量考核体系。

2020年，仙游县有3座公交场站，分别是仙游公交总站、大蜚山公交首末站和仙游火车站公交枢纽站。公交车辆104部（其中纯电动新能源公交车98部、LNG清洁能源公交车4部、燃油公交车2部），开通17条公交线路，线路辐射县11个乡镇、1个街道办事处，基本实现县城周边经济强镇的公交全覆盖，受益群众近100多万人。

公交线路 601路（县行政中心—龙华镇金沙村）；601路（象运支线：仙游宾馆—祥林山庄）；602路（仙游工艺博览城—大济中学）；602路（古濑支线：大济中学—古濑村）；603路（仙游糖厂—赖店镇樟林村）；606路（县政法组团—赖店溪埔）；608路（海亭嘉苑—盖尾镇斜尾村）；609路（县行政中心—县第二医院）；610路（县行政中心—莆田协昇体育用品公司）；611路（海亭嘉苑—榜头岭下村）；612路（县行政中心—仙游火车站）；615/655路（仙游客运站—度尾云居村）；618路（仙游公交总站—园庄镇）；619路（仙游公交总站—瑞峰工业园）；621/651路（仙游公交总站—仙游火车站）；622/652路（县行政中心—仙游火车站）；631/658路（园庄镇—仙游火车站）；632/659路

8月，大蜚山公交首末站建成并投入使用 （县交通局 供稿）

（枫亭汽车站—仙游火车站）；633路（盖尾镇政府—昌山新路）。

大蜚山公交首末站建设 2020年8月，大蜚山公交首末站建成并投入使用。

【货运】 2020年，仙游县货运901.46万吨，货运周转量9.1亿吨千米。

【交通市场管理】 2020年，仙游县查处违规违法案件317件，行政处罚226.91万元。办理驾驶员培训签章1.59万人次，其中小车驾驶员1.27万人次，摩托车驾驶员3179人次。

【交通安全管理】 2020年，仙游县排查治理隐患道路运输企业141家次，排查一般隐患350项，及时整改率和检查率均100%。全年约谈企业6家（客运、货运企业各1家，驾培企业4家）。

（蔡璟玥）

铁路运输

【概况】 2020年，仙游（枫亭）火车站客流量184.96万人次，月客流量15.41万人次，日平均客流量5053人次，节假日高峰期客流量约1.58万人次。

沧溪边防派出所工作人员在火车站核查旅客防疫信息（2020）

（唐伟摄）

【火车站广场建设】 2020年11月15日、11月26日、12月9日，仙游县火车站管理处分别对仙游火车站一期进站路、二期进站路和凯天悦府周边路灯进行全面排查测试，更换36个灯罩，恢复4盏路灯照明。持续对接相关工作，做好1+N项目工作，做好每个月的绿化及卫生保洁考评，管理处指定两名干部对该项目的实施做好监管及跟踪工作。

【火车站广场管理】 2020年，仙游县火车站管理处要求协警队员在岗在位维护好火车站广场的秩序，特别是在重大节日及特殊敏感时期，保证地下通道来往车辆的畅通，确保旅客出行便利，增加安全检查工作，开展进出站安全检查和广场巡逻巡查，提升旅客安全感。

2020年，站前广场地下停车场可实现停车240辆，全年地下停车场收入33万元。按照地下停车场收费管理，规范火车站站前广场有序停车，加强车辆管理，杜绝部分车主乱停放及长期占用车位等现象，改善火车站交通通行秩序。修订完善收费管理制度，严格收费员及国有资产监管，新增对执行公务的军（警）车辆、喷有执法标志的行政执法车辆、消防、救护、抢险救灾车辆、市政抢修维护车辆、环卫、殡葬车辆以及持合法证照残障人员亲自驾驶的车辆以及新能源汽车，24小时内首次停车2小时（含）车辆免收停放服务费的服务。

（郑榕雪）

邮政 通信

邮政业

【概况】 2020年，中国邮政集团公司福建省仙游县分公司（简称“仙游邮政分公司”）总收入1.07亿元，寄递2374万元，函件269万元，报刊421万元，集邮317万元，增值业务139万元，分销收入390万元，代理金融收入6579万元，其他业务收入217万元。

【邮政网络】 2020年，仙游县邮政网络由邮路和揽投段道组成的实物传递网络。邮路分为省干线邮运及福州邮区邮运邮路、市内转趟邮运邮路；揽投段道包含城市、农村普遍服务投递段道和揽投段道、专揽段道和机要通信段道等。

邮路 2020年，干线邮运邮路保持不变。县内转趟邮路4条，其中自办邮路3条，委办邮路1条。

段道 2020年，城区揽投段道58条，普遍服务投递段道16条、包裹快递段道32条、专揽段道8条、汽车段道1条和机要通信专投段道1条。农村邮件投递段道79条，里程2165千米。

3月2日，中国邮政集团仙游县分公司实行零接触服务，教材送到家服务。图为工作人员在分拣教材 （陈国孟 摄）

【邮政设施】 2020年，仙游县邮政分公司拥有生产用车16辆，其中8吨邮车1辆、5吨邮车2辆、1.25吨1辆、机要车1辆、面包车9辆、电动汽车1辆人、委办汽车1辆。城区揽投车辆52辆，其中二轮摩托车2辆、二轮电动车18辆、三轮电动车32轮。农村投递电动车辆54辆，其中枫亭16辆、榜头15辆、赖店7辆、盖尾5辆、郊尾5辆、度尾6辆；农村投递摩托车辆18辆，其中龙华6辆、钟山1辆、游洋2辆、石苍1辆、书峰1辆、社硎1辆、菜溪1辆、西苑2辆、园庄3辆。

2020年，邮政生产用房1.36万平方米。城内邮政生产用房6899平方米，农村支局所邮政生产用房6609平方米。

（陈萍萍）

通信业

【概况】 2020年，仙游工信局引导各运营商加大全县通信基站建设、光纤入户建设、有线宽带覆盖等线路布置，为全县提供便利的通讯基础。支持推荐企业上报相关项目补助和评定。指导推荐东亚机械、日晶玻璃、龙虎山等12家工业企业申报“上云上平台”，获得省、市级资金补助94万元。

三大通信运营商按照仙游县政府重点工程的具体部署配合，推进通信技术设施建设进度。2020年，完成端口建设9.52万个，基站543个，其中5G基站有210个，累计完成投资额1.7亿元。配合各级政府完成建设项目红线内“五杆一管”（西一环公路建设、环山公路建设、仙港工业园建设）迁移整改。

【中国电信仙游分公司】 截至2020年底，中国电信股份有限仙游分公司（简称“仙游电信公司”）各类电信用户数约有62余万，其中固话用户约12万户，手机用户约29万，家庭宽带用户约16万。2020年，公司获得福建省总工会颁发“福建省五一劳动奖状”；获得“第十四届省级精神文明单位”；获得由仙游县人民武装部颁发“民兵装备预征重点单位”。

移动电话 2020年，开展4G补盲及5G建设的推进工作，完成4G基站调优建设47个，新增建设验收5G基站120个，5G的BBU机房改造3个，为室外基站开通提供支撑。

互联网业务 2020年，完成LAN固定IP 新装/移机186条、双端数字电路新装/移机103条；配合完成信用社6个离行式网点网络升级改造；开通18个乡镇的纪检专线；配合市公司完成仙游烟草10个点位的监控VPN开通工作；完成18条乡镇卫生院视频会议STN电路开通工。完成城南M6000等核心城域网设备上联中继2条扩容，优化枫亭MEN60E板卡端口，涉及4套城域网设备中继优化。完成6套OLT通过OTN进行双路由改造，调整优化12条中继，OLT万兆扩容10条。配线光缆建设AP延伸扩容1029单约98千米。新增H端口2.1万端口。

ITV业务 仙游电信公司自开办IPTV业，其以宽带为传输网络，融合多种先进技术，通过电视机向用户提供直播、点播、回看、游戏等多媒体、交互性等节目内容的先进数字电视。截至2020年底，天翼高清全县到达数10.6万户。

互联网+业务 仙游电信公司持续推进以“云”平台为核心的智慧政务、智慧经济、智慧民生等领域信息化应用。2020年，拓展音箱超200个，其中游洋镇在2月疫情期间，统签全镇音箱50个；打造智慧校园，包括智慧校园考勤系统、智慧校园消费系统、智慧校园基础管理系统等；推进计算机云的应用，在教育行业推进云桌面，云安全等信息化项目；基于5G网络高速传输能力，拓展大型会议、5G云直播市场，2020年上云核数新发展950核，云安全方面累计新增15条。

（伊瑞霞）

【中国移动福建公司仙游分公司】 2020年，中国移动通信集团福建有限公司仙游分公司（简称“仙游移动公司”）完成投资9000万元，建设平原乡镇5个全业务汇聚机房，开通4G基站124个、5G站点89个，优化4G信号深度覆盖，实现5G网络县区全覆盖，开展5G三期前期工作，为数字仙游提供高速、高质、高效的基础网络信息服务。全县村（居）百兆宽带覆盖325个，覆盖率99.6%。2020年，仙游移动公司获福建省安康杯竞赛先进单位、莆田市五一劳动奖状、2020年垂管单位绩效考核奖等称号。

服务感知优化 2020年，落实“满意服务365—服务篇”系列活动、本地“寻找10分满意的您”评价有奖活动，强化与客户互动；线上线下加大各类攻略、宽带五项承诺、服务整体形象等，提升感知。年度线上宣传91期；围绕4G、宽带、营业厅和政企四个商业过程开展互联网问卷调查，2.32万人次参与互动，满意度99.19。

加强营业厅、渠道、客户经理、社区经理、网格经理五大触点满意度关怀，发放1.2万张服务小卡片；持续加强费用质疑压降管控，引导下载“八闽生活”App 900余次，提升资费满意度；通过暗访体验、专项流程穿越、客户经理、网格经理走访、营业厅客户拦访及第三方电话调查等方式，开展基础服务数据采集，寻找服务差距，形成9个专项的对标报告，推进劣势维度提升。

制定标准化的服务动作，提升装维上门、专项上门、营销接触、微信接触等触点服务能力，收集服务质优、质差案例（预约、故障预处理、上门服务），树立服务标杆网格、社区经理，正向引导；建立网格、社区经理服务评估体系及末尾待岗机制，从“不满意工单、重复投诉、万投比、触点引导”等维度，建立服务评估体系，连续末位人员待岗，实现服务满意度压力传递；开展场景式网慢处理技能培训，搭建常见用户侧网慢场景，开展场景式技能培训，提升一线社区经理解决品质问题的能力，确保家宽装维满意度99%以上。

服务地方项目建设 2020年，配合仙游县政府工程部署，先后投资1000余万元，完成建设项目红线内“五杆一管”游洋天马村管线下地、度尾中岳街杆线下地、盖尾衫尾街道杆路迁移等迁移。全县污水管网改造过程中，公司配合各级政府部门推进地下管网的看护及必要迁移工作。为仙游大型活动提供通信应急保障，先后完成仙作文化节、仙游法院直播、西苑前溪发呆节等活动现场通信保障。

2020年，投资100万元助力仙游平安建设。针对全县盖尾镇、鲤城街道和书峰乡警用视频小区补强。建设仙游紫檀南街、东福路、东榜路与东大道交叉路口信号灯及电子警察抓拍系统；建设仙游县城区、盖尾、榜头、枫亭高速公路匝道卡口探头及光纤联网。完成福建木兰溪源省级自然保护区视频监控体系建设，通过远程通信监控各个自然保护区路口的高清监控，实现信息化手段保护仙游的“金山银山”。仙游移动公司致力于服务各个行业信息化项目需求，为加快推进“信息化仙游”建设添砖加瓦。

2020年，发挥信息化专家的优势，先后助力教育、医疗、制造业等各个行业的信息化提升。疫情间建设全县乡镇政府及医疗应急人员的视频会议系统；建设盖尾、大济隔离点的视频监控系统；打造仙游县委组织部人才驿站平台，通过信息化应用集合人才及企业资源为一体，为市民和企业提供便利；建设仙游县智慧城管平台，提升城管执法的信息化无纸化应用；建设仙游县华侨中学一卡通系统；建设仙游县惠民中西医结合院及仙游慈康医院的医疗信息化平台；助力日晶玻璃制品有限公司生产管理系统企业上云上平台。

（陈慧敏）

【中国联合网络通信有限公司仙游分公司】 2020年，中国联合网络通信有限公司仙游分公司（简称“仙游联通公司”）落实省公司、市分公司和县政府部署的任务目标，贯彻国家“网络强国”“互联网+”行动计划、“宽带中国”等战略，覆盖、使用体验佳的高速移动通信网络，加快各类应用云平台的建设，推广移动互联网、云计算、大数据等信息技术的普及应用，为“数字福建”“智慧莆田”“数字乡村”城市建设提供网络保障。

业务发展 2020年，提速降费方面，仙游联通公司坚持“以人民为中心”的服务理念，落实提速降费政策。降低中小企业宽带与专线平均资费，实现互联网专线资费降幅28.6%，企业宽带资费降幅24.5%。降低移动网络流量平均资费。通过冰激凌、流量王等大流量产品的主推，以“畅越计划+权益”的优惠模式对传统套餐用户实施填充，实现流量资费的降幅。落实精准扶贫、精准助残工作。保障地板价资费，优化4G爱心套餐、专属扶贫套餐；对接扶贫办及残联，根据目标用户属性精准施策。推进套餐的规范设置，简化在售套餐种类。通过产品收敛，形成以冰激凌、流量王、互联网产品、宽带融合产品为主的四大产品体系，公众市场在售产品总数由原82个精简为现存62个，降幅24%。推进完善资费公示，确保用户能自主查询在售套餐内容。

转型创新 仙游联通公司推进“二次创业”，围绕“聚焦重点、提升能力、做大规模、协同发展”的工作要求，抓云网融合营销模式转型，带动创新业务规模化突破、高质量发展。消费互联网BG坚定落实“三次转型”，聚焦消费互联网市场、全量市场和家庭互联网市场，围绕发展、维系互联网化、支撑服务互联网化，深化互联网化运营转型，带动基础业务稳中求进。

网络保障 仙游联通公司丰富5G应用和业务优势。以行业应用为牵引，探索5G创新业务和建设新模式，确保行业领元，抢占5G先发优势。聚焦重点区域，根据用户投诉和市场热点提早布局的准备工作，加快4G深度覆盖区域的网络补强。持续推进PON+LAN提速落实宽带提速，提升用户感知。

（郑兰兰）

商贸服务

【概况】 2020年，仙游县三产增加值完成242.11亿元，比上年增长7.5%；社会消费品零售总额完成348.92亿元，比上年减少3.6%。限上批发零售业商品销售额完成423.3亿元，比上年增长91.7%。限上消费品零售额完成54亿元，比上年减少11.1%。限上住宿餐饮业营业额完成3.5亿元，比上年减少16.1%。

【城市副食品产销】 2020年，仙游县有省、市副食品基地6家（其中生猪养殖基地3家，蔬菜种植基地2家，蛋禽养殖基地1家）。2020年，仙游县商务局对接省、市城市副食品基地，了解各基地产销情况，指导副食品基地加强管理，提高生产水平，落实生猪定点屠宰制度，确保全县生猪定点入场宰杀、无害化处理、保障出场销售肉品品质合格率100%，协助屠宰场完善产品质量安全保障体系，落实生猪入场检查和肉品出场检验制度，建立生产企业诚信档案和屠商信用档案。加大市场监管力度，打击私屠滥宰，保障仙游县副食品供给充足。

8月3日，仙游县食品公司的生猪定点机械化屠宰场项目正式投入运营，日屠宰量1000头/天，提高仙游县生猪屠宰行业综合水平。

【农贸市场建设】 2020年，仙游县有农贸市场15家，大型超市9家。推进城区农贸市场、城内农贸市场、农产品批发市场等农贸市场的新建和改造。抓食品安全，结合城市考评，在城区农贸市场中开展“食品安全”活动。

2020年1月，城区中心农贸市场完成部分招商，投入使用。农产品批发市场完成招商，并于6月1日投入运营。

【成品油市场监管】 2020年，仙游县有成品油经营企业36家，其中中国石化17家、中国石油8家、民营企业11家。2020年，联合县应急管理局、市场监督管理局等有关单位每个季度对相关企业进行安全检查，监督指导各个成品油经营企业落实安全生产制度，规范计量标准。

【再生资源管理】 2020年，仙游县有从事再生资源回收加工企业40多家、从事深加工企业5家，主要以废金属、废塑料、废橡胶和废玻璃等工业废弃物的回收加工为主。

1月1日，城区中心农贸市场投入试运营。图为顾客选购新鲜水果

（唐伟 摄）

【全闽乐购促消费】 2020年，仙游县以“全闽乐购·爱上仙游”促消费为主题，结合传统消费旺季和重点节假日，实施覆盖餐饮、购物、文化、旅游、娱乐、休闲等重点领域的促消费行动，每月开展1期促消费活动。活动期间，仙游县投入财政资金1040万元，完成核销金额1032.98万元，核销率99.3%，直接撬动消费6773万元，吸引2000家商户参与。

【物流业】 2020年，仙游县有注册登记运输、货代物流企业34家，货运车辆约1200辆，个体车辆约1300辆。其中获得AAA级评定的物流企业6家，AAAA级物流企业1家，还有盛辉、顺达、京福等外地著名物流企业也在县内设立办事处拓展业务。仙游县对接省内外先进经验，出台扶持政策，鼓励物流企业以参股、控股、兼并、合作等形式进行资产重组，着力扶持一批核心竞争力强、规模较大的物流企业做强做大。鼓励仙作物流园、鸿昌物流、亚运交通、海丰仓储物流、乐商等具有一定规模和发展潜力的物流企业，依托物流集团，实现物流资源有效整合，强强联合。

【餐饮服务业】 2020年，仙游县住宿餐饮业增加值9.64亿元，比上年减少6.7%。限额以上商贸企业226家，其中餐饮服务业企业12家，占5.31%。

2020年9月30日至10月5日，莆田市商务局与仙游县政府在仙游县美食城共同举办的“全闽乐购·仙游美食嘉年华文化节活动”，最后由仙游县商务局确定参与商户248家，以莆田市“百家餐饮名店”和台湾特色小吃为主。活动期间，

5月18日，城西中心小学等6所学校推进课后服务工作，提升教育服务水平。图为餐饮配送企业规范打包餐盒 （郑云林 摄）

仙游县为17家餐饮企业颁发莆田市“百家餐饮名店”牌匾。活动参与30多万人次，营销售总额650多万元。

【电子商务】 2020年，仙游县限上电子商务企业105家。2020年，实现电子商务交易额90亿元，增长超32%。仙游县连续6年位列全国“电商百强县”。2020年，榜头镇坝下社区等27个村获得“淘宝村”称号，新增后堡村等12个村获得“淘宝村”称号。仙游县8个乡镇获得“淘宝镇”称号。其中，榜头镇连续六年获得“淘宝镇”称号，度尾镇等6个镇连续两年获得“淘宝镇”称号。

2020年，京东（仙游）数字经济产业园投用3万平方米，上线全球工艺美术品展示交易公共服务平台，园区登记注册企业600多家，在线京东店铺300个（其中红木家具67个，工艺品105个，油画7个，其他121个）；引入MCN机构5家，直播间66个，全网达人号55个，进驻办公企业超200家，日均人流量2000人次以上；累计接待国家、省、市、县各级领导接待考察团125场，参访人数1800多人次。累计实现线上交易额20亿元；线下成交累计保有量预估80亿元；为企业在线上其他第三方平台运营，提供线上技术指导、内容策划、定向导流等加持，促成交易保有量20亿元，B2B平台交易额超100亿元。

2020年，仙游县有农村淘宝镇级和村级服务站点20个（其中镇级站点天猫优品服务站10个，农村淘宝村级服务站点10个），完成交易订单5.49万笔，完成交易2021.35万元。部分站点陆续由农村淘宝服务站升级为天猫优品站，鲤南镇、大济镇、龙华镇、榜头镇、赖店镇、盖尾镇、鲤城街道开设镇级服务站。

2020年6月，莆田快手直播基地在仙游环球工艺城落户，入驻商家超300家，月销售额2000万以

9月，仙游县人民政府副县长郑文炉（左一）和抖音电商珠宝文玩行业运营高级经理王柯（右一）为仙游抖音电商直播基地授牌

（县商务局 供稿）

上，月销售额保持稳中有升。2020年9月，仙游抖音电商直播基地分别在中国古典工艺博览城及度尾海峡艺雕城落户，入驻商户762家，开设直播间1344间。累计销售额1.13亿元，日销售额872万元，日发货量8.3万件，直接从业人员超5000人，基地销售额双月比上年增长100%。

【现代服务业招商】 2020年，仙游县围绕现代商贸、现代物流、平台经济、总部经济、软件信息、现代金融及其他类项目（房地产业等）等产业集群建设，对接项目68个计划总投资额262.04亿元，其中策划项目11个（现代商贸2个、总部项目3个、现代物流2个、现代金融1个、其他项目3个），计划投资额23.48亿元；洽谈项目24个（现代商贸10个、平台项目1个、总部项目4个、现代物流3个、其他项目6个），计划投资额181.8亿元；签约项目16个（现代商贸7个、总部项目4个、现代物流3个、其他项目2个），计划投资额32.5亿元；在建项目3个（现代商贸2个、现代物流1个），计划投资额7.56亿元；投产项目14个（现代商贸7个、平台项目3个、总部项目2个、现代物流2个），计划投资额16.7亿元。

出台优惠政策，助力活动招商 做好“六稳”工作，全面落实“六保”任务，在抓紧抓实抓细抓到位上下功夫，克服新冠肺炎疫情带来的不利影响，出台直播经济、白名单企业等方面的优惠政策，制定《仙游县加快产业带直播发展促进电子商务提升行动方案（2020—2022年）》，推动电商直播等数字经济蓬勃发展，稳定在仙企业发展，助力现代服务业招商。及时兑现补助资金，及时下拨75家企业162.35万元三产专项资金，全额兑现“2018年新增企业县级配套资金”158万元。2020年，举办首届仙作文化节、“品两岸美食・庆盛世金秋”为主题的“全闽乐购・仙游美食嘉年华文化节”、第八届中国（仙游）红木家具精品博览会暨首届油画博览会（线上）等线上、线下活动，融合推进仙作产业经济、直播经济、地摊经济、夜间经济等逆势而为，促进仙游地域活力创新发展。

强化数字赋能，促进产业融合 推进数字产业化、产业数字化，引导数字经济和实体经济深度融合，推动经济高质量发展。引进具备良性产业链条的优质企业项目，打造数字新经济产业业态，推动“数字招商、产业赋能、创新孵化”的数字经济产业发展模式落地。3C产业园运营项目借助项目运营商专业化园区运营水平，利用深圳仙游籍电商、电子元器件龙头企业资源，

9月21日，仙游首届共享直播挑战赛开幕。图为活动现场

（县商务局 供稿）

吸引优质企业入驻3C产业园，共同运营、以商招商，通过市场化运营，形成龙头企业带头入驻，推动企业集聚、产业集群，约定三年内实现100%入驻，产值五年内达30亿元。天纵阿里巴巴（仙游）淘宝直播基地，组织发动度尾及全县红木产业相关企业加入淘宝直播基地申请机构，形成新的聚集效应，做大做强网上人气聚集和销售规模，为全县红木产业转型升级加速发展带来新的动力与机遇。

招引行业龙头，扩大带动效应 通过招引行业龙头企业，推动龙头企业示范带动工程，招引现代服务业重点产业链龙头企业及其核心配套企业，强化产业链招商。华峰物流供应链项目拟在经济开发区新增用地6.67公顷，以华峰集团为龙头，作为绿色纤维产业园配套物流供应链；万全速配供应链项目，通过招引永辉集团旗下项目，发挥龙头带动效益，招引产业链大中小企业聚集。居然之家建材新零售项目，通过引入居然之家品牌，与本地企业合作，盘活莆田市辉特体育用品有限公司六幢建筑物，改造为“大型家居建材零售卖场”，占地5.47公顷，建筑面积6万平方米，投入运营，吸引众多中高端家具建材品牌完成入驻。

链接产业上下，形成聚集效应 通过招引上下游优质企业入驻产业园区，推进园区形成完整产业链和产业集群，形成产业新兴业态。京东数字经济产业园，通过招引电商经济、直播经济类项目，形成由京东集团与福建省仙作运营有限公司共同筹建仙游直播中心，引入京东、淘宝、抖音、快手等各大直播平台主播入驻，服务入园企业和全县工艺美术企业，建设1万平方米的5G直播应用示范基地，实现5G信号覆盖，推广4K级视频直播+红木家具直播；继而与北京字节跳动合作，引入专业的运营商，在中国古典工艺博览城、度尾镇海峡艺雕城等地落户仙游抖音电商直播基地，建立集优质电商供应链、主播孵化、产品检测、规则制定、信息发布于一体的标准化电商产业基地/直播园区。点钢科技ESteel电商项目，由东铭集团发起建立“ESteel”（点钢网），主要运用云计算、物联网、大数据、区块链、人工智能等新一代信息技术，面向黑色行业客户提供渠道扁平的全产业链一站式服务的工业电子商务平台项目，实现“贸易先行，渠道营销”。

（辜建清）

2020年，中盛发——海鑫农产品电商物流博览园项目洽谈

（县商务局 供稿）

物流快递

【概况】 2020年，仙游县邮政行业业务总量累计完成5.65亿元，比上年增长8.26%；邮政行业业务收入累计完成2.87亿元，比上年增长13.2%，其中快递服务企业业务量累计完成2114.6万件，比上年增长13%；业务收入累计完成1.94亿元，比上年增长15.56%；投递量累计4471.81万件，比上年增长59.11%。

【邮政行业贡献】 2020年，仙游邮政管理局服务乡村振兴战略，发挥快递网络优势和自有电商平台销售优势，带动仙游特色产品触网外销，支持鼓励快递企业研发对农产品的特制包装，开通绿色通道，突出打造“快递+四大名果”示范项目，为邮政快递企业与乡镇政府、农业合作社、供销电商等牵线搭桥，搭建产、销、运对接合作平台，拓宽果品销售渠道，降低新冠肺炎疫情对传统枇杷销售模式的影响，助推仙游枇杷销售，助力果农“战疫”、增收。2020年，全县“快递+四大名果”示范项目累计寄递102.3万件，实现快递收入984.09万元，累计服务产值4125.58亿元。

服务制造强国战略。2020年，全县“快递+制造业”示范项目累计寄递781.61万件，实现快递业务收入5273.38万元，累计服务产值14.29亿元。其中，“快递+工艺美术品”累计完成业务量201.27万件，实现快递收入2725.24万元，服务产值2.19亿元；“顺丰+仙作”累计完成业务量2.4万件，实现快递收入520.76万元，服务产值2.4亿元；“快递+鞋服”累计完成业务量577.94万件，实现快递收入2027.38万元，服务产值9.7亿元。

10月21日，县邮管局开展快递从业人员警示教育宣传培训
（县邮管局 供稿）

【助力疫情防控】 2020年，仙游邮政管理局第一时间成立疫情防控领导小组，部署开展防疫工作。协调解决行业运行面临的防疫物资购置难、车辆通行难、快递末端投递难等问题，骨干企业坚持春节不打烊，保障疫情期间民生物资、防疫物资的运送。仙游县爱心捐赠新疆玛纳斯县一批价值12万元“仙游造”防疫物资，局领导协调帮助解决物资运送问题，指导邮政公司开通绿色通道，将防疫物资送往新疆玛纳斯县。2月10日复工复产后，建立疫情防控常态化工作机制，线上线下相结合，持续开展执法检查，做到防疫隐患早发现、早报告、早处置。《快递从业人员新冠肺炎疫情健康防护指南》《疫情防控期间营业网点操作规范》等规定得到有效落实。全行业落实中央“六保”“六稳”决策部署复产复工，在短期内达到全部开工，在疫情期间为仙游县经济社会发展提供物流支撑。贯彻落实市局出台的相关政策文件，按照市局梳理汇编的国家、省、市相关扶持政策，指导企业开展税费减免申报，落实中央“六保”“六稳”决策部署。

【行业服务】 2020年，仙游邮政管理局对接县委、县政府及相关部门，组织仙游县快递企业负责人，由县政府副县长带队赴浙江桐庐、奉化进行快递发展情况调研。调研回来之后多次进行企业座谈，最终促成仙游县蓝图共配中心项目落地实施。该项目总投资1000万元，占地面积约6500平方米，建设面积约5000平方米，主要用于快递快件分拣，最大处理量可达3.5万票/时，日均最高可达40万票。蓝图共配中心于12月中旬开展试运行。

6月1日，由福建省国通公司研发的“邮快”合作应用系统在仙游邮政县域处理中心测试上线，标志“邮快合作”项目正式启动运行，促使乡镇快递进村入户，降低城乡流通费用。12月18日上午，仙游邮政分公司再次与仙游县蓝图配送服务有限公司（四通一达县域共配中心）合作签约，双方将在仙游县书峰、石苍、社硎、菜溪、西苑5个乡镇开展全面合作。年底，仙游县已通快递的建制村209个，快递服务覆盖率75%，其中直投到户的行政村188个，约占总数的68%。平原乡镇如榜头镇、大济镇，基本实现其下辖行政村直投到户。

【行业监管】 2020年，仙游邮政管理局先后组织开展《中华人民共和国安全生产法》《中华人民共和国固体废物污染环境防治法》《快递暂行条例》《邮政业寄递安全监督管理办法》《邮件快件绿色包装规范》等涉及行业政策法规的宣贯培训，通过局微信公众号及时更新行业最新政策法规及解读，并结合日常执法检查、许可实地核查等深入寄递企业营业及处理场所开展普法宣贯。

提高行业绿色发展水平　通过宣传贯彻《邮政业寄递安全监督管理办法》、行业生态环保相关政策法规标准等方式加强行业生态环保工作宣传，倡导绿色寄递，践行生态环保理念。结合行业工作会议、安全生产检查等，督导寄递企业推进行业生态环保工作，推进落实国家邮政局9792工程，督促企业按照国家标准实施绿色采购，使用瘦身胶带、可循环包装袋、环保填充物。2020年，仙游县邮政业电子面单使用率超过99.82%，其中因涉及公检法机关及个别特殊需要用纸质面单外，其他邮件快件使用纸质面单的情况基本销声匿迹。电商件不再二次包装达到93.2%，瘦身胶带使用比例提升到91.96%，循环中转袋使用率提升到90.29%。

开展普遍服务，落实民生民事 督促邮政公司继续加强基础台账管理，用好建制村直接通邮App，加强投递打卡考核力度，将监测数据作为衡量各地农村通邮服务质量的重要指标，加强对投递打卡情况较差建制村的实地检查，重点检查农村投递频次达标和5千克以下包裹投递到村情况，上半年建制村打卡比例日均稳定在99.5%以上。

加强安全监管应急情况 规范快递市场秩序。按照市局部署，配合市局联合县公安机关持续开展快递市场秩序整顿“铁腕行动”，打击无证经营和超地域范围经营行为，全年关停网点14家次。加大市场监管力度。根据工作安排开展日常执法检查；利用网格化平台线索开展精准执；建立远程视频巡查机制，定期开展巡查工作；结合重大节日节点以及上级工作安排，开展专项执法检查；督促企业建立并落实快件抽检制度；落实许可企业安全员履职月报制度并按时上报市邮政管理局；以疫情防控和安全生产专项行动为契机，开展日常检查和专项检查。1—12月，开展执法检查50次，联合相关部门开展执法检查6次，检查寄递企业和网点171家次，出检人员416人次，下发责令整改提醒函15份，立案处罚5起，处罚金额4.5万元。开展远程视频巡查228家次，发现问题29个，全部整改到位。加强部门联合监管。强化部门合作，根据工作安排与榜头镇、郊尾镇联合开展疫情防控专项检查；与森林公安开展打击非法寄递珍稀濒危野生动植物及制品专项督导检查；联合消防、交通局开展消防安全专项检查；配合市邮政管理局开展各类执法行动。

推进“网格化+寄递安全”管理工作 《莆田市“网格化+寄递安全”管理工作规范（试行）》得到落实，按期按规范处理网格事项。仙游县委书记及中央扫黑除恶督导组先后调研仙游邮政管理局“网格化+寄递安全”监管模式。2020年，“网格化+寄递安全”平台采集信息1042条，包含26条无效信息，采集有效信息1016条，其中涉及179条隐患信息。根据平台隐患信息，逐一进行核查，督促企业整改到位。

8月5日，县邮管局联合消防、交通检查邮政公司分拨中心
（县邮管局 供稿）

邮政快递电动三轮车规范管理工作 邀请仙游交警大队有关工作人员，组织辖区内各快递品牌负责人，召开邮政快递专用电动三轮车规范管理座谈会，了解快递企业的上牌需求与难题。对接仙游交警大队，协调车管所为快递企业开通上牌业务。只要符合快递电动三轮车行业标准及工信部产品目录范围的邮政快递电动三轮车，在统一外观标识、办理保险的前提下，均可向车管所申请挂牌。持续跟踪快递电动三轮车上牌进展情况。2020年，仙游县邮政快递企业164辆电动三轮车完成上牌，具备合法上路的身份。

治理末端违规收费 深入偏远山区快递末端服务网点进行暗访检查，并纳入日常监管。畅通申诉渠道，强化社会监督。安排专人及时对接“12345”平台转办的申诉件，保障及时处理快递用户举报、投诉。推进“快递下乡”，推进从根源上解决末端违规收费问题。开展“邮快合作”模式，完成5家企业5个乡镇签约。截至2020年底，未再收到这5个乡镇相关末端违规收费投诉。落实快递下乡政策补助，报请市局审核通过仙游百世、仙游中通贫困村设点补助申请。

督促企业执行安全监管制度

情况　组织企业负责人及安全管理人员参加市局举办的专项工作培训班，提升企业安全管理人员安全技能。在日常检查工作中督促企业严格落实安全教育培训制度，做到先培训、后上岗。落实执法检查治理机制。结合行业分类分级监管，把开展日常执法检查、远程视频监控巡查和寄递渠道涉枪涉爆隐患集中整治、重大节日及重大活动期间安全专项执法检查结合起来，保持安全执法检查的常态化。督促企业落实主体责任。完成2020年安全员备案，坚持实行安全工作月报制度和安全员履职月通报制度。定期评价专职安全员履职情况，以督促安全履职推进企业主体责任落实。根据市局修订的《莆田市平安寄递业考评办法》，完成辖区内全部企业实地测评，在年底结合日常检查和企业安全员履职情况进行综合评分，完成2020年企业安全评定工作。

专项整治工作开展情况　推进涉枪涉爆专项整治工作。通过召开仙游县寄递安全管理工作联席会议、仙游县邮政业安全生产工作会议，深入部署寄递渠道涉枪涉爆隐患集中整治专项整治。召开寄递渠道涉爆物品培训，组织开展收寄、分拣环节发现疑似爆炸物品应急演练，提升企业安全技能和防范能力。开展安检人员培训班，对常见各类禁寄物品作了图像分析解读。推进涉禁毒反恐工作开展。组织寄递企业开展邮政业禁毒知识专题培训，通过观看禁毒宣传视频及普法教育培训，提高从业人员藏毒的识别能力、禁毒意识、守法意识。印制禁毒知识手册，以图文并茂形式详细介绍各类毒品形式，提高企业防范意识。推进扫黄打非、打击侵权假冒、野生动植物保护等专项工作。举办“扫黄打非”工作培训班，讲解“画像法”掌握及运用技巧。联合森林公安部门组织召开专门培训班，现场发放濒危野生动物及其制品宣传图册，提高企业辨识能力。组织300名一线快递从业人员参观仙游县榜头镇保护珍稀动物宣传教育基地，参加现场警示教育活动，提升企业法律意识。

应急管理工作开展情况　开展全县寄递企业安全员培训班，组织企业学习《安全生产事故应急条例》，从应急预案演练、应急救援队伍、应急物资储备、应急值班值守等方面进行更深层次的学习。督促寄递企业完善突发事件应急预案和专项预案。开展邮政业突发事件应急演练，提升企业收寄、分拣过程中遇到涉爆物品处理能力，督促各企业开展突发事件应急演练。微信群发布台风、暴雨等异常天气预报，提醒企业与员工做好应急措施，保证安全工作落实到位。

服务质量监测　召开服务质量提升与发展会议，对用户不满意的申诉案件进行通报，督促企业提升服务质量。集体约谈服务质量问题突出、申诉量高的企业。对用户申诉突出问题进行深入分析，并向各快递企业着重强调《快递暂行条例》中对于快递服务的有关规定，要求各快递企业按有关落实整改。为规范末端投递服务，维护消费者合法权益，全面开展快递末端服务违规收费清理整顿工作，结合日常监管，对快递企业网点违规收费情况进行动态监管，宣传贯彻快递服务国家标准有关规定，突出重点开展执法检查。维护民利，实施“放心消费工程”。指定专人处理快递服务申诉，及时受理、办理用户申诉。2020年，通过“12345”平台及市局转办诉求件受理消费者申诉90余件，平台及时回复率100%，满意率100%。

（兰丽仙）

对外经济贸易及港澳台贸易

【概况】　2020年，仙游县新增对外贸易经营者35家。外贸企业主要涉及鞋革、工艺品、化工、按摩器材、金属制品、食品、服装纺织、医疗用品、综合贸易等行业，其中仙游县外贸出口仍以重点行业鞋革为支撑；进口企业主要以铁矿石、钢材采购为主。

【进口贸易】　2020年，仙游县各大洲均有进口，主要分布在亚洲、欧洲、非洲、拉丁美洲、北美洲、大洋洲一带，以澳大利亚、加拿大、东盟居多。进口商品涉及矿产品、鞋革原材料、纺织原料、机电设备、食品、塑料、橡胶制品、金属制品、木制品等，其中以进口矿产品、橡胶制品、机电设备、鞋革原材料、纺织原料居多。

【出口贸易】　2020年，仙游县外贸出口主要涉及鞋革、工艺品、化工、按摩器材、金属制品、食品、服装纺织、医疗用品等行业，以重点行业鞋革为主。各大洲均有出口，主要分布在北美洲、欧洲、亚洲、拉丁美洲、大洋洲一带，以美国、欧盟、英国、东盟、加拿大居多。

【外资利用】　2020年，仙游县参加外商投资信息报告的外资企业103家。外资主要来自东南亚国家，欧美较少（仅成联包装外资来自美国）。外商投资信息报告 10 家。全县实际利用外资 15.44 万美元，实现上年零的突破。利用外资主要集中在农业、教育咨询服务和工程设计行业。

【重点外贸企业扶持】 2020 年，仙游县推荐东铭矿业等 5 家关联企业纳入省级重点外贸增量企业项目库，实施“一企一策”扶持措施，帮助协调相关部门在进出口退税、通关、商检、外汇等方面提供相应便利化服务，扶持壮大仙游县的铁矿石、钢材进口贸易。2020 年，东铭矿业等 5 家企业进口额超 20 亿美元。

开展重点帮扶，仙游县外贸出口有所突破。下沉一线，指导企业复工复产，宣传解读省、市出口信保、融资贴息、外贸贷、出口转内销等稳外贸政策措施，引导小微外贸企业通过福建国际贸易“单一窗口”投保 2020 年出口信用保险，并帮助协诚鞋业、协胜鞋业、新协胜鞋业等“白名单”鞋类企业获得政府性融资担保款，海安橡胶获得进出口银行福建省分行有关外贸专项贷款政策支持；组织申报省、市各级支持外贸发展奖励补贴，及时兑现省、市、县各级外贸扶持资金累计超 1000 万元；指导 6 家防疫物资出口企业成功列入医保商会公布的防疫物资“白名单”（非医用口罩 5 家、医用口罩 1 家），开辟防疫物资新市场；组织企业参加各类线上推介会、外贸云展会、广交会，支持企业通过线上洽谈接单，持续扩展多元化市场。引导出口企业转内销，鼓励辉特体育用品、新协胜鞋业加大自主品牌建设，对接天猫、京东京喜、拼多多等知名电商平台拓展内销市场并成功入驻进行线上销售，组织参加线上促消费系列活动，利用首届“福建好鞋网购节”“8·18”全闽乐购节等平台，帮助外贸企业打响自主内销品牌知名度。

【仙游港澳台经贸合作】 2020 年，仙游县引进 6 个农业项目落地报批，利用资金 5010 万元，由台商投资。台商主要以自带资金和其他不同方式注资，发展甜柿、牛樟、嘉宝果系列等特色产业为主。与台湾农业的合作、升级，提升园区建设水平和发展环境，促进仙台农业合作交流，为建设“宜业宜商宜居”的美丽仙游添砖加瓦。受各级稳外资政策鼓舞，上年落地仙游县的港资企业莆田金高峰服饰有限公司 2020 年到资 100 万元。

（辜建清）

粮食流通

【概况】 2020 年，仙游县粮食工作以落实粮食安全行政首长责任制工作为抓手，围绕全县中心工作，贯彻落实国家有关粮食政策和省、市、县关于粮食工作的部署，完成各项年度目标任务。

【粮食安全行政首长责任制考核】 2020 年，仙游县粮食安全行政首长责任制考核工作成功，在莆田市对县（区）的考核中，被评为优秀等次，考核总分名列全市第一名。通过全面落实粮食安全行政首长责任制考核任务，提升县粮食安全保障水平。

【储备粮食管理】 2020 年，仙游县加强储备粮管理，确保储备粮储得进、管得好、调得动、用得上，完成市政府下达的储备任务，开展好县级储备粮年度轮换工作。2020 年，仙游县轮出县级储备粮总数量为 7461.71 吨，轮进新粮原粮 7342.79 吨，开展粮食收购、销售出库、春、秋季粮食库存等专项检查工作，储备粮数量真实，质量良好，储备粮宜存率 100%。完善粮食仓储设施，全年投入资金 76 万元用于县中心粮库科学保粮和锦田仓库修缮 2 个项目建设，增添科学保粮设施设备，应用现代科学保粮技术，保障粮食安全。

【订单粮食收购】 2020 年，仙游县为保护农民种粮积极性，做好农民余粮收购工作。通过制作宣传专栏、悬挂横幅、张贴标语、发放宣传单、报纸、网站、电视台等线上线下宣传方式，宣传收购政策。为方便农民售粮，县粮食购销公司在赖店镇设立粮食收购点，提前准备仓容，设立便民服务点，做好服务工作，收购农民余粮 542.79 吨。落实粮食收购资金，县粮食购销公司向农发行贷款政策性粮食收储和轮换资金 2444 万元，地方储备粮财政补贴总额 1025.87 万元，满足仙游县粮食储备需要，支付农民售粮款 131.36 万元，粮食直补款 13.03 万元，杜绝农民卖粮难、“打白条”等问题。

【粮食安全生产】 2020 年，仙游县围绕粮食系统不发生安全事故的工作目标，按照“严排查、严整治、严监管”要求，持续开展安全生产大检查工作，组织检查组 24 个，派出检查人员 42 人次，排查发现隐患 12 项，落实整改隐患 12 项，整改率 100%。强化粮油仓储安全管理工作，按照储粮安全技术规范和“一规定两守则”要求，加强粮油出入库、储存作业、消防安全等环节管理，确保储粮安全和生产安全。强化资产及出租房日常管理，建立健全国有资产管理机制，完善管理制度和台账，时时更新，实施动态管理。定期或者不定期进行资产巡查，防止资产受风雨影响倒塌、资产被侵占。加强出租房日常巡查，避免出现电路老化等安全问题。加强应急管理，做好应急队伍建设、预案更新、应急演练等工作，提升应急能力。开展地震应急演练、消防应急演练、粮食熏蒸作业应急演练活动，通过应急演练活动，提高县粮食系统安全生产事故应急救援能力。

【粮食应急体系建设】 2020 年，仙游县完善粮食应急体系建设，在各乡镇确定粮食应急供应网点 18 家，应急加工企业、储运企业各 1 家，保障粮食市场供应不脱销、不断供。开展粮食应急演练和粮食质量安全事故演练，提高粮食应急处置能力。抓好粮食价格信息监测和预警，及时掌握市场动态，全县确定价格监测点 3 个，定期监测粮食市场行情，全县抽选固定居民调查点 83 户，开展社会粮油供需平衡调查，对辖区内所有纳入粮油统计信息系统的企业加强管理，确保统计数据真实可靠。疫情期间，快速应对大米抢购风波，出台粮油保供稳价十条措施，启动平价商店，每日对粮油市场动态加密监测，确保全县粮油市场平稳有序、库存充足、价格平稳。

【粮食质量监管】 2020 年，仙游县做好粮食质量监管工作，完善粮食质量安全监管制度，加强超标粮食管控，出台超标粮食处置管理办法。开展县级粮食检测机构改革工作，将县粮油食品质量监测站职能划归县粮食局并加挂县粮油食品质量监测站牌子。完善粮食质量安全监管制度，开展粮食库存检查、原粮质量及原粮卫生检查、地方储备粮检查等专项监督检查工作，压实企业粮食质量安全主体责任，全年完成质量抽检 176 份，合格率 98.3%。

（余丽伟）

供销合作

【概况】 2020 年，仙游县供销合作社联合社（简称“县供销社”），围绕“三农”工作大局，深化供销社综合改革，做好农资供应保障工作，响应政府号召统筹防疫物资采购、管理，助力复工复产保障生活必需品供应。围绕乡村振兴实现新发展，提升网络体系质量，以现代流通方式改造建设一批农产品生活馆；推动企业转型升级，落实农村人居环境治理工作部署；服务农产品畅销衔接，以“仙游供销”品牌为亮点，以仙游县特色农副产品为主推，通过电商平台把仙游县各乡镇区域特色的农产品及农副产品销往全国。坚持服务导向、发挥综合优势，助力脱贫攻坚，会同扶贫办运营好“扶贫 832”平台，对接单位开展团购，优先采购贫困村、贫困户农副产品，累计助销 42 万元；仙游县供销社总公司代持“破壳消薄”资金投资运营，增加贫困村经济收入；落实帮扶责任，2013—2020 年底，落实帮扶资金 91 万元，推动村级集体经济的发展和挂钩村基础设施建设的完善。

2020 年，实现销售总额 34.75 亿元，比上年增长 16.4%，购进总额 34.25 亿元，比上年增长 19.6%；实现利润 2468 万元，上缴税收 1820 万元。

【农资备耕服务】 2020 年，仙游供销系统响应、坚决服从习近平同志为核心的党中央统筹疫情防控和经济社会发展的决策部署，落实省、市联社和县委、县政府工作部署，全力抗击疫情，保供应、促春耕、惠民生。完成农资冬储各种化肥 5700 吨任务，做到“保质供应、保量应市”，在疫情期间稳定农资市场价格，确保春耕生产，配合县农业局，在赖店镇开展农资科技扶贫暨送肥下乡活动和放心农资下乡进村宣传周活动。

【抗疫保供】 2020 年，县供销社响应县疫情防控物资征调令，截至 9 月，采购入库口罩 840 万多个，体温计 2070 支，消毒液、酒精等 1.12 万桶，手套 12.57 万付、防护服 1.89 万套，护目镜 102 个，红外测温仪 3 台，鞋套 2.1 万个等防疫物资；仙游县供销社与县疫情防控指挥部医疗物资保障组联合推出线上口罩购买服务，全县增设 12 个“供销防疫物资供应服务点”，供销全系统 120 多名干部职工参与，以政府指导价累计发放口罩 801.19 万片；在封闭管理期间，确保各基层社经营网点平价足量供应粮油果蔬、肉禽蛋奶等生活必需品，维护农村市场稳定；全系统发动捐款捐物，累计善款 3.15 万元，筹集 84 消毒液 2000 升、干式荧光免分析仪及一次性乳胶手套

1500 双等防疫物资，物、款总价值 16.55 万元。

【特色农产品推介】 2020 年 1 月 16—19 日，县供销社参加福建省供销社在福州冠亚广场举办的福建省首届供销年货嘉年华活动，通过摊位展示仙游县特色农产品、农副产品，并向全省人民介绍来自仙游的特色美食。

【助力乡村振兴】 2020 年，开展为农服务体系建设，参与实施乡村振兴战略，健全完善农资、农副产品、日用消费品、烟花爆竹、再生资源回收利用、合作金融服务等综合服务网点建设，巩固供销社在城乡商品流通中的主导地位和桥梁作用。做好农村农民农资供应保障，落实农村人居环境治理，服务农产品畅销衔接，落实帮扶责任助力脱贫攻坚，代持“破壳消薄”资金，助推农村经济发展。

【供销企业】 2020 年，仙游县供销投资集团有限公司配合仙游县疫情防控指挥部医疗物资保障组做好防疫物资采购及入库管理工作，采购口罩、体温计、消毒液、酒精、手套、防护服、护目镜、红外测温仪、鞋套等防疫物资，先后按成本价供应全县 2705 家企业和 53 个机关单位防疫医疗物资。2020 年，该公司拓展业务，与中能国粮（福建）国际贸易有限公司、上海敦厚供应链管理有限公司、万洋鸿海（上海）金属有限公司及丰城市丰博金属贸易有限公司分别合作乙二醇、生铁、电解铜、白银及铝棒等贸易业务，销售于省内、省外，实现总销售额约 2.59 亿元。

2020 年，仙游县再生资源回收利用有限公司完成再生资源回收交易量 7.44 万吨，交易额 1.16 亿元，创税 1400 万元。该公司利用再生资源服务网络，参与农业面源污染防治，打造乡村绿色生态服务体系，完成钟山、游洋再生资源回收利用网点建设，开展废旧农膜回收、资源化处理。2020 年，完成废旧农膜回收、处理 45 吨。

2020 年 5 月，仙游县振兴乡村农产品有限公司完成省级“新网工程”项目，按照改造提升标准改造总面积 369 平方米门市为“仙游供销振兴乡村农产品生活馆”。该馆以“互联网＋实体”、连锁经营、物流配送等现代化农产品流通为主营的综合服务中心，设立党建引领区、信息共享区、扶贫 832 平台采购区、直播间、便民服务区、办公与经营仓库区六大功能区；以现有销售网络为基础，集农产品、农副产品、日用消费品、图书批发零售、快递寄存便民服务站点等为一体的展示厅，实行连锁经营。

（黄建清 张月莹）

2 月 23 日，仙游县市民可通过县供销社平台预约口罩。图为在各个供销社分点，市民排队领取口罩 （彭丽程 摄）

烟草专卖

【概况】 2020 年，莆田市烟草专卖局仙游分局〔简称“仙游烟草专卖局（分公司）”〕内设机构设置和名称发生变更，增加党建工作办公室。全年卷烟销量 3.9 万箱，比上年增长 0.33%，基本与全市持平；实现销售总额 12.23 亿元，比上年增长 2.86%；实现税收 2.59 亿元，比上年增长 1.18%，位居全县第二位；利润总额 1.74 亿元，比上年增加 582 万元；人均创利税 486.93 万元。

【卷烟营销】 2020 年，仙游烟草分公司坚持“总量控制、稍紧平衡、增速合理、贵在持续”的调控方针，创新推进营销网建工作。是年，条均价 141.6 元，比上年增长

1.64%。零售客户盈利水平和满意度提升，卷烟经营信心增强。

品牌培育　2020年，坚持拆条营销，回收条盒11.55万个；深化宴席营销，重点发力传统节日和地方民俗活动，全年开展宴席营销活动388场；开展“优品会”活动43场，累计辐射消费者215个。探索线上营销，开展纯境中支创意文案评比和线上推广活动；开展“鼓浪扬帆杯”游戏竞技大赛活动，为新品宣传发声；持续推进主题营销，全年开展古田（金中支）和七匹狼（鼓浪扬帆）主题营销活动47场。省产重点培育品牌市场状态整体向好，主销牌号市场价格全面溢价，社会库存逐步消化，省产高端卷烟较快增长。2020年，省产一类烟销售3147箱，比上年增长7.4%。占一类烟比重的32.48，比上年提升0.97个百分点。省产高端烟销售312.82箱，比上年增长115.99%，其中七匹狼（古田金中支）销售卷烟176箱，比上年增长83.32%。

网建基础　2020年，推进新零售项目，建成上线新零售试点客户37户。推进文明吸烟环境建设，主动参与地方政府城市建设大局、融入文明创城工作，结合环卫部门文明创城需求进行合理规划，为仙游主城区置换文明吸烟设施，累计投入垃圾桶720个，建设吸烟亭1座，成为仙游城区靓丽风景线。推进示范终端建设。贯彻落实市公司《主题营销示范终端建设实施方案》要求，做精做实示范终端，投入建设资金近34万元、新增建成示范终端19户，累计建成82户。建成一家新零售示范店暨海晟合作商户，建设成果被评为莆田市示范店建设第1名，并在12月全省网建会上得到展示。

客户经营升级　应对新冠肺炎疫情带来的影响，全体营销人员落实线上服务行动方案，探索“云拜访”“直播带货”“线上宣讲”等新举措、新路子。复产复工后开展规范经营、品牌培育、非烟推广等线上、线下结合宣讲活动，率先举办贫困客户直播带货爱心专场、联合海晟开展非烟直播专场等。全年累计开展客户宣讲活动178场，覆盖客户达90%以上。2020年，客户满意度评分93.41分，客户盈利率14.77%，为历史最高水平。

销售规模扩张　率先试行仙游市场非烟分销模式，探索建立非烟商品购销接洽、信息反馈、价格管控机制。开展卷烟非烟一体化经营，将省产高端卷烟与非烟商品融合推广，强强联合、优势互补。组织开展营销人员非烟培训会1场次，客户品鉴会20场次，参与客户185人次，提升非烟商品知名度和美誉度。2020年，累计788户客户订购非烟商品，累计订购金额395.26万元，非烟覆盖率17.53%，人均销售14.65万，非烟销售总额、户均和人均销售额均排名全市第一。

【烟草市场管理】　2020年，仙游烟草专卖局保持打假打私高压态势，从严治理卷烟非法流通行为，维护卷烟市场良好秩序。全年查办各类案件239起；涉案卷烟1.9万条，总案值477.57万元；查办5万元以上大要案件37起，总案值392.13万元；刑拘15人、逮捕8人、取保2人、判刑8人。其中，突破两个首例，破获仙游专卖局历史以来首例自主收集、自主研判、自主收官的由一则微信牵出2起超百万的案件；侦破莆田市专卖局历史以来首例由举报人演变成犯罪嫌疑人的并涉及两个罪行的“复杂”案件。

抓综合治理　推动地方党委、政府将打假工作纳入社会综合管理，向地方扫黑办推送涉黑、涉恶、涉乱信息1条，并成功破获。与仙游县社会治理网格化中心联合建立联防联控监管机制，深化打假打私综合治理体系。强化“烟草+”公安、法院、检察院、邮政、市管、海警等各执法单位形成常态化的联动机制，全年与公安、巡特警、高速等部门联合开展市场巡查180人次，查获案件16起；与县市场监督管理局出动320人次，联合查处无证经营案件58起。

防违规经营　完善事前监督机制，通过专卖内管信息预警系统开展预警调查，以数据分析比对为参值，深入剖析预警产生的原因。构建外流防护网，差异化监管重点客户，牵住“牛鼻子”；通过举报有奖宣传和培养信息点，广布“千里眼”；通过专销协同运用经济和行政双向调控，切断“外流源”；通过大户集体约谈，以案警示形成震慑，导向“诚信心”。落实事后监督，执行“一案双查”制，查明外流卷烟所属区域、涉及的零售户，制定有效措施及时整改，促进客户规范经营。

盯市场监管　开展市场清理整治、防范真烟外流等专项治理工作。对全县83户一次以上的违规户，开展亮“黄牌”活动，突出警示宣传教育，引导诚信、规范经营。持续加强物流寄递企业监管。2020年，查获物流寄递环节涉烟案件30起，比上年增长1400%，涉案卷烟21.69件，案值30.86万元，其中5万元以上案件1起，移送公安机关1起。联合县市场监督管理局开展电子烟市场专项检查，做到警示标语“全覆盖”，排查网上发布的信息“全下架”，实体店及学校周边零售户“全约谈”。开展海岸港口监管，与莆田海警局仙游工作站联合签订打击海上涉烟违法犯罪活动合作协议，针对4.8千米海岸线的沿线群众、2个靠岸港口、62艘船只及周边村庄开展宣传活动。

跟行政服务　2020年，落实行政审批改革要求，持证率（全县卷烟零售客户除以全县总人口）5.24‰，新办零售户238户，基本实现在4个工作日内即可完成从申请受理到入网的整个流程。征求社会各层面意见，重新修订《烟草制品零售点合理布局规定》，优化合理布局。围绕“搭建平台、数据‘跑路’、窗口升级、机制创新”工作思路，构建“智慧型”的行政服务体系，在全省范围内首家实现“掌上预约、掌上审批、掌上查询”，实现由原来群众“申请跑多趟”向“最多跑一趟”甚至“一趟不用跑”的效率优化。

（王诺雯）

旅游业

【概况】　2020年，仙游县旅游部门围绕创建国家全域旅游示范区，实施仙游城市品牌工程建设，多方位多角度塑造仙游城市形象品位，推进仙游县资源大整合、景区大提升，确保仙游县旅游工作实现健康、安全、秩序、质量“四统一”的目标。

【旅游项目建设】　2020年，仙游县推进文化旅游品牌创建工作，获评首批福建省全域生态旅游示范县。创成金牌旅游村2家（济川村、中岳村），三星级乡村旅游村2家（四黄村、朗桥村），省级乡村旅游村3家（岭下村、卓泉村、古濑村）。仙水洋景区获评省级体育旅游休闲基地，创成国家AAA级旅游景区2家（仙水洋景区、绿源名贵植物园），评定国家AA级旅游景区2家（济川村风景区、三福红木文化产业园）。新改建旅游厕所10座。其中，3座为重点景区公厕、7座为农村公厕。

【旅游产业融合】　2020年，仙游县投入650万元建设九鲤湖智慧景区（一期）系统建设项目，包括前端视频监控、景区IP紧急公共广播系统及背景音乐系统、SOS紧急求助报警系统、应急指挥中心调度显示系统、景区Wi-Fi无线式覆盖系统、智能防火预警系统、新媒体互动系统，景区的Wi-Fi无线覆盖和新媒体音乐互动系统，能够为九鲤湖景区营造更好的游憩氛围，提升游玩感受。建设祥林山庄研学基地。祥林山庄所处的象林村历史悠久，地理环境特殊，有着浓厚的茶文化、农耕文化、民俗文化和国学文化，有大面积大棚蔬菜种植、传统古屋“林氏祠堂”“山里坑”水库风光等优质的教学资源，均可供学生研学实践教育拓展需要。祥林山庄结合自身资源优势，以茶文化为主，农耕文化和传统文化为辅，面向中小学生开设研学活动。山庄推出特色茶文化研学活动，学生们通过对茶叶知识的学习，亲手实践采摘茶叶和茶叶加工，帮助其加深对茶文化和自然生态的认识，促进对本地的乡土乡情和传统文化的认识。鼓励和扶持仙游县内重点旅游景区与古典家具，合作建设红木特色民宿，民宿的装修布局、住宿设施均以红木为主题元素，让游客在住宿过程中亲身体验红木家具的功能和品质。菜溪岩景区与鲁艺集团合作建设的“鲁艺·闲云客舍”民宿项目。

【文旅产业招商】　截至2020年12月，征集招商项目信息30余条，包含仙游大剧院、仙游美食城、仙游县旅游集散中心、原度峰糖厂文创园、钟山中学文化旅游研学基地、仙游温泉康养小镇、书峰乡“峰上云宿”民宿旅游项目、仙游游乐场等招商项目。打造“推进、储备、策划”三级项目库，至2020年底，项目库招商项目26个，总投资额度58.36亿元。其中，推进项目11个、储备项目7个、策划项目8个。

【旅游行业管理】　2020年，仙游县旅游主管部门强化假日旅游安全准备工作。提早召开专题会议部署春节、清明、“五一”国际劳动节、端午、中秋、国庆等假日旅游工作，对全县各旅游单位进行全方位、细致、深入地安全检查，并配合景区进行交通疏导。强化宣传引导工作。利用网站、公众号、LED等平台设立安全生产宣传栏，宣传安全生产法律法规和安全常识，在各星级饭店、旅游景区开展旅游安全宣传工作。开展旅游安全专项整治活动。县文旅局牵头，联合安监、公安、市场监管、交通等部门，成立旅游市场安全检查组，开展旅游包车客运安全、旅游道路交通安全等专项整治活动。按照中央、省、市、县针对疫情防控的决策部署，指导督促涉旅企业做好疫情防范工作，确保疫情期间旅游行业疫情防控常态化，继续实施“预约进景区”“景区接待不超过承载量30%”“防疫措施必须人物到位”等防控措施。

【景区选介】 2020年，受新冠肺炎疫情影响，累计接待游客95.5万人次，比上年下降87.29%，主要景区实现门票收入1295.5万元，比上年下降57.96%。其中，九鲤湖景区接待游客31.31万人次，比上年下降66.76%，实现门票收入899.6万元，比上年下降61.18%；菜溪岩景区接待游客11.9万人次，比上年下降52.68%，实现门票收入223.6万元，比上年下降63%；仙水洋景区接待游客9.71万人次，比上年下降35.7%，实现门票收入172.3万元，比上年下降47.38%。

九鲤湖风景区 2020年，九鲤湖管委会下属仙游县旅游开发总公司被市总工会授予“2020—2022年度市级青年文明号”称号；被莆田市总工会授予“工人先锋号”称号。受新型冠状肺炎疫情影响，九鲤湖景区全年游客接待量近35万人次，门票收入890万元。

2020年，九鲤湖管委会投入60万元，实施九鲤湖祈梦堂提升改造；投入80万元，新建望仙台八卦观景平台；投入360万元，建设九鲤湖应天阁禅修中心。

2020年1月25日至4月7日，受新型冠状肺炎疫情影响，景区实行闭园管理。4月8日，景区恢复开放，坚持以防为主，统筹疫情防控、安全生产及旅游市场秩序等。按照县委、县政府的部署要求，抓实抓细各项防控措施，严把入口关，入园实行预约、限流等管控措施。游客购票全部实名线上预约购买，并做到健康码认证常态化、定期消杀常态化、流量管控常态化。鼓励游客错峰旅游。引导游客佩戴口罩，间隔排队入园，严防人员聚集；重要游览点、车辆等候点等重点区域实行流量管控；每日对景区各个角落进行全面消杀，公共场所保持通风。九真观祈梦楼及母婴室等室内场所暂停对外开放。九真观创新祈福祈梦模式，疫情期间推出网上、线上实名远程祈福祭祀。

2020年，九鲤湖管委会整理出版《九鲤湖历代古诗1000首》《九鲤湖摩崖石刻》《鲤湖记》《九仙文化》会刊，以及编纂《九鲤湖志》等九仙文化丛书。邀请20团近千家全国各地莆田商会企业家到九鲤湖参观考察，创新旅游营销，提升九鲤湖知名度。

菜溪岩景区 2020年，受疫情影响，菜溪岩景区接待游客10万人次，比上年下降60.4%，实现门票收入180万元，比上年下降70.22%；仙水洋景区接待游客人数8万人次，比上年下降47.02%，实现门票收入80万元，比上年下降75.57%。

2020年，仙游县鲁艺集团投资3000万元，租赁菜溪岩景区服务楼、餐饮中心设施以及景区周边民房5000平方米，集中打造集红木工艺家具体验和高端旅游住宿于一体的红木民宿项目，设房间42间。截至12月，完成第一期装修，并投入使用。

2020年，仙水洋景区招商引进福建省绣球花卉科技有限公司绣球花新品种研发基地项目，总投资1.5亿元，占地20余公顷，分三期在仙水洋景区建设集绣球花新品种研发、种苗培育、盆花、鲜切花、花海等项目。总投资3000万的仙水洋酒店项目完成项目前期土地招拍挂工作。投资900多万元的漂流驿站项目开工建设。

2020年，菜溪岩管委会挖掘景区自然、人文特色，强化宣传，制作宣传画册《一片菜溪》《传奇的仙水洋》等旅游宣传书籍；拍摄制作《醉美仙水洋》专题宣传片；组团参加全国和省、市组织的旅游旅交会、旅博会等各种旅游宣传推荐会。

（严崇豹 林一青 谭常斌）

教育 科技

教 育

【概况】 2020年，仙游县教育局持续深化教育改革创新，推进教育补短板项目建设，改善学校办学条件，强化教育教学管理和教师队伍建设，推进素质教育，开展督政、督学、质量监测工作，促进各类教育均衡、协调发展，教育教学质量稳步提升，教育发展水平不断提高。

【学前教育】 2020年，仙游县有幼儿园165所（县直幼儿园16所、儿童活动中心1所、乡镇独立中心园15所、持证民办幼儿园133所），在园专任教师2160人（公办629人，民办1531人），学前三年在园幼儿3.32万人（公办园1.69万人、民办园1.63万人）。创建市级示范园3所、评估验收县级示范园6所。投入140多万元，为教育补短板新办幼儿园购置教学仪器及教玩具等设备设施。建立健全省级示范园与薄弱幼儿园、民办幼儿园联动帮扶机制，发挥其示范、辐射、引领作用，确立以公办乡镇中心园为主，辐射管理辖区内民办幼儿园，提高幼儿园保教质量。规范民办幼儿园办园行为，实行民办幼儿园准入制度和年度审核制度，对138所持证民办幼儿园进行年检、定级评估，查处无证民办园6所。优质园的总量和普惠性幼儿园覆盖面不断扩大，公办幼儿园在园幼儿数占比达51.02%，认定61所民办幼儿园为普惠性民办幼儿园，普惠性幼儿园覆盖率89.29%。学前三年幼儿入园率98.3%，基本普及学前三年教育。

【义务教育】 2020年，仙游县有初级中学32所，九年一贯制学校8所，专任教师2917人（公办2293人、民办624人）；初中在校生3.65万人（公办学校2.47万人、民办学校1.18万人）；小学215所（中心小学17所、县直小学7所、基层完全小学167所、教学点20个，莆院附属实小1所，民办小学3所）；专任教师4474人（公办4355人、民办119人）；在校生7.86万人（公办学校7.49万人、民办学校3688人）。创建61所“义务教育管理标准化学校”（55所中学、6所小学），省级合格小规模学校19所。投入80多万元，为教育补短板新办小学购置教学仪器及办公设备设施。开展中小学教学常规管理评估、教学视导，加强中小学教育科研，创新教研模式，开展网络教研，在线教研等，提升教研时效。研究名校与薄弱校挂钩帮扶方式，发挥名校、优质学校资源的辐射作用，培育第一道德中学等课堂教学改革样板校8所，组织开展送教下乡、专题讲座等活动，促进义务教育均衡发展。我县获得莆田市“2019—2020学年普通初中教育教学优质管理奖”。

【特殊教育】 2020年，仙游县有特殊教育学校1所，教师31人，学生102人。投资55万元用于完善学校实训综合楼周边配套工程，投资20万元添置学校录播室设备采购，投资80万元采购学校实训综合楼电梯设备2部，通过验收并投入使用。改善特殊教育资源结构，落实福建省第二期特殊教育提升计划，进一步摸清适龄残疾儿童少年底数，做好未入学适龄残疾儿童组织入学工作，落实“一人一案”。继续加强特殊教育资源中心（资源教室）建设，组织开展资源教师专项培训，促进融合教育。推进自闭症教育研究实践。全县6—14周岁“三类残疾”儿童少年入学率99.3%以上。

【中等职业教育】 2020年，仙游县有职业中专2所（其中国家级、

4月7日，全县15所中学计6100多名高三学生回校上课。图为学生戴着口罩，相隔安全距离上课　　（彭丽程　摄）

市级重点职校各1所），专任教师206人，在校生3085人。结合现有6个省级重点专业、8个市级重点专业，开展产教融合、校企合作、工学结合、订单培养、技能培训等工作，提升学校自身实力，重点打造电子信息和工艺美术产业基地、建筑行业基地，推行“订单培养”“校企一体”“二元制2+3五年专培养模式”等人才培养模式。推进新万鑫、中裕新材料、三福古典家具、海安橡胶公司等企业与高校院所建立长期、紧密的产学研合作关系，增强职业教育服务地方产业发展能力。继续推动仙游职业中专创建省职业中专示范性学校，仙游县华侨职业中专创建省职业中专规范化学校。

【高中教育】　2020年，仙游县有完全中学15所（省一级达标校2所、二级达标校7所、三级达标校6所），其中民办学校4所。专任教师1538人（公办1154人、民办384人），在校生2.2万人（公办学校1.58万人，民办学校6187人）。实施分类教学，推进“培优壮腰抬底”工作。加强学科建设，发挥仙游一中、华侨中学等优质教育资源的辐射、示范和带动作用。加强教育科研，建设智慧教育县级资源库，组建研训社群、微信群、QQ群，组织教师参加新高考学科培训、高中生涯规划教育专题培训等，化解学科、教师校际不平衡问题，提升教育教学质量。高考文理科600分以上的考生168人，高考本科上线率53.32%，258名考生被“双一流”重点大学录取，2名考生被北京大学录取。推进普通高中达标进位，不断扩大优质高中教育资源，华侨中学通过省一级达标校复评，被省教育厅增补为“福建省普通高中课程改革基地建设学校”（福建省19所、莆田市1所），度尾中学、私立一中、现代中学被确认为“福建省二级达标高中”，大济中学、龙华中学被确认为“福建省三级达标高中”。

【师资队伍建设】　2020年，仙游县继续实施“名学校、名校长、名教师”遴选与培育工程，着力培育本土名师名校长，对获选的6所名学校、3名名校长、44名教师加强跟踪督促。全县有省级名校长1名、市级名校长培养人选17名，省特级教师10人，省级以上骨干教师10人，省、市级学科带头人、

7月10日，仙游一中举行以“春华秋实，踏浪逐梦”为主题的成人礼暨毕业典礼活动。图为学生共同演唱歌曲　　（彭丽程　摄）

骨干教师676名，县第四届骨干、学科带头人148人。提高基础教育师资水平，先后派出300多位骨干班主任、教师参加省级培训。开展“送教送培下乡”“一师一优课、一课一名师”、学科优质课评选、市级讲座、学科设计等活动，提升教师综合素质。赴部属师范类高校招聘引进教育高层次人才，面试有意向报名的硕士研究生43名，签约6名。招募银发教师29人，招聘新教师241人（其中编外合同教师81人），65%分配倾向于农村基层学校（含教学点）。

【教育项目建设】 2020年，仙游县抓好省、市、县各级续建、新建、改扩建教育类项目，其中中小学校舍安全长效机制工程建设项目7个，建筑面积2.18万平方米，规划投资5118万元，竣工验收5个，主体建设2个。高中提升项目7个，建筑面积4.54万平方米，规划投资1.63亿元，竣工验收4个，封顶装修3个。新建小学项目3个，规划总投资2.04亿元，建设校舍面积5.96万平方米，可新增学位4860个，竣工验收2个，主体建设和地下室施工1个。新建公办幼儿园项目9个，规划总投资8300万，建设校舍面积2.63万平方米，可新增学位2880个。竣工验收3个，封顶装修5个，基础建设1个。

【奖教助学】 2020年，仙游县尊师重教、奖教奖学助学氛围日益浓厚。全县有奖教助学基金109个（县级基金2个、镇本级基金9个、村居一级基金74个、学校基金24个），累计筹集资金13430.71万元，基金余额6430.68万元。关爱“留守儿童”“特殊群体”学生，发动社会各界开展结对帮扶助学活动，发放助学款90.4万元，受助学生459人次。聚焦脱贫攻坚，打好教育扶贫资助“组合拳”，发放建档立卡贫困生补助资金338.16万元，受助学生5913人次；落实“先入学，后缴费”县域教育叠加补助政策，补助资金121.49万元（其中民办学校521人，叠加补助44.62万元）；发放第一批高校贫困生补助资金253.5万元，受助建档立卡高校贫困生507人；受理生源地信用助学贷款业务（含新增、续贷、深造）2641人次；争取上级支持，对2所贫困村学校投入30万元，配置班班通设备11套。2019—2020年，为44所中小学1116名“二女结扎户”“独女户”女学生减免高中学费、九年义务教育期间寄宿生活补助费53.06万元。

【教育督导】 2020年，仙游县组织开展2019—2020学年国家和省级义务教育质量监测工作，组织严格、流程规范、部署周密，县教育局获评为“2020年国家义务教育质量监测实施县级优秀组织单位”。组织开展质量监测结果应用开展课题研究，教育督导室主任黄祥武撰写的《基于数据诊断反馈与改进的教育教学行动研究报告——仙游县区域义务教育质量监测结果应用实践研究》在陕西教育网络平台发布推广。推荐4名督学参加省级督导评估工作，组织173名专兼职责任督学开展新冠肺炎疫情防控、教学常规管理、幼儿园办学行为专项督导。建立辍学生复学关爱机制，贫困和残疾少年救助机制，开展核查和劝返复学工作，“控辍保学”台账911人（其中建档立卡49人）全部清零。督促学校对800名6—15周岁残疾儿童少年提供康复培训、送教上门等方式实施义务教育。

（张元顺）

科 技

【概况】 2020年底，仙游县有国家级高新技术企业有12家，省级高新技术企业13家，省级众创空间5家，省级星创天地1家。

【科技创新平台建设】 2020年，仙游县新增省科技小巨人领军企业3家：给力机械（福建）集团有限公司、福建省歌士玮集国公司和福建大通电力工程有限公司。新增1家省级天地：福建大老古食品有限公司的“大老古星创天地”。新增国家级高新技术企业4家：众恒信息、狼威智能科技、给力机械、一鼎（福建）生态园林；复评2家：海安橡胶、禾欣中裕。新增省级高新技术企业7家：意达、中宏盛熠能源、众恒信息、狼威智能科技、给力机械、鼎力电气、新兴纸业。新增入库科技型中小企业有13家：新东方、南丰生化、康辉、歌士玮、中宏盛熠能源、鼎力电气、给力机械、大老古、正宇生态、意达、众恒信息、大东方古典、坚强缝制。

【创新主体强化】 2020年，仙游县组织企业网上申报2020年度莆田市科技计划项目，福建仙兴汽车配件有限公司的“汽车配件的表面质量关键技术的研究”、福建省海安橡胶有限公司的“‘铜矿用57’高耐切割低生热巨型子午线轮胎研发”、福建省正龙农业开发有限公司的“澳大利亚淡水龙虾稻田综合种养示范与推广”、福建省意达科技股份有限公司的“茄子新品种‘闽茄8号’高效栽培技术示范与推广”、福建省仙游县度尾仙溪果业专业合作社的“度尾文旦柚品质提升关键技术研究与应用”等11项，其中立项6项，获得补助资金217万元。

组织企业申报2020年福建省科技计划项目，福建省意达科技股份有限公司申报的省对外合作项目“复合抗性番茄砧木新品种选育及产业化应用”、福建省海安橡胶有限公司申报的省对外合作项目“轮胎硫化定型智能模具装备及在全钢子午线巨型工程胎制造中的应用”、福建省天材古典工艺有限公司申报省孵化用房补助项目“天纵梦想空间孵化器新增孵化用房补助”等10项，其中立项3项，获得补助资金200万元。

组织申报科技部“科技助力经济2020”重点专项项目有3家企业：福建中裕新材料技术有限公司的“经济型仿超细纤维聚氨酯鞋面材料的研发”、福建省康辉食品有限公司的“高品质荔枝发酵饮料加工关键技术及其应用”和福建大老古食品有限公司的“鲜禽蛋制品安全性评估与现代化加工技术及装备研究”。截至2020年底，福建省康辉食品有限公司的“高品质荔枝发酵饮料加工关键技术及其应用”立项，获得国家补助资金50万元。

【科技特派员工作】 2020年，仙游县选认省级科技特派员65名，市级科技特派员25名，县级科技特派员173名，选认省级团队科技特派员3家、法人科技特派员3家。省级科技特派员全县18个乡镇（街道）实现全覆盖，县级科技特派员服务覆盖全县325个行政村和社区。省市科技特派员服务覆盖一、二、三产业比例为78:8:4。5家农业企业示范基地通过莆田市科技局验收。

【科技奖补资金】 2020年，仙游县企业研发经费投入2.47亿元（错年值），比上年提高13.2%，全年组织东亚机械、仙兴汽车配件、益明纺织、歌士玮、新万鑫、给力机械、新东方、南丰生化和大明轻工9家企业申报2019年度科技研发投入分段补助资金352.85万元。

兑现国家级高新技术企业20万元、省级众创空间2万元、拨付高新技术企业奖励资金324.1万元、省级创新补助券补助资金3.2万元。

【科技馆建设】 2020年，仙游县科技馆项目用地面积8794.2平方米，总建筑面积1.18万平方米，其中地上为三层主体建筑，面积7586.27平方米；地下一层为配套设施部分，建筑面积4187.86平方米，项目总投资9447万元。项目进入验收阶段。

（刘燕金）

气象

【概况】 2020年，仙游县气象局（简称“县气象局”）完成气象防灾减灾和各项气象服务，继续深入气象事业改革，推进仙游国家基本气象站迁建工程以及上级下达的任务。

【气象服务】 2020年，县气象局加强气象灾害监测预警和预报服务。年初“春运”服务工作，定时发布春运、春播期间、劳动节专题预报；适时发布霜冻、大雾、雷电、暴雨等预警信号、短信；做好短时强天气的预报服务；针对5月31日的暴雨过程首次发布红色预警。地面观测质量业务可用性维持在100%，数据到报率、数据可用率、气象观测质量综合指数维持较高水平。农业气象观测质量稳定，观测基数2195，错情率0。提升业务人员的技能，派出人员到莆田市气象台跟班学习，县气象局继续取得2020年莆田市综合气象业务岗位职业技能竞赛团体奖第一名，县气象局业务人员在福建省气象局举办的综合气象业务岗位职业技能比赛中取得个人全能奖，实现连续6届职业技能比赛个人全能获奖。

【观测（站）改革】 2020年，仙游国家基本气象站迁建工程完成项目的2栋业务楼建设竣工联合验收，新址的地面气象观测站在1月1日开始业务试运行，新址的不动产权证书获批。9月30日，中国气象局批准仙游国家基本气象站站址迁移。项目的附属配套工程预算在招标中标公示。12月，开始附属配套工程建设。落实迁建工程的地方配套资金，列入年度预算资金200万元全部到位。

【气象为农服务】 2020年，仙游县完善为农服务“两个体系”建设。落实气象为农服务维持经费15.12万元，作为气象台站建设运行保障经费申报列入县政府财政预算。开展县域内45个区域自动气象站社会化维护。

（吴丽琼 许文进 何 捷）

公共文化

【概况】 2020年，仙游县文化体育和旅游局（简称“县文旅局”）在公共文化领域主要开展文化艺术活动，做好文化市场管理、图书管理、文博、电影放映和文化设施建设等工作。

【文化艺术活动】 2020年1月13日，县文旅局组织编排8个文艺节目参加在社硎乡举办的仙游县文化“三下乡”文艺演出活动；16日，仙游县鲤声剧团排练莆仙戏小节目《众仙贺仙游》参加仙游县2020年新春团拜会。8月17日、18日，县文旅局举办仙游县首届音乐舞蹈节选拔赛活动，推荐12个优秀获奖节目参加省、市音乐舞蹈节的比赛。

地方戏剧 1月5日，仙游县鲤声剧团组织开展莆仙戏文化惠民演出活动，先后到仙游县盖尾镇白湖村、荔城区北高镇、仙游县钟山镇南兴村及仙游县鲤声剧场等地，送戏下乡，开展文化惠民演出活动，演出剧目有《春草闯堂》《林龙江》《晋宫寒月》《五女拜寿》《三拜花堂》《凤冠梦》等优秀传统剧目，在各演出点加演《扶贫风波》《订婚记》等新编现代廉政、文明新风小戏。鲤声剧团开展“乡音绕梁、戏韵鲤城”莆仙戏进鲤城街道、社区宣传演出活动。5月22—24日，莆仙戏优秀剧目《魂断鳌头》《林龙江》《晋宫寒月》和莆仙现代文明小戏《订婚记》在仙游鲤中体育文化广场公演。7月起，鲤声剧团分别在莆田、仙游、惠安等莆仙方言地区进行文化惠民下乡演出，加演《姑嫂怨》《订婚记》等宣传移风易俗、精神文明的莆仙现代小戏以及宣传扫黑除恶的莆仙现代小戏《套路贷》，寓教于乐的宣传形式，受到各地观众的欢迎。7月初，剧团组织演职员参加莆田市第二届“梅妃杯”中青年演员比赛，演员组获得1个一等奖、2个二等奖、4个三等奖；器乐组获得1个一等奖、3个二等奖、1个三等奖。组织演职员参加省第十届“中青年演员”比赛，获得1个一等奖、2个二等奖、2个三等奖。

音乐舞蹈 8月17—18日，县文旅局举办仙游县首届音乐舞蹈节选拔赛活动，推荐音乐、舞蹈等12个优秀获奖节目参加福建省、莆田市音乐舞蹈节的比赛。9月30日，在仙游县文化馆二楼排练厅举

11月29日，县旗袍协会举行四周年庆典活动。图为会员进行汉服展示

（唐伟摄）

办诵读群艺展演和非遗传承人技艺交流活动，歌唱祖国之歌、畅叙传统习俗文化。仙游县文化馆组织参加第十四届福建省音乐舞蹈节，其参赛的群舞《木之韵》获二等奖，器乐《凯歌高奏·得胜令》获三等奖、创作三等奖。

书画艺术　仙游县李耕国画艺术研究院组织出版《仙游李耕国画艺术研究院通讯》刊物第三期。上半年，多次组织人员对李耕画派的国画作品进行拍摄和选集，撰写画家及其作品简介、对画刊排版编辑以及封面设计。9 月 13—20 日，仙游县博物馆在莆田市博物馆协办“近代中国古典人物画三杰——李霞、李耕、黄羲作品展”。

文化交流　9 月 7—8 日，仙游县鲤声剧团应莆仙戏大剧院邀请，在莆田市莆仙戏大剧院演出莆仙戏经典剧目《春草闯堂》。10 月 1—2 日和 5—6 日，为庆祝中华人民共和国成立 71 周年，仙游县鲤声剧团演出的经典莆仙戏《团圆之后》《晋宫寒月》分别在仙游县鲤声剧场、莆仙大剧院演出。12 月底，仙游县鲤声剧团受莆田市政府邀请，携带传统折子戏《百花亭》《敬德画像》赴浙江省义乌市参加电视剧《一代匠师》的拍摄。

【文化市场管理】　2020 年，仙游县文化市场综合执法大队开展元旦、春节期间文化市场安全生产大检查和复工复产安全生产检查，加强对网吧、娱乐场所、印刷企业、图书音像店的安全生产隐患排查整治工作，保障重要节日及重大活动期间文化市场的安全稳定。开展“扫黄打非”工作。加强对各类正规书店、印刷企业、复制打印店、报刊亭和游商地摊等的监管，加大对非法游商地摊的打击力度，查处售卖侵权盗版和非法出版物的违法经营行为。3 月，执法大队开展疫情防控期间全县娱乐场所擅自恢复经营违规行为突击检查行动。6 月中下旬，执法大队加大执法检查频次，开展新一轮疫情防控工作集中检查，督促各经营单位进一步落实好疫情防控工作；要求所有文化市场经营单位从业人员申领“八闽健康码”，并做好“八闽健康码”的推广宣传工作；要求各娱乐场所、网吧利用场所内宣传载体，加强疫情防控宣传工作。6 月 29 日，县文化市场执法大队联合枫亭镇政府、枫亭派出所，查处取缔枫亭镇一家“黑网吧”，拆除电脑主机、显示屏、路由器等设备。7 月 21 日，县文旅局联合莆田市文旅局，在榜头镇开展艺术品市场联合检查工作，宣传《艺术品经营管理办法》《中华人民共和国著作权法》。9 月，县文化市场综合执法大队开展校园周边文化市场专项整治行动。

2020 年初，县文旅局拟制《仙游县文化体育和旅游局关于做好新型冠状病毒感染的肺炎疫情防控工作的通知》，通过县文旅局微信公众号和各业主群进行部署，要求所有经营单位掌握仙游县疾控中心及医院的名称、地址和联系电话，掌握新型冠状病毒感染的肺炎的症状、特征和预防措施；密切关注从业人员的身体状况，发现疑似病症必须及时就近联系医院，并报告仙游县文化市场执法大队。第一时间在全县所有的出版物经营单位张贴《仙游县文化体育和旅游局致仙游县文化经营单位和消费者的告知书》，要求全队干部职工发动社会力量在朋友圈进行广而告之。全县所有文化市场经营单位从 1 月 25 日起暂停营业，以尽可能减少公众聚集。3 月 29 日，县文旅局由主要领导胡建新带队，突击检查全县娱乐场所是否存在擅自恢复经营的违规行为。4 月 7 日，县文旅局局长约谈部分娱乐场所负责人，要求各场所要严格落实疫情期间娱乐场所暂停营业的规定，并强调要吸取经验教训，开展好安全生产隐患排查工作。4 月起，召开 3 次约谈会议，加强引导，确保疫情期间文化市场的平安稳定。6 月 22 日，召开全县文化市场疫情常态化防控工作推进会，传达学习习近平总书记关于疫情常态化防控工作的重要讲话精神及安全生产的重要指示精神，部署安排全县文化市场疫情常态化防控工作及安全生产工作。4 月 27 日、5 月 19 日、7 月 29 日，县文旅局分管领导带队检查文旅领域复产复工后的文化市场经营单位，确保全县文旅领域安全有序。

截至 2020 年底，县文化市场执法大队出动执法人员 1668 人次，检查文化市场经营单位 559 家次，下发《责令改正通知书》18 份，发现一般安全隐患 70 条，整改落实 70 条。

【图书管理】　2020 年，仙游县图书馆做好疫情防控常态化管理工作。执行上级疫情防控部署，坚持凡进必查、必检原则，落实开闭馆制度、做好常态化检测、场馆消毒及工作人员核酸检测工作。9 月起，仙游县图书馆两次组织全体干部职工进行核酸检测，全员检测结果均为阴性，确保应检尽检。2020 年，仙游县图书馆的馆务推进一个全新的阶段，图书馆有馆藏图书 10.5 万册。仙游县图书馆全年增加纸质文献 1 万册，数字图书 5000 册。

比上年增长 14.2%。2020 年，受新冠肺炎疫情影响，读者借阅 20.1 万人次，比上年下降 38.3%。2020 年，仙游县图书馆举办阅读推广活动 30 次。2020 年，县图书馆与超星等服务平台合作，推出如线上云讲座、线上答题、线上图书推广等线上活动，举办线上活动 26 次。县图书馆举办 4 次线下阅读推广活动，分别于 4 月开展“一手抓疫情，一手抓阅读”关爱留守儿童阅读推广活动；9 月为推进全民阅读服务而举办“好书推荐”活动；10 月进行“地方文献作品展”活动及 11 月的“不文明阅读现象展览”活动。2020 年，仙游县图书馆推进分馆及图书流通点建设。截至 2020 年 12 月，完成武警仙游中队分馆、南桥社区分馆、木兰社区分馆建设及退役军人事务局图书流通点的前期洽谈工作。仙游县图书馆制定并落实每日值班值守制度，每月消防器材检查制度，确保馆内用水用电及图书的安全。定期组织检查清扫安全通道，确保安全通道安全畅通。

【文博工作】 2020 年，县文旅局开展文博保护和利用工作，抓好全县的文物、博物、“非遗”保护和利用。

博物管理　2020 年，仙游县博物馆实施仙游文庙消防、安防建设工程，设置安防控制室；举办 2 次消防安全演练。贯彻落实上级有关会议精神，开展安全大排查行动。做好仙游文庙的日常维修维护修缮工作。5 月 18 日，举办“5·18”国际博物馆日系列活动；具体内容有“最美木兰溪摄影展”“文化遗产就在身边”青少年演讲比赛、分发文化遗产保护倡议书、宣传册。6 月，举办“非遗”摄影展进社区活动。9 月，举办“近代古典人物画三杰——李霞李耕黄羲作品展”。全年举办线上清明、线上庆元宵猜灯谜、线上馆藏文物鉴赏、线上文物故事、防疫科普宣传等 50 多个活动，线上社会教育活动 4 个。向上争取仙游文庙安防、消防、文物征集、博物馆新馆可移动文物预防性保护项目资金；馆藏纸质文物抢救修复项目通过福建省文物局验收。

文物保护　3 月，县文旅局召开各乡镇（街道）文化站长参加的仙游县文物工作会议，布置传达有关文物工作精神，强化文物安全工作。不定期开展文物安全巡查，排查发现存在安全隐患的 20 多处，要求管理单位和所在乡镇抓紧整改。开展第九批省级文保单位补充申报工作，推荐申报 5 处单位。完成 16 处单位完成编制申报文本工作。实施蔡襄墓、龙纪寺、玉新书院（李耕壁画）3 处省保单位安防工程并上报莆田市文广局组织验收。督促榜头镇云庄云山书院（李耕壁画）和度尾镇帽山埔坪陈氏墓（陈说墓）前期修缮工程。抓好仙游县文物点筹备的相关工作，促进“六个一批”工作落实，迎接第 44 届世界文化遗产大会的召开。

“非遗”保护　1 月 16 日，仙游县文化馆主办“金声玉振　传承经典——‘非遗’过大年，文化进万家”诗歌经典诵读会；6 月 11 日，举办第二届非遗传承人法律法规培训班，提高非物质文化遗产保护意识，在理论与实践水平相结合的层面上，扩大仙游县文化馆法治宣传教育活动的影响力；6 月 12 日，在中国古典工艺博览城举办“‘非遗’传承·健康生活”以“九仙传艺”为主题的 2020 年文化和自然遗产日动静结合的系列展演直播，举行“仙游县‘非遗’文创馆”揭牌仪式等活动，该日九仙传艺展演活动以“‘非遗’大舞台，百姓是主角”为标题登上学习强国宣传平台；6 月 13 日，组织香道、土陶、木雕、枫亭糕等 7 家“非遗”特色项目，参加莆田市文化和自然遗产日系列活动，开幕式上仙游县有 9 个入选莆田市“非遗”小吃商家代表出席

10 月 26 日，仙游县九仙文化研究院在盖尾镇石马村挂牌成立。图为九仙文化研究院第一次代表大会暨第九届九仙文化论坛现场（郑　丽　摄）

参加授牌仪式；6月19日，根据传承人申报材料按照程序依法评选出65人为第三批县级非物质文化遗产代表性项目代表性传承人，并择优推荐37人“非遗”项目代表传承人参加第六批市级“非遗”传承人评选工作；7月3日，组织非物质文化遗产代表性传承人20多人，在湄洲湾职业技术学校参加“非遗的价值与我们的使命”学术讲座；7月4日，推进“非遗+电商”，参加书峰乡兰石村山货采购节抖音直播活动，启动“非遗”保护与利用的新模式；整理出版莆仙戏传统曲谱《锣鼓经》《目莲》手抄稿，让久违的莆仙戏遗响更好地保存得以传承、培养下一代戏剧人才。

1月1日，兰溪文化休闲中心正式对外开放。图为中心内设备先进的多媒体水文化展示厅 （陈 丽 摄）

【电影放映】 2020年上半年，仙游县鲤中电影院受疫情影响，停止对外营业。7月25日起，电影放映恢复营运，采取网络实名预约限流限座售票，在做好疫情防控常态化管理前提下进行电影放映工作。加强观影厅、电梯、消控室以及乡镇电影放映队等公共场所的安全生产。加强消防设施的配置，配置13个消防栓，29个灭火器、灭火水带、水枪等，建立微型消防站，消防控制室安排专职人员24小时值班，并与河南省海浪消防设备有限公司莆田分公司签订《消防系统工程维护保养合同》。鲤中电影院配备2名安全专职人员，划定4个安全防范区域，进行岗位职责分工，责任到人。7月1日，按照2020年初农村公益电影放映计划，农村公益电影恢复电影放映。截至年底，放映公益电影1500场次，观众6万多人次。

1月1日，兰溪文化休闲中心正式对外开放 （陈 丽 摄）

【文化设施建设】 2020年，仙游县着力推进县级文化馆、图书馆、博物馆新“三馆”建设，抓好基层公共文化设施建设，完善鲤城两个社区的莆阳文化驿站建设。

文化新馆建设 2020年底，新建的仙游县文化馆、博物馆、图书馆工程项目进行现场卫生清理，准备组织消防验收和主体验收；二装施工图送审，进场施工。新建的“文化三馆”按标准要求达到国家三级馆标准，开展创建国家二级馆工作。

基层公共文化设施建设 截至2020年底，实现全县乡镇（街道）、村（社区）综合性文化服务中心基本实现全覆盖。2020年，组织对全县未完工的32个村（社区）综合文化服务中心进行场所建设、功能整合工作，12月底，完成全县基层公共文化服务中心设施建设任务。仙游县文旅局确认枫亭镇麟山村为2020年福建省村级综合文化服务中心示范点，并按要求填报相关材料上报。截至12月，该示范点争取得到上级的专项资金10万元的扶持经费。2020 年，仙游县对 30 家农家书屋进行提升改造工程，至年底，完成书屋进行整理分类、添置书柜、书和电脑等的提升工作。对选定度尾镇湘溪村、郊尾镇后沈村 2 个农家书屋打造为仙游县农家书屋示范点；11 月底，完成 2 个示范点的改造工程。2020 年，仙游县建设书峰乡兰石村为文化和旅游融合试点村，福建省文旅厅给予补助 15 万元，该村的《打好文化系列“组合拳”激活兰石乡旅新业态》——兰石村文旅融合发展乡村文化旅游典型案例，在福建省文化和旅游厅召开全省乡村文化振兴现场会上经验交流现场会。

街道社区文化驿站建设　2020 年，建设鲤城街道南桥社区、木兰社区 2 个邻里中心莆阳文化驿站。该文化驿站实行图书流转，实行通借通还、一体管理，实现图书资源效益最大化。所设立的南桥和木兰社区莆阳文化驿站均配置有图书监测仪、电脑、打印机、扫描枪等设施，实现莆田市一卡通管理。

广播电视

【概况】　2020 年，莆田市广播电视中心仙游记者站（简称“仙游记者站”）为莆田市广播电视中心派出机构，对外加挂莆田市广播电视中心仙游广播电视台（简称“仙游广播电视台”）牌子，保留仙游电视台和仙游广播电台呼号。2020 年，莆田市广播电视中心仙游记者站完成仙游县区域的政治、经济、社会等方面的广播电视新闻的采、编、播工作。12 月，仙游记者站连续第四年被省广播影视集团评为全省融媒体新闻协作先进单位。

【电视】　2020 年，仙游广播电视台自办电视节目每天播出 5 个小时。内容有《仙游新闻》每周 3 期，每期 15 分钟；《新闻连连看》每周 1 期，每期 15 分钟；《百姓监督》每周 1 期，每期 15 分钟；《艺都仙作》每周 1 期，每期 15 分钟；《秋生讲古》每周 6 期，每期 15 分钟；《有味有醋》每周 6 期，每期 15 分钟。还有《影视剧场》等文化娱乐节目，以及反映仙游城市发展、旅游观光、项目建设的具有仙游地方特色的本土节目《仙游形象片》《仙游县歌》《美丽乡村》等。

【新闻报道】　2020 年，仙游记者站完成疫情防控、脱贫攻坚等专题报道。

疫情防控　2020 年，仙游记者站跟踪报道仙游县防控新型冠状病毒肺炎疫情的最新政策、最新消息、最新动态，肃清谣言，权威发声。第一时间在《仙游新闻》栏目相继开辟《防控新型冠状病毒感染的肺炎疫情　仙游在行动》《稳增长　保民生》《统筹推进疫情防控和经济社会发展》三个子栏目。全体采编播人员勇赴医院、隔离点、交通运输、食品药品、超市、检查站、乡村等抗击疫情前线，采访报道疫情防控工作举措和各级领导深入一线调研解决问题的报道，宣传好基层党组织、基层医务人员、市场监管、公安交警等方面抗击疫情的实时动态、取得的成效及防控过程中涌现出来的好经验、好做法、好典型；宣传好广大群众顾全大局，自觉配合防控的典型时正面发声引导，给广大人民群众传达更多的信心。

联系各乡镇和各有关部门，准确传播防疫期间，仙游县上下如何齐心协力抗击疫情。《仙游：开展消杀消毒工作 预防疫情蔓延》《仙游：增设专用垃圾桶　避免二手口罩回流市场》等新闻则报道了仙游县相关部门采取有效措施，防控疫情蔓延的举措。

深挖奋战在抗击疫情一线的先进集体、典型人物，以及在抗击疫情一线所发生的感人事件等。《仙游：乡干部当起偏远山区“代购员”》《金石村：女子防疫战队　彰显巾帼风采》等；《盖尾镇昌山村：爱心接力募集口罩 2.3 万个》《仙游：爱心盒饭为白衣天使加油》等新闻，将党员、医务工作者、爱心企业和爱心人士的感人瞬间记录下来，让观众在这场艰难残酷的战役中获取力量和信心。

随着疫情防控工作的开展，仙游各地进入复工复产的阶段。仙游记者站采写的《东亚机械：800 多名员工投入复产》《仙游：台资企业有序复工复产》《郊尾镇：党员干部驻企帮扶　助力企业复工复产》等新闻，将镜头聚焦企业复工复产，采访报道当地党员干部帮助企业抓好生产促发展以及农民在农业技术人员的指导下及时做好防控疫情的同时，抓好春播和春种工作。

疫情期间，新闻部采编人员奔赴石苍乡拍摄《五朵金花“疫线”绽放》纪录片。记录石苍乡一支由纪检、宣传、组织、信访、卫健等部门的 5 位女干部组成的联合督查组，督查全乡防控措施落实情况和干部履职尽责，帮助企业和项目复工复产，被群众称为战“疫”“五朵金花”、复工娘子军的故事。该纪录片获 2020 年“众志成城　共同战疫”电视短纪录片评选展播活动三等奖和福建省抗击新冠肺炎疫情广播电视、网络视听优秀作品；消息《“拐杖副乡长”陈清海：群众的平安就是我最好的止痛片》在央视播出。

脱贫攻坚　2020年，仙游记者站在决战决胜脱贫攻坚宣传报道中权威发声、及时发声、联动发声，打响脱贫攻坚宣传报道攻坚战，为仙游县决战决胜脱贫攻坚工作提供舆论支持。坚持内容为主，深入一线捕捉新闻亮点。为打赢脱贫攻坚宣传报道的攻坚战，全体采编播人员学习宣传中央、省、市、县相关政策及决策部署，准确地引导社会舆论，深入乡村采写各乡镇和各村脱贫攻坚的举措、成就和各级领导深入一线调研解决问题的报道，宣传好基层党组织、脱贫挂钩单位等方面助力脱贫攻坚的实时动态、取得的成效及脱贫攻坚中涌现出来的好经验、好做法、好典型；宣传好建档立卡贫困户脱贫的脱贫致富的经验和剖析脱贫户返贫原因。开展公益助农行动，为贫困村和贫困户推销农产品。开展公益助农行动是这次脱贫攻坚宣传报道中的一大亮点，报道因疫情影响出现的农产品滞销问题和招工、就业问题，以及复工复产遇到的困难和问题，联系和报道上级领导、有关单位、爱心人士化解相关问题。石苍乡潭头村农产品和金线莲滞销、大济镇青枣滞销、书峰乡枇杷滞销等都得到化解，确保群众尤其是贫困户的稳定收入。

主题报道　按照市委、市政府“突出开放招商、强化项目带动”的总要求，围绕仙游县2020年开放招商工作“6+1”的目标，突出“一把手”招商、创新开放招商服务机制、发挥五条战线作用等工作的成效和亮点，营造浓厚的招商氛围。在《仙游新闻》节目中专门开设《突出开放招商　强化项目带动》专栏。仙游县开放招商五条战线各阶段招商项目信息、动态工作信息、已开工建设项目和已投产项目进度跟踪报道，以及各条战线的工作经验和工作成效。仙游县各乡镇（街道）、管委会及县直部门开放招商的新机制、新模式、新业态、新平台等方面工作的典型经验、创新亮点和工作成效。深入挖掘仙游县开放招商五条战线以及各乡镇（街道）、管委会及县直部门在开放招商工作中涌现出的优秀团队、典型人物、典型事迹等。自7月专栏开办，报道相关方面新闻35条。

2020年，仙游记者站选送省、市稿件878条。《仙游新闻》栏目播出111期1764条，其中主题性报道692条。在市台《来自县区报道》播出756条。在市台《新闻联播》《今日视线》《财经报道》播出627条，在省台播出157条。在央视播出3条，在央广播出1条。2020年，仙游记者站作品《齐心战疫情　协力稳复工》入选2020中国新媒体战“疫”精品案例；《传承梦想　远航深蓝》获得“2020年福建省‘爱我国防’微视频大赛”三等奖；《寻梦西苑》旅游宣传片获得“2019年度福建省广播电视艺术奖电视综艺节目一等奖”。

【媒体融合】　2020年，仙游县完善融媒体中心一期建设。9月12日，福建省县级融媒体中心验收工作组到仙游检查验收，对仙游县融媒体中心建设工作取得成效给予肯定。

新媒体矩阵优势明显，影响力继续扩大。截至2020年12月底，“仙游广播电视台”抖音号有粉丝167.6万人，在全省县级媒体抖音号名列前茅，创作1155件抖音作品，总阅读量16亿多人次，点赞量4758万人次。“仙游广播电视台”微信公众号现有用户16.64万户。2020年，发布文章3585条，总阅读量2616万人次，其中10万人次阅读量7条，5万—10万人次阅读量9条，1万—5万人次阅读量979条。据福建日报·新福建客户端和清博指数联合发布县域新媒体影响力排行榜，“仙游广播电视台”微信公众号5—9月连续四个月位居全省第4名，全省县级电视台第2名。

以仙游县融媒体中心为主体注册的“今日仙游”微信公众号、头条号、抖音号、微博号正式运营，入驻人民日报、央视频、新华社App客户端。“今日仙游”App完成初步建设，上架酷安市场。“今日仙游”微信公众号有用户2.13万户。2020年，发布文章343条，总阅读量22万人次；“仙游广播电视台”头条号有用户9.1万户，2020年，发布图文1176条、小视频1151条，总阅读（播放）量7458万人次，点赞数344万人次。

【品牌栏目】　2020年，仙游广播电视台继续做好《百姓监督》栏目的宣传报道，推出精品栏目《艺都仙作》。2020年9月，在县委、县政府支持下，县委宣传部、仙游工艺美术产业局和仙游广播电视台联合开办的全新工艺美术类电视节目——《艺都仙作》应运而生。该栏目立足于仙游，集行业新闻、业界访谈、工艺美术产业解读和鉴赏等内容为一体，展示仙游古典家具的制作、经营和品牌形象，提高仙游古典家具的知名度和认知度；多方位推介仙游油画产业、国画、以七彩仙石为主的仙游石雕工艺以及赖店古玩工艺等，宣传底蕴深厚的仙游传统和现代文化，多方位宣传仙游工艺美术品牌。10月26日正式开播后，制作播出10期节目。该节目在抖音、微信公众号等多个新媒体平台推出，反响良好，抖音直播最高在线观看人数十几万人。

（郑全洪）

广电网络

【概况】 2020年，福建广电网络集团股份有限公司仙游分公司（简称“仙游广电网络公司”）完成建设、管理、经营、维护辖区广播电视信息网络，有线广播电视传输业务、信息系统集成服务、无线广播电视信号的传输服务。

【助力疫情防控】 2020年，仙游广电网络公司落实疫情防控措施，领导班子带头值班，做好管理、营维、保障等工作，坚持“两手抓、两不误”。疫情期间，公司为广大员工分发口罩、护目镜、一次性手套等物资，做好营维保障的相关工作。公司的IP数字广播宣传关于疫情防控的文件精神及防控知识。从疫情突袭而至开始，公司进行多次会议，配合政府疫情传达工作，保障每一次会议的顺利进行，每一项任务的传达到位。

【广电网络运营】 2020年，仙游广电网络公司用户数7万多户。开展新用户入户、有线电视故障维修等工作，故障隐患减少，用户收视质量提高，通过提高服务质量，用户普遍满意。

【网络传输】 2020年，为确保网络传输安全，防范反动宣传等破坏活动，仙游广电网络公司成立领导小组，特别是在春节、“五一”国际劳动节、中秋节、国庆节等重要节日期间，按照县网安、网信部门的总体部署，启动网络传输安全和应急预案，维护小组全天不间断巡查，全年无任何播出责任事故。

【“空白村联网”工程】 2020年，仙游广电网络公司配合县文旅局向县委、县政府汇报“空白村联网”工作。为保证“空白村联网”工作的顺利推进，加快“空白村联网”工程建设，公司成立“空白村联网”工程建设领导小组和办公室。公司领导班子经常加班加点，多次组织技术人员深入各乡镇进行实地勘测，收集技术数据，多方论证，以求做出切合实际、可操作性强的工程方案，并按要求将方案送呈上级业务部门审查。

（张志宏）

宣传报道

【概况】 2020年，中共仙游县委报道组（简称“县委报道组”）在各级各类新闻媒体发表新闻报道2180篇，其中省级以上纸质党报新闻媒体发表356篇，单福建日报刊发新闻稿件173篇，在新华社、中新社等中央级新闻单位和媒体均有发稿；2020年，组织6次大型新闻采风活动，为各级各类媒体记者提供新闻线索208条，发表新闻259篇次。

【脱贫攻坚专题报道】 2020年，县委报道组深入农村和贫困家庭，在新闻发生的第一现场，捕捉第一手的素材，靠新闻突出求新求真。编辑出版新闻作品集《走读仙游》。

【仙游故事专题报道】 2020年，县委报道组以地方优秀传统文化为载体，包括人物传奇故事、地名趣闻故事、文化探源故事、文物览胜故事、民俗集锦故事和物宝荟萃故事，在讲好仙游故事中弘扬和践行社会主义核心价值观。

【抗疫专题报道】 2020年，县委报道组干部把镜头、笔尖聚焦疫线，以群众喜闻乐见的形式，讲好抗击疫情故事，在各级全媒体刊发300多篇新闻作品，展示仙游干部群众万众一心、众志成城、共克时艰的精神风貌，结集出版《抗疫没有局外人》一书。

【时政新闻报道】 2020年，县委报道组以新闻人角色去听会议参加领导调研，寻找会议里和调研中的新闻点，策划新闻报道方案，带动全组干部写出许多与新仙游同频共振的好新闻。“仙游报道”新媒体矩阵全年无休，站位全局，把握导向，准点发布形式多样、内容多彩的新闻报道。

（郑志忠）

《仙游今报》编辑

【概况】 2020年，《仙游今报》社由湄洲日报社抽调精干人员，组成一支集采编、制版、经营、发行的队伍力量。2020年，《仙游今报》每周出版3期（周一、周三、周五），各8版；年度发行量约1.4万份，出版约140期。《仙游今报》的出版发行以市、县为主，坚持“走出去”的原则，采用赠阅形式发行，赠阅对象包括海外重要商会、同乡会、华侨，在外有影响力的仙游籍乡亲、专家、学者，驻外商会，市、县各套班子领导，全县机关科局、乡镇（街道）、中小学、协会以及省市县各级人大代表、政协委员，县处级离退休干部，村居干部等。《仙游今报》形成以传统报纸媒体为核心，以新媒体为主攻方向，兼具报纸、微信公众号、微信视频号、抖音号、新浪微博、今日头条号、华人头条号、澎湃号等媒体宣传矩阵。

【抗疫专栏】 2020年，《仙游今报》围绕防控新冠疫情、复工复产、三大攻坚战、全面建成小康社会、民生热点等主题开展重大主题宣传活动。疫情防控期间，以官方微信公众号和官方微博为线上新闻主阵地，第一时间呼应公众渴望权威信息的需求。微信公众号要闻类、公告类、防控举措类、典型类的新闻稿件，在规定时间内发布，实现抗疫新闻一周七天不间断。报纸复刊后，报纸、微信公众号、微博、抖音、今日头条、腾讯企鹅号、华人头条、澎湃号实现内容资源“无障碍”流动传播，强化宣传效果，形成正面舆论强势。疫情期间，《仙游今报》累计播发相关报道450条；阅读量突破350万次，比上年同期增长94.4%。10部作品被国家级媒体采纳采用，学习强国12篇、人民网18篇。截至2020年底，《仙游今报》开设微信公众号、腾讯号、抖音号、新浪微博、今日头条号、华人头条号、澎湃号7个新闻资讯类账号，比上年增长250%；开设主题宣传专栏25个，比上年增长25%。2020年，《仙游今报》聚焦报道疫情防控先进典型，讲好仙游县医护人员驰援武汉、抗疫一线党员干部服务基层等鲜活故事。办好“防控新冠肺炎疫情 仙游在行动”“稳增长 保民生”“科学防控疫情 推进复工复产”等专栏，报道县各级各部门各行业统筹推进疫情防控和经济社会发展，引导广大干部群众凝心聚力，坚定发展信心。

【脱贫攻坚专栏】 2020年，《仙游今报》办好“走向我们的小康生活•脱贫攻坚”“脱贫新事”等专栏，挖掘展示发生在基层一线、群众身边的显著变化，用实例反映群众的获得感、幸福感。体现媒体责任担当，策划开展9期“今报公益•战疫助农”活动，探索利用新媒体传播优势，推送信息，化解因受新冠疫情影响农产品“销售难”问题，为果农战疫保销、增收致富、脱贫攻坚出力。

【高质量发展专栏】 2020年，《仙游今报》围绕“突出开放招商、强化项目带动”“优化营商环境”宣传仙游县投资环境、产业优势、招商方向、惠企政策，为营造良好的营商环境提供舆论支持。通过“做好六稳、落实六保”专栏持续宣传仙游县做好“六稳”工作，落实“六保”任务，全方位推动高质量发展超越。深化“全方位推动高质量发展超越”专栏宣传，报道阐释仙游县在强产业、兴城市、惠民生、优生态、保稳定等方面奋勇争先当示范的新实践、新成果和新成效。推出“‘双轮’驱动竞上游”专栏，组织记者深入项目一线采访，反映全县上下全力以赴贯彻市委、县委全会精神，实施“双轮”驱动的实践。

（杨莉娜）

档案管理

【概况】 2020年，仙游县档案局（馆）做好意识形态工作，提升档案服务水平。开展档案执法、档案资源开发、档案宣传工作，做好档案数字化和安全保密工作，加快新馆建设步伐，提供优质档案利用服务工作。4月，被续评为“市二类平安单位”“第十四届市级文明单位”。根据县委办机构改革文件精神，县档案局（馆）承担的行政职能划入县委办公室，县档案馆作为相当正科级事业单位设置，县委办公室对外加挂县档案局牌子。

【档案执法检查】 2020年，仙游县档案局根据省、市档案局的有关文件精神及本单位“双随机、一公开”工作实施方案，组织档案执法检查组，对随机抽取的8个乡镇及19个县直单位的档案工作情况进行档案执法和档案安全保密的检查。

【档案资源开发】 2020年，仙游县档案局根据县委、县政府印发的《仙游县优秀传统文化传承发展工程实施方案》的文件精神，结合部门特色，加入中华民族精神传承发展行动、红色文化传承发展行动、仙游特色文化传承发展行动、莆仙

6月9日，县档案局在四黄村开展国际档案日直播活动 （县档案局 供稿）

戏曲文化传承发展行动、历史文化名城名镇名村保护建设行动中，实施仙游历代文献丛书编纂出版计划。2020年，对馆藏清雍正六年（1728年）繁体、竖排、无标点的郑纪《东园文集》进行点校编辑。

【档案宣传】 2020年，仙游县档案局做好档案宣传工作。与省内多地档案馆联动在海博TV、今日头条、人民网、新华网等平台直播《档案里的小康路》之“小山村走向大世界”，在直播中亮相的仙游县书峰乡四黄村是莆田市“乡村记忆档案”试点村，该村的“青黛印染体验馆”利用青黛印染展示、体验相结合的方式吸引游客到访体验，促进当地村民增收，依靠自己独特的档案记忆文化，推动乡村振兴。据统计数据全网观看量246万人次，点赞、评论互动数5.3万人次。入社区、进广场，举办“档案见证小康路，美丽仙游我的家”大型图片展。自6月9日起，在鲤城街道木兰社区、仙游兰溪广场组织开展为期一周的大型图片展。吸引社区党员干部、市民等近500人参观。广普及，强意识，组织开展档案普法宣传活动。联合县司法局在鲤城街道木兰社区开展《中华人民共和国档案法》《中华人民共和国民法典》等普法宣传，木兰社区党员干部、市民等近200人参加现场会上。多次前往平安挂钩单位龙华镇爱和村向群众普及《中华人民共和国档案法》和介绍查档流程等。

【档案利用服务】 2020年，仙游县档案馆免费为社会各界提供利用档案4500卷（册）次、3750人次，提供馆藏资料利用1862卷次、1203人次，为维护公民合法权益和提高机关工作效率提供档案证明。按时完成政府信息公开的季度报表工作，全年接收42个单位2453份文件，为人民群众生产、生活和经济社会活动提供便捷服务。做好“12345”便民服务事项的受理工作，交办件按期办结率100%，办理满意率100%。

【档案数字化管理】 2020年9月，仙游县档案馆开始第二期馆藏民国档案目录录入及全文数字化扫描工作，完成馆藏441卷民国档案数字化扫描工作，录入3.9万多条文件级目录。利用先进的档案扫描技术对年代久远的民国档案进行数字化

6月9日，县档案局开展国际档案日法律宣传进木兰社区活动

（县档案局 供稿）

处理。

【档案业务考评】 2020年，仙游县档案馆重视全省县级综合档案馆内部业务建设考评工作，对照5个部分66个子项目评价指标落实档案馆内部业务建设工作。对无法解决的问题，形成情况说明和汇报材料，向县委、县政府申请统筹协调解决，通过该业务建设评价，找差距、强基础、补弱项。

【档案安全和保密】 2020年，仙游县档案局加强库房安全管理、网络安全管理、局馆消防安全管理，制定完成档案安全管理制度汇编，对有关安全管理制度进一步细化，增强全体干部职工的安全意识。落实每日库房安全台账，责任到人，做好各项安全记录，保障库房安全。制定信息安全审查制度，签订安全保密协议。进行消防安全知识讲座及现场演练，定期开展检查维护，杜绝消防安全任何漏洞、盲点。

【档案新馆建设】 2020年，新档案馆及地下配套设施工程项目总规划用地面积约1.05万平方米，建筑面积约1.18万平方米，建筑基底面积3083平方米，主体建筑为地上四层，地下一层。建设地上内容包括档案库房、对外服务用房、业务和技术用房及相应配套设施。地下建设内容包括消毒室、地下停车场等内容。总投资约9307万元，其中主体工程造价6113万元。2020年底，完成档案新馆主体验收。

（蒲惠萍）

党史研究和地方志编纂

【概况】 2020年，中共仙游县委党史研究和地方志编纂办公室（简称“县委党史方志办”）履行“存史、资政、育人”职能，突出以研究历史、服务现实为重点，转化党史研究成果，强化党史宣教工作，提升党史工作影响力。实施新时代地方志事业发展规划，推进二轮仙游县志续修及《仙游年鉴》修编等各项工作。

【党史教育基地建设】 2020年，临水村“两委”组织重建修缮钟山镇上湖底中共福建省委旧址，建设革命史迹展览室、生产生活用品等展示区以及红色记忆主题公园等。6月，临水村中共福建省委旧址举行揭牌仪式，获得多家知名媒体关注及现场拍摄采访，《学习强国》《人民日报》《福建日报》等主流媒体予以报道。

【党史资料编纂】 2020年，按照莆田市委党史方志室组织征编《中共莆田市组织史资料（1995.11至2020.12）》《中共莆田市党史人物（第三卷）》的要求，县委党史方志办经过3个月的努力，完成仙游县组织史、党史人物的征编任务，报送市委史志室。

【志书编纂】 2020年7月，《仙游县志（1992—2005）》出版发行，这是“十三五”仙游地方志工作的重大事项。县委党史方志办指导有条件的单位、部门编写专志。9月，郊尾镇《芹林村志》启动修编；10月，《鲤城志》启动修编；10月，《枫亭镇志》出版发行；12月，《西苑乡志》启动修编；12月，《钟山镇志》完成初稿编写；12月，游洋镇《五星村志》完成总纂。

【年鉴编纂与出版】 2020年12月，《仙游年鉴（2019）》获全省年鉴评选二等奖。1月，《仙游年鉴（2020）》被列入福建省精品年鉴工程候选年鉴；9月，《仙游年鉴（2013）》《仙游年鉴（2014）》出版发行；11月2—3日，《仙游年鉴（2020）》评审会在仙游召开，邀请全国、省级、市级专家参会点评指导；12月，完成《仙游年鉴（2020）》审校工作。

【地情资料编纂】 2020年1月，宋《仙溪志》点校出版，记录宋代仙游的历史、政治、文化社会、风土人情等情况，对研究宋代社会和方志历史具有参考意义。7月，《何氏九仙传奇》评稿会召开，县委党史方志办派员到会指导并参与该书编写。9月，仙游魏昇文化研究会在龙华镇金沙村成立，县委党史方志办相关人员参会。加快推进《仙游姓氏志》修编工作，至2020年底，收集40多个姓氏的相关稿件，通过仙游姓氏研究会督促其他姓氏报送稿件。

（陈开枝）

卫生健康与体育

卫生管理

【概况】 2020年底，仙游县有医疗卫生机构416个。其中，县直医疗卫生机构6家，乡镇卫生院17家，社区卫生服务中心1家；社区卫生服务站9个，村卫生所305个，列入医保定点村卫生所295个；民营医院12家，门诊部11个、诊所53个、医务室2个。全县有住院床位4219张，每千人口拥有床位数4.69张，每万人拥有精神科床位8.65张（超额完成6.11张目标）。全县拥有医护人员4078人，其中执业（助理）医师1658人，每千人口拥有执业（助理）医师1.84人；注册护士2420人，每千人口拥有注册护士2.69人；每万人拥有全科医师数2.11人。

【卫生项目建设】 2020年，仙游县抢抓各种帮扶机遇，多渠道整合财政等资金，加大对农村医疗房屋建设、设备购置、配套设施更新等方面的投入力度。县总医院迁建项目动工建设，完成传染楼基础建设及门诊医技楼、住院楼地下室土方建设。枫亭卫生院门诊大楼竣工，菜溪、社硎乡卫生院门诊综合楼完成竣工并投入使用。瑞峰医院进行二次装修，新建污水处理、配电、消防、消毒供应中心、供氧等附属工程。大济镇卫生院迁建项目竣工验收。县总医院、妇幼保健院、疾病预防控制中心核酸检测PCR实验室建成投用，总投资450万元。全年新增210张床位，其中仙游康明眼科医院设置床位20张，县中医院许可床位80张，颐康医院新增40张，莆田人民医院新增50张，医养结合康佳医院设置床位20张。

【疾病防控】 2020年，仙游县报告法定甲、乙类传染病发病3263例，比上年下降9.24%，无甲类传染病。重点加强麻疹、AFP、不明原因肺炎、流感、人禽流感等传染病监测工作，落实各项防控措施。免疫规划工作得到强化，一类疫苗常规接种率95%以上，传染病发病率继续保持在较低发病水平。2020年，仙游县死因监测人口死亡信息登记管理系统报告死亡例数5445例，全县报告常住人口死亡率628.02/10万，户籍人口死亡率462.69/10万。全县登记活动性肺结核患者361例，治疗满一年的肺结核患者成功治疗率84%，肺结核患者督导管理率98%。2020年，全县严重精神障碍在册患者4617人，在管患者4573人，报告患病率5.35%，管理率96.27%，规范管理率84.97%，面访率85.66%。

【卫生执法监督】 2020年，仙游县加大职业卫生、传染病防治、饮用水及涉水产品、公共场所、学校卫生、消毒产品的监管力度，打击非法行医和非法采供血，净化医疗市场。开展防控新冠肺炎专项监督检查工作，检查各类医疗机构400余家次，检查各类学校100多家次，检查生产企业62家次，放射卫生机构52家次，检查乡镇卫生院及二级以上医疗卫生机构的污水处理情况106家次；开展集中式供水单位卫生监督监测，对出厂水和末梢水及二次供水单位进行采样监测，供水样品全部合格。对餐饮具样品进行监测，样品全部合格；检查消毒产品生产单位4家。对公共场所卫生实施量化分级管理，公共场所卫生信誉度等级公示率100%。开展“双随机”卫生监督工作，检查学校11家、公共场所23家、医疗卫生机构21家、传染病卫生机构21家、自来水厂5家、放射机构5家。全年立案处罚案件38起，予以行政处罚总金额87.94万元，没收药品器械200余件。

【妇幼保健】 2020年，仙游县贯彻落实母婴安全“五项制度”和“两个行动计划”，以《中国妇女儿童发展纲要（2011—2020）》终期评估工作为契机，以基本公共卫生民生工程和全面实施妇幼重大公共卫生服务项目为重点，推进全县妇幼卫生工作任务全面落实，促进妇幼卫生事业健康发展。2020年，对8303个育龄妇女增补叶酸预防神经管缺陷；对4170名15—20周孕妇进行血清学筛查，对2086名20—24周孕妇进行免费超声筛查；对2461对夫妇免费地中海贫血筛查；对1631对育龄夫妇进行免费孕前优生检查；孕产妇艾滋病、乙肝、梅毒检测8668人，检测率100%，其中孕产妇乙肝表面抗原检测阳性率12.5%，新生儿免费接种乙肝免疫球蛋白1098份。对7992名新生儿进行耳聋基因免费检测。2020年，孕产妇系统管理率90.3%，孕产妇死亡率0/10万；高危管理率100%，产后访视率90%；儿童系统管理率92.23%，婴儿死亡率1.64‰，5岁以下儿童死亡率3.07‰。

【医政管理】 2020年，仙游县强化医务人员“三基三严”训练，落实医疗质量核心制度。加强医疗安全医疗质量监管，开展基层医疗机构医院评价、医疗质量管理、平安医院建设、改善医疗服务行动计划等，提升医疗服务质量。严格机构、人员、技术及设备的准入管理。通过与医学院校本科生签约分配和面向全社会招考大、中专医学类毕业生的办法，引进优秀医学专业人才。2020年，补充招聘医学类人员137名充实卫生队伍，人才队伍总量合理有效增长，学历结构明显优化。规范医疗废物处置工作，医疗废物集中规范处置率100%。完善医患纠纷调处机制，医疗纠纷调处成功率100%。加大社会资本办医扶持，截至2020年底，全县有二级民营医院6家（综合医院3家，专科医院3家），门诊部9个，诊所46个，有医疗床位4009张，其中民营医疗机构床位1329张，占比33.15%。

【医改工作】 2020年，仙游县在全市率先启动县域紧密型医共体组建工作，围绕县总医院做强、乡镇卫生院做活、村卫生所做稳的总体思路，推进县总医院建设。将县中医院、县皮防院及18家基层医疗机构纳入一体化管理，对各分院人力资源、医疗业务、绩效考核、资源配置、集中采购、信息化建设、医保预付等实行统一管理；在总医院内试行开展县域紧密型医共体医保打包支付，建立“结余留用、超支不补”的激励机制，将结余的医保基金纳入医共体的医务性收入，促进优质医疗资源向基层流动。在总医院内建设消毒供应中心、医学影像中心（超声诊断）、心电诊断中心等六大中心，通过建设县域医疗服务技术平台，实现县域内医疗资源共享，辐射带动各分院医疗服务能力的提升。启动基层医疗机构“一院一品”专科建设项目，结合实际情况，每家基层医疗机构打造一个重点专科，构建多元化全民健康新格局。2020年，鲤南分院血透室、鲤城分院联合病房竣工验收投入使用，实现分级诊疗格局有序构建，优质医疗资源逐步下沉。

7月25日，福建省第一家“儿科专科联盟”成立，县妇幼保健院作为联盟初创成员单位参加战略合作签约仪式 （唐伟 摄）

【基本公共卫生服务】 2020年，仙游县落实政府投入责任，提高人均基本公共卫生服务经费标准，人均基本公共卫生服务经费提高到65元；完善基本公共卫生服务项目考绩考核办法，提高服务质量和效率。2020年，全县居民电子健康档案建档率90.3%，高血压规范管理率76.79%，糖尿病规范管理率72.32%。全县组建家庭医生服务团队229个，家庭医生签约率59.6%，其中重点人群签约率61.4%。落实健康扶贫政策，为仙游县5874户1.94万人建档立卡贫困户开展家庭医生签约工作，为建档立卡农村贫困人口建立“一对一”的个性化履约服务。推进村卫生所医保定点，全县开通295个村卫生所医保定点，其中贫困村卫生所开通率100%。

（刘晓晴　陈文旺）

仙游县总医院　2020年，仙游县总医院作为新冠肺炎疫情定点救治医院，实现“确诊患者零死亡、医务人员零感染、院内传播零发生”的防控目标。完成污水管网改造，改善医院诊疗环境；12月，投入使用的多媒体教室，为全县临床教学培训创造良好条件；医院食堂建设接近尾声；推进县委、县政府为民办实事项目之一的立体停车场建设。

2020年，数字减影血管造影（DSA）及介入导管室投入使用，填补仙游县技术空白；7月3日，县总医院与福建省立医院消化内镜中心合作共建消化内镜基地，依托省级高水平医院的资源及平台，促进医教研相互融合协作，拓展医联体模式的深度和内涵；呼吸内科、骨科入选福建省县级医院临床重点专科建设单位，普外、儿科入选福建省县级医院临床重点专科培育单位，学科建设迎来发展新机遇；通过地方政府专项债券项目投入5200万元引进一系列高端医疗设备，包括1套1000多万元的奥林巴斯胃肠镜检查系统、1套1000万元的数字化减影血管造影系统（DSA）、1台约2000万元的全进口第四代320排640层谱黄金超高端CT等，为高效准确地诊断治疗提供强有力的硬件保证。医疗服务能力达到国家《县医院医疗服务能力基本标准》要求的92.04%、《县医院医疗服务能力推荐标准》要求的61.65%。

重症医学科黄萍萍作为福建省首批援鄂医疗队队员，与武汉人民共同奋战58个日夜并完成救治任务。余志勇支援香港开展核酸检测，杨锦炼支援莆田肺科医院重症新冠肺炎患者救治工作，陈章芳到广西口岸参与疫情防控和医疗救治工作等。首批援鄂英雄黄萍萍同志被湖北省委、省政府授予新时代“最美逆行者”称号，被武汉市金银潭医院授予“荣誉职工”“抗疫工作先进个人”称号，获福建省五一劳动奖章、莆田青年五四奖章、福建省抗疫最美家庭、福建省“最美护士”、莆田市“最美护士”等；林怀玉被省委、省政府授予“福建省抗击新冠肺炎疫情先进个人”称号；颜伟被授予“莆田市劳动模范”称号；杨锦炼被评为福建省“最美医师”；陈章芳被评为莆田市“平安英雄”。疫情期间，临时开辟为隔离病区的中西医结合科获评“第六届莆田青年五四奖章集体”。

（吴鹏举）

老年健康

【概况】　2020年，仙游县老龄委发挥职能优势，增强全社会应对人口老龄化意识，弘扬敬老爱老传统美德，发展老龄事业，提高老年人的福祉，满足老年人过上美好生活的新期待。推进基层老年人协会规范化建设，发挥协会正能量作用，将平安宣传工作与业务宣传相结合、相促进，打造平安建设人人知晓、平安创建人人参与、平安成果人人共享的社会治理格局。2020年，仙游县有百岁老人79人。其中，最高寿者为鲤城街道的林瑞芹（女），107岁。

【敬老月活动】　2020年，仙游县老龄委按照省、市老龄委关于开展敬老月活动有关精神，指导各乡镇（街道）、村（社区）在敬老月活动中开展敬老文化宣传教育活动、老年维权优待活动、“老有所为”先进典型宣传活动、老年文化体育活动、走访慰问。安排专项资金用于发放全县4155人90周岁以上老年人和百岁老人高龄生活补助金。牵头卫生部门对全县65周岁以上的老年人组织免费健康体检。老年节期间，协调指导部分镇村老龄办，做好市、县主要领导上门慰问百岁老人和特困老人筹备工作，扩大尊老、敬老、助老的社会影响面。

【老年人意外伤害保障】　2020年，仙游县老龄委推动乡镇（街道）老龄办开展80周岁以上老人人口摸底调查工作。截至2020年底，仙游县投入40.7万元为辖区2.04万名80周岁及以上老年人统一购买意外伤害保险。

【医养结合养老】　截至2020年底，仙游县有1家医养结合机构——颐康养老院，内设9个科室，医生6名，护士15名，床位20张。仙游加快发展医养结合新型养老模式。

（许　超）

计划生育

【概况】　2020年底，仙游县总人口120.3万人，出生率8.54‰，自然增长率4.37‰，政策符合率为 90.24%，全县出生人口总性别比为 120.75。全年一孩证登记 1005 对，二孩证登记 747 对，再生育审批 34 对。

【计生管理与服务】 2020 年，仙游县征收入库社会抚养费申请法院强制执行 35 件，执行到位 264 万元，列入个人信用征信系统 70 人。全县落实免费孕检 1631 对。加强对高龄孕产妇、再生育和不孕不育人群服务指导，开展城乡居民医保妇女免费“两癌”检查，进行宫颈癌检查 1.11 万人，乳腺癌检查 1.18 万人。推进计划生育技术服务改革，创新服务，为全县部分育龄妇女免费健康检查，免费 B 超检查 1.88 万人次。推进母婴设施建设，满足群众对母婴设施的需求，支持母乳喂养，保障母婴权益，营造生育友好的社会环境。2020 年，在应配置母婴设施的公共场所和用人单位建设 31 个母婴室。

【计生奖励与扶助】 2020 年，仙游县按照“老人老办法”的原则，兑现 2020 年度各项奖励扶助政策：农村部分计划生育奖扶 7746 人，1246.18 万元；城镇部分计划生育奖扶 1554 人，243.02 万元；农村贡献奖励 959 人，57.54 万元；特别扶助 56 人，67.82 万元；农村二女结扎奖励发放 1.51 万人，544.61 万元。补助农村计划生育家庭新型农村合作医疗保险 2.88 万人，补助资金 719.15 万元。二女户建房 13 户，补助 6.5 万元；二女户女儿上大学 142 人，奖励 28.4 万元；农村独女户及二女户女儿住宿补贴 54.32 万元。对全县 27 户（56 人）计划生育失独家庭，建立信息档案，落实联系人责任。针对失独家庭的实际需求，坚持关怀关爱，落实个性化的扶助关怀措施。从失独家庭的养老保障、医疗保健、生活扶助、精神慰藉等多个方面，统筹相关部门的政策措施，动员和引导社会力量，解决失独家庭在生活、精神方面存在的困难和问题。

（刘晓晴　陈文旺）

【计生协会建设】 2020 年，仙游县计划生育协会（简称“县计生协会”）编制人员 7 名，在编 5 名，内设办公室、项目部、组织宣传部 3 个机构，常务专职副会长 1 名、股级干部 2 名、科员 1 名、办事员 1 名。

计生宣传教育　1 月，县计生协会响应县委、县政府的号召，在社硎乡社硎村开展“文化三下乡”宣传活动，开展一系列群众喜闻乐见的宣传活动，普及优生优育、避孕节育、性与生殖健康知识，现场发放“六项重点任务”项目宣传手册和《0—3 岁育儿宝典》，并送上帮扶资金 1 万元。5 月，在枫亭镇、社硎乡、大济镇等 10 个乡镇分别开展健康知识讲座，参加人数 600 多人。6 月 7 日，联合县卫健局、中国人寿保险有限公司仙游县支公司、仙游红黄蓝亲子园举办“庆祝中国计生协成立 40 周年暨国际母乳节宣传服务活动”，开展线上线下联动宣传，以“用爱滋养·亲子共成长”为主题，助力仙游万千家庭了解母乳喂养，完成心理营养系列课程，倡导优生优育理念，帮助广大婴幼儿家庭提升科学育儿意识和水平，实现亲子共成长，建设幸福家庭。

2020 年，县计生协会做好“互联网 + 计生协”建设，通过“健康幸福仙游”“莆田市计生协会”等微信平台拓展宣传渠道，打造网上网下相互促进、有机融合的宣传态势。发挥传统媒体宣传效力，在《中国人口报》《福建日报》《福建卫生报》等媒体刊登生育关怀行动和项目帮扶计生家庭发展生产的经验和做法。省计生协会门户网站、“八闽生育关怀”、《福建卫生报》等省级媒体刊物上稿 15 余篇；《湄洲日报》《莆田晚报》等市级媒体刊物发表文章上稿 30 余篇。在疫情防控期间，通过微信、QQ 等，及时面向广大会员和计生群众发布权威信息，准确解读防控措施，传播健康卫生。

助力疫情防控　各级计生协会响应党和政府号召，第一时间投入疫情防控。全县计生协会工作人员、会员和志愿者参与宣传引导、监测排查等防控工作；落实好县委、县政府精准科学服务企业工作部署，与县卫健局、疾控中心等部门深入企业，指导企业完善防控工作方案、突发应急处置预案等，疫情期间走访企业 18 家；发挥协会会员众多、网络健全、植根群众的优势，发动广大会员捐资活动，1.6 万名会员参与“会员一元捐”活动，募集资金 12.6 万元支援国家抗疫，为全县统筹做好疫情防控、保障全民健康作出贡献。

计生意外伤害保险　9 月，县、乡两级财政投入 276 万元为 2.76 万户计生家庭办理意外伤害保险，60 户计生家庭获得理赔，赔金额 41.21 万元，理赔率 14.84%，增强计生家庭抵御风险的能力。

青春健康服务　聚焦家庭健康促进行动，多举措升级青春健康品牌，满足广大家庭多层次、多方面、多元化的健康需求，最大限度地惠及计生群众。通过青春健康以及亲子沟通方面的专业知识，并通过游戏、体验、表演等形式，让家长们参与到活动中来，帮助家长了解青春期孩子生理、心理等相关知识，加深对青春期的理解，增强与孩子沟通的技巧。2020年，开展青春健康宣传活动13场，青春健康讲座25场，服务群众2000多人次。

生育关怀　2020年春节、母亲节等重要节日对计生困难家庭开展紧急救助、困难慰问，慰问计生困难家庭214户，慰问金总额22.9万元；对当年度发生重大疾病和意外的计生困难家庭，发放紧急救助款3.8万元，救助11个计生家庭，为他们送去党和政府的温暖和关怀。2020年，各级计生协会投入18万，帮助35位当年考取本科计生贫困家庭子女顺利入学。其中，省级资助5名，每名2万元（每学年5000元），计10万元；市级资助6名，每名5000元，计3万元；县级资助25名，每名2000元，计5万元。2020年，资助1户家庭困难的二女户建房，每户补助6万元（省、市、县三级协会每户各补助2万元），实现计生困难家庭的安居梦。

儿童早期发展项目　围绕“幼有所育”构建“协会响应、部门协同、社会参与、儿童受益、家长满意”的服务体系，在原有鲤中幼儿园早教基地基础上，按照“六个一”功能室要求，增设知识宣传区、母婴室等，使早教基地进一步提升。在原先8个婴幼儿早期发展试点的基础上，在鲤城街道南桥社区和木兰社区、大济镇蒲山村、度尾镇潭边社区新增4个“向日葵•亲子小屋”，邀请早教专家深入村（社区）开展科学育儿知识讲座26次，开展亲子互动课程56次，将科学育儿的理念、知识、服务送进农村家庭。疫情期间，与仙游红黄蓝亲子园利用新媒体ZOOM直播开展线上共度元宵亲子活动和每周公益课程，开展线上亲子互动课程55节，父母课堂12节，助力仙游家长宅家抗疫。与县卫健局、中国人寿保险有限公司仙游县支公司、仙游红黄蓝亲子园联合开展“用爱滋养•亲子共成长”为主题线上线下“5•29”会员活动日联动宣传。线上招募200多组婴幼儿家庭加入微信互动群，学习《心理营养》系列课程，线下组织150多组家庭参加抽奖问答和游戏等互动，并邀请红黄蓝仙游亲子园园长为家长们做了精彩讲座和案例分析，帮助广大婴幼儿家庭掌握科学育儿知识。讲座活动还进行了实时直播，直播间观看人次1200多人，线上互动学习2000多人次，为参加活动的家庭送出早教包150份。

计生特殊家庭帮扶　建立健全计生特殊家庭档案，乡镇（街道）、村（社区）计生协会与计生特殊家庭建立一对一联系挂钩制度，定期通过电话、走访了解其生产、生活情况，做到牵手不落下一家，温暖不漏过一户。组织志愿者开展“暖心行动”工作；在春节、母亲节等重要节日开展慰问活动，为他们送去党和政府的温暖，实现计生特殊家庭意外伤害保险和住院护理补贴保险全覆盖，为他们解除后顾之忧。

流动人口服务　把握乡村振兴战略要求，为流动人口提供优质服务，开展富有特色的关怀“三留守”人员活动。在大济镇蒲山村围绕“儿童成长快乐、妇女留守安心、老人生活安逸、流入服务均等”的工作目标，打造集生活照料、心理抚慰、健康保健、应急救助、法律援助、文化娱乐、家庭教育、就业帮扶“八大”关爱服务于一体的服务品牌。

计生家庭法律权益维护　各乡镇（街道）统筹运用基层法治宣传阵地、农村文化礼堂、农家书屋等，为群众搭建丰富的法治学习平台。宣传开展法律维权宣传教育活动，推动法治文化与民俗文化、乡土文化融合发展，教育引导群众“办事依法、遇事找法、解决问题用法、化解矛盾靠法”，为计生家庭维权发声“代言”，为计生困难家庭建筑“防火墙”，打造法律援助“快车道”，增强计生家庭的安全感、获得感和幸福感。2020年，各级计生协举办法律知识培训班18期、法制讲座23场，开展法律宣传咨询活动26场，代理维权案件132多件，调解民事纠纷46多宗，协调权益维护106多件，接受法律咨询236人次，为计生群众挽回经济损失128多万元。

（陈双妹）

体育

【概况】　2020年，仙游县以建设体育强县为目标，遵循“群众体育创品牌，竞技体育上水平，体育产业成规律”的发展思路，统筹兼顾，以创建福建省全民运动健身模范县为重点，推进“体育设施建设、全民健身活动开展，健全社会体育组织，体育产业发展”等各项工作开展。

【群众体育】　2020年，仙游县以全民健身各项各类协会为引领，以各项专业团队为单位，以晨晚练为平常时间节点，全县城乡各地随处可见丰富多彩、形式多样的全民体育健身活动，主要项目有广场舞、太极拳、篮球、门球、气排球、羽毛球、游泳、象棋、围棋、跆拳道、龙舟、拔河、自行车、登山等运动项目。

5月1日，举办莆田市全民健身运动会仙游县围棋比赛；5月3日，举办莆田市全民健身运动会仙游县羽毛球公开赛；5月15日，举办莆田市全民健身运动会仙游县农民篮球比赛；5月17日，莆田市全民健身运动会仙游县跆拳道对抗赛；5月19日，莆田市全民健身运动会仙游县广场舞千人大展演；5月20日，莆田市全民健身运动会仙游县门球比赛；5月25日，举办莆田市全民健身运动会仙游县教职工气排球比赛；5月27日，举办莆田市全民健身运动会仙游县象棋比赛。6月，举办莆田市全民健身运动会仙游县游泳比赛、莆田市全民健身运动会仙游县四季体育篮球联赛、莆田市全民健身运动会仙游县四季“亲子向上”运动会、莆田市全民健身运动会仙游县太极拳比赛。7月，举办莆田市全民健身运动会仙游县武术比赛、莆田市全民健身运动会仙游县健美操比赛、莆田市全民健身运动会仙游县职工运动会、莆田市全民健身运动会仙游县健身跑运动会。8月8日，举办莆田市全民健身运动会仙游县双修户外运动会。9月30日，举办仙游县竞冠综合体育中心篮球赛，参赛的有福建省华侨大学学生代表队、莆田市联队、竞冠代表队。10月27日至11月18日，由仙游县骄阳体育俱乐部举办的第二届仙游县篮球邀请赛。11月11日，举办2020年“中骏杯”羽毛球赛。11月18—24日，仙游县农商银行举办第一届农商系统职工篮球赛。

兰溪大桥桥畔，瑜伽爱好者在练习瑜伽（2020）　（刘燕钦 摄）

11月27日至12月1日，举办中远海运物流／中国外代福建片区第四届篮球友谊赛。

【竞技体育】 2020年，仙游籍运动员在参加各级各类体育竞赛中，获得国家级金牌6枚、银牌3枚、铜牌8枚，省级金牌2枚、银牌1枚、铜牌1枚。其中，吴依珊获全国皮划艇丙组女子单划第一名；林果、吴彬彬获全国射击冠军赛青年组女子花剑个人冠军；傅莹莹获青年组全国女子花剑团体第一名；黄汪龙获全国冲浪锦标赛男子短板团体接力第一名。为培养优秀竞技体育后备人才，2020年仙游县向上输送43名优秀竞技体育苗子，其中福建省体工队1名，福建省体校4名，莆田县体校25名，福建省高校13名。

【体育社会组织】 截至2020年底，仙游县县级体育社会组织25个，加上2020年筹备建立乡镇的基层的社会体育指导员协会、老体协、农体协等75个协会，全县有120个社会体协组织，参与人员5万多人，形成县、乡（镇）、村（社区）三级社会体育组织网络，引领专业爱好者开展各项体育健身活动。各社会体育协会均建立健全组织机构，制定管理制度，加强社会体育组织（体育专业团队）的组织建设。开展各种形式的全民健身活动，推动全民健身活动引向深入。

【体育指导员】 截至2020年底，通过选送到福建省、莆田市各项社会体育专业技能培训、县级组织举办社会体育指导员技能培训班等，培育社会体育指导员1018人，其中国家一级社会体育指导员50人，国家二级社会体育指导员370人，国家三级社会体育指导员598人，提高各项体育技能指导员能力，指导社会体育健身活动。

【体育设施建设】 2020年，仙游县建设7个省、市级全民健身场地设施项目。其中，智慧公园1个，全民健身中心1个，多功能运动场2个，笼式足球场8个，健身路径30个村，乒乓球桌30台；仙游县申报省级体育产业特色基地1个，示范单位1个，示范项目1个，完成全民健身工程选址及场地平整等基础性工作，落实仙游县体育运动学校足球场建设项目扫尾工作，确保及时按要求投入使用，完成仙游县体育中心田径场主席台及看台项目工程建设。着力建设、打造优质公共体育服务工程8项。2020年，建设仙游县体育中心足球场，总投资500万元，竣工投入使用；筹备建设仙游体育运动健身活动中心，占地2.8公顷，主体结构建筑两层，计划投资6000万元，完成可研性论证、设计方案和用地规划调整，县发改局上报国家发改委，作为国家投资项目扩建仙游全民健身中心，投入1000万元，配套建设健身项目7个，主体2层，完成设计，进入预算、审核程序。

【体育产业】 2020年底，仙游县体育产业制造业规模以上企业3家，体育休闲业规模以上企业6家，体育服务业规模以上企业2家，年创总产值10亿元。旧厂房改造为体育场馆5家（四季体育、飞跃体育、阳光体育、双修体育、“仙糖”乒乓），总面积3.95万平方米。仙游县智慧体育公园工程，在原客山妈祖公园建设的基础上，增加智慧体育元素，投资300万元，完成整体设计，场地平整工作并进入招投标施工程序；建设“仙水洋”体育工程，总投资3000万元，落实水上漂流项目，完成项目前期各项工作，组织工程施工；建设麦斜岩健身步道5千米（正在施工），完成投资3000万元；扩建石鼓山体育公园，投资4600万元，竣工投入使用；实施枫亭塔斗山体育公园健身路径增量工程，投资2000万元，完成场地设施建设并投入使用；建设仙游县温泉度假村，占地面积4.53公顷，总投资2.5亿元，主要建设运动员康复、游泳，冲浪等6个项目，打造莆田市唯一的运动康复基地。扶持体育产业创新发展，实施补短板工作，增强体育产业发展后劲，申报书峰户外运动为省体育产业特色基地，申报莆田市新协胜鞋业有限公司为省体育产业示范项目，促进体育制造业、服务业再发力，创效益。

2020年，仙游县体彩总销量9087.5万元，比上年总销量8922.37万元增长1.01%，其中电脑型彩票销量8158.5万元，比上年销量8003.08万元增长1.02%，即开型销量929万元，比上年销量919.29万元增长1.01%。

（严崇豹）

2020年度仙游籍运动员参加国家级比赛成绩一览表

表7

项目	姓名	性别	时间	地点	比赛名称	参加小项	名次	教练员	备注
帆船	杨　颖	女	9月10日	河北秦皇岛	2020年全国帆船锦标赛	女子49FX级长距离	第5名	林志峰	—
帆船	杨　颖	女	9月10日	河北秦皇岛	2020年全国帆船锦标赛	女子49ER级长距离	第7名	林志峰	—
帆船	黄依丹	女	9月25日	山东潍坊	2020年全国水翼帆船冠军赛	长距离	第4名	林志峰	—
帆船	黄依丹	女	9月25日	山东潍坊	2020年全国水翼帆船冠军赛	女子水翼iQFOil场地赛	第6名	林志峰	—
射击	林　果	女	9月28日	河北保定淮安新区	2020年全国射击冠军赛（飞碟项目）	多向混合团体	第1名	谢炳森	破全国纪录
射击	吴彬彬	男	9月28日	河北保定淮安新区	2020年全国射击冠军赛（飞碟项目）	多向混合团体	第1名	林钦姐	破全国纪录
击剑	郑梦晴	女	10月2日	江苏南京	2019—2020赛季全国击剑冠军赛（南京站）	青年组女子花剑个人	第1名	张国兵	—
乒乓球	李明隆	男	10月10日	山东威海	2020年全国乒乓球锦标赛	男子团体	第5名	易建平	—
射击	刘幼萍	女	10月28日	山西临汾	2020年全国射击锦标赛（飞碟项目）	女子双向团体	第3名	谢炳森	—
射击	徐婷婷	女	10月28日	山西临汾	2020年全国射击锦标赛（飞碟项目）	女子双向团体	第3名	谢炳森	—
击剑	傅莹莹	女	10月29日	山东蓬莱	2019-2020赛季全国击剑冠军赛（总决赛）	成年女子花剑个人	第3名	张国兵	—

续表 7

项目	姓名	性别	时间	地点	比赛名称	参加小项	名次	教练员	备注
击剑	刘颖杰	男	10 月 29 日	山东蓬莱	2019-2020 赛季全国击剑冠军赛（总决赛）	青年男子花剑个人	第 3 名	张国兵	—
皮划艇	吴依珊	女	11 月 7—12 日	福建南安	2020 年“南安家具产业杯”全国皮划艇激流秋季冠军赛暨全国皮划艇激流回旋青年锦标赛全国 U 系列皮划艇比赛	丙组女子单划	第 1 名	毛丽华	—
皮划艇	吴依珊	女	11 月 7—12 日	福建南安	2021 年“南安家具产业杯”全国皮划艇激流秋季冠军赛暨全国皮划艇激流回旋青年锦标赛全国 U 系列皮划艇比赛	丙组女子皮艇	第 3 名	毛丽华	—
皮划艇	吴依珊	女	11 月 7—12 日	福建南安	2022 年“南安家具产业杯”全国皮划艇激流秋季冠军赛暨全国皮划艇激流回旋青年锦标赛全国 U 系列皮划艇比赛	乙组女子单划	第 6 名	毛丽华	—
皮划艇	吴依珊	女	11 月 7—12 日	福建南安	2023 年“南安家具产业杯”全国皮划艇激流秋季冠军赛暨全国皮划艇激流回旋青年锦标赛全国 U 系列皮划艇比赛	乙组女子皮艇	第 6 名	毛丽华	—
击剑	傅莹莹	女	11 月 23—29 日	广东肇庆	2020 年全国击剑锦标赛	青年女子花剑团体	第 1 名	张国兵	—
击剑	李志炜	男	11 月 23—29 日	广东肇庆	2020 年全国击剑锦标赛	青年男子重剑团体	第 2 名	张国兵	—
击剑	李志炜	男	11 月 23—29 日	广东肇庆	2020 年全国击剑锦标赛	青年男子重剑个人	第 3 名	张国兵	—
击剑	傅莹莹	女	11 月 23—29 日	广东肇庆	2020 年全国击剑锦标赛	青年女子花剑个人	第 7 名	张国兵	—
击剑	傅莹莹	女	11 月 23—29 日	广东肇庆	2020 年全国击剑锦标赛	成年女子花剑个人	第 3 名	张国兵	—
帆船	黄依丹	女	12 月 11 日	海南海口	2020 年全国帆船锦标赛（水翼 iQFOil）	女子长距离赛	第 2 名	林志峰	—
帆船	黄依丹	女	12 月 11 日	海南海口	2020 年全国帆船锦标赛（水翼 iQFOil）	女子场地赛	第 3 名	林志峰	—
冲浪	黄汪龙	男	12 月 29 日	海南	2020 年全国冲浪锦标赛	男子桨板	第 2 名	张国兵	—
冲浪	黄汪龙	男	12 月 29 日	海南	2020 年全国冲浪锦标赛	公开组男子短板团体接力	第 1 名	张国兵	—

居民生活

【概况】 2020年，仙游县居民人均可支配收入2.55万元，比上年增长4.5%；扣除价格因素，实际增长2.8%。全县居民人均生活消费支出1.77元，比上年下降1.4%，扣除价格因素，实际下降3.1%。八大类价格呈现“五升三降”态势。其中，食品烟酒类比上年上涨5.5%，衣着类下降0.6%，生活用品及服务类上涨0.4%，教育文化娱乐类上涨2.8%，其他用品和服务类上涨1.3%，居住类下降0.8%，医疗保健类上涨0.3%，交通和通信类回落2.6%。

【城镇居民收入与消费支出】 2020年，仙游县城镇居民人均可支配收入3.53万元，比上年增长2.4%，扣除价格因素，实际增长0.7%。城镇居民人均生活消费支出2.2万元，下降2.5%，扣除价格因素，实际下降4.2%。

【农村居民收入与消费支出】 2020年，仙游县农村居民人均可支配收入1.88万元，比上年增长4.9%，扣除价格因素，实际增长3.2%；农村居民人均生活消费支出1.46万元，下降1.3%，扣除价格因素，实际下降3%。

（严莉涵）

人力资源

【概况】 2020年，仙游县完成城镇新增就业人员3437人，完成市下达任务数3210人的107.07%，城镇失业人员再就业1280人，完成市下达任务数1000人的128%；城镇登记失业率3.14%，低于市下达5%的指标。

【工资福利】 2020年，仙游县人力资源和社会保障局（简称“县人社局”）完成事业单位工作人员（含行政工勤人员）工资变动审批计1.32万人次，为194名机关事业单位工作人员办理到龄退休手续，办理抚恤金及遗属补助68人次。联合县委组织部开展“1+X”规范津补贴检查2次，发出整改通知单4张，移交违规线索1条。

【人事管理】 2020年6月，仙游县出台《仙游县政府序列事业单位股级岗位试行人员聘任制管理的实施意见》，在事业单位试行股级干部由“任命制管理”向“聘任制管理”转变。2020年春季，招录事业单位工作人员95名；2020年秋季，招录事业单位工作人员48名。2020年，县人社局批准在职提高学历教育53人，批准学历学位更改40人，组织专业技术人员和工勤人员参加继续教育培训，为3509名专业技术人员办理继续教育学时验证手续。

【职称管理】 2020年，县人社局对35家事业单位的岗位设置进行重新核准或微调，组织评审确认初级专业技术职务514人，审核推荐参加省市中、高级专业技术职务评审507人，办理高级、中级、初级职称聘任2568人。建立初级教师职务、初级工程专业技术职务、工程系列土建专业初级职务评审委员专家库，其中初级教师职务评审委员专家库176人，初级工程专业技术职务评审委员专家库57人，工程系列土建专业初级职务评审委员专家库77人。

【就业促进】 2020年，县人社局推行线上用工招聘，开设“中国海峡人才网仙游频道”，举办网上企业用工招聘会。全县147家企业参加，提供就业岗位 8586 个，浏览量 28.2 万人次，投递求职简历 4608 份。依托“莆田市企业用工共享平台”，合理整合、调剂劳动力资源，构建跨业态、跨企业的“共享员工”，满足特殊时期企业的短期用工需求。全县有 23 家企业在“莆田市企业用工共享平台”登记短期岗位 203 个，个人短期应聘登记 116 人，调剂用工 152 人。

就业培训　开展仙游县职业技能提升工程培训，培训劳动力 3407 人次，提升农民工综合素质，促进农民工就业。落实“见证补贴”优惠政策，对参加职业技能培训并获得证书的城乡劳动者，按规定给予 350—2000 元的职业培训补贴。发放见证补贴 147 人 11.72 万元。9 月 13 日，举办仙游县首届“海都杯”保育员（育婴员）职业技能竞赛；9 月 28—30 日，举办莆田市第三届“海峡艺雕杯”手工木工职业技能竞赛，27 人获得高级工证书，38 人获得中级工证书。

就业扶贫　2020 年，对于无法输送到企业就业的精准扶贫劳动力，通过开发卫生保洁员、保安、公厕管理员、敬老院护理员等社会服务类公益性就业岗位 719 个，给予用人单位按最低工资标准 1570 元／月发放岗位补贴，发放岗位补贴 1161 万元。为各乡镇（街道）、村（社区）开发公益性岗位安置银发建档立卡贫困人口，发放岗位补贴 142 人 46.64 万元。开发“三支一扶”岗位 51 个，其中省级“三支一扶”11 个，市级“三支一扶”40 个。

稳企稳岗　为 4 家企业发放疫情防控生产企业稳就业奖补资金 123.98 万元；为 16 家企业发放情防控急需物资生产企业复工用工服务奖补资金 212.3 万元；为 2 家企业发放暂时性生产困难企业补贴资金 718 万元；为 41 家企业发放春节期间连续生产重点企业稳就业奖补资金 91.82 万元；协助 3 家企业以包机包车形式安排员工“点对点”返岗，给予补助交通费 4.58 万元；为 201 家不裁员或少裁员的保持连续生产的重点企业给予稳定岗位补贴 261.1 万元；为 239 人次发放社保补贴 100.25 万元。

【人力资源市场管理】　2020 年，仙游县有登记劳务派遣单位 17 家。3 月，开展人力资源市场专项整治，对 3 家运行异常的劳务派遣机构依法注销其营业资格，保障劳务派遣人员的基本权益。

（林志猛　林倪颖）

社会保障

【概况】　2020 年，实施全民参保计划，对 2011—2019 年度全县城乡居民养老保险参保缴费人员、待遇领取人员、已参保未缴费人员、未参保未缴费人员、特殊人群（政府代缴）等五类人员开展全面排查，做到应保尽保，把惠民政策落到实处。2020 年，仙游县企业退休人员基本养老金月人均增加 133.79 元，城乡居民基本养老金最低标准提高到每人每月 145 元，提高社会保险待遇水平。

【养老保险】　2020 年，仙游县机关事业单位养老保险参保人数 2.45 万人，其中在职参保人数 1.61 万人，离退休人员 0.84 万人，拨付基本养老金 4.79 亿元；企业职工养老保险参保人数 7.34 万人，其中在职参保人数 6.19 万人，离退休人员 1.15 万人，拨付基本养老金 2.98 亿元；城乡居民社会养老保险参保 72.85 万人，基本养老保险参保率 98%，为符合领取条件的 60 周岁以上参保人员 17.2 万人发放养老金 2.97 亿元；发放丧葬补助金 4548 人 1222.73 万元；认定被征地农民社会保障对象 9.41 万人，其中年满 60 周岁以上符合按月领取被征地农民养老保障金 2.21 万人，发放 9147.67 万元。

【工伤保险】　2020 年，仙游县工伤保险参保人数 9.46 万人，为 478 人次按时拨付工伤保险待遇 2372.43 万元。

【失业保险】　2020 年，仙游县失业保险参保人数 3.54 万人，为 5038 人次发放失业保险金 883.15 万元。

【企业社会保险费减免】　2020 年，仙游县为 1917 家企业减免养老保险费 1.14 亿元；为 1324 家企业减免失业保险费 288.54 万元；为 1289 家企业减免工伤保险费 624.21 万元。

【劳动保障】　2020 年，仙游县劳动监察部门受理投诉欠薪案件 396 件，为 1368 名员工协调补发被拖欠工资 1603.85 万元，按拒不支付劳动报酬罪移送公安机关侦查案件 5 件。劳动人事争议仲裁受理案件 528 件，成功调解 345 件，调解成功率 65%。工伤认定受理案件 432 件，结案 340 件，结案率 78.7%。在全省率先出台《工程建设领域农民工工资委托支付暂行办法》，保障建设领域农民工劳动报酬权益，最大限度减少和杜绝欠薪事件发生。2020年，仙游县建设领域工资支付中心为工程建设领域企业开设农民工工资支付专户76个，累计为农民工代发工资7130人次1.59亿元。

（林志猛 林倪颖）

医疗保障

【概况】 2020年，仙游县参加医保103.35万人，其中职工5.07万人、城乡居民98.28万人（政府资助缴费8.77万人）。

【医保基金管理】 2020年，仙游县将职工基本医疗保险缴费费率从7.3%下调为6%。调高村卫生所（社区卫生服务站）普通门诊医保报销比例和封顶线，并开展高血压病、糖尿病门诊特殊病种刷卡结算。推行城镇职工医保个人账户家庭共济。调整城乡居民医保门诊特殊病种及报销比例，调高血友病（包括重大疾病血友病）报销比例和封顶线。

8月4—20日，对仙游县2019年度有开展65周岁及以上老年人免费健康体检新增项目的18家乡镇卫生院（社区卫生服务中心）开展抽查工作。抽查工作覆盖全县18个乡镇（街道）5.83万名体检对象，抽查健康档案5840份，推动仙游县65周岁及以上老年人免费健康体检工作良性运作，提高医保基金使用效能。

【参保征缴】 2020年，仙游县建立动态医保障遇调整机制，阶段性减征、缓征职工基本医疗保险费。对各类企业及其分支机构、以单位身份参加的个体工商户以及民办非企业单位、社会团体等各类社会组织，基本医疗保险缴纳费费率下降1%，生育保险基金缴纳费费率下降0.35%，减征基本医疗保险费292.5万元、生育保险费102.3万元。对受疫情影响，面临暂时性生产经营困难，确实无力足额缴纳职工医保费和生育保险费的中小微企业，通过E点通、电子邮箱传递申报函件受理延期缴纳职工医保费和生育保险费申请，缓缴18.69万元，其中缓缴基本医疗保险费17.75万元，生育保险费0.94万元。疫情防控期间，延长城乡居民参保缴费时间。2020年，莆田市城乡居民医保参保缴费时间延长至2020年6月30日，超过参保时间补缴的，等待期为60天，缴费之前和等待期期间发生的医疗费用由参保居民个人全额自付。

【医保“两定”管理】 2020年，仙游县新增定点药店16家、定点医疗机构3家，解除定点医疗机构协议1家、定点药店协议4家（其中3家主动申请）、暂停5家。2020年，追回医保基金174.4万元，其中定点医疗机构线上和现场稽核追回164.38万元，定点药店追回10.02万元。

全县295个村诊所纳入医保定点，38个贫困村实现医保“村村通”。开展普通门诊295家，开展“两病”服务11家、284家尚未开展。联系县卫健局、县总医院不断完善工作机制，因地制宜、持续推进医保“村村通”“就近通”全覆盖，解决基层群众看病报销的难题。

【医共体建设】 2020年，仙游县完成2019年县域紧密型医共体医保资金使用考核，考评总得分90.64分；梳理打包支付年度结算工作事项；做好仙游县总医院推进医共体建设过程涉及医保事项的上传下达。按照市局、中心的工作意见完成2018年、2019年结算。落实2020年医保打包支付协议签订。

【药械采购配送】 2020年，仙游县医保管理部把关“两票制”网上审核。落实跟进药品集中采购“4+7”。县总医院第一轮药品集中采购“4+7”工作开展以来，20个有任务量品规全部完成全年度约定的采购量，所有中选药品采购使用量占同通用名品种50%以上。第二轮药品集中采购工作，20个有任务量品规采购和使用进度总体正常，所有中选药品采购和使用量占同通用名品种60%以上。“4+7”药品与“4+7”同类药品临床使用状况正常，无发现相关药品的不良反应，没有出现不良舆情。药品集中带量采购政策执行以来，中选药品价格降幅明显，带动同品种非中选药品价格下降，减轻患者药费负担。

【医保窗口服务】 2020年，仙游县医保窗口做到“三集中”（向一个科室、行政服务中心、网上政务服务平台集中）、“三到位”（入驻县行政服务中心到位、授权到位、电子监察到位），推行“一窗办”，落实全城通办的基础上，融合县域优质资源，协同县直有关部门推行“一事联办、一窗办”和每月领导驻点服务。2020年，总办件5.4万件。

【医疗救助】 2020年，仙游县实施城乡医疗救助，减轻救助对象医疗负担。莆田市建立多层次的城乡居民医疗救助体系，管理科学、标准合理、程序简便、操作规范，救助对象可在省内就诊医院实行“一站式”即时结报。2020年，城乡居民政府资助人数8.81万人，其中医疗救助人数5.95万人，计生政策免缴人数2.86万人；2020年，全县医疗救助人员多层次医疗保障体系落实待遇27.4万人次，医疗总费用2.75亿元，补偿2.28亿元，其中基本医疗保险补偿1.45亿元，大病保险补偿3034.29万元、医疗救助补偿3939.05万元、医疗叠加保险补偿486.7万元（“第一道”叠加补偿55.54万元、“第二道”叠加补偿431.16万元）、市医疗综合补助补偿808.12万元，医疗费用总报销比例82.68%。

【医保扶贫】 2020年，仙游县开展医保扶贫政策培训。4月27日，与县扶贫办联合开展仙游县贫困村扶贫干部业务培训会，为扶贫干部授课医保扶贫政策，全县675名扶贫干部参加培训。要求非定点救治医院履行医保扶贫政策告知义务。根据《莆田市医疗保障局关于加强建档立卡贫困人口专项救治有关工作的通知》要求，要求辖区各非专项救治定点医院在接受建档立卡贫困人口自愿就诊时要告知其无法在本院享受市精准补助政策，并签订书面告知书，每月定期上报。入户走访，加强政策宣传。2020年，先后组织干部前往建档立卡贫困户家入户宣传医保扶贫政策，了解其家庭健康和看病就医情况，向贫困户宣传包括门诊特需用药申请、省精准扶贫医保叠加保险和市精准扶贫医疗综合补助等医保扶贫政策，并留下联系方式，欢迎其随时致电咨询医保扶贫相关问题。根据县扶贫部门提供的建档立卡贫困户基本信息，将全县5924户建档立卡贫困户电话宣传这项工作广度覆盖到户，责任细化到人，成效总结成册，实现医保扶贫政策对贫困户的“零距离宣传”，打通医保扶贫政策宣传的“最后一公里”。

（林　华）

民　政

【概况】 2020年，仙游县民政局（简称“县民政局”）着力在社会救助、养老服务、社会工作、社会组织管理、基层政权与社区治理、老区建设等领域开展工作。

【城乡低保】 2020年，仙游县巩固提高城乡低保覆盖率。新增城乡低保对象3405人，注销城乡低保对象1774人；12月，在册农村低保对象8252户1.89万人，城市低保154户254人，特困1995户2022人；全年发放农村低保金8967万元，发放城市低保金184.9万元，发放特困金2241万元。全县低保户银行存折账户实行统一造册，依托福建省扶贫资金监管系统代发，每月20日前进行社会化发放，确保资金足额、及时发放到位。对救助对象档案进行一户一档分类归档，电子档全部录入全国最低生活保障信息系统，提高低保档案管理科学化、规范化管理水平。

【临时救助】 2020年，仙游县发挥临时救助“兜底中的兜底”平台作用，将新冠疫情期间基本生活陷入困境的家庭和个人纳入临时救助范围，1—12月发放临时救助9722人次963.62万元，12月发放临时救助1401人次127.09万元，解决好弱势群体临时生活困难问题。县救助管理站开展救助专项行动，慰问39名未成年人和12名残疾老人，给他们送去油、棉被及慰问现金。联合日新社工对20户留守困境儿童入户探访，送上慰问金、风扇、口罩、零食大礼包等。重阳节开展关爱慰问困境老年人，为钟山、度尾、盖尾等12个乡镇的38名精准扶贫户、五保户进行慰问，送上每人800元慰问金和价值1000元的慰问品。全年县救助站临时救助120人次，发放救助资金61.95万元，其中未成年人40人次，成年人80人次。街头巡查救助93次，先后出动工作人员288人次，街头救助劝导20人次。入社区宣传9次，发放救助宣传手册180份，护送返乡14人次，跨市寻亲成功2例，并协助其家人护送返乡，相关的救助由媒体报道22次。

【走访慰问】 2020年，县民政局配合县委、县政府开展元旦、春节送温暖走访慰问活动，走访特困人员、重点优抚对象、革命“五老”人员（老地下党员、老游击队员、老交通员、老接头户、老苏区乡干部）及遗偶等337人，发放慰问费24.42万元，送去党和政府对人民群众的关怀。

【助残补贴】 2020年，县民政局落实残疾人“两项补贴”提标工作。1月起，将困难残疾人生活补贴标准从每人每月70元提高到80元；一级重度残疾人护理补贴标准从每人每月110元提高到120元，二级重度残疾人护理补贴标准从每人每月60元提高到85元，三级、四级智力或精神残疾人护理补贴标准从每人每月 60 元提高到 85 元。及时发放残疾人两项补贴资金，全年符合享受重度残疾人护理补贴 1.52 万人，发放护理补贴资金 1633.19 万元；符合残疾人生活补贴 1.49 人，全年发放生活补贴资金 1371.23 万元，60 周岁以上重度残疾 5369 人，发放 509.12 万元；低保边缘户重度残疾 2680 人，发放 264.86 万元；低保残疾 3909 人，发放 341.12 万元；其他重度残疾人 2977 人，发放 256.14 万元。

【儿童福利】 2020 年，县民政局落实孤儿、事实无人抚养儿童生活补贴工作。全县有社会散居孤儿 51 人，事实无人抚养儿童 251 名，为 302 人发放基本生活费 209.47 万元；对农村留守儿童进行登记造册，按季度更新，继续推进留守儿童网格化工作，精确普查农村留守（困境）儿童 5418 人，委托网格员按季度进行日常探访巡查工作，春节期间慰问农村留守（困境）儿童 24 名，每人 1000 元。开展农村留守（困境）儿童关爱保护“政策宣传进村（社区）”活动，分六期每期举办三场活动，覆盖全县 18 个乡镇（街道）。

【养老服务】 2020 年，县民政局在上年底实现社区居家养老服务城乡全覆盖的基础上，继续为全县 2 万人“七类人员”（退出现役的残疾军人、享受国家抚恤和生活补助的烈士遗属、因公牺牲军人遗属、病故军人遗属、在乡复员军人、带病回乡退伍军人、参战退役人员）提供线上服务。推进农村幸福院建设，全部完成建设指标 30 所，其中中央级 3 所、省级 10 所、市级 17 所。落实中央、省、市民政部门的要求，成立疫情防控督导小组，落实养老机构疫情防控责任制，做到领导包片，局机关党员干部分别挂钩 1 所养老机构，督促养老机构自觉做好疫情防控，确保疫情防控工作有人抓有人管，不出事，全县有 7 所敬老院由市民政局打包全部推向公建民营。加强养老服务机构安全生产工作，以政府购买的形式聘请第三方对养老机构消防安全开展专业化隐患排查和整治，与各下属单位、民办养老机构签订安全承诺书、安全管理目标责任书，对各类养老机构进行检查，提升养老服务质量，发现安全隐患立即上报和整改。组织各养老机构的主要负责人及安全负责人，在仙游县颐康养老公寓举行安全教育培训活动，聘请第三方安全机构对 18 家养老机构全体职工进行消防安全培训，确保养老工作健康发展。

【殡葬改革】 2020 年，县民政局重点围绕“三沿六区”违法违规私自兴建或翻新硬化的豪华墓、大墓、“活人墓”开展整治，全年拆除 25 座“活人墓”，深埋 3 座，摧毁墓地雏形 4 座，生态整治 27 座，震慑辖区内各村（社区）抢建“活人墓”歪风。全县遗体火化率 100%。抓好乡镇公益性公墓和农村公益性骨灰楼（堂）建设。全县 15 个乡镇完成选址，其中投入使用 4 个（枫亭镇、游洋镇、社硎乡、书峰乡）。全县批准农村公益性骨灰楼堂建设 21 个村（社区）。持续抓好城区不文明送葬行为整治。采取责任考评与问责制度，遏制城区不文明送葬风气。继续实施免除群众基本殡葬服务费。全年为 4449 位普通群众减免基本殡葬服务费 319.83 万元，为 1204 位符合“十二类”困难死亡群众免除基本殡葬服务费 116.3 万元。完成殡仪馆搬迁工作，福泽园于 6 月 9 日正式投入使用，提供现代殡仪服务。

【民间组织管理】 2020 年，县民政局强化对社团和民办非企业单位的登记规范管理工作，落实审批程序和审批时限，把好登记关口，符合实际的予以及时办理登记。实施网上审批程序，做到能办的事马上办。完成办理社会团体 17 家、民办非企业单位 17 家，注销社会团体 12 家，民办非企业单位 12 家，下发责令改正通知书 74 份，活动异常告知书 59 份。

【婚姻、收养登记】 2020 年，县民政局婚姻登记中心按照《中华人民共和国婚姻法》和有关法律法规中规定的条件和程序进行登记。按照标准化要求，办好合格证书。审核当事人提供的证件，确保证件齐全有效，各种文书填写规范。全年办理结婚登记手续 6892 对，离婚登记 2837 对，补领结婚证 1741 对，补领离婚证 214 对。涉外、港澳台、华侨结婚登记 13 对，离婚登记 2 对，补发结婚证 3 对，补发离婚证 1 人，登记合格率 100%。开展移风易俗宣传，为新婚夫妇发放倡议书，倡导婚事新办的文明新风。做好收养登记工作，遵循审批程序和条件，完成办理国内儿童收养登记 3 件。

【基层政权建设和社区治理】 2020 年，县民政局抓好基层政权和社区治理工作，完成赖店镇的土山村，鲤城街道的蜚山、金井、白塔，鲤南镇的平原、霞苑、圣泉村“村改居”工作。配合县委政法委、组织部、县农业农村局等部门

5月底，仙游县首个乡村·邻里服务中心在书峰乡建成投用。图为村民进中心咨询　（彭丽程　摄）

开展城乡民主协商调研并制定实施方案，进行业务培训、全程协商指导。做好高校毕业生服务社区计划的报名、体检和派遣工作，完成10名社区服务生报到、岗前培训、管理服务工作。着力推进“党建+社区邻里中心”建设。按照党建引领主线，完善社区幼有所育、老有所养、病有所医、食有所安、居有所乐、事有所办的标准，根据部门分工，指导试点社区开展养老服务、社区自治、社会组织党建共建等业务。做好优秀村规民约、居民公约和优秀社区工作法的筛选和推优工作。贯彻落实各级党委、政府及省、市民政部门关于疫情防控的通知精神，督促指导城乡社区加强新冠肺炎疫情防控。

【区划地名】　2020年，县民政局做好门牌证办理工作。运用新系统办理门牌证1.55万本，督查18个乡镇（街道）新门牌证系统的运用和办理，督促第三方公司完成二普档案验收后的整改工作，完成区划地名的收尾工作。

【老区建设】　2020年，县民政局助推老区扶贫致富，加快老区发展，下拨中央财政老区扶贫资金50万元，扶建5个项目；下拨省级老区发展专项资金120万元，扶建2个革命遗址修缮项目，下拨市级革命遗址保护利用专项资金149万元，扶建4个革命遗址修缮项目；5个管护管理。提高革命“五老”人员及遗偶优待补助标准。从8月1日起，革命“五老”人员定期生活补助标准在每人1730元/月基础上每人每月增加150元，达到1880元/月。全年核发革命“五老”人员和遗偶生活定补184.07万元，“五老”对象医疗门诊每年980元/人，核发4.27万元；春节慰问金6.42万元，重阳慰问金1.85万元，安葬补助费1.2万元，物价补贴5.68万元。做好下一年革命老区村遗址修缮项目申报工作。上报省、市革命遗址修缮项目3个，落实扶贫资金在线监测系统录入工作，中央、省、市老区发展资金项目全部录入系统。协调社会组织与各乡镇老区村对接，44家社会组织与44个老区村牵手结对并成功签约，助力革命老区脱贫攻坚进入实质性实施阶段。

（阮玉成）

仙游县老区建设促进会　2020年，仙游县老区建设促进会有会员45人，其中会长1人，副会长1人，秘书长1人，理事25人，其中常务理事13人。

4月，县老促会领导陪同省老促会“不忘初心”服务老区纪实片拍摄组到游洋镇兴山村上宫第一支部、钟山镇红军108团和临水村取景、收集素材。5月，陪同市老促会有关领导到石苍乡漈头村调研乡村振兴发展情况和高阳村中共福建省委旧址修缮保护情况。6月19日，完成第四届老促会换届。6月29日，陪同市老促会有关领导到钟山镇临水村中共福建省委旧址调研革命遗址修缮保护情况。10月，陪同市老促会有关领导到社硎乡田利村闽中特委遗址、闽中革命历史纪念馆革命遗址修缮保护情况，并入户慰问困难老党员和建档立卡贫困户。11月，在县教育局会议厅举行福建省老促会黄仲咸教育基金会奖学金发放大会，受奖学生105名，每人1000元，发放奖学金10.5万元。

（方丽娇）

库区移民

【概况】　2020年，仙游县人民政府水电站库区移民开发局（简称“县移民局”）县移民局实行大中型水库移民资金直补对象动态管理，准确做好直补对象增减处理工作，对2020年移民直补对象死亡、被国家机关、国有企（事）业单位录（聘）用等情况进行逐一审核，上报核减39人。2020年，省移民管理机构核定仙游县大中型水库移民1.02万人，其中资金直补到人6551人，按照每人每年600元发放直补资金393.06万元。

【移民后期扶持】 2020年，县移民局编制移民后期扶持“十四五”规划。采取以会代训的方式，召开有关移民乡镇、村居业务骨干参加的“十四五”规划的编制工作会议，指导全县移民工作干部按照水利部关于大中型水库移民后期扶持“十四五”规划编制工作的指导意见，紧扣大中型水库移民后期扶持政策中长期目标，突出问题导向，从美丽家园建设、产业转型升级、创业就业能力建设、散居移民基础设施完善4个方面科学谋划“十四五”期间后期扶持工作的重点任务，经资料收集、汇总分析完成规划初稿。

2020年，申报第一批大中型水库移民后期扶持项目2个，批复移民补助资金650.3万元，项目集中在郊尾镇，开展跨村整合，提高项目规模化、集约化水平，打造宜居宜业的美丽移民家园。其中，生产开发及配套项目1个，补助资金88万元；美丽家园建设项目1个（子项目5个），补助资金562.3万元；申报第二批大中型水库移民后期扶持项目1个，批复移民补助资金77万元，在赖店镇建设生产开发及配套项目；申报小型水库移民后期扶助项目1个，批复扶助资金95万元，在枫亭镇建设农业设施项目。

9月，县移民局按照“五聚焦、五优化”的工作思路和后扶资金投向，在深入基层一线调研、广泛征求移民意愿的基础上，申报2021年度后期扶持项目库项目7个，其中仙游县监测评估项目1个，度尾镇基础设施和基本公共服务设施项目1个，度尾镇移民村人居环境整治项目2个，度尾镇移民村社会治理能力项目1个，赖店镇基础设施和基本公共服务设施项目1个，赖店镇农业基础设施建设项目1个。申报补助资金843万元，按照后扶项目管理办法要求，完成项目的前期实施方案编制，推动项目尽快落地，尽早发挥效益。

2020年，县移民局一手抓疫情、一手抓项目，开展项目复工动工督促指导工作，通过召集会议座谈、电话传达的方式，了解复工难点，提出解决措施和指导意见。采取动员、督导、约谈等多种方式，提高建设单位和施工单位的责任感和紧迫感，同时对在建项目实行不定期现场督导，倒逼项目加紧实施。2020年，硬化生产道路3.8千米，架设太阳能路灯180盏，护坡长70米及绿化、硬化、健身器材，建设高清视频监控系统联网130个，小流域综合治理长度1千米，引水渠道长3千米，拦水坝5座，建设篮球场1个、景观亭1座、停车场1780平方米。

2020年，县移民局对建档立卡的贫困移民、因病困难户和移民子女就学困难户补助扶贫解困资金6户次0.8万元。

【资金管理改革】 2020年，县移民局按照《福建省水库移民后期扶持资金管理办法》，取消县级报账制核算方式，将资金分解下达至各有关乡镇，建立健全全过程绩效管理机制，提高资金使用效率。

【平安库区建设】 2020年，县移民局坚持共建共治共享，围绕力量全覆盖、要素全掌控、能力大提高，筑牢基层基础，注重综合治理，弘扬崇德向善，加快建设更高水平的“平安库区”。针对三峡移民重点问题，加大对三峡移民的关心帮扶，摸排三峡移民在生产生活中的需求，建立三峡移民基本信息台账，夯实做好移民稳定工作的基础。完善库区共治机制，加强“库区维稳信息员队伍”“维稳群众工作队”和“库区网络舆情引导员”三支队伍建设，将“平安库区”创建与县政法、信访、公安等部门工作有机衔接、强化联动共治，提升库区社会治理水平。针对重点节点移民涉稳问题易发多发的特点，实行摸排情况“零报告”和24小时值班制度，做好处置移民群体性事件应急预案，确保库区安定稳定。

（陈莉莉）

民族宗教事务

【概况】 2020年，仙游县有18个少数民族，7个少数民族建制村，47个少数民族自然村，各民族融合和睦。全县登记宗教团体5个，即县佛教协会、县道教协会、县天主教爱国会、县基督教三自爱国会、县基督教协会；登记民间信仰团体1个，即县三一教协会。登记宗教活动场所316处，其中佛教213处，道教21处，基督教78处，天主教4处。试点登记民间信仰“三一教”场所253处（其中省级民间信仰联系点7处，市级民间信仰联系点25处，县级民间信仰联系点221处）。

【民族村建设】 2020年，仙游县少数民族收到少数民族补助资金155万元，用于5个项目建设。中央少数民族资金补助55万元，其中20万元用于砺山村主干道拓宽改造硬化工程；35万元用西苑乡柳园村第四批少数民族特色村寨试点村，建设项目为柳园村休闲露营平台景观工程。省级少数民族补助资金30万元，其中20万元用于度尾镇砺山村回族文化馆建设；10万元用于度尾镇砺山村果树生态园建设。市级少数民族补助资金35万元用于度尾镇砺山村主干道拓宽改造硬化工程。县级少数民族补助资金35万元用于榜头镇芹山村路灯整改建设工程。

【民族事务】 10月8日，仙游县在钟山朗桥村举办以“同舟共济·守望相助·团结奋斗”为主题的民族团结进步宣传月活动，200余人参加。莆田市民宗局局长林天耀，县委常委、统战部长陈朝霞参加活动并为该村贫困户和畲族村民发放慰问金及慰问品。11月，仙游县少数民族工作在省民宗厅作经验交流。2020年，仙游县有5人更改民族信息。

【宗教、民间信仰场所管理】 2020年，仙游县民宗局（简称“县民宗局”）引导各宗教活动场所开设单位结算账户，229处宗教活动场所开设对公账户（其中佛教151处，基督教61处，天主教4处，道教13处）。规范宗教活动场所产权登记，截至年底，完成153处场所的不动产产权登记。6月3日，印发《加强民间信仰活动场所管理工作实施细则》，从制度上加强管理。成立宗教活动场所“四进”活动宣讲团，从7月28日起，分赴仙游佛教、道教、基督教及天主教等宗教活动场所，开展宗教活动场所“四进”活动。创新“宗教+网格化”管理工作思路，利用市、县、乡镇（街道）、村（社区）四级网格，依靠乡镇（街道）的统战干部和村（社区）的宗教协管员，收集填报信息，网格员负责同步录入，每季度更新信息一次。截至2020年底，网格平台普查登记宗教活动场所（民间信仰场所）1804处，宗教活动场所常驻人员2560人。

2020年，县民宗局督促全县宗教活动场所（民间信仰场所）做好安全维稳工作，关闭停止使用较大安全隐患建筑物3处，新增微型消防站11处，新增灭火器800多个，房屋结构排查1854处，对排查到的安全隐患及时处置整改、加固拆除。传达贯彻防控疫情工作，通知督促全县宗教活动场所实施“两暂停一延迟”措施，疫情防控工作整体安全可控。宗教界向防控疫情捐款物资累计153.5万元。

2020年，与县文旅局、县国保大队等职能部门联合执法，检查宗教活动场所非法出版物，收缴非法出版物200余册。开展宗教领域“固本强基、扶正祛邪”系列活动，召开宗教中国化座谈会5场，形成宗教中国化心得体会或论文12篇，其中仙游龙华寺设立为市级反邪教示范宣传点。查处宗教活动场所私设骨灰存放设施30多处，查处基督教私设聚会点5家。园庄青龙寺经过多个部门的联合整治，乱象得到纠正。

【宗教普法宣传】 2020年，县民宗局邀请市民宗局副调研员黄祖洪到县委党校开设新思想专题讲座2场；组织各宗教团体负责人、各宗教活动场所（民间信仰活动场所）负责人开展宗教政策学习会议3次，培训200余人次；深入各宗教场所宣讲党的十九届五中全会精神活动5场；结合“七五”普法活动，通过专题培训、法律讲座、消防演练、印发宣传册等形式向宗教界人士宣传宪法、党的宗教政策法规及消防安全、建筑安全、食品安全、宗教活动安全、反邪教知识等；对全县宗教团体开展学习宣传贯彻《宗教团体管理办法》培训2次。

（郑碧媛）

街道 乡镇

鲤城街道

【概况】 鲤城街道地处县城核心区域，南依木兰溪、北靠大蜚山，是仙游县政治经济、历史文化、科教文卫中心。2020年，辖16个社区和1个建制村，常住人口17万多人。

【经济发展】 2020年，鲤城街道实现属地型税收18.79亿元，比上年增长33.2%，首次突破18亿元大关，增长率居全县第一名；固定资产投资27.3亿元；规模以上工业产值33.77亿元；限上销售额80.68亿元，比上年增长91.8%；限上零售额5.78亿元。

【“兴城市”征迁】 2020年，鲤城街道三大片区涉及征地377.93公顷，涉及拆迁2560户93万平方米，新增可建设用地面积220.67公顷，可出让土地面积121.6公顷。2020年，三大片区完成丈量工作；签约2455户，完成95.9%；拆除65.9万平方米，完成70.6%。其中，美食城片区46-1、46-2号地块（碧桂园左岸、永鸿和樾）实现当季度启动征迁、当季度净地出让、当季度开工建设；东城片区1个月基本完成艺都大道项目涉及121户7万平方米的征迁任务；西城片区2天基本完成公园街项目涉及68户4.2万平方米的签约任务。推动宋桥、东城一号等安置区回迁，推动一批老旧城区道路实现雨污分离。

【社会事业】 2020年，鲤城街道六个产业基地带动18户贫困户96.96万元资金入股，实现人均年分红6000元。针对老弱病残的重点贫困人口，发放补助金2.82万元，惠及23户47人。74户212人建档立卡贫困户实现稳定脱贫。开展减负式扶贫助学，惠及5名在学贫困大学生。开展每月19日走访慰问活动，新冠肺炎疫情防控期间受影响较大的贫困户，按照行业类别增加发放补助金。

推进基层武装部规范化，对标对表规范化建设清单，规整文件档案、软件资料10余册，盘点、清理、修整、替换、补充战备物资212件。完成2020年度任务，征兵五率位列全县第五。发放退役士兵优抚金458.98万元，发放越战老兵公益性岗位补贴6.28万元，解决优抚对象治病难的问题，发放优抚对象医疗补助9.17万元。完成退役军人信息采集，发放光荣牌，完成退

5月，客山智慧体育公园规划设计建设。图为智慧系统（彭丽程 摄）

役军人服务站正规化建设。

推进全民参保工作，参保人数3.27万人，登记参保录入率98%，到龄领取养老金8471人，60周岁以上老人100%领取基础养老金。推进城乡临时救助工作，下拨临时急难救助资金29.3万元，发放残疾人两项补贴111.52万元。

完成低效针叶林改造34.67公顷，完成102.4公顷针阔混交林造林绿化，完成109.2公顷县级抚育。城区道路绿化或提升到位，道路绿化普及率95%，道路绿化达标率82.6%，绿地率、绿化覆盖率分别41.26%和42.18%。抓好森林覆盖率增长，义务植树56万株；抓好林地保护，制止非法征用林地案件6起。

【社会治理】 2020年，鲤城街道以南桥社区、木兰社区为试点，推进“党建+”邻里中心建设，围绕“1+6+X”打造城市基层党建综合体。南桥、木兰两个社区被评为五星级邻里中心。

提升扫黑除恶专项斗争宣传工作，加强日常走访巡查、社情民意采集、矛盾纠纷排查化解、“两违”整治及城市管理综合事件采集等工作，深挖黑恶势力线索及社会乱点乱象，同时强化部门对接联动，上报反馈、处置排查线索。上半年，采集社情民意418条，其中占道停车、“两违”、城市管理各类社会乱象问题70余起。办结上级转办信访件5件，移送线索7件，立案查处7件9人。查处违反八项规定问题1件，党纪处分3人。运用监督执纪“四种形态”处理23人次，其中“第一种形态”15人、“第二种形态”8人。受理调处各类民事矛盾纠纷60起，办结初信初访88件；化解信访积案6件，信访维稳态势总体平稳。

以“一盔一带 安全守护行动”、“安全生产月”“6·26”国际禁毒宣传日等活动为契机，以“小手拉大手”宣传活动为重要抓手，推动综治“三率”、扫黑除恶、防范新型电信网络诈骗违法犯罪行为、反邪教、消防安全等平安防范常识和相关法律法规进校园、进家庭。创新推出“网格+警情联动”，构建立体化防控体系，巩固提升108片区整治成效。压实“责任田”、织密“管控网”，强化对电信网络新型违法犯罪的源头治理、属地管理。

坚持一手抓安全隐患排查治理，一手抓安全生产从严监管，深入出租屋、特种设备、学校、建筑工地、人员密集场所和危险化学品企业等重点行业（领域），开展“地毯式”“拉网式”的隐患大排查。对辖区内的民房、厂房、老旧小区等地开展消防安全隐患排查105人次，治理房屋结构性安全隐患2处，累计排查84部电梯、2部锅炉、8台机械式停车设备安全隐患，发现安全隐患8处，并督促相关人员及时进行治理，消除安全隐患。

常态化开展迎勋市场、爱晓宫市场等重点区域巡查整治工作，做到“早发现、早整改、早反馈、早办结”，突出抓好农贸市场、交通秩序、工地渣土、市容市貌整治，巩固城市管理成果。

【助力疫情防控】 2020年，鲤城街道推进疫情联防联控机制建立，提出并推行空街、净城、封区、敲门“四大行动”，拉开防疫立体网，摸清底数，狙击疫情输入扩散。采购合格口罩15.78万个、消杀药品1780千克、防护服300套等防疫物资，审核下拨267.56万元用于支持基层一线防控。科学设计便于动态化更新、精细化管理的台账报表，利用“大数据”、二维码登记、云报表汇总等信息化工具，做好常态化疫情防控工作。2020年，发生1例输入型病例，无新增本土病例，做到“零扩散”。

【木兰溪流域综合治理】 2020年，鲤城街道深化生态文明建设，持续

大蜚山上，年代久远的古枫渐红（2020）　（张 力 摄）

攻坚木兰溪及小流域水质提升，巩固提升水环境质量，推动“绿盈乡村”创建，推进老城区污水管网建设。深化重点行业（区域）VOCs专项整治，完成整治“散乱污”企业17家，摸排上报“两无”企业24家，摸排上报各类餐饮单位303家。完善辖区生活垃圾处理软硬件设施，增强生活垃圾处理能力，城市生活垃圾无害化处理率99.3%以上。

（曾泽镔）

鲤南镇

【概况】 鲤南镇地处仙游县城南大门，位于木兰溪南岸，东连赖店、盖尾，西接龙华、大济，南依东屏山，北傍木兰溪。三（明）郊（尾）省道横贯境内，仙港大道经下楼、涵井直达枫亭港口。镇域面积42.88平方千米，其中耕地800公顷、林地906.67公顷。2020年，辖10个建制村和8个社区，户籍人口6.5万人，常住人口9.8万人。

【经济发展】 2020年，鲤南镇完成固定资产投资约65亿元，完成全年任务60亿元的108.33%；规模以上产值完成95亿元；限上商贸企业产值完成9.1亿元；其他营利性规上服务业产值完成8608万元；财政收入3.2亿元。

2020年，鲤南镇以元生智汇为龙头，促进凯茂科技2幢厂房投产，延长产业链；组织、引导三福产业园隆发工贸加快设备安装，实现投产；督促顺兴红木园、健康科技园、臻木韵工艺创业园、福亮阁、盛立鲜之逸加快建设进度，一期厂房竣工；促进德智鞋业（艾力爱搬迁）项目开工建设。新增规模工业企业2家（鲁艺、众盈），新增工业产值4000万元；新增限上企业1家（大川佳冠），新增产值7000万元。

【重点项目建设】 2020年，鲤南镇完成征地100多公顷，拆迁30.8万平方米。金凤片区、玉田片区、体育中心片区三大片区改造取得重大突破；完成体育场周边改造（41号、42号地块）、72#地块等项目征迁扫尾工作。拓展城市建设，兴闽南城、锦安花园竣工，永鸿C地块、富力院士廷、兰溪国际三期、天辉悦府、好景置业主体封顶装修，外滩壹号、皇庭美域10期主体在建，42号地开发动工建设。

10月，位于鲤南镇温泉村的仙游县首个温泉度假村开始试营业。图为度假村内景 （刘燕钦 摄）

【社会事业】 2020年，鲤南镇持续抓好教育补短板项目建设，做大做强做优仙游第三中学，加快建设兰溪第二小学。推动实施城乡一体化供水系统，持续完成饮用水改造工程，确保居民饮水安全落到实处。投入15万元实施象运卫生所翻新工程，提升农村卫生服务水平。城镇新增就业1426人，转移就业2.86万人，城镇登记失业率控制在3%以内。开展参保登记，城乡居民基本医疗保险参保缴费率实现100%，常住人口基本养老保险参保率98%。创国家卫生乡镇通过省级技术评估。开展省级文明县城创建工作。持续推进安居工程，在建的华丰商城、鸿运花园、平原新村、72号地1—4号楼、宝融安置区5个安置区实现竣工，竣工总建筑面积23.65万平方米；石鼓山安置区、柳坑片区改造、西林、琼峰4个安置区主体封顶装修，总建筑面积20.24万平方米。收缴差价款4116万元，完成安置房产权转移登记2625套。加快完善基础设施建设，打通辖区内3条断头路约2千米。乡风文明建设不断提升，移风易俗工作巩固深化。

【社会治理】 2020年，鲤南镇落实政府属地监管责任，推进安全生产工作。开展安全生产专项整治三年行动，集中整治危险化学品和烟花爆竹安全、消防安全、道路运输安全、工业企业等10个重点领域安全隐患，组织开展执法检查指导服务31次，排查整治安全隐患118项，整改隐患112项，整改之中6项，限期整改9家，停产停业6家。开展道路交通安全工作，加快设施建设，投入18万元修复完善标识标线，投入320万元整治8个交叉路口交通隐患，投入60万元安装波形防撞护栏1000米，投资50万元新建80盏路灯，投入90万元新建红绿灯1处；强化源头管控，利用3个劝导站和镇电子劝导中心，劝导800多人次，电子曝光42人次；深化宣传教育，开展主题宣传活动10余场，发放宣传单8000多份，提升辖区道路交通安全。开展农村房屋结构安全隐患大排查，排查房屋1.26万栋，发现重大安全隐患房屋75栋，拆除45栋，面积1.27万平方米，封房30户。加强土地“两违”整治，组织执法62次，拆除违建面积约3.1万平方米。

2020年，开展入户大走访、平安大宣传、治安大巡防“三大行动”，发放宣传单、宣传牙杯各2万份，推送短信7.24万条，提升“三率”水平。打击治理电诈，扛起宣传防范、排查管控、打击治理的政治大旗，维护群众利益。化解矛盾纠纷，推进“公调对接”工作运行，规范矛盾纠纷调处月例会工作机制，提升矛盾纠纷调处能力，全年受理矛盾纠纷调处案件202件，成功化解201件，化解率99%，“公调对接”受理案件60件，调处53件。破解信访工作难题，全年办结信访件102件，息访息诉重点信访户9件；加强新闻舆论管理，做好突发舆情处置，处理3起舆情事件。深化扫黑除恶专项斗争，以“六清”行动为契机，延伸工作链条，围绕“六个方面”，履职尽责。向县公安局扫黑办移送线索3条，鲤南派出所立九类涉恶案件50起，侦破44起，抓获涉黑恶犯罪嫌疑人98人；镇纪委收到群众信访举报涉黑恶信件14件，立案处分党员干部54人次，其中违法14人次，违纪40人次。

【木兰溪流域综合治理】 2020年，鲤南镇完成辖区内畜禽养殖整治，排查6家拆除1160平方米；完成水产养殖污染整治，排查整治3家；排查“小散乱污”企业2家，整治到位2家；整治2家瓷砖加工厂；开展餐饮业油烟专项清理整治，完成158家油烟净化与油水分离整治；开展河道巡查保洁和“四乱”整治，出动机械10台次，整治河道四乱5处600平方米，河道清淤3处；常年开展辖区内河道、排污口巡查和清理，清理垃圾200多吨；推进排污口排查整治，普查入河排污口175个，工业园区内排污企业42家，重点单位、物业小区64家，并整改到位。加强农业面源污染治理，主要农作物化肥、农药使用量实现零增长减量化，化肥、农药利用率80%以上；木兰溪防洪景观工程（龙华溪）鲤南段3.1千米完成规划和设计。完善城镇生活污水处理系统，新建柴桥头溪流域玉田、玉塔、西埔、圣泉、温泉5个村（社区）污水收集支管3847户39.6千米，建设污水主干管23.39千米，打通断头管2处1.45千米，完善管理下楼、霞苑、象运、瑞园4个氧化塘，城区、工业园区等污水100%以上纳入污水处理厂处理。

（史莹雯）

赖店镇

【概况】 赖店古称“南丰”，位于仙游县城南郊。镇域面积85.5平方千米，其中耕地面积1436.87公顷，山地面积4915.47公顷。境内有容量4474万立方米的东溪、古洋两座水库。2020年，辖18个建制村和1个社区，总人口7.2万人。

【经济建设】 2020年，赖店镇工农业总产值47.8亿元，比上年增长5.1%，其中农业总产值5.21亿元，比上年增长3.8%；工业总产值42.59亿元，比上年增长5.4%。规模以上企业工业总产值29.57亿元；固定资产投资完成3.79亿元；完成限上销售额3.4亿元，零售额8500万元；农民人均纯收入1.58万元。境内有各类企业1400多家，其中规模以上企业11家，新三板上市公司1家（意达科技），经营古玩、雕刻工艺等300多家。开展33.33公顷早稻高产创建示范片，在象岭、锦田、留仙、龙兴、三埔等村建立96.67公顷花生高产示范片，推广新品种新技术。培养扶持种植大户，2户水稻种植面积6.67公顷以上，5户玉米种植3.33公顷以上，2户马铃薯种植面积3.33公顷以上。2020年，玉墩村被列为省级乡村振兴示范点，完成总体规划编制，实施乡村振兴项目。

【重点项目建设】 2020年，赖店镇总投资1亿元颐养公寓项目一期仙游颐养公寓大楼竣工，二期休闲广场和附属楼建筑面积1万平方米，完成内外部装修及设备安装，投入运营。东方之珠珠宝首饰厂房建设项目开工建设，完成地基建设。9月，福建省和佳顺钢结构有限公司技改项目开工，建筑面积1.9万平方米，新增年产能建筑用金属配件2万吨，年产值1亿元。龙兴新村项目总建筑面积2.79万平方米，完成51幢2层半建筑楼体主体建设及外立面装修及周边配套设施建设及绿化等。2020年，仙港工业园—赖店组团征地面积28.1公顷，拆迁面积2.2万平方米 。

【社会事业】 2020年，赖店镇有完全中学1所（华侨中学，省一级达标校）、初级中学3所，中等职业技术学校1所，小学13所。2020年，第一批中央财政专项扶贫发展资金补助贫困户59人；雨露计划补助职业学校学生30人计9万元；拨付省级财政专项资金24.75万元补助贫困对象165人，拨付1.6万元补助企业2个，带动就业8人。开展住房安全排查评定，22户AB级贫困户房屋墙体出现裂缝等问题，修缮整治到位。

【社会治理】 2020年，赖店镇17个村参与平安和谐村（居）创建申报，占村（居）总数的89%；667个标清探头及783个高清探头完成与派出所立体防控指挥中心联网。创建成为莆田市首个“反假币示范区”。组织扫黑除恶治乱收官之战，17条线索（中央督导组交办3条，县扫黑办交办5条，摸排发现5条，群众举报4条）核查到位，完成涉黑涉恶线索“清零”，向县公安局移送线索3条。打击电信诈骗违法犯罪，镇村干部、派出所民警逐一走访辖区124名在册涉诈人员，依法打击涉案人员，电诈犯罪立案10件；赖店籍涉电诈犯罪嫌疑人23人，赖店籍涉电诈犯罪流出人员14人。受理警情1285起，立刑事案件81起，刑拘39人，批捕26人，起诉34人。立行政案件118起，查结87起，查结率73.7%，查处3起开设赌场案件，打击盗抢犯罪嫌疑人6人，查处吸毒人员3人。组织28个安全生产行业领域专项整治指挥部，开展安全隐患大排查大整治行动，组织大检查16次，检查生产经营企业219家，排查重大隐患1项，一般隐患45项，整改到位；对不符合基本生产条件的单位断电停产整顿8家，关闭取缔3家。开展排查房屋安全隐患排查，完成1.8万幢，其中重大危险房屋95幢，面积1.27万平方米，拆除18幢，修缮加固77栋。

1—5月，赖店镇开展严控人口流动、排查返乡人员、组织隔离重点人群、集中消毒、组建临时医学观察点（原寨岭垃圾场管理站）、采购防疫物资等措施，新协胜鞋业有限公司、凯运鞋业有限公司、艾力艾有限公司等企业调整生产线生产口罩保障群众防疫物资需求，赖店镇无发生新冠疫情感染人员。5月，基本实现复工复产，恢复正常生产生活秩序。

1月16日，赖店镇众乡贤筹资600万元，助力该镇奖教奖学联合会成立。图为镇干部职工捐资现场 （彭丽程 摄）

【柴桥头溪小流域综合治理】 2020年，赖店镇开展畜禽养殖、截污管道疏通常态化巡查，整改淡水养殖场尾水偷排漏排2处，疏通修复污水管网4处。完成57家企业排污许可登记。投资700万元完成赖店镇PPP污水管网工程建设，铺设1.72千米污水管网和135.36千米入户管，在张埔村试点创建“污水零直排区”。6家淡水养殖场主动采取措施降总磷降氨氮，3家完成安装流量计和总磷指标在线监测设备，2家待安装，剩余1家关停。7月1日起，将餐厨垃圾与非餐厨垃圾分类收运，由仙游县城乡环境卫生服务有限公司统一运输和集中处置。疫情期间，调动1辆大型洒水车和1辆大型雾炮车在辖区各条主干道路上喷洒消毒液，消杀境内主要道路环境。2020年，柴桥头溪流域水质基本维持在III类以上。

（林 鑫）

盖尾镇

【概况】 盖尾镇地处仙游县东南部，莆田市木兰溪中游。镇域面积69.76平方千米，其中陆地面积61.16平方千米，水域面积8.6平方千米。2020年，辖1个社区和24个建制村，其中新窑村为少数民族建制村，总人口11.38万人。

【经济发展】 2020年，盖尾镇完成固定资产投资2.1亿元，规模以上企业产值32亿元，限上贸易5.2亿元，楼宇经济559.26万元，财政收入5700万元。

2020年，对接协调盖尾籍在外企业家抱团投资竞拍获得仙华片区原福建省诚丰家具有限公司地块，完成诚丰创意产业园项目嫁接，督促业主招引进产业项目入驻，同时协调尽快启动二期厂房建设；对接在外乡亲，引导资金回乡投资，依托瑞峰酒店、房地产等经营性项目投资开发，盛达木业有限公司地块挂牌出让，仙华村临三郊路地块落实2家意向业主。

【重点项目建设】 2020年，盖尾镇推进“强产业”三大片区征迁工作，瑞峰片区完成征地39.67公顷、丈量拆迁房屋2.3万平方米，石马片区完成226户3.31万平方米房屋丈量评估工作，仙华片区完成房屋丈量0.8万平方米，拆除房屋0.55万平方米；琼峰村炉墘、琼道、东许村旧村复垦项目3个安置区三通一平施工，莲井村木兰大道安置区完成土地报批、土方迁移和总体设计，筹备4个安置区安置房建设，瑞峰新城4幢安置房封顶。木兰大道三期一标段完成征地扫尾工作，瑞峰大桥建成通车。

【脱贫攻坚】 2020年，盖尾镇537户、1633人建档立卡贫困户，实现稳定脱贫。提供公益性岗位、生态护林员、银发公益性岗位等工作岗位，解决67人就业；落实2020年春季教育资助250人次16多万元，2020年高校贫困生补助41人次20.5万元；开展房屋结构安全隐患大排查大整治，537户贫困户住房安全等级全部B级以上；投资31.33万元改善饮水设施，确保223户贫困户饮水安全；在疫情防控期间，为贫困户送去口罩、消毒液等防控物资，特别是向6户贫困户赠送手机和提供网络，便于其子女网上上课。同时，会同省支援队、盖尾镇慈仁爱心协会，深入部分重点贫困人群，协调“盖尾慈仁爱心协会”提前22天将“盖尾镇精准扶贫重度贫困人员帮扶基金”分红款发放给重点贫困人群，并送去油和大米等生活物资。

【社会事业】 2020年，盖尾镇推进教育强镇，瑞沟、宝峰、斜尾、湖坂等10所小学通过义务教育管理标准化学校，仙游县第四实验小学、幼儿园投入使用，盖尾中心幼儿园仙华分园主体工程完成建设，盖尾中心幼儿园芹林分园施工建设，筹资近500万元建设石马中学、二个中心小学大门、围墙、操场等；弘扬尊师重教新风尚，盖尾镇教育基金会奖教助学累计800多万元。开展公共健康服务、全民爱国卫生等活动，推进常态化疫情防控，村级卫生所规范化基础设施建设有序推进，25个村开通农村医保报销系统，精准扶贫家庭医生完成签约行动。开展“平安家庭”建设，评选“抗疫复产最美家庭”2户，表彰“好婆婆好媳妇”50户，获得巾帼建功先进个人1人，省级先进“三百四有”集体1个。深化精神文明建设，参与省级文明县城创建工作。完成第七次全国人口普查工作。

完成盖尾镇敬老院建设，投入运营。投资35万元修复水毁工程2个，加固山塘除险2个。推进“四好农村路”建设，投资5205万元开通农村公路26.5千米、拓宽改造13.66千米、硬化22千米、增设路灯335盏、中央护栏升级改造4.62千米及石马新桥维修等，投入135万元，增设爆闪灯、减速枕等各类防护设施建设。

【社会治理】 2020年，盖尾镇推进“平安盖尾”建设，提升综治“三率”水平。重视初信初访，致力“治重化积”，信访存量明显下降。开展“三抓三促”调解强基工程活动，建设26个评理室，聘请镇、村级评理员270人，评理次数30件次，化解率100%。开展法律“六进”（进机关、进乡村、进社区、进学校、进企业、进单位）活动，按照“五个一”达标标准创建盖尾镇东井宫村“法律明白人”示范点。扫黑除恶纵深推进，开展“六清”“断卡”、打击治理电信网络新型违法犯罪扫楼等专项行动活，打击非法象牙交易等违法行为。落实安全生产“一岗双责”机制，28个安全领域专项整治小组，深入一线，紧盯重点场所，发现并整治安全隐患141处、重大危险房屋113处，全年未发生较大及以上安全生产事故。

优化城镇功能布局，引导群众联合建房，做到节约、集约用地，狠刹违法用地、违法建设歪风；组织动态巡查249次，下发停建通知书331份，及时发现制止“两违”建设121宗、1.83万平方米。同时把“大棚房”问题清查、整改和自然资源领域扫黑除恶治乱工作结合起来，杜绝“农地非农化”，督促违法占用耕地堆、洗沙场进行整改复耕，责令整改沙场3家，堆沙场16家。开展户外广告专项整治，清理户外贴纸广告600余张、横幅布条39处，清除莆永高速路、宝石路、三郊路、仙港大道、濑榜路沿线44块中大型户外墙体广告、16块户外墙体广告，劝导26家商家自主收起店门口的移动广告牌。

省级乡村振兴示范村前连村完成村庄规划论证，历史文化名村重点改造提升工程第一期投入380万元，涉及13.33公顷的田园综合体方案设计、古民居周边环境提升改造、走廊、公厕等项目，完成项目总体规划设计，进行招投标。乡风文明持续加强，移风易俗成效明显，在疫情防控期间，摸排出举办婚宴、寿宴2270场（含2位百岁老人寿宴），全部取消，做到白喜事从简。

【木兰溪流域综合治理】 2020年，盖尾镇落实双河长制，推进木兰溪全流域系统治理，打捞木兰溪水葫芦33.33公顷、清理“四乱”2.4公顷；推进污水管网建设，完成接户管网施工47.2千米，主干管施工4.37千米；投入资金6万元购买水质检测设备，选定55个检测点，定期组织取水检测，检测不合格的，溯源寻污，重点整治，木兰溪石马桥省控断面水质稳定达标，乡镇行政交接监测断面水质实现提升。开展卫生清理行动，清理建筑垃圾200余吨、陈年垃圾112吨，拆除旱厕45座、鸡舍鸭棚174处，取缔养殖鸡鸭数量较多的散养户，数量较少的做到集中圈养和污水收集纳管。

（张 超）

郊尾镇

【概况】 郊尾镇地处仙游县中南部，镇域总面积58.81平方千米。2020年，辖1个社区（郊尾社区），20个建制村（西山、后面、宝坑、伍狮、古店、湖宅、梅塘、东湖、三埔、埕边、后沈、长岭、长安、沙溪、阳谷、染厝、后溪、阮庄、塘边、新和村），人口9.06万人，其中男性4.61万人，女性4.45万人，外来人口315人。

【经济发展】 2020年，郊尾镇完成规模以上工业总产值58亿元，比上年增长9.4%；全社会固定资产投资2亿元；限上批发销售额2.5亿元，比上年增长8%；限上零售额1.8亿元，比上年增长20%；农业总产值1.3亿元，比上年增长2%；工艺税完成125万元，比上年增长8%；属地税收完成1亿元，比上年增长11%；农民人均可支配收入1.42万元，比上年增长10%。工业经济提质增效，新增“下转上”2家，规模以上工业企业23家。

【项目建设】 2020年，郊尾镇立根汽车配件城、辉特物流园、睿康科技技改扩建、中宏盛熠能源科技扩产、天海石油交易中心等一批工业项目开工建设、竣工投产。引进世侨集团、汇犇和万全速配供应链等10个项目，总投资25.8亿元。盘活闲置厂房20多公顷。推进项目征迁，完成郊园路片区开发项目（仙油国际城）一期、辉特物流园、沧溪流域整治等项目征地26.67公顷。湖宅、三埔安置区等安居工程加快建设。兴华小区、名门世家等商住小区竣工投用。

【社会事业】 2020年，郊尾镇

1月14日、15日，郊尾镇阮庄村、沙溪村分别提前为即将做寿的老人们举办集体祝寿活动，推动民间祝寿习俗文明化。图为在祝寿现场，寿星们获赠礼品

（陈慧贞 摄）

仙港大道贯穿郊尾镇，农田和房屋交错（2020）（陈仲新 摄）

推进教育强镇建设，成立14个各类教育基金会，募集资金5000多万元，其中郊尾镇奖教奖学联合会募集资金2000多万元；郊尾中心幼儿园获评市级示范性幼儿园，郊尾中心小学、长安小学通过省级“义务教育管理标准化学校”验收，第二中心幼儿园、阳谷小学教学楼翻建、沙溪中学塑胶跑道等项目竣工投用。开展文明创建工作，沙溪村移风易俗工作在新时代莆田“新人、新事、新风”第三期现场会上作交流。健康郊尾加快建设，郊尾卫生院大门改造项目竣工投用，实现21个村居卫生服务所医保定点全覆盖。城乡居民基本医疗保险参保人数7.4万人、基本养老保险参保率98%。城乡低保实行动态规范管理，应保尽保。完善医疗救助、抚恤补助、灾害救济、慈善资助等救助体系。建成农村幸福院3个。七大类为民办实事项目完成投资1.2亿元。沧溪集镇段防洪生态景观工程和朝阳街东段建成投用。推进生态建设，植树造林80多公顷，新建高标准农田132公顷。“七五”普法通过验收。完成第七次全国人口普查工作。

【社会治理】 2020年，郊尾镇实行城乡卫生保洁、垃圾清运市场化运作，提高集镇精细化管理水平。完成投资365万元，完成伍狮村、后溪村2个省级乡村振兴试点村村庄规划编制工作，组织实施农房整治、绿化提升等项目10个。完成湖宅至伍狮、阮庄至古店等村道拓宽提升工程。强化农村人居环境整治和“两违”综合治理。探索打造伍狮、阮庄、沙溪3个乡村邻里中心，提升治理效能和办事效率。实施“四好农村路”，完成农村公路养护提升工程4.65千米、新改建农村公路3.15千米、改造危桥4座。完善防灾减灾及应急救援体系。郊尾镇便民服务中心、21个村级便民信息化平台建成投用。21个村居科技特派员服务覆盖率100%。农家书屋、农村体育健身点实现全覆盖。投资400多万元，完成“一事一议”公益项目8个。

（郑 清）

枫亭镇

【概况】 枫亭镇位于仙游县南部，东连城厢区东海镇，西与园庄镇接壤，南接泉港区界山镇，北靠郊尾镇，是莆田、泉州两市的交汇处。2020年，辖6个社区和19个建制村，总人口12.99万人。

【经济发展】 2020年，枫亭镇（含仙游经济开发区核心区）完成规模以上工业产值193亿元（其中镇本级28亿元），比上年增长4.3%；固定资产投资83.5亿元（其中镇本级7.5亿元），比上年增长30.4%；限上商贸业销售额30亿元；财政总收入4.42亿元，比上年增长1.59%。9月，阿里研究院公布2020年全国淘宝镇、淘宝村名单，枫亭镇上榜（莆田市16个镇）。17家企业列入莆田市第一批生产型“白名单”企业，其中规模以上工业5家（协胜鞋业、茂泰鞋材、恒通智造科技、互联胶粘制品、枫亭福川食品厂），规模以下工业2家（坚强缝制设备、海丰现代物流），商贸业10家〔协和胜贸易、仙枫机械设备、远大物资回收、枫港贸易、川盛轮胎、汇峰医药、盛隆轮胎、明源（莆田）新型建材、苏氏工程机械租赁、众力鑫实业〕。

【农业生产】 2020年，枫亭镇实施乡村振兴战略，落实惠农政策。发展优质、高效、生态农业，形成种养加结合、农工贸衔接的农业发展新模式。完成旧村复垦0.59公顷。溪南、溪北等17个村享受耕地地力保护补贴，总面积778公顷，补贴金额84万元。山头、下社等

9个村参加水稻保险面积643公顷。推进农业产业基地建设，建立九社好佳园、溪北利众葡萄采摘园等4家休闲旅游农业和12家农用产业基地。推广农业科技适用新技术，更新农作物品种，防止品种退化。水稻种植以杂交稻为主，种植面积90%，早稻主要品种有“T78优2155”“金优28”“5优308”，晚稻品种有“天优3301”；耕地种植推广测土配方施肥，面积2093公顷；推广稻田秸秆和豆料绿肥秸秆返回586公顷，利用率95%。农产品质量安全监控工作以种植大户农业初级产品和加工产品的农药安全使用，实行全程监管，并落实一品一码注册，农产品生产销售的安全可追测。2020年，摸底造册88家生产大户，注册一品一码16家，抽样检测600批次，配合市、县第三方检测10批次。

【林业生产】 2020年，枫亭镇开展国土绿化和森林质提升工作，做好造林地块落实、规划设计、造林技术指导、种苗调剂工作。完成造林绿化和森林抚育154公顷，其中植树造林40公顷，森林抚育74公顷，封山育林40公顷，在塔斗山开展义务植树活动。实行天然林停伐补助工作，落实天然商品林633公顷，管护生态林1645公顷，分布11个村，列入中央财政补助，发放森林生态效益补偿基金52.59万元。加强林业病虫害监测和防治，无公害防治率85%，种苗产地检疫率100%，有害生物成灾率保持1.5%以下。强化森林防火工作，完善防火工作预案。组建1支28人的森林消防中队，配备防火工具，聘用护林员8人。

【重点项目建设】 2020年，枫亭镇聚焦项目发展，打好项目建设攻坚战，以高质量项目助推高质量发展。一大批基础设施项目、生产性项目和城镇提升项目相继动工、建设、竣工。完成征地42.4公顷，拆迁房屋14.1万平方米，实施项目建设18个，完成投资50亿元，项目建设有序推进。总投资2963万元的塔斗山公园二期工程竣工投入使用；启动高铁片区后肖地块征迁，征地13.2公顷，拆迁13.5万平方米；慈岳工业平台一期开发留宅先行地块完成征地36.6公顷，进行土方平整，二期完成征地32.67公顷；华峰绿色纤维工业园按序时推进；3C智慧产业园竣工并完成整体招商，投入运营；枫秀西路道路建设按序时推进；枫城新都二期工程南片区竣工，北片区进入装修，三期工程房屋主体建成三层；给力机械扩建项目完成征地并挂牌出让；苏氏众鑫设备智能化生产项目完成征地并挂牌出让。

鸟瞰枫慈溪（2020）　　（余立凡　摄）

【社会事业】 2020年，枫亭镇9个村（社区）办好奖励奖教联合相关注册手续，并开展活动；各奖教奖学联合会通过一事一议等方式筹集资金214.51万元投入教育，改善办学条件，其中枫亭职业学校运动场建设工程41万元、枫亭中心小学校路建设13万元、秀峰小学操场硬化、大门建设19万元、海安小学操场塑化60万元、开发区中心幼儿园围墙边附属工程31.8万元、建国小学杂地浇灌水泥0.98万元、海平中学70台价值20万元空调、铺头小学32部价值8万元空调、溪北小学6台价值3万元空调、开发区中心小学58部价值11.1万元空调、海平中学22部空调价值6.6万元。深化医药卫生体制改革，投资2000多万元，完成枫亭卫生院门诊大楼建设。抓好新冠肺炎疫情防控常态化工作。深化爱国卫生运动，开展省级卫生城镇创建工作，做好“登革热”疫情防控工作。实施全面二孩政策，开展生育关怀行动。实施“七五”普法。完成第七次全国人口普查工作。

投入51万元管护及修缮境内4座小（一）型水库、5座小（二）型水库以及12座小山塘，确保水利设施安全运行。完成枫亭敬老院选址及招投标，组织土地报批。实施乡村振兴战略，实施路长制，推进“四好”农村路建设，完成村道路面硬化4.5千米。加强防灾减灾体系建设，实施一批水利水毁修复工程。285户、875名贫困人口实现稳定脱贫，坚持抗疫脱贫两不误，坚决防止因疫情返贫，投入中央财政产业扶贫资金40万元惠及87户次，投入省级产业扶贫资金22万元惠及135户次，办理创设公益性岗位26个。投入250多万元用于补助低保户、五保户。

深化精神文明建设，开展第十四届省级文明乡镇创建工作，建国村入选第十四届省级文明村镇。蔡襄陵园被列入省级爱国主义教育基地。陈湟墓、陈政古墓群、辉煌吴氏民居3个文物点被列入仙游县第九批文物保护单位。开展义写春联、全民健身篮球赛、书画展、“迎国庆·庆中秋”美食嘉年华等系列基层文化活动，常态化开展“书香枫亭 全民阅读”活动。开展移风易俗宣传教育和整治工作，推动移风易俗工作。

【社会治理】 2020年，枫亭镇枫亭镇坚持以打造环湄洲湾区域的滨海新城和仙游县域副中心为定位，突出“强产业、兴城市”双轮驱动，围绕“两横两纵两溪三点四片”发展思路，率先启动“四大片区”（湄工校片区、枫慈片区、枫江片区、高铁片区）的高铁片区建设，选择开发高铁片区后肖地块作为先行区。加快枫秀西路、公园东路等道路建设，加快火车站周边、塔斗山公园北大门土地开发，实现产城融合发展。推进“平安枫亭”创建，开展安全隐患大排查大整治和专项整治三年行动。加强重点群体动态管控，防范化解社会稳定风险。加强网格化管理和扁平化巡逻防控，提升综治“三率”水平。打好防范化解重大风险攻坚战，化解不良贷款。开展扫黑除恶专项斗争，打击“时时彩”等新型网络犯罪、非法经营成品油及其他违法犯罪行为，做好中央督导、省纪委监委、市纪委监委蹲点调研反馈问题整改落实。受理信访事项65件，调处排查各类矛盾纠纷211起，调处率100%。

2020年，投资2200多万元，完成“两高”沿线环境综合整治工作。按照市里“五专”要求，抓好安全保障、房屋整治、卫生治理、绿化美化“四项行动”。完成造林绿化及森林抚育153.33公顷，完成“两高”沿线、塔斗山公园二期绿化提升工程。强化“两违”整治和集镇区整治，开展墓地生态整治，完成“大棚房”专项整治。

【枫慈溪、沧溪小流域综合治理】 2020年，枫亭镇落实河长制，枫慈溪、沧溪流域断面考核完成年度目标。总投资500万元的小流域沧溪水质提升治理为民办实事项目（上浒、麟山及荷珠村污水管网收集及溪道清淤工程）基本完成。投入2400多万元用于12个村的农村污水治理PPP工程项目，新建污水收集管网54千米。实施污染防治攻坚战，完成排污口排查整治，规范整治“两无”企业10家，依法关闭拆除石板材加工厂、废塑加工厂，推进挥发性有机物（VOCs）专项治理，关闭拆除散乱污企业，治理餐饮业油烟208家，整治畜禽养殖15家，中央、省、市、县环保督查反馈问题整改到位。完成初级版“绿盈乡村”建设12个。推进美丽集镇、美丽乡村建设，开展农村垃圾专项整治，完成农村三格式化粪池建设任务，加快推进枫慈溪、沧溪农村PPP污水管网建设，开展农村人居环境整治三年行动。投入50多万元用于集镇区段污水处理站、污水管网及建国、东宅农村污水处理设施的日常运行及维护，保障集镇区周边村民的居住环境和枫慈溪水质的提升。投入15万元用于推进河长制工作，对枫慈溪及沧溪流域重点部位的乱种、乱植以及河道清淤清障的拆除和整改，清理乱种乱植面积6000多平方米、拆除涉河违建3处、清理陈年垃圾120多吨、打捞水葫芦200吨。

（林 娜）

塔斗山公园彩色慢道（2020） （薛燕辉 摄）

园庄镇

【概况】 园庄镇位于仙游、泉港、洛江交界处，四面环山，丘陵、平原相间，境内4条主干道纵横交错，枫慈溪贯穿全境，生态环境优美，是国家级生态乡镇、仙游经济开发区的“后花园”。镇域面积82.08平方千米，其中耕地面积1046.67公顷，山地面积5733.33公顷。2020年，辖17个建制村，总人口6.08万人。

【经济建设】 2020年，园庄镇工农业总产值6.08亿元，比上年增长8.57%。财政收入2179万元，比上年增长6%。农民人均纯收入1.21万元，比上年增长9.98%。

做优做大做强九条茶、郑宅茶、名贵苗圃、面食等特色产业，组织召开面点师座谈会，举办面食包点技术培训，提升面点师之乡的品牌效益。突出发展“一村一品一业”，推进土地整理，投资569万元完成263.47公顷高标准农田项目建设，投资35万元完成大埔村、宫兜村引水渠修复工程。建立中药材生产加工基地66.67公顷、蔬菜生产基地266.67公顷、花卉苗木生产基地13.33公顷。加强农业科技创新与成果转化，促进266.67公顷蔬菜、13.33公顷中药材增产增收；完成水稻种植保险投保613.4公顷，推广种植水稻、蔬菜、茶叶等示范户60户，推广示范面积133.33公顷。做好农产品企业生产管理，11家农业企业纳入一品一码管理。重视吸引乡贤回乡创业，鼓励大学生回乡创业，选树乡村振兴致富带头人4名。深化“园庄·涂岭”边际发展，构建互利共赢产业生态。

【重点项目建设】 2020年，园庄镇投资1500万元，完成枫慈溪园庄段二期综合整治工程建设；投资3600多万元，完成义六线义路段道路拓宽改造提升、龙坪头至枫林拓宽改造、后蔡村赤岭至土楼村大路顶道路硬化、高峰村大埔至泗洋村连线工程、枫园路路肩排水沟治理、智慧乡村服务、“四好”乡村道路提升工程等建设；加快推进总投资1.4亿元的六户村十八湾新村农民康养公园、云峰村新农村、霞山村（下楼、汀洋、后魏、山兜）新村、泗洋村枫厝山新村项目建设。

【社会事业】 2020年，园庄镇发放建档立卡贫困户产业发展资金等69.8万元，410户1499人实现脱贫。优化整合教育资源，云峰小学综合楼、园庄中学新学生宿舍楼竣工，教育质量持续提升。城乡医保征缴率95%，新增城镇就业94人，城镇失业人员再就业8人，公益性岗位就业29人。

【社会治理】 2020年，园庄镇受理群众来信、网信、来访32件，办结29件，调解各类社会矛盾纠纷74件，提升平安建设“三率”水平。办理各类审批服务、便民服务5000余件，“12345”政府服务热线受理群众诉求450余件，满意率98%以上。深化扫黑除恶专项斗争和禁毒、反邪、扫黄工作，打击各类违法犯罪行为，摸排涉及电信诈骗的94名高危前科人员，逐一走访并签订承诺书。创优治安环境，高标准推进“雪亮工程”，创新新文明实践活动，深化“净网”行动，加强引导社会网络舆论。组织实施消防、道路交通、建设施工、危化品等重点领域安全生产专项整治，加强居住出租房屋、流动人口管理质效，防范遏制重特大事故发生。制止或拆除违法违章建筑10宗，拆除违法违章建筑面积2640平方米；整治乱摆卖、乱张贴、乱拉挂、乱涂画、乱堆放、乱停放等不良行为236起，改善农村人居环境。深化殡葬改革，开展乡村公益性墓地建设和美丽乡村坟墓整治，加快“三沿五区”坟墓清理，倡导生态入葬。

【枫慈溪小流域综合治理】 2020年，园庄镇清理农村生活垃圾2797吨，清理村内沟渠1881千米，推进生态保护修复。加快推进村级污水处理站及管网建设，完成污水收集主管网建设22.55千米、入户管34.16千米、配套污水处理站2座。深化“美丽河流”建设，完成枫慈溪大埔段整治工程项目进度60%，完成小流域和农村河道治理30千米。持续推进“厕所革命”，境内28座公厕实现高德地图App定位上线；完成1个高级版、2个中级版、1个初级版的“绿盈乡村”创建工作；打好污染防治攻坚战，查处环保投诉件8起，关闭非法生猪养殖场所4处，整顿餐饮业油烟5家，完成20家排污单位排污许可证登记工作。推进绿化覆盖、品质提升，完成人工更新造林68.27公顷。

（陈 凯）

榜头镇

【概况】 榜头镇位于仙游县东北

部，镇域面积138平方千米，是仙游县的人口大镇、经济重镇和工艺名镇。2020年，辖16个社区和23个建制村，户籍人口16.8万人。2020年，榜头镇人民政府获“第四次全国经济普查省级先进集体”称号。

【经济发展】 2020年，榜头镇实现地区生产总值200.3亿元；工业总产值155亿元，其中规模企业82家，完成113亿元；社会消费品零售额39亿元；农业总产值6.3亿元；居民人均可支配收入1.5万元；固定资产投资完成5.8亿元。

榜头镇望夫塔（2020） （王明森 摄）

【工艺产业】 2020年，榜头镇举办第八届红博会暨首届油画博览会。连续7年上榜“中国淘宝镇（2014—2020年）”，坝下、紫泽、泉山、龙腾、紫洋、溪尾、南溪、后堡、仙水9个村（社区）入选“中国淘宝村”。仙游工艺产业园通过省文化产业重点园区复评。三福红木文化产业园景区获“国家AA级旅游景区”。建成红木烘干处理中心。抖音电商直播基地入驻博览城，225家商户签约，98家入驻。京东数字经济产业园获“2020年全国科睿创新奖”、入选省数字经济运用场景典型案例，京东云仓落地运营。建立省农业厅新品种试验示范基地，在何麓村、官舍村、渡顶村建设大豆百亩示范片。

【重点项目建设】 2020年，榜头镇推进项目建设，聚焦艺都北路、官杜陂修缮工程、佛珠集中加工区、污水PPP管网、榜头中学体艺馆、5个安置区建设等重点项目，实行“清单化管理”“挂图式作战”，细化目标任务，采取时间、任务双倒排工作制，做到一个项目、一班人员、一抓到底。瑞峰大桥建成通车。艺都北路一期完成雨污水管道埋设、涵洞施工，路基施工建设；佛珠集中加工区项目完成建设，排查出的涉水生产作坊搬迁入驻率100%；榜头中学体艺馆进场施工；上坤加油站进场施工；推进昆仑下溪、桥头、上坤3个安置区建设工程及官杜陂排洪渠修复工程建设。

【社会事业】 2020年，榜头镇启动39个普查区598个普查小区的第七次人口普查工作，普查户籍人口16.89万人，外来人口1万多人。下明社区蝉联“省级文明社区”称号、于洁小学蝉联“省级文明校园”称号；陈文山、叶建洪、叶建兵获“莆田市见义勇为先进个人”称号。完成上坤小学、第一道德小学、于洁小学、于洁幼儿园、榜头第二中心幼儿园、溪尾幼儿园等配套设施项目建设。新增设18个紧急避灾点。改造危桥2座。整治拆除26个“活人墓”、5个“旧墓翻新”。发放各类优抚定补金1502.13万元，完成征兵任务。贯彻民族宗教政策，增强爱国统一战线工作实效。

【社会治理】 2020年，榜头镇开展市容环境综合整治，九鲤中街、紫檀街等重点区域治理取得重大突破。创新城管治理手段，推行城市网格化管理模式，签订《“门前三包”责任书》2000余份。整治户外广告设施各类问题，拆除各类广告200余处。参与创建省级文明县城工作，多形式多渠道开展文明县城创建宣传，开展系列志愿服务活动。始终保持对违法建筑的高压态势，组织联合执法30余次，拆除违章建筑7万余平方米。完成“两高”沿线环境整治，提升对外形象。

2020年，榜头镇开展“千名干部进村户、排忧解难保平安”活动，入户走访4.8万户，走访覆盖率100%。开展“五零”平安村居和平安家庭创建工作。各村（社区）刷写相关标语369幅，悬挂横幅标语562条，主干道护栏处、电杆处安装展板1300多块，投放灯箱广告50余处。开展信访维稳工作，以“控增量、去存量，化解一大部分，打击一小部分”原则开展信访维稳工作，办结上级交办线索及重点信访件72件；探索建立信访评理、巡回调解、公调对接等机制，建成镇级评理室1个，村级评理室39个，参与化解信访件66起，化解成功65起，包含信访积案6起。开展安全生产专项行动，对13个重点领域、重点企业进行安全隐患大排查大整治，排查房屋安全隐患4.46万家、隐患1208项，整改1206项，整改率99%。开展重大风险化解工作，按照“六稳”“六保”要求，配合公安机关、金融机构开展防范化解金融风险攻坚战。完善“网格+扫黑除恶”工作机制，发挥镇网格员队伍优势，下发扫黑除恶有关知识，提升网格员参与扫黑除恶专项斗争工作意识。组织开展扫黑除恶知识培训，提升网格员发现线索、收集线索信息能力。2020年，立九类涉恶案件22起，破案18起，刑事拘留34人，移送起诉41人（含19年涉案人员）。查处党员干部涉黑恶与腐败线索14条，办结13条。立案走私象牙2起，破案4起（含积案），抓获3人。报捕3起3人（含积案），移送起诉5起5人（含积案），收缴象牙制品10.3千克，价值42.9万元；打击电信诈骗，摸排涉诈重点人员130人，前科人员109人，高危人员205人，可能偷渡出境人员31人，中缅边境活跃需劝返人员73人。整顿软弱涣散党组织6个，排查违纪违法村干部2人，受过刑事处罚的村级干部2人，劝退清理2人。

【木兰溪流域综合治理】 2020年，榜头镇开展木兰溪全流域系统治理工作，排查706个排污口，全部整治到位。排查53家散养鸡鸭舍，拆除1650平方米，拆除到位。排查“四乱”48处、面积3.18万平方米，拆除47处、面积3.18万平方米。佛珠加工作坊关闭132家、转为经营性店面30家、改为无涉水生产26家、涉水生产57家，57家涉水生产作坊全部（部分以合租方式）搬迁至佛珠加工集中区。推进仿古家具厂污染整治，完成121家粉尘和噪音检测，控制生产作业时间。投资6000多万元，完成集镇区14个村（社区）污水零直排设计方案及施工图纸设计，动工建设。开展建成污水管网的检测和修复工作，打通断头管、修复损坏管。完成6277个三格式化粪池建设。

（刘 娴 非陈娴）

钟山镇

【概况】 钟山镇地处仙游县东北部，镇域面积128.7平方千米，其中耕地面积1600公顷，山地面积1.35万公顷，林地面积9200公顷，素有“山区小平原”之称。2020年，辖16个建制村，总人口3.09万人。

【经济发展】 2020年，钟山镇实现农业总产值8.37亿元，比上年增长5.9%；完成固定资产投资1.5亿元；完成财政收入3500万元；完成楼宇经济收入1002万元；农民人均纯收入1.87万元，比上年增长28.7%。

2020年，完成造林25.47公顷，其中油茶造林8.13公顷，桉树改造14公顷，一般造林3.33公顷，完成封山育林387.33公顷，森林覆盖率保持71.69%以上。

【重点项目建设】 2020年，纵三线（钟山湖亭至榜头上昆）第一标段、（游洋双峰至钟山麦斜）第四标段竣工，完成投资3.2亿元，实现通车。仙游祈梦文化名胜区完成投资2.5亿元，其中项目修建性规划编制完成调整，建设九鲤湖新迎宾路卓泉段路基；推进省级农民创业园项目，香菇标准化智能温室、智能温控大棚、鸟巢式温室大棚完成建设；钟山综合农贸市场扩建工程完成；实施“3万2千”工程，万亩优质稻米基地完成收割，万亩甜柿基地完成采收，万亩绿色蔬菜基地完成种植，完成朗桥紫圆花卉基地建设，油菜花基地完成播种。

【社会事业】 2020年，钟山镇开展教师节优秀表彰和奖学助学活动，钟山镇奖教奖学联合会发放各类奖教奖学助学金18.09万元，奖励15名先进教育工作者和优秀教师、2个教师团队和15名优秀学生，资助77名学生。《钟山镇志》完成初稿。巩固并逐步扩大参保面，城乡居民基本医疗保险参保缴费率99%；城乡低保实行动态规范化管理，实现应保尽保；完善医疗救助、抚恤补助、灾害救灾、慈善资助等救助体系；建成农村幸福院3个，开通11个一体化村卫生所医保定点服务，推进钟山敬老院“公建民营”改革；基本公共卫生服务逐步均等化。深化精神文明建设，开展市级文明乡镇、文明村创建工作。“七五”普法工作收官。完成第七次全国人口普查工作。

【乡村振兴】 2020年，钟山镇按序时推进省、市、县乡村振兴示

9月22日，莆田市第十三个民族团结进步宣传月启动仪式在钟山朗桥村举行 （钟山镇 供稿）

范镇、试点村项目。东溪村美化绿化工程及部分村道改造工程完成；钟山村延寿溪南岸绿化工程完成，新建鹅兜景观桥；南兴村南兴宫至度下亭村道硬化，村主干道两旁道路拓宽、绿化亮化完成。做大做强水果、蔬菜（含食用菌）两大特色主导产业，通过“龙头企业+合作社+基地+农户”的生产模式，培育一批经济效益好、带动能力强的新型农业生产主体，农业生产经营主体308家，其中市级农业产业化龙头企业6家、农业企业114家、专业合作社106家、家庭农场82家。莆田市紫圆农业发展有限公司成功培育樱花、绣球花、苔藓等20多个花卉品种，农业新兴业态蓬勃发展。通过“土地流转+务工”的方式帮助贫困户增加收入，实现“一块土地两份收入”。利用利农、超大、摩天岭、兴泰果园等龙头企业的作用，带动90多家的专业合作社和2360农户参与蔬菜和水果产业的发展，为贫困户解决105个就业岗位，带动贫困户发展生产30户。282户1054人贫困人口脱贫，4个贫困村脱贫摘帽。2020年，莆田市决战决胜脱贫攻坚现场交流会在钟山镇召开，钟山镇代表仙游县乡镇在大会上作经验交流。

引进浙江大学乡村振兴规划团队、林正碌文化创意团队、荷兰技术团队等专家，全领域、全方位策划。组织省、市、县乡村振兴试点村党员干部前往中共上宫支部旧址、凤山新村、宁德屏南参观学习，邀请本地农村建筑工匠前往屏南县熙岭乡龙潭村学习古厝修缮工艺等。完成钟山镇、朗桥村、南兴村、临水村乡村振兴战略规划编制、村庄规划编制。朗桥村获评2020年福建省美丽休闲乡村，西林村获评莆田市2020年中级版“绿盈乡村”。

挖掘红色革命资源优势，打造中共福建省委旧址、麦斜岩108团、林刘地下交通站等红色教育基地。西林村通过挖掘知青文化，打造钟山知青小镇。朗桥村通过挖掘钟山优质的自然生态资源与人文底蕴，打造仙游县朗桥文化创意产业园。在朗桥村举办莆田市第十三个民族团结进步宣传月活动。

【现代农业】 2020年，钟山镇完善农产品原产地可追溯制度和质量标识制度，工商注册在产的主体纳入福建省农产品质量安全追溯监管信息平台管理。申请仙游钟山大米地理标志和区域性农产品品牌，提高仙游钟山大米附加值，仙游钟山大米、钟山香菇、钟山白粿等一批钟山特色农产品品牌打得更响、卖得更好。获得“三品一标”认证企业6家8个农产品。开展水稻病虫害绿色防控和专业化统防统治工作，推广测土配方施肥面积4113.33公顷。鼓励企业申报化肥减量增效项目，推广农作物秸秆粉碎还田作业，做好农药包装废弃物回收工作，设置农药包装废弃物回收点4个，废弃农膜回收站1个，防治“白色污染”。推动农旅融合发展，发展形成好柿多庄园生态休闲度假区、九鲤香山生态观光园、九鲤百香果采摘园等。开发“九鲤红”农产品线上销售平台。探索利用钟山中学校园资源，发展集合农产品电商平台、培训、科普、民宿等为一体的第三产业，建立新型研学旅基地。

【仙游钟山大米】 仙游县钟山镇种植大米历史悠久，素有“莆田小粮仓”美誉。钟山镇位于仙游县东北部山区，境内地形以平原和丘陵为主，平均海拔648米，地势平坦，风景秀丽，气候宜人。钟山镇属南亚热带海洋性季风气候，夏无酷暑，冬无严寒，森林覆盖率71.8%，年平均相对湿度76.4%。土壤肥沃，pH值在4.5—6.0之间，有机质含量丰富，通透性能良好。独特的地理、气候条件和良好的生态环境，为仙游钟山大米种植提供优质的生长条件。仙游钟山大米一年收成一季，种植期为每年5—10月，生长周期较长，灌浆期时充足的光照和适宜的气温环境提高水稻的光合效率，促进碳水化合物和蛋白质的形成，营养物质得到持续的积累，赋予仙游钟山大米有机质含量高，颗粒饱满、米质上乘、色泽油浸、米香浓郁、松软醇香的品质。

【社会治理】 2020年，钟山镇推进“平安钟山”建设，开展扫黑除恶专项斗争，社会治安稳定。是年上半年莆田市“三率”测评居莆田市第16名。打造“法律顾问+司法+调解+信访评理室”调解模式，创办民间调解室2个、民间调解队伍3支，参与调解矛盾纠纷35件。推进“一革命四行动”，投入250万元用于人居环境日常保洁清运，建设旅游公厕2个。开展河湖整治行动，完成“四乱”问题整治15处，清理河长11.2千米，清理河漂垃圾125吨，恢复水域面积2.2万平方米，排查整治54个入河排污口。“四好”农村路加快建设，完成农村公路养护提升工程31.6千米、农村公路硬化工程12.8千米、改造危桥3座。完成房屋结构安全摸排8511户。完善防灾减灾及应急救援体系，应对台风、森林火灾等自然灾害，开展应急安全演练19次。南兴村邀请县鲤声剧团到村演出移风易俗文明小戏，培育良好乡风家风。

维护疫情防控成果，多举措做好“外防输入、内防反弹”，对重点疫区、境外返乡人员及相关紧密接触人员进行摸排监测，做到底子清、情况明。未发生一例确诊、疑似病例和无症状感染者。

（陈 萍）

游洋镇

【概况】 游洋镇地处仙游县东北部山区，为永泰、莆田、仙游3县交界地。镇域面积177.7平方千米，耕地面积1533.33公顷，山地1.58万公顷，其中毛竹林4666.67公顷，为福建省九大毛竹丰产林培育基地之一，森林覆盖率81.85%。2020年，辖17个建制村，总人口3.5万多人，常住人口1万多人。2020年，中共仙游上宫支部旧址先后获评“省离退休干部党员传承红色基因学习教育基地”“市爱国主义教育基地”和“县主题党日活动基地”。

【经济发展】 2020年，游洋镇实现农林牧业总产值3.5亿元；完成固定资产投资1.5亿元；财政收入1011万元；农民人均纯收入1.6万元。引进军旅教育基地项目，投资2000万元，利用闲置的梧椿小学及周边林地13.33公顷建设军旅教育基地。项目一、二期投入使用，对外接待游客1万多名。完成40公顷无疆蔬菜基地占地约1000平方米蔬菜包装房等设施农业建设，吸收周边劳动力30多人就业。投资200多万元在河星村种植13.33公顷赣南橘。扩增猕猴桃种植面积20公顷。发展香菇种植4公顷多。引进福建众创新商务有限公司，培育壮大总部企业。

【重点项目建设】 2020年，游洋镇投资500多万元，提升中共仙游上宫支部红色教育基地配套工程；6月重新开放，200多个单位、4000多人前往开展主题党日活动和接受党性教育。投资7300多万元，完成纵三线游洋双峰至钟山麦斜段工程长约7千米道路路面硬化。投资1300多万元，完成Y017游霞公路河星至兴山段道路扩宽硬化工程10.6千米长、6.5米宽道路扩宽硬化。投资590多万元，完成游五公路游洋村桥头至新路口路段、龙山段和沽山段重修工程5.2千米长路段重修。投资330多万元，建设C227梧梧线（梧椿村田头尾至西林）道路建设工程0.7千米长、6.5米宽道路以及1座50米长桥梁。投资800多万元，晋级改造县道X201城游线（游洋镇五星段）。

【社会事业】 2020年，游洋镇为264户贫困户发放各级发展产业资金82.82万元，用于发展油茶、水稻种植等扶贫产业；石山、沽山等13个村获得扶贫基础设施项目补助资金1293.03万元，实施道路建设、饮水安全等29个项目；帮扶贫困学生51人21.1万元；为33位贫困户提供公益性岗位。做好五保户、低保户等困难群体帮扶，实现应保尽保，发放低保补助资金282.51万元，五保补助资金87.91万元，临时救助资金32.2万元，动员23名特困人员到敬老院集中救助供养。新农保参保人数1.79万人；医保参保人数2.8万人，缴费率100%。完成游洋镇敬老院对外承包运营和修缮提升。2020年，游洋镇教育发展促进会发放奖教奖学助学金38.16万元，奖励31名优秀教师和教育工作者、2个优秀教师团队和75名中、高考优秀学生，资助53名贫困学生。游洋中学3名学生考上省一级达标校；游洋中心小学六年级2020年市质量检测中综合平均分成绩在全县34个学区排名第二。投资90多万新建游洋中心小学塑胶操场和跑道，实现境内塑胶操场和跑道“零”突破。硬化双峰、金石、天马村等村道18千米，扩宽石山——兴山和桥光——游洋等道路11千米。完成集镇区自来水改造提升工程，加快建设龙山、龙溪和霞峰村安全饮水工程。新建里洋、龙山、天马、兴山村公益性骨灰堂。新建兴山、龙溪、石里、天马村标准化村卫生所，17个行政村成功开通医保定点。镇卫生院为65岁以上老人免费体检1745人，选派乡村医生15人次参加培训。投资300多万元新建金石、五星村等9个网络通信站点，优化里洋、沽山村等11处网络通信站点，开展天马村通信线路整治。

【社会治理】 2020年，游洋镇双峰、鲁头等11个村获得一事一议财政奖补资金316万元，用于道路扩宽硬化和路灯建设等11个项目建设。兴山村、天马村完成村庄国土空间规划编制工作，获得乡村振兴项目建设专项资金340万元，用于兴山上宫古驿道修复、天马外石门古街道硬化修复等项目。完成2019年前的卫片图斑核查109处，完成月监测疑似图斑现场核实149处，完成农村乱占耕地建房问题排查934个。拆除违建4起910平方米，大棚房整治17处。完成旧村复垦1公顷，县级土地开发2公顷；投资600多万元，完成200公顷高标准农田建设。消除地质灾害点5处。完成餐饮业油烟净化和油水分离工作10家。巩固畜禽养殖综合整治成果，保持对畜禽养殖反弹复建“零容忍”的高压态势，发现一场拆除一场。落实河长制，开展巡河2000余次，整治河道长度2.7千米。新建梧椿、里洋和石里村公厕3座。清理农村生活垃圾2880余吨，清理畜禽养殖粪污等农业生产废弃物15余吨，清理村内水塘11口，清理村内沟渠14千米，完成集镇区保洁及全镇垃圾清运外包工作。在县级美丽集镇考评中，第一季度获得第二名，第二季度获得第五名。完成植树造林46.67公顷，义务植树7.79万株，森林覆盖率81.85%，兴山村获“全国生态文化村”。开展平安三率入户宣传2000余次，发放宣传物品1万余份。推进扫黑除恶专项斗争，排查上报涉黑涉恶涉乱线索35条，收到上级各部门交办件5条，相关线索调查完毕。实施“三抓三促”，坚持每月召开一次矛盾纠纷排查分析会，排查矛盾纠纷40例，完成调处38例。制作赞句快板和利用微信推送、村村响广播等形式，提升打击电信诈骗社会氛围。游洋镇“12345”便民服务平台收到186条投诉件，回复186件，处理184件。坚持日常巡逻、定期不定期开展片区巡逻以及全镇大巡逻相结合，全年组织开展片区、全镇大巡逻20余次。在2020年上半年市综治“三率”调查中，群众安全感率居全市第四，扫黑除恶好评率居莆田市第二，政法执法工作满意率居莆田市第三十。完成7200户房屋安全结构大排查大整治工作。开展安全隐患大排查大整治和专项整治三年行动，针对出租屋消防安全、道路交通安全等23个专项领域开展隐患排查整治行动，排查隐患61处、整改61处，没有发生生产性安全事故和死亡。

（郑鹏镍）

石苍乡

【概况】 石苍乡地处仙游县北部山区，是革命老区乡、省定贫困乡。乡域面积141.87平方千米，耕地518.6公顷，有林地1.17万公顷，木材总蓄积量66.96万立方米。其中，杉木2546.93公顷，蓄积量19.58万立方米；马尾松1566.33公顷，蓄积量9.86万立方米；阔叶林5924.6公顷，蓄积量37.5万立方米；毛竹1284.87公顷，315.86万株；经济林391.4公顷，森林覆盖率86.5%。

2020年，辖10个建制村，其中革命基点村9个，少数民族村1个，总人口1.81万人。

【经济建设】 2020年，石苍乡完成农业总产值1.75亿元，完成年度目标任务；社会固定资产投资完成2.4亿元；属地型税收入库1047万元；总部经济完成3000万元，排名全县第一；农民人均可支配收入1.24万元，比上年增长7%。

石苍乡发挥农业科技优势，与农林大学合作在五湖村试验水稻新品种。发展绿色无公害的竹笋、油茶、林下经济等特色农业；加快农业基础设施建设，完成土地整理28.67公顷和高标准农田建设146.67公顷。发挥山林优势，利用丰富的森林资源，发动群众大面积垦复毛竹林，改造低产果园，建立优质笋生产基地，打造石苍竹笋、茶油等绿色无公害食品品牌，提高农产品附加值。发挥产业规模优势，优化潭头村百亩金线莲基地生产品质，依托潭头金线莲基地、石苍冬笋、高阳油茶等合作社，加强农业产业化建设，建设优质笋基地333.33公顷，油茶基地333.67公顷，人工促进天然林更新143.33公顷，工程造林66.67公顷，推动山林地资源优势转化为经济优势。

【社会治理】 2020年，石苍乡按照"布局美、环境美、建筑美、生活美"的"四美"要求，围绕"整治裸房、垃圾处理、污水治理、村道硬化、村庄绿化"五项重点任务，改善农村人居环境，打造"美丽石苍"。加大民生投入力度，投资263万元完成生产性道路及路基建设，投资382万元完成村道水泥硬化，投资64万元完成济川、田坑路灯建设。做好民生工程，保证民生质量，投资25万元完成田坑村、老山村幸福院装修；投资134万元，实施保障农村安全饮水，提升群众幸福指数；投资23万元，完善污水处理相关设施。开展移风易俗，抓好殡改工作，火化率100%。开展水环境整治，境内所有养殖户拆除关闭，改善农村生产生活环境，流域水质稳定在II类以上，保护好莆田市"第二水缸"。

落实维稳工作责任制，形成上下联动、齐抓共管工作格局。完善10个行政村的网格化管理服务中心平台建设，实现区域内网格化管理全覆盖。开展"千名干部进村户，排忧解难保平安"活动，收集研判化解群众纠纷和诉求。立刑事案件5起，破获4起，破案率80%；立治安案件5起，查结3起。做好信访维稳工作，引导群众按照"信访路线图"程序依法表达合理诉求，接待群众来信来访8件15人次，答复处理8件。投入综治宣传经费160万元，推进"平安道路""平安学校""平安家庭""平安库区"等平安系列创建活动。开展安全生产专项整治、企业安标化创建活动，强化安全生产监督检查，发出安全隐患整改通知书44份，整改率100%，未发生安全生产事故，获评市级"平安乡镇"。

【社会事业】 2020年，石苍乡举办奖教奖学活动，3位在石苍从教30年的教师，12位优秀高一新生，17位优秀大学生、研究生、博士生以及一批优秀教师获得奖励，88位家庭困难学生得到资助，奖励资助金额23.98万元。推进新型农村社会养老保险和新型农村合作医疗工作，提升参保率、覆盖率。兑现落实各项强农惠农政策，加大对弱势群体的关心力度，保障农村困难群众的基本生活。2020年，发放低保、救助、定补等资金287.15万元，发放生态林补偿金155万元。

打赢打好精准扶贫攻坚战，石苍乡建档立卡贫困户97户324人实现稳定脱贫，石苍村、隔壁村、五湖村与潭头村4个贫困村实现脱贫摘帽。推进产业扶贫，打造油茶、金线莲特色产业基地。潭头村油茶基地面积8公顷，采用村集体资金投入和土地联合入股的模式，在村集体收回成本后按利润分成；五湖村采用村集体投资和农民出地联合入股的模式，在五湖村九科社建设13.33公顷油茶基地；筹集资金30万元，建成石苍村集中连片油茶基地7公顷。潭头村在市政协、市质监局等市直部门的帮助下，筹集资金80万元（基础设施50万元、苗30万元），发展林下金线莲种植7.33公顷，吸纳8户贫困户10.06万元入股分红；基地每年种植管理利用潭头村劳动力，贫困户除了劳作薪资增收，每年每户可以分红4000元。

【乡村旅游】 2020年，石苍乡推行"党建+文旅融合发展"新模式，创新开展"四化抓党建、三力抓产业、四事抓治理"等举措。济川村基本实现治理工作机制健全、管理服务便捷高效、农村事务监督有效、村民自治依法规范、法治理念深入人心、文化道德形成新风、乡村发展充满活力、农村社会安定有序、群众生活安居乐业、乡村振兴初显活力。每个月游客数量3000人左右，每天有旅游团到济川村参观游玩，带动就业200余人，人均年增收2.5万元。2020年，济川村获得"仙游县主题党日活动基地""福建省森林乡村""福建省乡村治理示范村""福建省金牌旅游村""国家AA级旅游风景区""中国最美

1月，石苍乡济川村创建国家AAA级景区。图为游客围抱村中老树（刘燕钦 摄）

村镇”等称号。济川村是莆田市唯一同时拥有5枚“国家级金牌”和4枚“省级金牌”的旅游乡村。

（傅恩泽）

龙华镇

【概况】 龙华镇位于仙游县西南部，东与鲤南镇接壤，南与泉州市毗连，西南与南安市交界，西与永春县相连，北隔木兰溪与大济镇相望。镇域面积65平方千米，其中耕地1666.67公顷，山地3266.67公顷。2020年，辖1个社区和15个建制村，总人口7.07万人。

【经济发展】 2020年，龙华镇财政收入实现入库3006万元；社会固定资产投资完成1.2亿元；农业产值5.1亿元；规模以上工业产值13亿元；三产产值0.25亿元。农民人均可支配收入1.81万元。

2020年，龙华镇持续巩固茶叶、薏米等传统优势特色农业产业，优化产业发展结构。福建金溪茶业有限公司茶叶精加工生产基地投产，研发薏米茶系列产品，克服疫情影响，迅速打开国内市场。立足农业资源优势，重点围绕现代农业招商、能源招商，上报有效招商信息10条，引进福建金溪茶业有限公司茶叶标准化生产示范基地建设、恒达机械、仙游天然气综合利用等6个项目，完成签约资金5.4亿元。

【社会事业】 2020年，龙华中学实现省三级高中部达标晋级。成立龙华镇乡村振兴促进会，接受乡贤、爱心人士捐款近300万元，推动脱贫攻坚与乡村振兴衔接。完成11个农村幸福院申报审批手续。加快“四好”农村路建设，完成农村公路养护提升工程6.87千米、农村硬化工程3.83千米、改造危桥4座。推进贫困村饮水工程项目建设。“七五”普法通过验收。完成第七次全国人口普查工作。深化精神文明建设，推进新时代文明实践中心试点工作，举办龙华镇首届民俗文化节，组织开展义务植树、爱国卫生运动、青年志愿服务、线上公益助农等活动10余场，金溪村获评全国文明村。开展群众文体活动，组织参加市、县音乐舞蹈节，获莆田市歌唱类二等奖。

龙华金溪村（2020） （郑金相 摄）

2020年，龙华镇有农村“五保”163人、农村低保670户1653人、城市低保10户18人，为低保对象发放医疗救助资金（含住院报销、临时救助）93人次40多万元。发放残疾人生活补助金、护理补助金、居家养护等各项资金70多万元，为23名白内障患者老人办理免费复明手续。城乡居民社会养老保险参保3.5万人，城乡居民社会医疗保险缴费参保5.93万人，缴费成功率98.54%。完善医疗救助、抚恤补助、灾害救济、慈善资助等救助体系。

【社会治理】 2020年，龙华镇深化“平安龙华”建设，集中力量、集中时间开展入户大走访、平安大宣传、治安大巡防“三大行动”。落实平安周例会和矛盾纠纷排查调处工作月例会制度，提升社会矛盾纠纷多元衔接化解能力，受理各类民间矛盾纠纷153件，调解成功率100%。压实初信初访首办责任制，加大信访积案的化解力度。打击电信诈骗违法行为，落实重点人员挂钩帮教和包片责任。开展安全隐患大排查大整治和专项整治三年行动，扫黑除恶重拳出击，禁赌治乱、交通管理等成效明显。

2020年初，龙华镇1750位寿星、55对新人寿宴、婚宴全部取消、延期。坚持“人物同防”、强化“大数据+网格化”管理，关注中高风险地区信息动态，做好排查与管控工作。16 个村（居）科学设置检查劝导点 47 个，出动消毒人员 720 人次，消毒面积 500 万平方米，阻断疫情传播途径。多方筹集物资，收到社会各界爱心捐款 40.36 万元，捐赠口罩 3.56 万个、84 消毒液 3 万多瓶等。成立复工复产服务工作专班，协调解决在疫情防控和生产经营中遇到的用工、资金等困难和问题，辖区 61 家企业复工达产。

【龙华溪小流域综合治理】 2020 年，龙华镇落实双河长制，推进木兰溪全流域系统治理。推动东方村“污水零直排”示范村建设，加快推进农村污水管网建设，龙华溪流域污水管网完成主干管 49.6 千米，接户管道完成 17.8 千米。提高森林覆盖率，植树造林 90.93 公顷。

（李琳娜）

书峰乡

【概况】 书峰乡位于仙游县城西北部，东邻榜头镇 ，西与大济镇比邻，南与鲤城街道交界，北与社硎乡接壤。乡域面积 38.07 平方千米，土地面积 3761.27 公顷，其中耕地 387 公顷，林果地面积 2383.4 公顷。2020 年，辖 6 个建制村，总人口 1.62 万人。6 月 29 日，书峰乡入选省级乡村治理示范乡镇。

【经济发展】 2020 年，书峰乡实现农业总产值 2.09 亿元，比上年增长 6%；完成固定资产投资 1.5 亿元；财政总收入 1615 万元，比上年增长 7.7%；农民人均收入 1.79 万元，比上年增长 32%。

3 月，书峰乡鲤岭村贫困户采收枇杷 （县扶贫办 供稿）

【特色产业】 2020 年底，书峰乡枇杷种植面积 1333.33 公顷，新建 500 立方米的公益性冷鲜库，莆田市首个推出枇杷霜冻指数型保险产品。疫情期间，通过线上线下、乡主官直播带货等方式助力枇杷产业升温回暖，为果农增加收入近千万元。对接中科院青黛研究所，设立人才孵化工作室，整合四黄村 20 余公顷土地，规模化种植青黛；申报建青黛国家地理标志商标；引领药农直接对接用药企业，价格从每千克 18 元提升到 50 元；深挖青黛印染文化内涵，打造青黛印染体验馆。

【重点项目建设】 2020 年，书峰乡做好仙游县垃圾处理（焚烧发

3 月 17 日，书峰乡政府向援鄂医疗队捐赠 600 箱包装好的书峰枇杷。图为快递完成装箱，准备发车 （黄剑普 刘燕钦 摄）

电）厂主项目及进场道路、飞灰固化物填埋场、炉渣综合处理厂等配套项目征地赔青和坟墓迁移工作，以及红线外300米卫生防护距离内果树补偿、红线外900米范围内房屋拆迁工作，项目竣工投产。四黄新村造福工程集中安置区项目，总投资2500万元，建设9排联排式房屋及3栋六层套房式楼房，惠及群众104户439人，其中建档立卡贫困户5户。四黄新村开发建设峰上云宿民宿项目。乡政府新址完成书峰乡网格化、便民服务中心装修工程、干部周转房装修工程以及配套项目建设，实现乡政府搬迁工。投资300多万元，完成邻里中心、游客集散中心、书峰枇杷湖公园配套等项目建设；投入100多万元，修复书峰村大类战斗遗址，建设革命展馆；投入150万多元，建设山帽寨景观步游道、百松丛林穿越、兰石生态停车场及村庄绿化；建成乡村邻里服务中心（书峰站），占地面积204平方米，投资21万元打造枇杷馆、青黛馆、乡村讲习所、直播间4个区块，助推当地农特优农副产品归集上行。

【乡村旅游】 2020年，书峰乡推动乡村旅游产业转型升级。签约落地5个项目：峰上云宿项目，引进莆田市乡旅旅游开发有限公司，投资3000万元，完成收储独栋别墅6栋，套房10套可容纳110人住宿，其中两栋为红木家具，11月底，完成餐厅、烧烤场、柴火灶建设；书峰研学基地，引进莆田市峰上研学旅行有限公司，投资3000万元，建设研学基地，完成拓展基地、青黛印染体验馆、研学基地、学生宿舍等建设，并对外开放，年接待学生和企业团队3万多人次；兰石虎潭景区旅游开发项目，引进厦门纽优新型工艺有限公司，投资5000万元至1亿元，完成土地收储和场地规划，建设停车场和旅游公厕；百松青钱柳项目，对接江西省铜鼓县上四坊中国南方红豆杉森林康养基地公司，投资3000万元，完成租赁用地40公顷；书峰乡户外休闲旅游项目，对接莆田市乡旅旅游开发有限公司，投资2000万元，完成水面游船、水上游乐和空中丛林穿越等活动项目建设。

2020年，书峰乡规划旅游布局，编制《书峰记忆》，推出“名贵兰石、传奇百松、休闲锦峰、风情鲤岭、生态书峰、经典四黄”旅游品牌，形成以百松、锦峰、兰石为基点，辐射六片区的书峰全域旅游新格局。举办云端枇杷节和枇杷文化旅游节活动。整合四黄村青黛印染体验馆、云峰岩闽中游击纵队革命遗址、百松村状元古道及户外拓展基地、兰石村黄金枸骨培育基地、绿源名贵植物园、大类革命遗址、书峰枇杷湖等特色资源，打造书峰研学和乡村旅游项目。引进社会资本，打造以四黄新村“峰上云宿”项目为中心的全域民宿旅游项目，编制书峰全域游周末游活动菜单，研制枇杷宴，推动书峰全域旅游由“一日游”向“二日游”的产业蜕变。

【社会事业】 2020年，书峰乡加强九年一贯制书峰学校建设，连续六年实现零辍学，书峰乡慈善联合会发放奖教奖学奖医助学助困金2.85万元。完成书峰街沿街立面改造、污水处理站、书峰枇杷湖等项目建设，提升集镇区环境；仙菜线城关至鲤岭段由两车道拓宽至四车道，建成百松村旅游道路，拓宽四黄至兰石、鲤岭至锦峰等路段。提升集镇建设，完成兰石村炉前至九决公路路沟路肩、赤石溪两岸栈道、兰石村炉前老区革命遗址、兰石村及鲤岭村饮水安全工程、鲤岭村新村进村道路路灯及道路绿化工程、锦峰村路灯以及百松、四黄、锦峰村骨灰堂等项目建设。完成142.8公顷高标准农田建设。

围绕产业结构，依托枇杷、青黛、文旅产业的发展，完善“6+N”的产业扶贫总体布局；加强职业技能培训，成立乡村讲师团队，启动书峰乡村振兴萌芽计划，中国园艺学会枇杷分会理事长林顺权、市青创讲师黄清椿等开班授课，帮助贫困户实现创业就业；注重激发群众内生动力，以“扶志”帮助贫困户立脱贫志，以“扶智”引导贫困户鼓发展劲，以“扶技”助力贫困户圆脱贫梦；抓细做实重点贫困人群的跟踪保障，摸排筛选含老弱病残等对象在内的重点贫困人群11户47人及受疫情影响存在返贫风险的4户10人，逐户制订方案，确保每户除低保保障外至少有1条稳定增收路子。2020年上半年，仙游县脱贫攻坚现场会在书峰乡召开。

【社会治理】 2020年，书峰乡推进“多中心合一”平台建设、治安视频“雪亮工程”、大调解工作体系、法治主题公园等基础工程建设，化解各类信访矛盾纠纷案件45件，化解积案1件。针对道路交通、学校、消防、防汛、建筑施工、旅游、危化品及烟花爆竹等领域安全，开展安全生产隐患排查整治行动26次，排查出各类事故隐患22项，完成整改。乡村宣传栏、传单发放等传统宣传模式与两微一端、抖音等新型自媒体宣传相结合，融入快板唱、三句半等文化元素，创新扫黑除恶宣传。

2020 年，书峰乡推进锦峰、书峰、四黄、百松、兰石“省级美丽乡村示范村”建设，完善道路、路灯、公园、污水管网等公共基础设施。加强境内 92 个入河污口监管，投入资金 52 万元新建污水管网 300 多米；投入资金 21 万元提升污水处理标准，处理标准达到一级 A 要求，确保赤石溪、红霞溪、白坑溪水质监测基本达到Ⅲ级。做好疫情防控工作。

（杨育静）

社硎乡

【概况】 社硎乡位于仙游县西北部山区，东与象溪、榜头毗邻，南与书峰、大济接壤，西临西苑。乡域面积 77 平方千米，平均海拔 640 米。2020 年，辖 14 个建制村，其中老区村 8 个，总人口 1.4 万人。

【经济建设】 2020 年，社硎乡实现总部经济入库 300 万元，完成工业产值 3985 万元，农林牧渔业总产值 1.5 亿元，居民人均可支配收入 2.53 万元。调整优化产业结构，对接正邦集团、吉龙农庄产业发展有限公司到社硎考察生猪养殖项目；引进莆田市薪禾企业管理咨询合伙企业和德信电力设备贸易有限公司到社硎设立总部，发展总部经济。

2020 年，社硎乡创新农业经营模式，构建以种植大户和家庭农场为基础、专业合作社为纽带的现代农业发展体系，引导种养殖业结合本土优美的生态环境向休闲、观光方向发展，打造猕猴桃、雷竹、香菇等多个生态产业基地，加快发展建设现代农业观光产业。投资 241 万元完成省级乡村振兴示范村白洋村乡村振兴发展项目 7 个，推进田利村红色旅游基地项目建设，加快推进雷竹、香菇等扶贫产业项目建设，推进 67.33 公顷高标准农田建设，引导农业专业合作社、村集体流转抛荒地，扩大产业规模。加强秋季重大病虫害检测防控，稳定 266.67 公顷单季稻产量，产粮 3000 吨、产值 1200 万元，比上年增长 21%。做好农业合作社及 5 个规模养殖场的生产指导，防控非洲猪瘟，加快恢复生猪产能，辖区 5 个规模养殖场出栏生猪 1.65 万头，产值 6000 万元，比上年增长 71.4%。点对点帮扶湖洋、田利、半岭等村自来水、污水管网建设等基础设施项目，以项目建设带动经济发展，夯实产业发展基础。加大旅游商品开发力度，探索油茶、猕猴桃等农特产品的副产品深加工产业，打造“田园田利”品牌，提升农业附加价值，推进乡村振兴。

【乡村旅游】 2020 年，社硎乡投资 350 万元，在“中共闽中特委机关田利旧址”红色教育基地建设老区精神纪念馆 1 座；投资 700 余万元扩宽硬化田利村通村道路，向上争取资金建设生态停车场、旅游公厕等基础设施，完善教育基地的基础设施及教育功能，打造成基层党员党性教育的“实景课堂”和“红色熔炉”。以打造党史教育基地为契机，推动乡村旅游发展，打造乡村红色旅游阵地，同步建设猕猴桃采摘园、玫瑰花海、古树林观光园以及农家乐等乡村旅游配套设施，完善旅游功能。中共闽中特委机关田利旧址被列为“仙游县爱国主义教育基地”“仙游县党史教育基地”“仙游县青少年素质扩展教育基地”“仙游县第二批主题党日活动基地”。

【社会事业】 2020 年，社硎乡完善社会保障体系，发放临时救助、

1 月 13 日，市委常委、组织部长卓晓銮（左一）到社硎乡田利村调研脱贫攻坚工作

（社硎乡 供稿）

补助16.95万元、优抚定补41.8万元、各类社会定补1.2万元、孤儿生活补助2.54万元、退伍军人自主就业补助5万元、义务兵优待金21.78万元、低保金95.51万元、特困金53.58万元，各类物价补贴9.62万元。打好脱贫攻坚战，完成16户雨露计划补助及18名高校贫困生补助，发放中央财政资金98户29万元，修缮34户贫困户住房，发放60户居住廉租房贫困户租房补助，完成贫困户房屋安全等级挂牌工作；开发公益性岗位13个，完成田利、卓林2个贫困村安全饮水工程，投入110万元在田利、卓林发展红色旅游、香菇种植、大果油茶种植3个壮大村集体项目，投入700余万元扩宽硬化田利村进村道路，完成16个村级基础设施建设扶贫项目，推进贫困村饮水安全、高效节水工程项目建设。

【社会治理】 2020年，社硎乡注重防范化解各领域重大风险。开展平安社硎创建活动，发放围裙、毛巾等宣传品3000余件，发放综治维稳宣传手册1000余本，进村入户进行综治平安宣传，收集解决群众困难问题10余件，上半年社硎乡综治“三率”测评居莆田市第二名。开展扫黑除恶、打击赌博、防范电信网络诈骗等各项专项行动，“断卡”惩戒51人，法定不批准出境惩戒12人，摸排出重点人员24人，其中涉诈前科人员12名，涉诈高危人员12人，实现重点人员稳定，没有涉案征兆。落实安全生产责任制，组织开展安全大检查，发挥乡村干部、平安协会、巡逻队、网格员4支队伍作用，开展拉网式、地毯式走访，开展不稳定因素排查、分析、整改。6月29日，国网仙游县供电公司社硎供电所营业窗口进驻社硎乡便民服务中心，为群众提供“一站式”用电服务，是莆田市首个入驻乡镇便民服务中心的供电营业厅。

2020年，社硎乡做好防输入风险排查，组织专门力量，反复排查密切接触者、外地来返人员等重点群体以及企业、出租屋等重点部位，做到全覆盖无死角，实行两次核酸检测和集中隔离措施。组织党员、志愿者进村开展宣传活动，实行包村工作队驻村靠前开展疫情防控工作，利用微信公众号等线上线下多种渠道，推广“八闽健康码”应用，采取“亮码扫码+测温核验”方式，做到“八闽健康码”核验在人员密集场所和重点机构全覆盖。

10月10日，市委书记刘建洋（左二）到社硎乡田利村猕猴桃基地调研扶贫产业发展情况

（社硎乡 供稿）

【大济溪、仙水溪小流域综合治理】 2020年，社硎乡落实好辖区“河长制”管理，加大21个入河排污口的日常监督检查，坚持在解决岸上污染源上下功夫，加强农业面源污染防治，打击畜禽养殖反弹复建。推进生态建设与保护，生态文明建设融入经济社会发展各领域，推动绿色、循环、低碳发展，常态化实施村庄清洁行动，改善农村人居环境，统筹抓好断面水质提升、入河排污口监管、污水管网设施建设、畜禽养殖污染综合整治等工作；实施村庄清洁行动，集中整治通村通组道路及房前屋后等脏、乱、差现象，推进“厕所革命”，加强公厕日常清洁、管理，改善农村人居环境；开展春季义务植树活动，为美丽乡村建设再添新绿；开展爱国卫生月活动，以环境综合治理为重点，消除环境卫生死角，铲除病媒生物滋生地。开展造林绿化工作，完成造林106.13公顷，其中桉树改造大造阔叶树68公顷，低效林林分改造33.13公顷，不炼山造林5公顷。森林抚育235.17公顷，人工促进更新面积86公顷，超额完成年度造林绿化任务，涵养水源，防止水土流失，实现大济溪、仙水溪流域社硎段入口处2个断面水质达标。

（陈伟锋）

菜溪乡

【概况】 菜溪乡地处仙游县中北部，系金钟水利枢纽工程水源地之一，是国家级生态乡、省级文明乡镇、省级环境优美乡镇。乡域面积76.21平方千米，耕地413.33公顷，林地6593.33公顷，其中国家一级保护植物南方天然红豆杉近千亩，优质油茶园1066.67公顷。境内的菜溪岩风景区是省级风景名胜区、省级水利风景区，曾获"发现海西之美·十佳景点"称号，菜溪岩获评国家AAAA景区。2020年，辖8个建制村，其中革命老区基点村7个，总人口1.12万人。

【经济发展】 2020年，菜溪乡实现地区生产总值2.09亿元，比上年增长11%；固定资产投资完成1.5亿元，总部引税810万元；居民人均可支配收入约1.63万元，比上年增长10%。

疫情期间，推行"村干部+农技员和土专家+医护人员"春耕技术分户指导模式，保障春耕质量。做大做强菜溪油茶产业，新植油茶33.33公顷，引进黍满仓（福建）商贸有限公司，加大茶油的线上线下销售；发挥道口经济区优势，做好特色农业，引进草莓采摘园、西瓜采摘园。

【社会事业】 2020年，菜溪乡119户贫困户稳定脱贫，3个贫困村脱贫脱帽；坚持低保兜底，41户贫困户143人纳入低保。联系莆田市城市投资开发集团有限公司、莆田臻泰置业有限公司等爱心企业以及仙游义工协会等爱心团体，定点采购菜溪乡农副产品，利用电商平台、微信等新媒介，创新农副产品销售方式。2020年，投资50万元修缮菜溪学校教学楼，改善办学条件；菜溪福州经济促进会每年安排5万元用于奖教助学，确保每个学生不因贫辍学。

加强农村低保滚动管理，落实低保政策。菜溪乡有农村低保97户288人，五保户15户15人，实施救助工程，开展临时救助130多户，发放救助资金32.2万元。投资1200多万元，完成菜溪乡卫生院门诊综合楼建设，并投入使用。3个安全饮水提升工程、4个村村道建设、3个村骨灰堂项目、2个高标准农田建设及1个亮化工程，均按序时推进。深化移风易俗，开展乡村文化活动，菜溪乡被推荐为全国文明村镇培育对象，获评第十四届省级文明村镇（2018—2020年度）；石峰村、菜溪村被评为第十五届市级文明村，其余6个村被评为县级文明村。

【社会治理】 2020年，菜溪乡开展平安（和谐）村居的平安创建活动，提升综治软硬件水平。开展平安建设，组织"三率"入户宣传大走访；开展扫黑除恶专项斗争，重点加强乱象治理，下半年群众安全感率居全市第三名。推进信访工作，未发生重大集体上访，无进京非正常上访事件。办理上级信访部门转信访案件24件，办结满意率98%；办结"12345"便民服务平台92条，办结满意率94%；召开矛盾纠纷排查化解例会7次，成功调解65件，调解成功率94%。

每月定期开展安全大排查行动，加强危爆物品排查，重点排查民爆物品、瓶装燃气、烟花爆竹，特别是安全排查街道饮食店瓶装燃气使用，消除安全隐患。加强重点要害部位安全监管，开展排查乡政府、景区、学校、卫生院等重点部门周边安全隐患，检查出租屋的消防安全。开展安全生产专项督查53次，发现安全隐患13处，下达整改通知书10份，责令整改安全隐患13处，整改到位；开展防汛疏散演练和地震疏散演练10次，开展消防安全演练4次。加强"两违"综合治理，拆违面积3080平方米；完成对乱占耕田图斑659个实地核查，未发现违法现象。完成旧村复垦改造6.6公顷。

【生态旅游】 2020年，菜溪乡推进生态环境保护，依托自身自然生态资源优势，打造旅游休闲集镇，融合生态、山水、文化、乡村等旅游要素，推进全域化旅游。发展休闲观光农业、农家乐、民宿客栈等乡村旅游新业态。鲁艺集团投资建设"闲云客舍"民宿休闲中心项目，集红木体验、康体养生、户外研学、民俗体验于一体的民宿休闲中心，完成第一期投资1000万元，并投入运营。现代观光农业初现雏形，在环山区公路沿线种植油菜花，发展草莓采摘园、西瓜采摘园、百香果采摘园等，丰富景区内容；开发茶油、蜂蜜、笋产品等特色农产品，并打造品牌；通过微信公众号、大幅广告、旅游推介会等形式，提升菜溪知名度。加大景区自然风貌和人文底蕴的挖掘保护力度，开发旅游纪念品，促进景区管理服务水平提升，巩固提升菜溪岩国家AAAA景区内涵。

【粗溪小流域综合治理】 2020年，菜溪乡投资1100万元完成菜溪旅游新村雨污、地下管网、路面硬化及护坡工程建设；投资500多万元，完成园宅新村雨污、水电及地下管网和道路建设。实施畜禽养殖污染整治工程。推进饭店餐馆油烟分离工程。推行河道专管员制度，确保重要河段水面无大面积漂浮物、河岸垃圾，普通河段无垃圾漂浮物。加强2.3千米的主管网及8千米的入户收集管网维护，垃圾治理常态长效，完善污水处理，综合整治高速沿线环境，完成莱溪村省级乡村振兴试点村村庄规划编制工作。

（郑　静）

大济镇

【概况】 大济镇位于仙游县城西部，木兰溪上游平原，区域总面积86.6平方千米，是仙游县的工艺大镇、农业大镇和城郊型乡村旅游名镇。2020年，辖23个建制村，395个村民小组，常住人口10.13万人，户籍人口9.82万人。全年办理“12345”热线平台推动解决市民诉求259件。

【经济建设】 2020年，大济镇规模以上工业总产值33亿元，农业总产值4.6亿元；限上销售额完成5.15亿元，限上零售额完成3.81亿元，营利性服务业完成3118万元；完成固定资产投资4.65亿元；完成财政收入1432万元，发展总部经济引进税收1360万元以上；民营经济发展迅速，有民营企业1245家，个体工商户4978户，新增个体工商户801户，新增私营企业415家。

【重点项目建设】 2020年，木兰溪生态防洪景观工程大济段D6标段竣工；正邦现代农业生态循环产业链项目，完成场地清表、平整，1号楼地基完成建设；南少林影视城完成土地丈量17.33公顷及公墓区进场建设，种植名贵树木80公顷，着手准备南少林影视城4.6公顷土地组件报批等工作；推进铭天下创业园、龙威工艺小区、大老古增资扩产技改等项目主体建设；汾阳朝阳新村安置房交付使用；完成溪车第二中心幼儿园主体工程建设；推进北山半岭矿区机制砂项目投产。

【社会事业】 2020年，大济镇聚焦“两不愁四保障”，夯基础、补短板、强帮扶，开展“三比三晒”，即支部+落实政策比质量晒结果、书记+聚焦挂钩比作风晒业绩、党员+突破扶志比创造晒风貌，决战脱贫攻坚，举行第五届爱心企业家挂钩帮扶大学生对接仪式，在乌石、汾阳举办适用技术扶贫培训班，持续巩固532户1642人贫困户脱贫、建档立卡贫困村古濑村摘帽成果。

2020年，大济镇累计发放低保金894万元，清退不符合条件的低保人员；发放城市低保户、特困户资金683万元；开展医疗救助申请454人次；成立退役军人服务站，采集退役军人信息，维护军人军属和退役军人的合法权益。组织参加仙游首届舞蹈选拔赛，获乐器类二等奖、舞蹈类三等奖。开展65岁以下贫困妇女“两癌”免费体检，完成第七次全国人口普查工作。

【社会治理】 2020年，大济镇坚持抓早抓小，着力化解社会风险矛盾。受理办结来信来访36件，完成矛盾纠纷调解154件，做到“小事不出村、大事不出镇”；打击电信诈骗违法行为，抓牢安全生产工作，开展安全隐患大排查大整治和专项整治三年行动，扫黑除恶、象牙整治、禁赌治乱、交通管理等成效明显。

2020年，大济镇妥善处置安全风险，强化重大动植物疫病防控和疫情处置统一指挥，多举措多方位开展道路交通、学校周边、消防、养老机构等重要领域的安全生产检查；是年，未发生重特大安全事故。抓好“两高”沿线环境综合整治，开展莆永高速、沈海高速、仙度路等重要道路沿线墓地生态整治，坚持规范建房审批、强化批后监管、严厉打击“两违”并重，自然资源管理工作取得成效，莆田市2020年农村建房管理暨“两违”治理现场会在大济镇召开。

【助力疫情防控】 2020年，大济镇建设仙游第一个集中医学观察点，成立大济卫生院集中医学观察点临时党支部，坚持每天为观察人员、医务人员赠送新鲜水果，并送上不同祝福内容的暖心卡片。组建起25支党员先锋队，筑起镇村防控的“铜墙铁壁”；镇村党员迅速反应、细心缜密，为1名确诊患者提供服务，实现早康复和零感染。是年，抽调25名党员干部任复产复工服务工作专班临时党支部书记，分赴境内20家规上企业和5个重点项目，蹲点开展“你专心生产经营，我专注疫情防控”活动，推动132家企业和项目复工复产。

【木兰溪流域综合治理】 2020年，大济镇坚持“青山绿水就是金山银山”的发展理念，推进环境保护和生态文明建设，持续优化人居环境。加大环境整治投入，开展集镇范围内乱搭乱建、乱堆乱放整治。开展乡村振兴六项整治行动、“三清三改”，一体化推进垃圾、污水、厕所“三大革命”，管理城乡环卫。持续攻坚木兰溪流域水质，组织开展“家乡党建系列活动之整治家乡河”行动，整治拆除木兰溪流域沿线各类禽畜、水产养殖，侵占河道等现象，确保西台桥、大济溪、松坂溪考核断面水质稳定达标。

（李 凡）

度尾镇

【概况】 度尾镇位于仙游县西部、木兰溪上游，东与社硎、大济毗邻，西与永春湖洋交界，南与大济相邻，北与西苑接壤，镇域面积112.72平方千米，耕地面积2400公顷，山地面积6666.67公顷，森林覆盖率62.75%。2020年，辖3个社区和16个建制村，总人口9.32万人。度尾镇是南宋兵部侍郎陈谠、明代尚书郑纪、清代八闽雕龙鼻祖郭怀、著名国画大师李耕的故里，素有“中国文旦柚之乡”美誉，是省级乡村振兴特色乡镇。

【经济发展】 2020年，度尾镇实现固定资产投资1.2亿元；规模以上工业产值23亿元，比上年增长6.1%；限上销售额完成3.3亿元，比上年增长5.8%；限上零售额完成2.6亿元，比上年增长6.7%；农业总产值9.7亿元，比上年增长5.4%。

引进一批能够带动产业发展、弥补产业链空白的项目，签约项目3个，计划投资3.6亿元；签订框架协议项目1个，计划投资3亿元；飞地招商达成投资意向1个，计划投资2.6亿元。搭建莆田市最大助农产品电商基地——仙游好货（农特产品）共享直播基地。木兰溪防洪景观工程（度尾段）基本完成。文旦柚产业园完成规划设计，同时优先启动度尾文旦柚地理标志保护工程，推进观光园、智能温室、文旦柚文博馆及加工配套设备项目建设。洋坂花卉创意生态园意向洽谈。

【社会事业】 2020年，度尾中学高中晋升省二级达标，考取双一流大学32人，其中被清华大学录取研究生1人，被北京大学录取本科生1人。成立度尾镇归国华侨联合会，召开度尾镇第一次归侨侨眷代表大会。城乡居民基本医疗保险参保缴费率94.7%。发放城乡低保金913.3万元，特困补助金428.6万元，临时救助44.6万元。惠仙公路（仙竹段）竣工完成。做好“两癌”免费筛查及救助工作，关心关爱妇女儿童。开发公益性岗位优先安置贫困劳动力62名，落实生态护林员聘用贫困对象2名；完成43名“雨露计划”补助申请，51名高校贫困生补助申请；完成精准扶贫户房屋安全等级挂牌工作；完成35户贫困户自来水入户改造；完成26个村级基础设施建设扶贫项目；贫困户家庭年人均收入1.9万元，比上年增长30%。加强防灾

3月，李耕故里周围，百亩油菜花田绽放金光 （张 力 摄）

减灾能力，开展精神文明创建活动。

【乡村振兴】 2020年，度尾镇实施乡村振兴战略，围绕“强产业、兴城市”双轮驱动，加快构建乡村产业体系，促进农村一二三产业融合发展。以园区建设拉动艺雕产业集聚发展，加快推进艺雕智慧产业园二期、海峡艺雕城二期前期准备工作，发挥天纵、大福等龙头企业的带动作用，引进37家艺雕厂家集中生产，推动产业集群集聚、规模发展。搭建天猫(仙游)直播基地、抖音电商仙游直播基地，利用直播带货等新型营销方式，拓宽产品销售渠道，保持工艺美术产业高端化品牌化，推动走向大众化、国际化、智能化、规范化。以品牌创建促进现代农业提质增效，加快建设文旦柚产业园，打造集休闲、旅游、文创为一体多功能休闲农业基地；打响“度尾文旦柚”品牌，建设度尾文旦柚地理标志农产品保护工程；举办2020年中国农民丰收节（仙游分会场）暨第五届文旦柚文化旅游节。以创新引领推动文旅产业做大做优，以大帽山生态风景区为核心，开发东山寺、岱仙岩等生态旅游资源；依托AAA级景区海峡艺雕旅游城，深度挖掘郭怀雕刻文化、李耕国画文化、郑纪文化、文旦柚文化、大鼓吹文化等文化资源，串点成线优化精品线路，精心策划生态旅游项目，发展壮大旅游产业。

【社会治理】 2020年，度尾镇推行“5+工程”，提升调解工作水平，调处纠纷220件，比上年增加1倍。做好“七五”普法考评验收，代表仙游县乡镇类接受市级验收并通过。实行“平安周例会”“矛盾纠纷排查调处月例会”制度，收集到各类社情民意和矛盾纠纷等问题209件，化解171件，协调化解中39件。打击防范电信网络诈骗，掌握147名涉及电信诈骗重点关注对象动态。抓好非法制售象牙整治工作，在海峡艺雕旅游城改造升级野生动物保护教育基地；协助公安机关抓获前期涉案人员4人，报捕2起3人，移送起诉5起5人。打击赌博案件21起（其中治安赌博案件18起、涉嫌开设赌场案件3起），查处卖淫案件1起，抓获涉嫌贩卖毒品嫌疑人1人，吸毒人员4人。建立度尾镇信访评理室1个，村级信访评理室19个，覆盖率100%，开展信访工作评理调处11件，化解息访11件。

开展安全隐患大排查大整治工作，排查房屋1.54万栋，拆除较大隐患房屋85家；排查整治无证销售液化气3处，收缴非法液化气46瓶；开展3次烟花爆竹专项检查，检查经营点22家，整改安全隐患8处。查处“两违”案件15起，整改违法用地面积3公顷，形成“零容忍”的高压态势。

2020年，度尾镇落实疫情防控责任，突出联防联控、群防群治，排查管控重点区域返乡人口、入境人员，确保各个环节不出纰漏。度尾镇党员捐款35.2万元。坚持“一企一人一策”原则，实施企业“点对点”精准帮扶，复工复产率100%。

【木兰溪流域综合治理】 2020年，度尾镇推进人居环境提升，结合房屋安全隐患大排查大整治工作，落实“三拆三清”，拆除危旧房、畜禽舍等1万多平方米，清理沟渠35千米，清运生活垃圾约1.2万吨、农业生产废弃物45吨。实现19个村（社区）公厕全覆盖，落实“一长两员”制度。境内重点路段和人口密集点增设187个废弃口罩垃圾桶，28所公厕统一添置洗手液。开展“河道清四乱”专项行动和畜禽养殖反弹复建治理行动，推进农业面源污染整治，整治入河排污口，排查并整改各类河道问题546个，拆除畜禽养殖31处，308个排污口整治到位。加快推进农村污水治理设施建设，完成主干管网建设4.2千米、接户管网18.1千米，新建中岳、后埔、中峰3座污水处理站，污水零直排试点村工作基本完成。

（吴丽彬）

西苑乡

【概况】 西苑乡地处仙游县西北部山区，是木兰溪的发源地。乡域面积334.3平方千米，其中耕地面积1471.7公顷，林地2.79万公顷。地形西北高，东南低，最高点前溪村石谷解海拔1803.3米（闽中最高峰）。2020年，辖16个建制村，其中革命老区基点村13个，总人口2.41万人。

【经济发展】 2020年，西苑乡实现地区生产总值5.17亿元，比上年增长8.8%；规模以上工业产值11.49亿元；全社会固定资产投资1.65亿元；财政收入1.56亿元；总部经济完成纳税500万元。

【项目建设】 2020年，西苑乡投入500万元，完成凤山新村二期沿街立面改造、凤山村文化广场、凤山红色小广场、九座寺修缮工程、九座寺景观工程、凤山钓鱼休闲工程、木兰溪源头调水工程以及拦水坝工程等项目建设；木兰溪源环境教育基地二期提升工程、西苑乡生态停车场及附属工程建成投用；Y006 仙竹—仙游山公路改造晋级工程（尼姑池至领头宫段、领头宫至仙山段）三标段完成。完成绣球花新品种研发基地、大臻文化培训基地、生猪种养一体化生态产业园、仙水洋酒店 4 个项目签约，总投资 44 亿元；福建省香艾产业园、“山中来信 • 谷上”野奢网红民宿签订初步框架协议。

4 月 25 日，仙游上空出现日晕。图为西苑十八股头上的日晕（张 力 摄）

【社会治理】 2020 年，西苑乡全域推进农村人居环境综合整治，建设生态宜居美丽乡村。推进凤山村省级乡村振兴示范点建设，凤山村获省级美丽休闲乡村，柳园、前溪古村落得到保护性修缮开发。实施“裸房整治、道路硬化、公厕洁化、街道绿化、村庄美化、路灯亮化”等惠民改造工程，完成贫困户危房改造 15 户，完成九座寺绿化景观工程、西苑乡生态停车场和西苑村文化活动中心项目，新增路灯 439 盏。深化木兰溪源头保护项目，推行“双河长制”，109 处入河排污口整治到位，落实“一河一策”，实施河道生态修复。完善餐厨垃圾二级收运体系，开展农村人居环境专项整治行动 82 次，清理清运垃圾 125 吨，按照“村收集、乡转运、县处理”工作模式，实现 16 个村垃圾统一清运。推进仙西、前县村环境综合整治工程，做好“绿盈乡村”创建工作，完成中级版 3 个（凤山、仙西、前县村）、初级版 5 个（西墘、半岭、岭峰、前溪、白岩村）。持续深化农村“厕所革命”，重点治理农村生活污水，做好 22 座农村公厕的日常管护，499 个三格式化粪池完成验收并投入使用。推进移风易俗、“扫黑除恶”专项斗争、打击治理电信网络新型违法犯罪、房屋结构安全隐患百日攻坚专项行动。完善民生基础设施建设，完成前县村卫生所、幸福院、旧村部综合改造工程，重建东湖村、柳园村自来水饮水工程，修复仙东村仁山和泗洲坝溪岸。实施路长制，推进“四好”农村公路建设。推进“七五”普法、第七次全国人口普查，抓好信访、人民调解工作、综治“中心 + 网格化 + 信息化”建设，加大依法治乡、治村力度，发挥综治信访维稳中心作用，“平安西苑”获得进类晋级。

2020 年，西苑乡前溪村从贫穷落后的仙游边界村变成少数民族特色村寨。图为村寨内的人工湖景色（刘燕钦 摄）

【社会事业】 2020 年，西苑乡加大社会事业民生补短板力度，争取市平安集团、市妇联、抽水蓄能电站支持 20 万元建设仙东小学“爱心食堂”和“儿童之家”，成为仙游县教育扶贫亮点。发放困难群体慰问补助金、金秋助学金 4.71 万元。开展全民参保登记，城乡居民基本医疗保险参保缴费率 98%。完善医疗救助、抚恤补助、灾害救济、慈善资助等救助体系，

游客在仙水洋戏水（2020）　　（郑金相 摄）

发放临时救助金 18.8 万元，低保户 146 户 351 人、特困户 44 户 45 人实现应保尽保。完善 3 个贫困村的基础设施建设，推动项目带动增收，凤山村集体年收入突破 100 万元。改善贫困户饮水条件，贫困户饮用水水质检测合格。调整农业产业结构，推进 217.13 公顷高标准农田建设。完成农村土地确权颁证，发放耕地地力保护补贴 13.7 万元。坚守森林防火红线，完成低效林分改造 182.27 公顷，植树造林 42.6 公顷，村庄绿化 6.67 公顷，森林覆盖率居全县第一。开展防汛救灾演练，完善防灾减灾及应急救援体系。实现整村搬迁，解决前洋噪音影响多年难题。加强新冠肺炎疫情防控，实现“零感染”“零发病”“零输入”。

【康养旅游】 2020 年，西苑乡创新土地流转方式，抓特色农业产业基地建设，形成金线莲、湿地松、桃果林、绣球花、食用菌、大棚葡萄、白岩茶园、苦笋采摘等示范基地。延伸“仙水凤山”系列农特产品产业链。塑造“康养小乡”“亲水小乡”“体育小乡”3 个旅游品牌，仙水洋景区获评国家 AAA 级旅游景区。抓好西苑乡旅游总体发展规划，委托莆田学院、省农科院、中国环境规划院编制规划凤顶旅游村及劳动研学基地、木兰溪源生态主题公园等。实现多方位特色项目探索，完成顶东湖村中共福建省委旧址修缮工程、前溪“闽中之巅 世外桃源”主题特色村寨旭日露营基地和乡村小道建设，改造农家小院，探索“院落经济”。举办中国·前溪发呆大赛，提升前溪知名度，国庆期间接待游客超 1000 人。拍摄《仙水洋真美》《仙水洋飘香》MV 和《寻梦西苑》旅游专题片，《寻梦西苑》网络点击率超 100 万人次，参评 2019 年度“福建省广播电视艺术奖”，获电视综艺节目一等奖（仙游广播电视台建台以来获得最高奖项）。是年，木兰溪源省级环境教育基地、仙游革命老区凤山教育馆接待省、市、县有关单位参观学习 30 批次，约 2600 人次；依托“生态 + 文旅”双产业融合发展模式，仙水洋接待游客突破 21 万人次，实现旅游综合收入 240 多万元。

（陈晨龙）

凤山新村文化广场（2020）　　（刘燕钦 摄）

仙游经济开发区

【概况】 福建仙游经济开发区地处海峡西岸经济区的中心地带、莆田市南大门、湄洲湾南北岸湾底结合部，南邻肖厝港，东接秀屿港，西连福泉高速公路出入口处，东南紧接出海通道。2020年，辖枫亭、郊尾、盖尾、园庄4个乡镇，区域面积313.1平方千米，总体规划面积70平方千米。

【经济发展】 2020年，仙游经济开发区核心区46家规模以上工业企业实现产值161.71亿元，比上年增长6.19%；完成固定资产投入50.3亿元；实现工业税收2.97亿元。新增规模以上工业企业3家，年产值超亿元的企业29家，创税500万元以上企业19家，园区内协诚鞋业、辉特体育、日晶玻璃、海安橡胶、益明纺织、中裕新材料、钰诚化学等龙头企业形成产业集聚效应。

【招商引资】 2020年，仙游经济开发区突出开放招商，坚持招大引强，开展招商引资和项目储备工作，通过会展招商、以商招商、以企招商等，邀请客商来开发区考察，接待上百批次客商，实现签约项目6个，洽谈项目13个，鞋业新型功能材料产业链、众鑫设备、正昊新材料等一批重大项目相继落户。

【重点项目建设】 2020年，仙游经济开发区加强入驻企业续建项目建设。华峰绿色纤维产业园，总投资229亿元，项目分两期投资。其中，首期占地面积60.24公顷，建筑面积51.16万平方米，建立年产30万吨绿色纤维建设项目，年产值90.6亿元，项目分三期引进自动化生产技术和先进装备，建设厂房及附属设施。12月10日，一期ECO生产线、复合装置车间开机投产，二期项目同步开工建设。南佳生物中药饮片项目车间三外墙装修完成，外架拆除；车间二外墙砌墙基本完成，外架搭设，外墙抹灰。综合楼一、二主体完成，外墙砌筑砖墙，综合仓库及动力车间主体工程封顶；危险品仓库主体工程完成；消防水池、应急池、初期雨水池剪力墙模板安装。泰景装配式（PHC）项目办公楼封顶，钢构厂房完成主体。强友实业厂房、宿舍装修完成投用，大门与保安室完成，道路硬化完成，一期建设完成。益明纺织生产项目7号厂房设备安装完成，B厂房装修。中海油抢维修技改项目设备购置完成。给力机械扩建项目完成净地。

康保无尘科技“五小”工程完成，办理施工许可证；鑫瑞新材料项目完成总平设计、地质勘探、施工图设计等前期工作，项目部及“五小”工程建设；正昊新材料签订施工合同，办理消防备案、施工许可证；众鑫设备完成环评，确定总平设计，围墙完成三分之二。洽谈对接的项目：冠军鱼服饰生产项目、锌合金原材模具压铸成型项目、龙利得家居项目、糕点类食品生产加工等。

【土地集约利用】 2020年，仙游经济开发区深化“腾笼换鸟”改革，盘活闲置土地。启动低效工业用地整治提升，通过收储和重新盘活，土地集约水平提升，加快推进蓝海化工、德兴针织的“二次招商”工作。盘活德兴低效地块的开发利用（面积3.33公顷），加快推进嘉辰、创博等劳动密集型企业搬迁项目，进场开挖厂房基础。蓝海化工地块（面积4.67公顷），智野实业扩产开展总平和方案设计。

【基础设施建设】 2020年，仙游经济开发区加大园区基础设施建设投入力度，完善园区基础设施建设。推进路网建设，增强通行能力，夯实发展的综合承载力。慈岳工业平台基础设施项目，总投资1亿元左右。启动新取土点选址，启动区二期土地报批并对接招商项目。《慈岳片区控制性详细规划》获批，一期启动区（33.33公顷）第一批次土地农转用报批完成6.47公顷，第二批次10.6公顷县自然资源局以跨省域增减挂钩建新方案上报省厅，9月底方案获批。一期启动区（33.33公顷）完成17.33公顷土方平整；慈岳中路完成可研批复、初设批复、防洪影响评价，施工图设计；枫秀西路完成两座桥梁和两座盖板涵工程及6千米路基工程（5.6千米路面工程），推进东宅段箱涵和路基建设；仙港大道连接线（枫亭段）道路工程办理资金证明；锦山路设计修编；园景路完成预算财审；公园东路完成施工图图审；园区东路、五里岭污水主干管工程、滨海大道污水管道修复工程、枫秀路建国排洪渠、园中路破损路面修复工程等项目竣工验收；开发区主干道（海平路、北和路）大中修工程、华腾、成联等周边企业污水收集管及提升泵站改造工程等项目完工。

2020年，仙游经济开发区推进“三房两体两中心”建设，持续优化园区营商环境。3C产业园标准化厂房一期竣工并完成配套设施建设；5月8日，擎伟福建商贸有限公司（招商中标公司）开始招商，跟踪服务运营；依托中裕新材料项目，研发用房完成改造建设，正式投用；依托云樽壹品项目，人才房完成土地招拍挂及总平设计，签订框架协议；产业综合体、创新综合体依托浙江华峰鑫瑞新材料综合楼，土地报批、施工图设计；“党建+”生活邻里中心、企业服务中心选址在枫城新都一期，完成平面图及施工图设计，编制工程预算。

【惠企服务】 2020年，仙游经济开发区创新服务手段，提高服务质量，抓好园区企业服务工作。开展实地走访企业活动，深入调研分析，提高企业服务的预见性和系统性。开展投资环境、企业用工、企业闲置厂房、重点项目等调研。完善项目挂钩服务考核机制，规范项目管理，加强项目建设协调督导等举措，围绕“解难创优”主题，对落户项目在筹建、经营过程中，主动关心、事前提醒、出谋划策，为企业排忧解难，和企业建立起一种良好的关系，帮助企业解决生产经营过程中的问题，为企业解决临时红绿灯问题、护栏问题、路灯问题等30余件。通过加强政策宣教活动，为企业提供热点难点和政策法规咨询。

【区域评估】 2020年，仙游经济开发区开展区域评估工作，加快区域评价进度。开展地震安全性评价、地质灾害危险性评估、环境影响评价等事项评估（价），辖区投资项目共享或使用区域评估报告。各片区控规及防洪影响评价、水土保持方案、地质灾害、地震安全性评价、环境影响跟踪评价完成编制。

【安全生产】 2020年，仙游经济开发区开展专项活动，消除安全隐患。开展隐患自查与部门查治理活动，在隐患排查中确立数量清、重点清、责任清的“三清”标准，做到“四个到位”（对一般隐患要了解到位、较大以上隐患要检查到位、整改措施要明确到位、整改结果要验收到位）。开展自查与配合查相结合的安全生产隐患排查500多人次，建立一般隐患台账46份。开展房屋结构安全隐患排查整治工作，排查“四无”（无审批手续、无专业设计、无专业施工、无竣工验收）房屋以及擅自改变功能结构、违法扩建、擅自开挖地下空间等问题隐患突出房屋建筑，做好信息建档。开展“打非治违”专项行动，检查生产经营单位75家。

加强应急管理，完善事故抢险救援。加强预案检查管理，检查督查涵盖辖区46家企业，督促企业整改。6月18日，仙游经济开发区管委会联合县应急管理局、枫亭镇、枫亭消防中队等单位在莆田钰诚化学有限公司开展仙游县2020年安全生产月应急演练启动仪式暨危险化学品事故灾难综合应急救援演练活动；6月19日，仙游经济开发区管委会组织安监站、晟威工贸公司开展消防安全应急演练；6月23日，仙游经济开发区管委会组织安监站在益明纺织有限公司操场开展以“消除安全隐患，筑牢安全防线”为主题的第十九个安全生产月咨询日大型宣传活动，现场讲解夏季安全生产注意事项，发放宣传单1000多份、小礼品500多份。

开展安全宣传教育活动，举办各类安全生产培训班1期，辖区企业参加培训人员100多名；举办安全讲座1次，辖区企业160多人参加；开展安全生产月活动，以“安全生产月”和“安全生产专题行”为主题，以危化品、消防、道路安全、建筑工地为重心，开展安全生产大排查大整治工作，园区企业及各主要道路挂宣传横幅60条，发放宣传单宣传册2000多份；印发《关于印发仙游经济开发区“八大”领域安全隐患大排查大整治工作方案的通知》和《开发区安全生产专项整治三年行动实施方案》等；春节、全国“两会”“两节”期间，组织开展安全生产大检查和隐患大排查，要求企业限期整改问题。

【生态环保】 2020年，仙游经济开发区根据省生态环境厅、省科技厅、省商务厅安排，组织开展开发区生态环境专项整治工作，制定整治方案，开展排查，形成检查台账，整改发现问题。完成福建省生态云平台上关于仙游经济开发区园区规划、基础设施、应急设施、重点企业等数据的标绘和填报。协助嵩湖环保公司启动股权转让事宜。协助仙游生态环境局召开“六五环境日普法宣传座谈会”。启动“循环化改造项目专项资金分配”工作，开展项目绩效评估、投资审计等工作，按照省工信厅下达的分配原则分配资金，支持企业循环化技术改造，创建绿色工厂、绿色园区。根据2019年底企业污染源普查及园区污水管网普查结果，开展管道清淤、断头管建设、未接管企业接管等工作。完成《仙游经济开发区突发环境事件应急预案（2020年修编）》编制备案。督促指导企业完成突发环境事件应急预案报告编制，结合园区应急演练邀请部分企业参与应急演练。

（郑防强）

仙港工业园开发区

【概况】 2020年，仙港工业园开发区管委会管辖鲤南（赖店）片区、仙港新兴产业园、瑞峰工业园，规划总面积4692.43公顷，其中鲤南（赖店）片区规划面积3829公顷，仙港新兴产业园规划面积160.66公顷，瑞峰工业园规划面积702.77公顷。

【经济发展】 2020年，仙港工业园完成固定资产投资68亿元，完成年计划任务60亿元的113.33%，居全县第一名；25家规模以上企业完成产值97.2亿元，完成年计划任务107亿元的90.84%，与2019年保持平稳发展。

【产业发展】 2020年，仙港工业园做强电子信息主导产业。以元生智汇为龙头，促进凯茂科技2幢厂房投产，延长产业链；组织、引导三福产业园隆发工贸加快设备安装，实现投产；督促顺兴红木园、健康科技园、臻木韵工艺创业园、福亮阁、盛立鲜之逸加快建设进度，一期厂房竣工；督促德智鞋业（艾力爱搬迁）项目开工建设，主体封顶。

突出产业链招商，围绕电子信息智能终端制造产业，签约数码蓝牙智能终端全产业链项目和电子信息产业园项目，跟踪对接OLED金属掩膜板及配套项目、罗普特军民融合高端制造生产基地项目、显示模组及量子点LCM（一期）项目。突出新能源新兴产业招商，引进福建铕乾新能源科技有限公司建成投产。突出产业转型项目招商，莆田新辉特与北京居然之家合作，从传统鞋业向现代流通服务业转型；云敦服饰从传统服装产业向医疗产业转型，生产医用防护服和医用口罩；引进豪博轻工项目嫁接豪博木业，实现“腾笼换鸟”，盘活闲置厂房11.5万平方米。

【城市建设】 2020年，仙港工业园实施“双百”工程，完成金凤片区、玉田片区、体育场周边片区三大片区改造规划方案；续建兴闽南城、锦安花园、好景置业竣工，永鸿C地块、富力院士廷、兰溪国际三期、天辉悦府主体竣工，配套施工；皇庭美域10期6幢主体封顶，6幢主体20层，帝源财富里开工建设。

在建安置房项目9个，41幢2774套，总建筑面积47.11万平方米，其中华丰商城、鸿运花园、平原新村、72号地1—4号楼、宝融安置区5个安置区竣工，竣工总建筑面积23.65万平方米；柳坑片区改造主体完工，配套扫尾；石鼓山安置区、西林、琼峰3个安置区装修。完成安置房产权转移登记2762套，转移登记率100%。

加快基础设施建设，瑞峰电子信息产业园瑞峰路东段、中段、西段、瑞园路4条道路一季度建成通车。完善“十个一”工程，瑞峰小学、瑞峰幼儿园、瑞峰医院竣工。加快标准化厂房建设，一期8幢总建筑面积5.4万平方米完工。

（官练春）

鲤城新区

【概况】 2020年，鲤城新区开发建设管委会（简称“鲤城新区管委会”），前身为大蜚山省级森林公园管委会，履行鲤城新区和大蜚山省级森林公园开发建设、旅游管理等职能。辖区范围：东至艺都大道，西至西二环路，南至学府路，北至莆永高速公路。

【经济发展】 2020年，鲤城新区管委会新增融资 3.21 亿元；争取中央项目补助资金 2189 万元；收回安置房补差款 1.4 亿元。

【城乡建设】 2020 年，鲤城新区管委会建设安置区 6 个 43 幢，建筑面积 53.83 万平方米，其中竣工回迁安置区 3 个 22 幢，建筑总面积 24.9 万平方米，分别是来洋 4 号、5 号地安置区，财富家园、宫边二期安置区；在建安置区 3 个 21 幢，建筑面积 28.93 万平方米，其中蜚山安置区主体封顶，进入装饰装修；万福二期安置区，主体完工；育英花园，地下室施工。

开展前期工作的安置区 11 个 85 幢，建筑面积 136 万平方米。其中：龙号二期安置区 5 幢，完成项目选址、立项、报批；度下安置区 2 幢，完成土地报批并出让；土寨双桥安置区 5 幢，完成土地报批、施工图设计；万福 61 号地安置区 15 幢，完成方案设计；鲤城 19 号地安置区 4 幢、蜚山大家园 10 幢、蜚山安置区二期 10 幢、鲤城 93 号地块安置区 5 幢、鲤城洋面安置区 10 幢、鲤城 9 号地安置区 11 幢、鲤城 17 号地南侧安置区 8 幢等完成项目选址、立项。加快推进来洋 4 号、5 号地安置区，财富家园等安置区的电力、自来水、通信配套工程建设，完善小区配套。完成鲤北 7 号、8 号地 10 千伏，仙游迎宾大道、鲤城公园路（解放中路至城墙顶路）、坝垅宫改造地块周边电力线路迁建及通信线路迁建；完成东大路路口东北侧 10 千伏及鲤城东一环路（清源路至北三环路）0.4 千伏电杆线路迁建；完成鲤城街道旧师范路东门段电杆线路迁建及通信线路迁建；完成东城 1 号安置区、宋桥安置区夜景提升工程。

建设主次干道 5 条 3.35 千米，排水渠 1 条 0.57 千米。其中：艺都大道南段，完成路坯、雨污水管施工；北三环（党校路至东大路），完成路面沥青二层施工，以及路灯绿化施工；东二环路，清源路至北三环路段完成路面沥青二层施工以及路灯绿化施工，贵峰路至北三环路段完成路坯、雨污水管施工；东一环（清源路至北三环），完成路坯、雨污水管施工；城东路，动工建设；鲤北 58 号、59 号地排水渠工程，完成基础施工。2 条道路 2.27 千米开展前期工作，其中贵峰路（迎勋路至东二环），完成设计及工程预算；学园路（艺都路至宝龙西路），完成施工图设计、图审。

市民广场配套工程，竣工投入使用。投资 307 万元，建设客山智慧体育公园。建有笼式多功能篮球场、综合球场健身区、笼式五人制足球场、乒乓球场、门球场、智能景观路径（四站）、智能驿站（直径 7 米，占地面积 40 平方米）以及智能体质检测区（直径 7 米，占地面积 40 平方米）等，工程建成；大蜚山绿色通道工程（三标段），西起大蜚山清水岩寺，东至九龙岩水库，全长 2.7 千米，宽 2.5 米。建设内容含公厕、山水涧、拱桥、赏心亭、亲水平台、落虹桥、五百洗纪念广场、钓鱼台、东入口、停车场、避雨亭、雕塑、绿化等。工程造价 2100 万元，完成工程预算审核。

【土地招拍挂及收储】 2020 年，鲤城新区四幅土地 12.55 公顷出让，出让金 9.61 亿元；迎宾路、东大路、东一环路、东二环路、北三环 5 个项目报批土地 13.67 公顷；已报待批土地 69.67 公顷。其中，鲤北 84 号地块、85 号地块、84-2 号地块、鲤北 5、6、7、8 号地块 7 幅经营性地块 43.93 公顷；蜚山安置期二期、蜚山大家园安置区、鲤城 93 号地块安置区、17 号地南侧安置区 4 个安置房项目 15.33 公顷；城东路、学园路、贵峰路、迎勋路、锦鲤街、金源路 6 条市政道路 10.4 公顷。

【房地产建设】 2020 年，鲤城新区新开工项目 2 个：碧桂园 • 左岸公园、永鸿 • 和樾；竣工项目 5 个：香港财富中心 • 吉第、万晨伯爵山、仙游院子、皇庭美域 • 中央御景、皇庭美域 • 丹郡（一期）；续建项目 10 个，分别是碧桂园 • 天城、骏耀财富广场、香港财富中心（三期）、凯天城、书画艺术馆、木兰溪国际广场、皇庭美域 • 中央御景（二期）、香港财富中心（三期）、皇庭美域 • 丹郡（二期、三期）、融头新城。

【安置房产权办证】 2020 年，鲤城新区管委会完成土寨双桥、宋桥北片区、宫边一期、坝垅宫 4 个安置区 20 幢 2442 套划拨转出让房产总证办理；完成安置户不动产转移登记 1671 套。

（李明勇）

仙游工艺产业园

【概况】 仙游工艺产业园位于仙游鲤城街道北宝峰社区和榜头镇泉山村（原旧工艺城及周边），东至龙腾路，西至东二环路，北至仙灵路，南至鲤南镇下楼村，交通便捷，区位优越。园区规划用地面积一期 410.4 公顷、二期 70.4 公顷。

2020 年 8 月，仙游工艺产业

园被福建省文化改革发展工作领导小组复评授予“福建省重点文化产业园区”；11月18—24日，2020年第八届中国（仙游）红木家具精品博览会暨首届油画博览会在仙游工艺产业园油画城举办；2020年，京东（仙游）数字经济产业园被评为2020年京东优秀基地。

【经济发展】 2020年，仙游工艺产业园完成总产值58.3亿元，完成固定资产投0.87亿元。

京东（仙游）数字经济产业园：仙游工艺美术大数据中心、仙游工艺美术产业带直播基地、智慧云仓、3D智能影棚、AR/VR直播等数字化、网络化、智能化基础设施建成并投入使用。截至2020年底，园区入驻企业累计611家，其中在京东商城、工艺美术B2B公共服务平台、淘宝、天猫、抖音、快手等电商平台线上批发、零售红木家具、工艺品、油画等仙游工艺美术类产品的企业有438家。2020年，园区内电商企业实现销售额30多亿元。

【安置房建设】 2020年，仙游工艺产业园加快安置房扫尾建设，完成溪东安置区、下楼村二期安置房1号、2号楼小区雨污水管道、道路、绿化、电力、自来水等基础配套设施建设。

【基础设施建设】 2020年，仙游工艺产业园推进路网、排洪防涝等基础设施建设。完成坝溪路800米行道树、路灯建设，道路竣工通车；完成坝下七路200米行道树、路灯建设，道路竣工通车；完成清源东路（龙腾路—望明路）1700米雨污水管道埋设、路基施工等；龙腾路东段涵洞及排水渠800米竣工，投入使用。

（陈泽冰）

仙游台湾农民创业园

【概况】 国家级福建莆田（仙游）台湾农民创业园（简称“仙游台创园”）地处福建东南沿海仙游县的北部，涵盖榜头、钟山、游洋、石苍、菜溪、社硎、书峰、西苑、度尾9个乡镇，区域面积1175平方千米，其中耕地1.03万公顷，山地9.2万公顷。截至2020年底，累计入园台资“农字号”企业和个体工商户76家，台商120多人，累计总投资8900多万美元，开发面积2666.67公顷。2020年，仙游台创园实现经济产值4.5亿元，比上年增长5%。2020年，农业农村部、国台办委托第三方考评机构对全国27家台创园2020年度工作综合考评，仙游台创园连续四年被评为优秀等级；仙游台创园被农业农村部认定为国家农村创新创业园区。

【产业发展】 2020年，仙游台创园建立台湾名优水果种植基地、台湾花卉苗木繁育基地、台湾牛樟种植培育基地，油茶、苦茶种植基地，休闲观光农业基地和省级台湾青年就业创业基地6个特色基地，科技创新服务中心1个中心。甜柿、橘柚等台湾名优水果产量1.98万吨，创产值3.2亿元；嘉宝果、樱花、牛樟等名优苗木创产值5900万元；嘉宝果、牛樟、苦（油）茶等系列产业创产值0.71亿元。2020年，新引进台湾良种6个。

【招商引资】 2020年，仙游台创园新落地台资农字号企业及个体工商户6家，分别是福建格林小镇园林绿化有限公司、莆田市国益生态农业开发有限公司、莆田市灵秀生态农业有限公司、福建莆田台创农业综合开发有限公司、福建省台耕农业机械有限公司、莆田亿丰农业开发有限公司，合同投资额916万美元。

【农产品销售】 2020年，仙游台创园举办福建省2020年“中国农民丰收节”省级分会场暨福建第五届文旦柚、第四届甜柿文化旅游节活动；组织园区亿松、唐品、山亿、台耕、金吉等11家企业参加在泉州举行第十三届海峡两岸农产品采购订货会；仙游台创园携手泉州中骏世界城举行“两岸同心，助力台农”仙游甜柿宣传推广的现场活动；第六届中国食品企业社会责任年会暨企业家精神论坛在厦门举办，仙游台创园企业福建莆田台创农业综合开发有限公司获得“产业扶贫贡献奖”；加大与本来生活网合作，推荐山益、金瑶、申峰等多家园区主要甜柿生产企业与其合作，线上销售甜柿；仙游台创园组织参与“消费扶贫 合力助农”直播活动；组织甜柿、牛樟、嘉宝果系列产品、苦茶油等28个产品参加第十八届中国国际农产品交易会；在国际农产品交易会上，联合本来生活网在展会现场举办仙游台创园上线产品（仙游甜柿）线上直播推介活动。

【交流合作】 2020年，仙游台创园举办5场次两岸台胞台农台青交流活动，55人次台湾农业专家、投资商等到仙游台创园参观考察。

（谭常斌）

人物表

2020 年仙游县处级领导干部一览表

表 8

姓名	现任职务	任现职务时间
郑亚木	仙游县委书记	2016 年 6 月
陈志挺	仙游县委副书记，兼任县直机关党工委书记、县委非公有制企业和社会组织工委书记、县总工会主席	2020 年 12 月
陈朝霞	仙游县委常委、统战部部长	2016 年 7 月
吴国华	仙游县委常委、宣传部部长、三级调研员，县直机关宣传教育系统党委书记	2016 年 7 月
朱建阳	仙游县委常委、政法委书记，县政府副县长提名人选、党组副书记，县直机关政法系统党委书记	2020 年 12 月
苏劭华	仙游县委常委，县人武部政委	2018 年 3 月
陈　锋	仙游县委常委（省派援疆），新疆昌吉州玛纳斯县委副书记、福建援疆指挥部莆田分指挥长	2018 年 11 月
吴智群	仙游县委常委、县纪委书记、县监察委员会主任提名人选	2020 年 12 月
陈剑波	仙游县委常委、组织部部长	2020 年 12 月
林天明	仙游县委常委	2020 年 12 月
黄一敏	仙游县人大常委会主任、党组书记	2016 年 1 月
黄新春	仙游县人大常委会副主任	2013 年 12 月
王新奖	仙游县人大常委会副主任、党组成员	2015 年 1 月
张慧敏	仙游县人大常委会副主任、党组成员	2016 年 12 月
陈德建	仙游县人大常委会副主任候选人、党组成员，鲤南镇党委书记、一级主任科员	2020 年 12 月
吴兰芳	仙游县政府副县长、党组成员	2016 年 7 月
郑文炉	仙游县政府副县长	2016 年 7 月
林建伟	仙游县政府副县长、党组成员，县公安局党委书记、局长兼督察长、三级高级警长	2016 年 9 月
郑秉忠	仙游县政府副县长、党组成员	2017 年 12 月
谈振军	仙游县政府副县长、党组成员	2020 年 12 月

续表 8

姓名	现任职务	任现职务时间
陈国成	仙游县政府副县长、党组成员	2018 年 12 月
赫广楠	仙游县政府副县长、党组成员（挂职时间至 2021 年底），新疆昌吉州政务服务和公共资源交易管理局党组成员、副局长	2020 年 10 月
王　锋	仙游县人武部部长、县政府党组成员	2018 年 5 月
林志良	仙游县政协主席、党组书记	2016 年 12 月
王建煌	仙游县政协副主席	2016 年 12 月
杨兴坚	仙游县政协副主席（兼职）	2014 年 1 月
赖玉良	仙游县政协副主席、党组副书记	2016 年 7 月
兰志容	仙游县政协副主席、党组成员	2018 年 12 月
董金勇	仙游县法院党组书记、院长提名人选、四级高级法官	2020 年 12 月
陈宗协	仙游县检察院党组书记、检察长提名人选、四级高级检察官	2020 年 12 月
卢国贤	福建莆田仙游台湾农民创业园党工委书记	2011 年 9 月
黄庆舜	福建仙游经济开发区管委会副主任（主持管委会工作）	2011 年 9 月
林加彪	仙游县公安局政委、党委副书记、四级高级警长	2014 年 1 月

2020 年仙游县取得高级职称人员一览表

表 9

姓名	性别	出生年月	籍贯	工作单位	技术职称名称
余天发	男	1971 年 8 月	仙游度尾	仙游县教师进修学校	高级教师
黄玉云	女	1976 年 1 月	仙游榜头	仙游县教师进修学校	高级教师
林祖灿	男	1971 年 6 月	仙游鲤南	仙游县第一中学	高级教师
张朝飞	男	1972 年 9 月	仙游榜头	仙游县第一中学	高级教师
陈素林	男	1973 年 6 月	仙游鲤南	仙游县第一中学	高级教师
李新岳	男	1972 年 3 月	仙游度尾	仙游县第一中学	高级教师
林　芝	女	1971 年 12 月	仙游鲤城	仙游县第一中学	高级教师
郭国昌	男	1971 年 8 月	莆田涵江	仙游县第一中学	高级教师
吴爱群	女	1971 年 8 月	仙游度尾	仙游县第一中学	高级教师
程如海	女	1976 年 12 月	仙游度尾	仙游县第一中学	高级教师
陈明强	女	1975 年 3 月	仙游郊尾	仙游县第一中学	高级教师
温训旗	男	1971 年 1 月	仙游赖店	仙游县第一中学	高级教师
陈学忠	男	1972 年 6 月	仙游象溪	仙游县第一中学	高级教师
陈志雄	男	1971 年 1 月	仙游大济	仙游县第一中学	高级教师
傅丽萍	女	1969 年 2 月	仙游赖店	仙游县第一中学	高级教师
武碧烟	女	1969 年 7 月	仙游大济	仙游县第一中学	高级教师
杨奇睿	男	1969 年 8 月	仙游度尾	仙游县第一中学	高级教师
魏炳付	男	1969 年 12 月	仙游书峰	仙游县第一中学	高级教师
郑容容	女	1972 年 5 月	仙游鲤城	仙游县第一中学	高级教师
郑加金	男	1977 年 12 月	仙游鲤南	仙游县第一中学	高级教师

续表 9

姓名	性别	出生年月	籍贯	工作单位	技术职称名称
孙桥敏	男	1972 年 11 月	仙游盖尾	仙游县第一中学	高级教师
林加发	男	1973 年 5 月	仙游大济	仙游县第一中学	高级教师
林碧霞	女	1976 年 8 月	仙游书峰	仙游县第一中学	高级教师
陈丽萍	女	1970 年 7 月	仙游大济	仙游县第二中学	高级教师
李天霞	女	1970 年 9 月	仙游龙华	仙游县第二中学	高级教师
徐芳萍	女	1968 年 7 月	仙游鲤城	仙游县第二中学	高级教师
蔡新洪	男	1970 年 3 月	仙游枫亭	仙游县第二中学	高级教师
林友雄	男	1973 年 4 月	仙游度尾	仙游县第二中学	高级教师
朱丽仙	女	1970 年 12 月	仙游大济	仙游县第二中学	高级教师
陈一心	女	1970 年 7 月	仙游大济	仙游县第二中学	高级教师
黄福胜	男	1971 年 1 月	仙游园庄	仙游县第二中学	高级教师
黄德琴	女	1970 年 5 月	仙游大济	仙游县第二中学	高级教师
黄丽芬	女	1973 年 12 月	仙游龙华	仙游县第二中学	高级教师
蔡丽生	女	1973 年 9 月	仙游大济	仙游县第二中学	高级教师
黄玉蕾	女	1973 年 8 月	仙游度尾	仙游县第二中学	高级教师
郑丽芳	女	1975 年 8 月	仙游鲤城	仙游县第二中学	高级教师
詹加清	男	1970 年 7 月	仙游大济	仙游县第二中学	高级教师
陈玉田	男	1977 年 4 月	仙游鲤城	仙游县第二中学	高级教师
王赛静	男	1964 年 2 月	仙游榜头	仙游县华侨中学	高级教师
林元枝	男	1963 年 11 月	仙游枫亭	仙游县华侨中学	高级教师
陈永水	男	1968 年 6 月	仙游枫亭	仙游县华侨中学	高级教师
谢正平	男	1966 年 9 月	仙游钟山	仙游县华侨中学	高级教师
郑世妹	女	1968 年 6 月	仙游赖店	仙游县华侨中学	高级教师
陈薇薇	女	1970 年 7 月	仙游鲤城	仙游县华侨中学	高级教师
陈森琼	女	1969 年 10 月	仙游盖尾	仙游县华侨中学	高级教师
陈秀钦	女	1968 年 7 月	仙游赖店	仙游县华侨中学	高级教师
傅金林	男	1971 年 3 月	仙游赖店	仙游县华侨中学	高级教师
郑振伟	男	1973 年 6 月	仙游鲤城	仙游县华侨中学	高级教师
余振勇	男	1972 年 1 月	仙游西苑	仙游县华侨中学	高级教师
温明焕	男	1973 年 9 月	仙游鲤南	仙游县华侨中学	高级教师
陈玉荣	男	1972 年 1 月	仙游龙华	仙游县华侨中学	高级教师
陈梅芳	女	1970 年 8 月	仙游大济	仙游县华侨中学	高级教师
郑云清	男	1969 年 6 月	仙游园庄	仙游县华侨中学	高级教师
林德芳	男	1972 年 11 月	仙游赖店	仙游县华侨中学	高级教师
谢丽呈	女	1974 年 8 月	仙游钟山	仙游县华侨中学	高级教师
林　萍	女	1977 年 7 月	仙游鲤城	仙游县华侨中学	高级教师
陈镇伟	男	1972 年 12 月	仙游榜头	仙游县华侨中学	高级教师

续表 9

姓名	性别	出生年月	籍贯	工作单位	技术职称名称
张紫霞	女	1974 年 10 月	仙游鲤南	仙游县华侨中学	高级教师
郑素粦	男	1977 年 11 月	仙游枫亭	仙游县华侨中学	高级教师
吴小嫔	女	1977 年 6 月	仙游大济	仙游县华侨中学	高级教师
傅俊蓉	女	1975 年 8 月	仙游赖店	仙游县华侨中学	高级教师
连丽梅	女	1979 年 3 月	仙游盖尾	仙游县盖尾中学	高级教师
陈金质	男	1972 年 12 月	仙游榜头	仙游县盖尾中学	高级教师
陈赛莉	女	1971 年 10 月	仙游龙华	仙游县盖尾中学	高级教师
李云志	男	1973 年 1 月	仙游盖尾	仙游县盖尾中学	高级教师
陈志梅	女	1975 年 7 月	仙游鲤南	仙游县盖尾中学	高级教师
吴云飞	女	1973 年 6 月	仙游度尾	仙游县盖尾中学	高级教师
苏碧炎	男	1973 年 10 月	仙游郊尾	仙游县盖尾中学	高级教师
林征勇	男	1976 年 8 月	仙游枫亭	仙游县盖尾中学	高级教师
陈慧如	女	1972 年 9 月	仙游赖店	仙游县盖尾中学	高级教师
李国凤	男	1971 年 6 月	仙游盖尾	仙游县盖尾中学	高级教师
黄金建	男	1971 年 7 月	仙游石苍	仙游县盖尾中学	高级教师
史碧清	女	1978 年 2 月	仙游盖尾	仙游县盖尾中学	高级教师
郑元豹	男	1975 年 1 月	仙游鲤南	仙游县盖尾中学	高级教师
李丽玉	女	1972 年 9 月	仙游盖尾	仙游县盖尾中学	高级教师
刘智锋	男	1972 年 3 月	仙游郊尾	仙游县盖尾中学	高级教师
方碧烟	女	1972 年 7 月	仙游大济	仙游县盖尾中学	高级教师
胡金堤	男	1973 年 1 月	仙游度尾	仙游县盖尾中学	高级教师
卢开山	男	1970 年 11 月	仙游书峰	仙游县龙华中学	高级教师
杨飞杰	男	1968 年 11 月	仙游龙华	仙游县龙华中学	高级教师
郑素洪	女	1971 年 1 月	仙游赖店	仙游县龙华中学	高级教师
陈秀美	女	1975 年 11 月	仙游大济	仙游县龙华中学	高级教师
林慧斌	女	1972 年 10 月	仙游龙华	仙游县龙华中学	高级教师
张琼娥	女	1974 年 6 月	仙游榜头	仙游一中永鸿分校	高级教师
张福祥	男	1971 年 6 月	仙游鲤南	仙游一中永鸿分校	高级教师
郑玉芳	女	1976 年 1 月	仙游鲤南	仙游一中永鸿分校	高级教师
史斌君	女	1979 年 1 月	仙游度尾	仙游一中永鸿分校	高级教师
陈林生	男	1973 年 6 月	仙游鲤南	仙游一中永鸿分校	高级教师
许宗仁	男	1967 年 7 月	仙游枫亭	仙游县第一道德中学	高级教师
林　航	男	1970 年 5 月	仙游龙华	仙游县第一道德中学	高级教师
张玉钦	女	1970 年 2 月	仙游鲤城	仙游县第一道德中学	高级教师
陈丽香	女	1969 年 11 月	仙游郊尾	仙游第四道德中学	高级教师
刘雪华	女	1976 年 6 月	仙游郊尾	仙游第四道德中学	高级教师
陈福源	男	1976 年 2 月	仙游赖店	仙游第四道德中学	高级教师

续表 9

姓名	性别	出生年月	籍贯	工作单位	技术职称名称
阮秋梅	女	1974 年 8 月	仙游郊尾	仙游第四道德中学	高级教师
阮丽红	女	1975 年 10 月	仙游郊尾	仙游第四道德中学	高级教师
林丽芳	女	1972 年 3 月	仙游度尾	仙游县度峰初级中学	高级教师
李　伟	男	1983 年 5 月	辽宁葫芦岛	仙游金石中学	高级教师
闫　伟	男	1983 年 4 月	吉林长春	仙游金石中学	高级教师
江昌钢	男	1974 年 11 月	福建政和	仙游金石中学	高级教师
郑世兰	女	1981 年 9 月	仙游大济	仙游现代中学	高级教师
朱香腾	男	1983 年 3 月	仙游枫亭	仙游现代中学	高级教师
陈文翰	男	1974 年 8 月	仙游凤山	仙游现代中学	高级教师
黄素晶	女	1981 年 5 月	仙游榜头	仙游县私立第一中学	高级教师
张晓明	男	1982 年 8 月	仙游郊尾	仙游县私立第一中学	高级教师
杨海玲	女	1982 年 5 月	吉林长春	仙游县山立学校	高级教师
林　雄	男	1974 年 10 月	仙游鲤南	仙游县榜头中学	高级教师
林金相	男	1972 年 2 月	仙游榜头	仙游县榜头中学	高级教师
邱瑞凤	男	1974 年 12 月	仙游榜头	仙游县榜头中学	高级教师
陈奇才	男	1968 年 11 月	仙游榜头	仙游县榜头中学	高级教师
罗玉桃	男	1970 年 7 月	仙游榜头	仙游县榜头中学	高级教师
张丽烟	女	1974 年 1 月	仙游榜头	仙游县榜头中学	高级教师
邱穗谦	女	1970 年 7 月	仙游鲤南	仙游县榜头中学	高级教师
陈琼莲	女	1969 年 11 月	仙游榜头	仙游县榜头中学	高级教师
黄云英	女	1969 年 4 月	仙游钟山	仙游县榜头中学	高级教师
程雪梅	女	1973 年 6 月	仙游鲤城	仙游县榜头中学	高级教师
林元炳	男	1969 年 5 月	仙游石苍	仙游县榜头中学	高级教师
郑雪蓉	女	1974 年 8 月	仙游榜头	仙游县榜头中学	高级教师
郑燕清	女	1971 年 6 月	仙游盖尾	仙游县榜头中学	高级教师
郑丽容	女	1978 年 11 月	仙游榜头	仙游县榜头中学	高级教师
陈凤岳	男	1974 年 7 月	仙游榜头	仙游县榜头中学	高级教师
林坤凤	男	1971 年 6 月	仙游园庄	仙游县园庄中学	高级教师
曾旭东	男	1978 年 9 月	仙游园庄	仙游县园庄中学	高级教师
陈常珍	男	1973 年 8 月	仙游枫亭	仙游县园庄中学	高级教师
郑步荣	男	1972 年 1 月	仙游园庄	仙游县园庄中学	高级教师
李　丽	女	1970 年 6 月	仙游鲤南	仙游县园庄中学	高级教师
陈瑞仙	男	1972 年 3 月	仙游园庄	仙游县园庄中学	高级教师
蔡丽红	女	1973 年 10 月	仙游郊尾	仙游县园庄中学	高级教师
王志华	男	1962 年 3 月	仙游园庄	仙游县园庄中学	高级教师
杨建洪	男	1967 年 12 月	仙游园庄	仙游县园庄中学	高级教师
陈义发	男	1970 年 10 月	仙游园庄	仙游县园庄中学	高级教师

续表 9

姓名	性别	出生年月	籍贯	工作单位	技术职称名称
严明富	男	1976 年 6 月	仙游园庄	仙游县园庄中学	高级教师
杨加新	男	1975 年 10 月	仙游园庄	仙游县园庄中学	高级教师
范国标	男	1968 年 7 月	仙游西苑	仙游县度尾中学	高级教师
张双梅	女	1971 年 11 月	仙游西苑	仙游县度尾中学	高级教师
陈元福	男	1974 年 10 月	仙游度尾	仙游县度尾中学	高级教师
徐俊寿	男	1975 年 8 月	仙游大济	仙游县度尾中学	高级教师
吴素芳	女	1973 年 4 月	仙游度尾	仙游县度尾中学	高级教师
余耕峰	女	1974 年 4 月	仙游度尾	仙游县度尾中学	高级教师
唐雪华	女	1974 年 5 月	仙游度尾	仙游县度尾中学	高级教师
余金玉	女	1970 年 1 月	仙游度尾	仙游县度尾中学	高级教师
林建洪	男	1973 年 7 月	仙游度尾	仙游县度尾中学	高级教师
高国雄	男	1974 年 8 月	仙游盖尾	仙游县度尾中学	高级教师
李清涵	男	1968 年 2 月	仙游龙华	仙游县大济中学	高级教师
凌展招	男	1975 年 12 月	仙游盖尾	仙游县大济中学	高级教师
林朝文	男	1973 年 6 月	仙游大济	仙游县大济中学	高级教师
郑燕英	女	1971 年 1 月	仙游大济	仙游县大济中学	高级教师
张春霞	女	1975 年 12 月	仙游大济	仙游县大济中学	高级教师
黄志洪	男	1964 年 8 月	仙游枫亭	仙游县枫亭第二中学	高级教师
傅丽梅	女	1970 年 10 月	仙游赖店	仙游县郊尾中学	高级教师
阮志林	男	1964 年 8 月	仙游郊尾	仙游县郊尾中学	高级教师
陈志勇	男	1968 年 2 月	仙游赖店	仙游县第二道德中学	高级教师
林维辉	男	1972 年 12 月	仙游榜头	仙游县第二道德中学	高级教师
郑翠丽	女	1976 年 12 月	仙游榜头	仙游县第二道德中学	高级教师
陈庆森	男	1974 年 7 月	仙游榜头	仙游县第二道德中学	高级教师
游文意	男	1968 年 12 月	仙游鲤城	仙游县第二道德中学	高级教师
王清伟	男	1975 年 8 月	仙游榜头	仙游县第二道德中学	高级教师
朱建萍	女	1972 年 7 月	仙游榜头	仙游县第二道德中学	高级教师
林元霖	男	1971 年 9 月	仙游榜头	仙游县第二道德中学	高级教师
陈伯良	男	1968 年 5 月	仙游榜头	仙游县第二道德中学	高级教师
蒋天华	男	1976 年 11 月	仙游盖尾	仙游县第二道德中学	高级教师
岳兴栋	男	1972 年 7 月	仙游菜溪	仙游县承璜第二学校	高级教师
阮明燕	男	1971 年 11 月	仙游郊尾	仙游县湖宅初级中学	高级教师
刘庆森	男	1966 年 6 月	仙游郊尾	仙游县湖宅初级中学	高级教师
林春明	男	1976 年 1 月	仙游龙华	仙游县金沙初级中学	高级教师
蔡丽涵	女	1971 年 5 月	仙游龙华	仙游县金沙初级中学	高级教师
王力奋	男	1963 年 3 月	仙游枫亭	仙游县枫江初级中学	高级教师
曾世勇	男	1968 年 7 月	仙游枫亭	仙游县枫江初级中学	高级教师

续表 9

姓名	性别	出生年月	籍贯	工作单位	技术职称名称
杨美良	男	1968 年 6 月	仙游郊尾	仙游县枫江初级中学	高级教师
许茂山	男	1970 年 10 月	仙游枫亭	仙游县枫江初级中学	高级教师
陈志友	男	1972 年 7 月	仙游大济	仙游县第三华侨中学	高级教师
吴毅珊	女	1974 年 9 月	莆田荔城	仙游县第三华侨中学	高级教师
郑孙建	男	1976 年 11 月	仙游大济	仙游县坝下初级中学	高级教师
陈添梓	男	1967 年 9 月	仙游度尾	仙游县坝下初级中学	高级教师
林高长	男	1970 年 10 月	仙游鲤南	仙游县坝下初级中学	高级教师
郑喜珍	女	1970 年 7 月	仙游鲤城	仙游县坝下初级中学	高级教师
郑梅红	女	1972 年 10 月	仙游榜头	仙游县坝下初级中学	高级教师
严元彬	男	1968 年 8 月	仙游盖尾	仙游县第二华侨中学	高级教师
林志林	男	1968 年 12 月	仙游郊尾	仙游县第二华侨中学	高级教师
杨静梅	女	1969 年 10 月	仙游赖店	仙游县第二华侨中学	高级教师
林元豹	男	1962 年 11 月	仙游榜头	仙游县昌山初级中学	高级教师
林志剑	男	1968 年 3 月	仙游盖尾	仙游县昌山初级中学	高级教师
倪向阳	女	1967 年 4 月	仙游盖尾	仙游县昌山初级中学	高级教师
王明山	男	1972 年 11 月	仙游郊尾	仙游县昌山初级中学	高级教师
陈步辉	男	1971 年 9 月	仙游郊尾	仙游县昌山初级中学	高级教师
杨梅钦	女	1971 年 11 月	仙游郊尾	仙游县昌山初级中学	高级教师
连大聪	男	1969 年 10 月	仙游盖尾	仙游县石马初级中学	高级教师
张文忠	男	1969 年 9 月	仙游赖店	仙游县石马初级中学	高级教师
吴清鹏	男	1975 年 10 月	仙游赖店	仙游县石马初级中学	高级教师
连朝琴	女	1977 年 8 月	仙游盖尾	仙游县石马初级中学	高级教师
陈海霞	女	1975 年 6 月	仙游盖尾	仙游县石马初级中学	高级教师
陈凤妹	女	1975 年 6 月	仙游盖尾	仙游县石马初级中学	高级教师
黄丽霞	女	1975 年 12 月	仙游赖店	仙游县石马初级中学	高级教师
郭志伟	男	1970 年 9 月	仙游盖尾	仙游县石马初级中学	高级教师
陈　贞	女	1974 年 6 月	仙游盖尾	仙游县石马初级中学	高级教师
杨晓辉	男	1966 年 7 月	仙游郊尾	仙游县沙溪中学	高级教师
林仙惠	女	1971 年 7 月	仙游游洋	仙游县斜尾初级中学	高级教师
卓庆翰	男	1975 年 1 月	仙游盖尾	仙游县斜尾初级中学	高级教师
黄煌士	男	1977 年 10 月	仙游枫亭	仙游县蔡襄中学	高级教师
朱　挺	男	1976 年 8 月	仙游枫亭	仙游县蔡襄中学	高级教师
曾一平	女	1972 年 10 月	仙游枫亭	仙游县海平初级中学	高级教师
陈明霞	女	1970 年 4 月	仙游菜溪	仙游县海平初级中学	高级教师
郑作武	男	1972 年 12 月	仙游游洋	仙游县城东初级中学	高级教师
林建辉	男	1976 年 5 月	仙游榜头	仙游县官舍初级中学	高级教师
郑鸿义	男	1974 年 8 月	仙游度尾	仙游县锦溪初级中学	高级教师

续表 9

姓名	性别	出生年月	籍贯	工作单位	技术职称名称
王秋永	男	1972 年 10 月	仙游鲤城	仙游县溪口学校	高级教师
林彦佐	男	1968 年 12 月	仙游鲤城	仙游县溪口学校	高级教师
俞建喜	男	1974 年 6 月	仙游郊尾	仙游县凤山学校	高级教师
吴丽娜	女	1977 年 10 月	仙游大济	仙游县教师进修学校	高级教师
张国云	男	1977 年 5 月	仙游大济	仙游县教师进修学校	高级教师
傅颖莉	女	1975 年 12 月	仙游赖店	仙游县教师进修学校	高级教师
王明友	男	1970 年 12 月	仙游钟山	仙游县第三实验小学	高级教师
陈素梅	女	1975 年 10 月	仙游赖店	仙游县城西中心小学	高级教师
彭榕峰	女	1974 年 4 月	仙游赖店	仙游县城西中心小学	高级教师
游雪梅	女	1976 年 11 月	仙游鲤城	仙游县城东中心小学	高级教师
张志宇	男	1973 年 12 月	仙游钟山	仙游县鲤南中心小学	高级教师
郑慧生	女	1974 年 3 月	仙游鲤南	仙游县鲤南象运小学	高级教师
傅仲灿	男	1970 年 8 月	仙游赖店	仙游县赖店中心小学	高级教师
李榕梅	女	1976 年 10 月	仙游盖尾	仙游县盖尾仪店小学	高级教师
林　航	女	1978 年 2 月	仙游鲤城	仙游县盖尾瑞沟小学	高级教师
张　萍	女	1974 年 5 月	仙游榜头	仙游县盖尾东宫小学	高级教师
张素华	女	1975 年 3 月	仙游鲤城	仙游县盖尾芹林幼儿园	高级教师
陈圣其	男	1978 年 9 月	仙游郊尾	仙游县郊尾沙溪小学	高级教师
朱其珠	男	1975 年 12 月	仙游郊尾	仙游县郊尾埕边小学	高级教师
朱梅妹	女	1973 年 7 月	仙游枫亭	仙游县枫亭铺头小学	高级教师
薛丽锋	女	1977 年 11 月	仙游枫亭	仙游县枫亭和平小学	高级教师
史梅琼	女	1977 年 12 月	仙游盖尾	仙游县枫亭开发区中心小学	高级教师
张凤钦	女	1975 年 11 月	仙游西苑	仙游县枫亭辉煌小学	高级教师
王建峰	男	1974 年 4 月	仙游园庄	仙游县园庄中心小学	高级教师
吴爱英	女	1978 年 4 月	仙游园庄	仙游县园庄土楼小学	高级教师
郑雪琴	女	1968 年 6 月	仙游园庄	仙游县园庄中心小学	高级教师
朱丽群	女	1972 年 4 月	仙游鲤城	仙游县龙华金山小学	高级教师
范国新	男	1968 年 11 月	仙游西苑	仙游县大济中心小学	高级教师
李评其	男	1969 年 12 月	仙游度尾	仙游县度尾中岳小学	高级教师
李爱丽	女	1972 年 4 月	仙游榜头	仙游县坝下中心小学	高级教师
陈晶晶	女	1978 年 5 月	仙游枫亭	仙游县坝下中心小学	高级教师
王梅烟	女	1971 年 5 月	仙游榜头	仙游县坝下中心小学	高级教师
王玉梅	女	1971 年 3 月	仙游榜头	仙游县榜头镇泉山幼儿园	高级教师
蔡冬云	女	1968 年 1 月	仙游钟山	仙游县钟山中心小学	高级教师
林燕钦	女	1974 年 4 月	仙游鲤城	鲤中实验幼儿园	高级教师
胡志华	女	1981 年 2 月	仙游鲤城	鲤中实验幼儿园	高级教师
严建华	女	1971 年 12 月	仙游鲤城	仙游县蜚山幼儿园	高级教师

续表 9

姓名	性别	出生年月	籍贯	工作单位	技术职称名称
倪颖灵	女	1972 年 3 月	仙游盖尾	仙游县山立学校	高级教师
林丽仙	女	1977 年 2 月	仙游榜头	仙游县总医院	副主任护师
俞世双	女	1972 年 12 月	仙游度尾	仙游县总医院	副主任护师
陈美娟	女	1976 年 9 月	仙游榜头	仙游县总医院	副主任护师
陈秀冰	女	1981 年 11 月	仙游郊尾	仙游县总医院	副主任护师
张义雨	男	1977 年 1 月	仙游鲤城	仙游县总医院	副主任中医师
陈必忠	男	1977 年 2 月	仙游赖店	仙游县总医院	副主任医师
魏更建	男	1977 年 3 月	仙游鲤城	仙游县总医院	副主任中医师
张建彬	男	1975 年 10 月	仙游龙华	仙游县总医院	副主任中医师
林瑞金	男	1978 年 1 月	仙游枫亭	仙游县总医院	副主任医师
郭长斌	男	1978 年 6 月	仙游枫亭	仙游县总医院	副主任医师
郑丽琴	女	1971 年 5 月	仙游榜头	仙游县总医院	副主任护师
林正龙	男	1978 年 3 月	仙游枫亭	仙游县总医院	副主任医师
陈淑芹	女	1977 年 11 月	仙游大济	仙游县总医院	副主任护师
陈　昱	男	1982 年 9 月	仙游大济	仙游县总医院	副主任中医师
吴丽娟	女	1973 年 8 月	仙游鲤城	仙游县总医院	副主任医师
李新欣	男	1973 年 2 月	仙游鲤城	仙游县总医院	副主任医师
李清莲	女	1967 年 12 月	仙游龙华	仙游县总医院	副主任护师
林秋霞	女	1981 年 7 月	仙游盖尾	仙游县总医院	副主任护师
郑春金	女	1967 年 3 月	仙游大济	仙游县总医院	副主任护师
余志贞	女	1977 年 11 月	仙游度尾	仙游县总医院	副主任护师
徐剑霞	女	1975 年 1 月	仙游鲤城	仙游县总医院	副主任护师
林爱香	女	1972 年 10 月	仙游榜头	仙游县总医院	副主任护师
郑建新	男	1980 年 2 月	仙游鲤南	仙游县总医院	副主任医师
阮建妹	女	1976 年 2 月	仙游郊尾	仙游县总医院	副主任护师
黄丽珊	女	1982 年 4 月	仙游榜头	仙游县总医院	副主任药师
欧长福	男	1971 年 2 月	仙游郊尾	仙游县总医院	主任医师
颜清权	男	1973 年 10 月	仙游榜头	仙游县总医院	主任医师
何剑峰	男	1976 年 12 月	仙游鲤城	仙游县总医院	主任医师
徐加华	男	1972 年 8 月	仙游枫亭	仙游县枫亭镇中心卫生院	副主任中医师
叶丽珊	女	1978 年 10 月	仙游鲤南	仙游县盖尾镇卫生院	副主任医师
李茂棋	男	1970 年 2 月	仙游盖尾	仙游县盖尾镇卫生院	副主任中医师（基层）
张世辉	男	1971 年 6 月	仙游园庄	仙游县园庄镇卫生院	副主任医师（基层）
李瑞清	男	1974 年 5 月	仙游龙华	福建省仙游县皮肤病防治院	副主任医师（基层）
黄清斌	男	1976 年 9 月	仙游赖店	福建省仙游县皮肤病防治院	副主任医师
薛清耀	男	1964 年 4 月	仙游枫亭	仙游县赖店镇卫生院	副主任医师（基层）
何丽娟	女	1976 年 8 月	仙游赖店	仙游县赖店镇卫生院	副主任医师（基层）

续表 9

姓名	性别	出生年月	籍贯	工作单位	技术职称名称
陈秋玉	女	1971 年 3 月	仙游石苍	仙游县石苍乡卫生院	副主任护师
徐朝阳	男	1974 年 5 月	仙游鲤城	仙游县大济镇卫生院	副主任医师（基层）
张清霞	女	1979 年 8 月	仙游大济	仙游县大济镇卫生院	副主任医师
蔡海峰	女	1978 年 7 月	仙游龙华	仙游县大济镇卫生院	副主任医师（基层）
林春红	女	1979 年 1 月	仙游榜头	仙游县榜头镇中心卫生院	副主任护师
颜怀群	女	1979 年 9 月	仙游鲤城	仙游县鲤南镇卫生院	副主任医师
林　进	男	1976 年 9 月	仙游龙华	仙游县鲤城社区卫生服务中心	副主任医师
李瑞新	男	1968 年 3 月	仙游鲤南	仙游县鲤城社区卫生服务中心	副主任检验师（基层）
吴梅兰	女	1972 年 12 月	仙游郊尾	仙游县鲤城社区卫生服务中心	副主任中药师　（基层）
傅丽霞	女	1979 年 10 月	仙游赖店	仙游县龙华镇卫生院	副主任医师
郭建瀛	男	1977 年 9 月	仙游鲤城	仙游县妇幼保健院	副主任技师
杨仁贵	男	1984 年 4 月	湖北枝江	仙游县妇幼保健院	副主任医师
李碧清	女	1981 年 12 月	仙游大济	仙游县妇幼保健院	副主任护师
罗建清	男	1971 年 8 月	仙游郊尾	仙游县疾控中心	职业卫生副主任医师
李叶英	女	1978 年 1 月	仙游盖尾	莆田人民医院	妇产科副主任医师
陈　仁	男	1982 年 11 月	仙游赖店	莆田人民医院	普通内科副主任医师
林喜伟	男	1982 年 1 月	莆田城厢	莆田人民医院	小儿内科副主任医师
杨明蓉	女	1976 年 9 月	重庆忠县	仙游县德安医院	内科护理副主任护师
邱宗灿	男	1969 年 9 月	仙游鲤城	仙游县档案馆	研究馆员
黄霖珍	女	1967 年 11 月	仙游鲤城	仙游县不动产登记中心	高级工程师
杨国生	男	1981 年 7 月	仙游鲤城	仙游县畜牧站	高级兽医师
黄异炜	女	1985 年 12 月	仙游鲤城	仙游县工业和信息化局	高级经济师
何金如	男	1969 年 2 月	仙游鲤城	仙游县国有资产投资运营中心	高级会计师
张清云	女	1979 年 1 月	仙游钟山	仙游县林业局钟山林业工作站	高级工程师
郑　雷	男	1976 年 3 月	仙游鲤城	仙游县农业农村局	高级工程师
李清雄	男	1976 年 1 月	仙游园庄	仙游县审计局	高级审计师
张文清	男	1969 年 4 月	仙游鲤城	仙游县市政管理中心	高级工程师
林申升	男	1977 年 8 月	仙游鲤城	仙游县水政监察大队	高级工程师
董建斌	男	1974 年 9 月	仙游鲤城	仙游县土地储备中心	高级工程师
傅小军	男	1981 年 5 月	泉州南安	仙游县质量计量检测所	高级工程师
林　杞	女	1981 年 11 月	莆田荔城	仙游县质量计量检测所	高级工程师

人物录

陆宇立

陆宇立，男，1978年2月出生，仙游盖尾镇盖南村人，九三学社，天津职业技术师范大学本科毕业，福建省莆田市湄洲湾职业技术学院机械工程系主任。先后获得广东省优秀教练、全国职业院校技能大赛优秀指导教师、全国大学生挑战杯创新创业大赛全国优秀指导教师、全国职业院校技能大赛国赛裁判、专家，福建省技能大赛优秀工作者等荣誉称号。2019年9月，获得教育部“全国优秀教师”荣誉。

2000年，陆宇立考上天津职业技术师范大学。2005年毕业后选择深圳一家企业工作，积累企业经验。2008年，陆宇立放弃高薪工作到广东一所职业院校任教，进入职业教育的第一个五年，获得三年的学校优秀老师及一个广东省优秀教练，指导学生获得全国职业院校技能大赛一等奖1个，二等奖2个，三等奖2个，全国大学生挑战杯一等奖1个，省级奖项12项，带领团队拿下8个专利各种各种横向课题资金200多万元。2011-2013，陆宇立连续三年指导学生参加“机器人技术应用”，并代表广东参加全国决赛，该项目是个系统工程，通宵加班设计与制作是常态。2010年，主持华南理工大学横向课题项目“纤维丝束——树脂熔融浸渍32模头”、深圳康铨机电“手机喷涂夹具模具部件制造”等横向课题资金125万元，完成企业所需要的项目，在华南理工大学横向课题项目中突破技术瓶颈，首创树脂熔融浸渍32模头为国内先例，提升产品的生产效率和稳定性。陆宇立的学生遍布各个制造业企业，如周大福、航嘉、中国物理研究院等。

2017年，陆宇立选择到湄洲湾职业技术学院任教并担任机械工程系的负责人，把广东积累的一些经验和平台引进湄洲湾职业技术学院。2017年、2018年湄职院承办全国机械行业职业院校技能大年，这在福建省是第一次。2017年至今，在陆宇立带领下，机械工程系团队取得全国技术能手1个，省级技能大师2个，市级技能大师2个等。校企合作方面，陆宇立带领团队和企业进行深度产教融合、校企合作，校企合作特色，先后推进莆田鞍钢“创新人才班”、莆田威诺数控“卓越工匠班”、莆田精铭泰“智能制造技术卓越班”、福州京东方“互联网+订单”人才班等多种合作育人模式。2020年，机械工程系学子叶祖彪在中华人民共和国第一届职业技能大赛中获数控铣（世赛选拔项目）第四名，入选国家集训队，并被授予“全国技术能手”称号，福建省人社厅为此发贺信祝贺莆田市人民政府及湄洲湾职业技术学院取得优异的成绩。截至2020年，机械工程系承办“汽车检测与维修”“模具数字化设计与制造工艺”等福建省职业院校技能大赛9次。

黄萍萍

黄萍萍，女，1986年8月出生，仙游大济镇三会村人，主管护师，仙游县总医院重症医学科副护士长。2008年，大学毕业后在莆田九五医院骨科工作；2010年3月，到仙游县医院重症医学科工作，从一名护士成长为一名护士长，她用自己的实际行动诠释着医务人员的初心，践行着白衣天使的使命。2017年，获得“仙游县医院优秀护士”；2018年，获得“仙游县优秀护士”“仙游县三八红旗手”。2020年，获得武汉市金银潭医院荣誉职工“荣誉职工”、武汉抗疫工作“先进个人”。2020年10月，获得抗疫专项福建省五一劳动奖章。

抗击新型冠状病毒肺炎疫情期间，得知福建省将组派福建医疗队援助武汉，作为重症医学科副护士长，她在春节期间主动放弃和家人团聚，响应党的号召，是仙游县总医院第一个主动请缨出征武汉，投身防控疫情这场战役中。她用自己行动表现“舍小家为大家”“天下兴亡、匹夫有责”的爱国情怀。

作为福建省首批援鄂医疗队成员，她与其他队员经过两天的院感加强培训，于2020年1月29日进驻武汉市中心医院后湖院区开展医疗救治工作；2月2日，因救治工作的需要，转战“一线中的一线”武汉市金银潭医院。她作为ICU的老护士，有着丰富的临床经验，在隔离区里主动承担起隔离区里重病人的护理工作。在病区她和其他组员相互配合，不退缩不言败，在思想上感染其他组员，也在工作和生活上主动帮助其他组员，视病人如亲人，用挚爱温暖着病榻上的病人，用满腔真情感动着每一位患者的心灵，去解决患者的问题，面对生活不能自理的患者，她总是勇于担当、主动作为。她和其他组员每天交班、接班，白天、黑夜，日均护理高峰时达60名重症患者，观察他们的病情，打针、输液、发药、协助重症患者翻身拍背，体疗，吸痰，呼吸机操作，清理大小便，询问、查看患者的饮食睡眠及心理状况，除此之外她和其他组员们还需承担病区内所有的事务，包括病区消杀，整理病房，医疗生活垃圾废物处理，标本送检等。每天大家忙碌奔走在五六十米长廊的病房内，穿着紧密的防护服，护目镜，三层手套，工作起来和平常有很大的不同，穿刺血管难度更是大，都是凭借经验，对血管弹性也无法感受，留置胃管难度也大，听诊器都不管用，脱防护服要小心翼翼，手上长满湿疹，脸上、额头那一道道勒痕压伤，身上衣服后背都湿透，但她毫无怨言，干劲十足，在工作中谨慎认真，得到病区护士长的肯定和表扬。2020年1月27日至3月24日，援鄂的58天里，她与其他福建首批援鄂医疗队员一起累计管理患者257例，其中危重型患者73例，累计治愈出院165例，实现救治患者零死亡，出院患者零回头，医疗管理零事故，医护人员零感染的成绩。

2008年毕业工作至今，她不仅在本职工作发光发热之外，她参与重症医学会组织的下乡义诊活动。下班时间，她也为其他人传递急救知识。黄萍萍运用所学重症护理专科知识、技能，在抢救患者中主动担当，每一次抢救成功，都是她带领护理团队一次青春的远航与成长，她矢志投身护理事业，提升青春正能量，用爱心和责任心守护生命。

刘慕媛

刘慕媛，女，1964年12月出生，仙游郊尾镇湖宅村人，莆田市汉和文化传播有限公司董事长。仙游县第十三届政协委员、莆田市妇女联合会第六届执行委员会委员、仙游县新的社会阶层人士联谊会常务副会长、仙游县第一届扶贫促进会理事。2018年3月，被评为莆田市三八红旗手；2018年5月，被评为莆田市优秀创业女性；2020年8月，被评为福建省三八红旗手。

新冠肺炎疫情期间，刘慕媛积极作为，勇于担当，坚持奋战在抗疫一线，在新冠肺炎疫情阻击战中彰显出巾帼担当。疫情防控期间，她带领公司员工和妇女姐妹全面学习防控相关知识，引导企业员工、家人亲戚和朋友科学看待疫情防控，帮助他们消除恐惧心理。她发动亲人、企业员工和身边的好姐妹组成“巾帼志愿服务队”，参与村口值班、外来人口摸排、进村进社区进企业宣传防疫措施和卫生知识，还将公司6部传媒车全部加入全县战“疫”宣传车队伍，持续参与一线防疫宣传。刘慕媛第一时间向市女企业家协会捐款2000元，带头发动企业员工向仙游县红十字会捐款1.6万多元。千方百计为卫生院医护人员、环卫工、村防疫服务队、家庭困难人员赠送口罩、消毒液等防疫物资2000多件。为了鼓励企业员工投身抗疫一线工作，对员工实行“停工不停薪”，对少部分坚持上班的员工予以每天补贴50元，疫情期间发放工资30多万元，让员工安心助力战“疫”一线。在复工复产时，成立复工复产防疫工作领导小组，制定企业防疫制度，备齐防疫物资，复工第一天亲自为员工测量体温，免费发放口罩等，全力保障公司员工安全。刘慕媛说：“国家有难，匹夫有责，我作为企业负责人，虽不能像医务人员、警务人员那样冲在战“疫”最前沿，但我能做一些力所能及的事。”

富而思源，在做大做强企业的同时，她热心公益事业，慰问困难妇女、为贫困学生助学，为“母亲健康1+1”和家乡修桥铺路捐款等，累计捐款100多万元。吸收精准扶贫户、低收入困难群众、下岗职工等上百人就业。

戴继成

戴继成，男，汉族，1970年7月出生，仙游鲤城街道南桥社区人，高级经济师，福建省海安橡胶有限公司总经理，曾任福建省湄洲湾职业技术学院客座教授、福建工程学院特聘兼职项目研究员。2020年3月，入选莆田市“壶兰英才”人才计划；4月，获得福建省五一劳动奖章；9月，获得福建省第十八届优秀企业家称号；12月，入选莆田市“壶兰英才”高级经营人才。

戴继成负责福建省海安橡胶有限公司（简称“海安公司”）业务战略规划、经济指标制定，并组织实施。2009年以来，他坚持业务拓展工作在一线，和业务团队一起开发市场，掌握最新业务信息和行业发展方向，优化海安公司业务管理，建立完善的经济数据分析系统，为新纪元海安公司开创中国全钢巨型子午线轮胎产业化进程做出突出贡献。海安公司先后被评为“国家级高新技术企业”“战略新兴骨干企业”和“福建省百家重点工业企业”，并获得工信部授予的“工业企业品牌竞争力百强企业”及“国家级服务型制造示范企业”荣誉。

戴继成坚持以市场发展为导向，以提升企业竞争力为中心，提出工程轮胎的增值模式，提出“服务创造价值”理论。“轮胎离开工厂，工作才刚刚开始”，体现海安公司的产品与商业模式有机结合，基于为合作伙伴创造价值理念。如何打破全球矿用工程轮胎市场被国际三大品牌垄断局面，拓展市场渠道，经营模式创新是关键。作为市场拓展业务模式的研究者，从零开始，寻找行业内的业务精英人才组建市场拓展团队，并亲赴全球各地与各大矿业公司开展业务攻坚。先后与澳大利亚、美国、英国、俄罗斯等国家的矿业公司建立长期合作关系。坚持售后服务贴近用户现场，组建一支拥有多年行业经验的售后服务团队长期驻点矿山。随着产品质量不断提升，凭借完善的售后服务体系，在业务拓展团队的努力下，公司与多家大型矿业公司建立战略合作关系、签订长期供货合同，国内外客商纷至沓来。坚持创新业务，在全球范围内建立业务体系，与国内 20 多个矿业集团开展“工程轮胎消耗费用定额承包一条龙服务”，通过产品与服务有机结合，迅速扩大海安公司的市场占有率，其中 57″ 巨型工程子午胎系列产品占据国内巨型工程子午胎市场半壁江山，并出口到美国、澳大利亚、俄罗斯、印尼、巴西、智利、印度等 50 多个国家，实现中国全钢巨胎出口零的突破，迅速成为国际巨型工程轮胎的主要供应商。

戴继成坚持理论创新、管理创新、理念突破，提炼优化海安公司的业务模式，提出“OTR-RFS（OTR Risk Free Solution，OTR 轮胎零风险解决方案”商业模式，并亲自拟写计划，为海安公司全球化的业务模式奠定理论基础。根据新业务理论，依托“一带一路”沿线国家的发展制定海安公司的经营发展目标，他亲自带领团队，奔赴目标区域拓展业务，建立业务示范区域，开展海外业务战略部署，并依托相关的示范区域完善公司的经营指标设定。2017 年、2019 年，海安公司依托以实践调研的业务成功模式，分别在蒙古国及塞尔维亚等国家设立全资子公司，实现海安公司产品输出、服务输出、标准输出，开启拓展全球市场新局面。

戴继成坚持做到学习工作两不误，注重通过学习交流，更新知识结构、提升完善自己。先后到北京橡胶研究设计院、厦门大学、清华大学、中国社会科学院研究生院税务硕士教育中心等院校进修学习研讨，开阔视野，为海安公司战略发展提供支持。他注重总结和归纳自己的经营思路和管理理念，与大家分享交流，先后在国家重点刊物上发表多篇论文，丰富海安公司的管理理论，为企业制定经营发展战略提供清晰的方向思路和立足于实践的研究基础。

王国金

王国金，女，1940 年 2 月出生，仙游赖店镇留仙村人，中共党员。中国戏剧家协会会员，福建省戏剧家协会常务理事，福建省非物质文化遗产传承人。曾任仙游鲤声剧团副团长，退休后曾受聘福建省艺校莆仙戏分校任教。

自从十四岁王国金到鲤声剧团探望胞姐，被陈仁鉴挖掘她的艺术潜质，从此踏入莆仙戏艺术表演大门。王国金先后拜陈金兰、朱石凤为师，她对艺术悟性很高，且勤学苦练，不到两年便艺压群芳。1957 年，参加文化部在上海举办的戏曲演员讲习会，在半年的学习期间，与戏剧界名流红线女、严凤英、袁雪芬等结识，促膝谈艺，演艺大增。期间，她作莆仙戏剧目《百花亭》旦角“艺术标本”演出，博得行家好评，引起剧坛瞩目。五十年代至六十年代中期，王国金正值豆蔻年华，勇挑大梁，成为鲤声剧团的台柱，几乎成为所有重点剧目的主演。如《莲花庵》《谢瑶环》《访友》《夫妻红》《洪湖赤卫队》《江姐》《龙江颂》等。特别是《团圆之后》《春草闯堂》，两个剧目入选中国十大悲剧和十大喜剧。《人民日报》、中央电视台等媒体作专题报道。莆仙戏走红大江南北，轰动京华，驰誉剧坛，蜚声海内外，成就莆仙戏的第一波辉煌。1959 年，王国金在国庆十周年晋京献礼剧目《团圆之后》中扮柳氏。1960 年，《团圆之后》被长春电影制片厂拍成舞台艺术片，王国金扮柳氏的剧照刊在《大众电影》封面。《春草闯堂》被全国 300 多个剧种移植，香港凤凰影业公司改为《假婿乘龙》电影。1979 年，再次晋京演出《春草闯堂》，她扮的相府小姐李半月仍受赞赏。

王国金属女中音，从自身条件出发，她在演唱技巧上下功夫。为此，她学习借鉴其他剧种的名家唱段，也向莆仙戏剧种妹丕学咬字、乌珠学韵致，揉各家之长为己所用。她认为，戏曲演员，唱与做不可偏废，不但要唱出声，更要唱出情；不仅做个动作演员、更要当个性格演员。要使观众听唱时听出人物性格，听出曲文理趣。她的唱腔委婉细腻，声甜腔润，感情丰富，个性鲜明，具有浓郁的传统韵味。1982 年，获得省地方剧种唱腔比赛一等奖。不少唱段被中国唱片社灌成唱片，发行全国。

退休后的王国金仍然致力于莆仙戏的推广传承事业。1998 年起，担任福建省艺校莆仙戏分校教练，为莆仙戏培育一大批接班人，其众多学生活跃于莆仙戏舞台，且成为骨干演员获奖无数。她热心于莆仙戏戏迷协会活动，深受戏迷的热爱敬重。

傅振文

傅振文，男，1974 年 10 月出生，仙游县赖店龙兴村人。中国美术家协会会员、中国工笔画学会会员、福建省美术家协会会员、福建省工笔画学会副秘书长、北京市海淀区美术家协会会员、莆田市美术家协会副秘书长、莆田市工笔画学会秘书长、莆田市画院画师、莆田市政协书画院画师、中华妈祖书画院特聘画家、仙游县美术家协会常务副秘书长、九鲤画院秘书长、李耕画院画师、仙游县新的社会阶层人士联谊会理事、政协第十三届仙游县委员会委员。2019 年 6 月，加入中国美术家协会。

2015 年，作品《假日》入选“重温经典”第二届娄东（太仓）全国中国画作品展（中国美术协会主办）；作品《清音图》入选“第六届福建艺术节”美术书法作品展（福建省美术家协会主办）；参加福建省工笔画协会“美丽乡愁”莆田写生展。2016 年，作品《清音图》获第四届福建省青年美术家提名展（福建省青年美协主办）；作品《松青鹤白东方红》参加“正青春·第二届福建省青年画院作品展”（福建省青年美协主办）；作品《云山相依度春秋》参加首届中国工笔画省际联盟优秀作品提名巡展（四川省文学艺术联合会主办）；作品《松青鹤白东方红》参加“青春献给党——纪念建党 95 周年”福建省青年画家优秀作品展（福建省青年美协主办）；作品《寻幽图》参加“见微知著”——湖南省首届小幅工笔画暨中国工笔画省际联盟小幅工笔画邀请展（长沙市文学艺术界联合会主办）；作品《松青鹤白东方红》参加“传承红色基因，共建巩固国防”全省美术书法篆刻大赛作品展二等奖（中共福建省委宣传部、福建省文化厅主办）；作品《云谷幽居》入选福建省第三届“意之大者”作品展（福建省美术家协会主办）；作品《云山相依度春秋》《秋山云起》参加“盛世气象”2016 厦门全国工笔画双年展——特邀名家展（厦门美术馆）；作品《暖风》获福建省第七届工笔画大展优秀奖（福建省美术家协会、福建省工笔画协会主办）。2017 年，作品《清音图》入选 2017 全球水墨大展（香港会议展览中心）；作品《松谷泉声》入选“我爱丹青”第三届全国展作品《厚土》获“写意中国·大美辽宁”第二届中国画水墨大展，入会资格作品（中国美术家协会主办）；作品《厚土·系列之二》获“八闽丹青”——福建省第二届美术书法双年展，金奖提名（福建省文学艺术界联合会、福建省美术家协会主办）；作品《松谷泉声》被三明美术馆收藏；作品《守望》入选“喜迎中共十九大翰墨抒法治共筑中国梦” 全省人大系统书画展（福建省人大常委书公厅、福建省美术家协会主办）。2018 年，作品《岁月静好》入选“意之大者——第四届福建省写意画大展”（福建省美术家协会主办）；作品《家园·系列之二》“意之大者——第五届福建省写意画大展”优秀奖（福建省美术家协会主办）；参加中国文联、中国美协文艺培训志愿服务项目——福建美术培训并结业；参加唐秀玲工作室暑期创作高研班（山东）并结业；作品《厚土·美丽家园》获第七届福建省艺术节庆祝改革开放 40 周年福建省美术书法作品展优秀奖（福建省文化和旅游厅主办）；作品《松声幽隐》入选“福建第八届工笔画展”（福建省美术家协会主办）；作品《鹭岛晨曲》入选 2018 厦门全国工笔画双年展（中国美术家协会主办）。2019 年，作品《理想从这里开始》入选第八届中国北京国际美术双年展（中国美术家协会主办）；作品《红色的土地》获“庆祝中华人民共和国成立 70 周年——福建省美术作品展暨第十三届全国美展福建省作品选拔展”优秀候选作品奖（福建省文学艺术界联合会、福建省美术家协会主办）；作品《岁月静好》入选“天翻地覆慨而慷——庆祝中华人民共和国成立70周年福建省人大系统书画展”（福建省美术家协会主办）；参加“风展红旗如画”百名画家画三明写生展（福建省三明美术家协会主办）。

2020年，作品《天佑中华》参加“同心勠力，共克时艰——北京双年展用爱一起抗”防疫线上展（北京双年展艺委会主办）；参加“文明三明·美丽梅列——中国画名家写生作品展”（福建省三明市）。作品《长亭晚风》参加“法治漳州——全国书画名家邀请展”（福建省漳州市）；作品《云山幽居》参加“盛世丹青·献礼华诞”福建省当代工笔画邀请展（福建省晋江博物馆）；作品《青山处处皆清凉》参加喜迎建党100周年“平安高新——中国画名家作品展”（福建省漳州市）。

叶新喜

叶新喜，男，1979年1月出生，仙游大济镇大济村人。中国美术家协会会员、中国工笔画学会会员、北京工笔重彩画会会员、福建省美术家协会会员、福建省美协新文艺群体艺委会委员、福建省工笔画学会会员、莆田画院特聘画家、莆田市政协书画院特聘画家、九鲤画院画师。2007—2015年，在家研习中国画与创作；2016年10月至2019年11月，在福建师大美术系进修学习，师从著名画家林宜耕教授学习工笔人物重彩画创作；2017年12月，在中国人民大学继续教育学院进修学习，师从著名画家唐秀玲；2019年3月，加入福建省美术家协会。2020年3月起，在仙游工笔画创作室从事工笔重彩画创作与研究。2020年7月，加入中国美术家协会。

2018年6月，作品《永恒的魅力》入选“水墨融情海丝梦”首届全国中国画作品展（中美协主办），并被福建省美术馆永久收藏；10月，作品《冬天里的温暖》入选“南粤之光·全国中国画作品展”（中美协主办）；11月，作品《童趣》获“2018厦门全国工笔画双年展”（中美协主办）入会资格，并被厦门美术馆收藏；12月，作品《春风花草香》入选“福建省第八届工笔画展”。2019年7月，作品《草长莺飞二月天》入选“庆祝新中国成立70周年暨第十三届全国美展福建省作品选拔展”；10月，作品《惠土之凡》获“首届湖南中国画双年展”（中美协主办）入会资格；11月，《草长莺飞二月天》入选“时代华彩——2019中国百家金陵画展”（中美协主办），并获收藏奖。2020年7月，作品《红妆》入选第三届“邮驿路运河情”全国美术作品展（中美协主办）；11月，作品《秋庭婴戏图》入选“第十一届全国工笔画作品展”（中美协主办）入会资格。

朱清强

朱清强，男，1984年3月出生，仙游枫亭镇海安村人，本科学历，一鼎（福建）生态园林建设有限公司总经理、高级工程师，共青团莆田市委办公室副主任（兼职）。福建省青年企业家协会理事、福建省风景园林行业协会副会长、莆田市青年创业促进会第二届理事会副会长兼秘书长、莆田市青联委员、莆田市荔城区青年企业家协会监事长。2020年4月，被授予“福建省五一劳动奖章”；5月，被授予第十七届“福建青年五四奖章”。

2011年，朱清强白手起家，选择园林绿化行业。秉持着精益求精的精神，每一个园林项目他都亲自参与督导、管控施工全过程。要求全司上下将“抓安全、保质量、保进度、树形象、控成本”作为工作标杆。在项目施工过程中，执行“上道工序不合格，下道工序不施工”的准则，控制每道工序质量。为确保安全施工，推行“制度到位、宣传到位、落实到位”的管理要求，对每一个施工项目，都亲自下工地巡查，确保安全保障措施落实到位。正是有这样的工作精神，朱清强煅造出一支优秀的团队；也正因为这样，一鼎园林每一个项目的实施，在每一个环节都得到最合理科学的控制，打造出一个又一个精品工程。

2011年以来，一鼎（福建）生态园林建设公司累计完成产值约7亿元，纳税5000多万元。2018—2020年连续三年被莆田市委、市政府授予“纳税大户”称号；截至2020年，公司累计申请专利27项，获得著作权9项；2020年12月，公司获评“国家高新技术企业”。2017年11月，武汉正荣府项目获得“园冶杯金奖”；莆田正荣木兰紫阙项目获得“园冶杯铜奖”；获得“园冶杯优秀工程承包商”。获得“2016年度福建省‘闽江杯’园林景观优质工程奖”；获得“第二届市政杯优秀组织奖”。2018年，获得“第十三届金盘奖”；12月，获得“华南地区年度最佳预售楼盘”。2019年、2020年，施工的项目分别获“2018年度正荣地产‘品质标杆’”“2019年度正荣地产集团优秀奖”；2020年11月，获得“中国风景园林学会科学技术奖（园林工程奖）铜奖”。

朱清强常说“喝水不忘记挖井人”“青春既要在奋斗中闪光，更要在奉献中升华”，事业前进，他也一刻没忘回报社会。他先后捐款100多万元，用于扶贫济困、帮扶助学、关爱留守儿童、关爱残疾儿童、帮助受灾蔗农等等；出资承办“爱在木兰溪”公益夏令营活动、“青春扶贫、爱心白洋”“创城筑梦爱花护绿”万盆市花送市民活动；参与第五届世界佛教论坛园林绿化志愿服务工作，受到莆田市委、市政府表扬肯定；参与“莫兰蒂”台风厦门抢险救灾，受到厦门市委、市政府表彰；在抗“疫”期间，他带头发动捐款，号召青年企业家们，为抗“疫”募捐物资，先后前往莆田学院附属医院等医院，为抗“疫”逆行者送去暖心关怀。

伊志钢

伊志钢，男，1978年2月出生，仙游鲤城街道十字社区人，大专学历。1995年7月，参加工作，先后担任仙游公交公司的乘务员、助理会计；2002年1月至2008年3月，任仙游县第二建筑有限公司技术员；2008年3月至2015年5月，任仙游大唐服饰、大唐餐饮有限公司业务员。2015年5月起，任仙游县银瑞网络技术有限公司业务员；2018年，创办莆田市香田园电子商务有限公司，担任销售经理；2019年5月，任仙游县银瑞网络技术有限公司工会主席。2007年，被评为“莆田市建设系统先进工作者”；2020年4月，被评为福建省五一劳动奖章。

伊志钢注重学习电子商务和企业管理知识，勤于思考，勇于创新，打造电子商务的品牌。2015年起，他以聪颖的智慧，敏锐的眼光，顺应时代发展，代理仙游美团外卖和创办电子商务有限公司，拓宽经营渠道，扩大企业规模，解决一大批百姓就业，推动乡村经济发展，为仙游县的经济发展作出贡献。

2015年，全国各大城市都掀起点外卖的热潮，伊志钢敏感地嗅到这一商机。他奔赴福州、厦门考察，觉得美团外卖的消费不贵，仙游县的消费群体多，如果用户体验度好，重复消费频率就高。他下定决心，创办仙游县银瑞网络技术有限公司（主营美团外卖），利用App平台，建立送餐队伍，采取App接单、骑手配送的运营模式，开启外卖服务业务，拥有员工400多人。仙游公司服务餐饮商家1000多家，日均商家营业额45万元，2020年实现美团外卖商家增收1.2亿元，服务消费群体15多万人，解决大批劳动力就业，方便消费群体。2020年，公司打造更多网点，服务更多百姓，提升更高效率，以百姓需求这一市场为导向，以优惠的价格，优良的品质，诚心服务顾客，扩大外卖规模，员工增加到600人以上，让商家实现更高的营业增收。

美团外卖的成功，为企业的发展奠定基础。2018年，伊志钢发现仙游的蔬菜水果基地的农产品和海产品的品质好、销售困难的现象，萌发新发展思路：运用电商平台，把这些绿色产品销售医院、学校、餐饮等。

2018年，伊志钢负责创办莆田市香田园电子商务有限公司，担任销售经理。建立农产品+平台的运营模式，对全县蔬菜水果基地的农产品和海产品，通过检验检测后，配送到学校、医院、餐饮业等单位，保证农产品质量，解决农产品销路难的问题。2020年底，公司拥有员工53人，与全县40多家农产品生产基地合作，服务150多家单位和一大批消费群体。是年7月，公司采用纯线上运营，前置仓配送模式，运营仙游首家线上“美菜超市”，以生鲜产品为主打，兼顾粮油米面、家居日用等全品类产品，为老百姓提供手机下单、快捷配送到家的购物服务。新冠肺炎疫情防控期间，超市推出24小时营业，开启无接触配送模式，为居家百姓提供买药、买生活用品等各种服务，日配送订单5000多单，解决老百姓足不出户的购物需求。

荣誉榜

2020 年仙游县获市级及以上表彰先进单位（集体）一览表

表 10

单位名称	荣誉称号	授奖单位	授予时间
县法院家事少年审判庭	全国法院先进集体	最高人民法院	2020 年 1 月
县统计局	第四次全国经济普查先进集体	国务院第四次全国经济普查领导小组	2020 年 1 月
县农业农村局	2019 年度全省农业农村系统绩效评估优秀单位	省农业农村厅	2020 年 1 月
县农商行	2019 年度纳税大户	市委、市政府	2020 年 1 月
县林业局	2014—2019 年度全省林业系统先进集体	省人社厅、省林业局	2020 年 1 月
县委文明办	2019 年度组织开展“我推荐我评议身边好人”活动组织奖	省委文明办	2020 年 1 月
度尾司法所	全国模范司法所	司法部	2020 年 2 月
度尾剑山村人民调解委员会	全省人民调解先进集体	省司法厅	2020 年 2 月
县交通运输局	2016—2019 年度全省交通运输系统先进集体	省人社厅、省交通运输厅	2020 年 2 月
中国人寿仙游县支公司	2019 年度“五好公司”创建活动综合性公司铜奖	中国人寿福建省分公司	2020 年 2 月
县农商行	福建农信 2019 年度经营管理十强	省农村信用联社	2020 年 3 月
钟山朗桥村	福建省第三批省级传统村落	省住建厅	2020 年 3 月
钟山西林村西林自然村	福建省第三批省级传统村落	省住建厅	2020 年 3 月
榜头镇人民政府	福建省第四次全国经济普查先进集体	福建省第四次全国经济普查领导小组	2020 年 4 月
县总医院	2019 年度福建省“安康杯”竞赛先进单位	省总工会、省应急管理厅	2020 年 4 月
县妇幼保健院	2019 年度福建省“安康杯”竞赛先进单位	省总工会、省应急管理厅	2020 年 4 月
郊尾镇人民政府	2018—2019 年省级劳动关系和谐乡镇	省人社厅	2020 年 4 月
中国人寿仙游县支公司	县域“双百强”单位（2019 年度）	中国人寿总公司	2020 年 4 月
县公安局	2019 年度全省公安机关执法质量优秀单位	省公安厅	2020 年 4 月
仙游移动公司	福建省“安康杯”竞赛先进单位	省总工会	2020 年 4 月
中国人寿仙游县支公司	2020 年一季度执行力考核优胜单位	中国人寿福建省分公司	2020 年 4 月
龙华镇金山村团支部	2019 年度“福建省五四红旗共青团”	团省委	2020 年 5 月
度尾文旦柚	国家农产品地理标志	农业农村部	2020 年 5 月
金沙薏米	国家农产品地理标志	农业农村部	2020 年 5 月
社硎白洋村	第一批国家森林乡村	国家林业和草原局	2020 年 5 月
龙华金溪村	第一批国家森林乡村	国家林业和草原局	2020 年 5 月
龙华貂峰村	第一批国家森林乡村	国家林业和草原局	2020 年 5 月
石苍济川村	第二批国家森林乡村	国家林业和草原局	2020 年 5 月
书峰兰石村	第二批国家森林乡村	国家林业和草原局	2020 年 5 月
游洋兴山村	第二批国家森林乡村	国家林业和草原局	2020 年 5 月

续表 10

单位名称	荣誉称号	授奖单位	授予时间
钟山朗桥村	第二批国家森林乡村	国家林业和草原局	2020 年 5 月
三福文化产业基地	第一批省级工业旅游示范基地	省文旅厅	2020 年 5 月
台湾农民创业园	2019 年度全国台湾农民创业园发展建设第三方评价“优秀”等次	农业农村部办公厅、国务院台湾事务办公室秘书局	2020 年 5 月
建行仙游支行	2020 年个人业务旺季营销代理对私保险销售十佳网点	建设银行福建省分行	2020 年 5 月
建行仙游支行	中收优胜奖	建设银行福建省分行	2020 年 5 月
仙游县医患纠纷人民调解委员会庆元调解工作室	省级金牌调解工作室	省委政法委、省司法厅	2020 年 5 月
中国人寿仙游县支公司	2019 年度总公司“标杆党支部”	中共中国人寿总公司委员会	2020 年 6 月
仙游经济开发区	福建省第三批绿色园区	省工信厅	2020 年 6 月
仙游县	2019 年度县级财政管理绩效评价全省第三名	省财政厅	2020 年 6 月
县教育局	第二十七届全国青少年爱国主义读书教育活动组织优秀奖	全国青少年爱国主义读书教育活动组织委员会	2020 年 6 月
建行仙游支行	网点卓越奖	建设银行福建省分行	2020 年 6 月
中国人寿仙游县支公司	2019 年度总公司“标杆党支部”	中国人寿总公司	2020 年 6 月
县供销联社	2019 年度百强县级社	中华全国供销合作总社	2020 年 6 月
游洋兴山村	2019 年度“全国生态文化村”	中国生态文化协会	2020 年 7 月
仙游农信社	2019 全国农村金融普惠性新闻·机构	中华合作时报	2020 年 7 月
钟山镇	省级乡村治理示范乡镇	省农村工作领导小组办公室	2020 年 7 月
仙游县	中央财政产粮（油）大县	财政部	2020 年 7 月
仙游县	中国技能大赛——轻工大赛突出贡献奖	中国轻工业联合会	2020 年 7 月
县委报道组	2019 年度十佳报道组	福建日报社	2020 年 8 月
县委党校（行政学校）	全省党校（行政学院）系统先进集体	省人社厅、省委党校、福建行政学院	2020 年 8 月
仙游一中	全国青少年校园篮球特色学校	教育部	2020 月 9 月
县税务局	作品《税收助力中华民族伟大复兴》获得优秀奖	国家广电总局、国家税务总局	2020 年 9 月
县生态环境局	第二次全国污染源普查表现突出的集体	国务院第二次全国污染源普查领导小组办公室	2020 年 9 月
国网仙游县供电公司	福建省第五届红十字应急救护大赛三等奖	省红十字会、省卫健委、省总工会	2020 年 9 月
莆田市协诚鞋业有限公司	福建省五一劳动奖状	省总工会	2020 年 10 月
国网仙游县供电公司龙华供电所	福建省工人先锋号	省总工会	2020 年 10 月
仙游农商银行鲤城支行	福建省工人先锋号	省总工会	2020 年 10 月
仙游农商银行	全省农信系统 2020 年财会业务技能竞赛——“人民币知识技能竞赛”三等奖	省农信联社	2020 年 10 月
仙游工艺产业园	福建省文化产业重点园区	省文化改革发展工作领导小组	2020 年 10 月
仙游县	全国农村承包地确权登记颁证工作典型地区	中央农办、农业农村部	2020 年 10 月

续表 10

单位名称	荣誉称号	授奖单位	授予时间
县人民法院	全国法院第七届微电影微视频金法槌奖评选活动百优微视频奖	人民法院新闻传媒总社、中华全国法制新闻协会，最高人民法院政治部、新闻局、执行局、影视中心，中央广播电视总台《今日说法》	2020 年 10 月
县检察院	2020 年度全国检察宣传先进单位	最高人民检察院、检察日报社	2020 年 10 月
县生态环境局	第二次全国污染源普查表现突出的集体	国务院第二次全国污染源普查领导小组办公室	2020 年 10 月
仙游县	优秀组织奖	中国轻工业联合会、中国家具协会、中国就业培训技术指导中心、中国财贸轻纺烟草工会	2020 年 11 月
福建省古典工艺家具协会	优秀组织奖	中国轻工业联合会、中国家具协会、中国就业培训技术指导中心、中国财贸轻纺烟草工会	2020 年 11 月
仙游县	福建省全域生态旅游示范县（市、区）	省文旅厅	2020 年 11 月
大济尾坂村	第六届全国文明村镇	中央文明办	2020 年 11 月
龙华金溪村	第六届全国文明村镇	中央文明办	2020 年 11 月
县烟草局	第六届全国文明单位	中央文明办	2020 年 11 月
林洪英家庭	第二届全国文明家庭	中央文明办	2020 年 11 月
仙游县	《木之韵》获节目第十四届福建省音乐舞蹈节舞蹈类二等奖	省文旅厅	2020 年 11 月
仙游县	《凯歌高奏·得胜令》获第十四届福建省音乐舞蹈节舞蹈类三等奖	省文旅厅	2020 年 11 月
度尾中学	福建省二级达标高中	省教育厅	2020 年 11 月
私立一中	福建省二级达标高中	省教育厅	2020 年 11 月
现代中学	福建省二级达标高中	省教育厅	2020 年 11 月
大济中学	福建省三级达标高中	省教育厅	2020 年 11 月
龙华中学	福建省三级达标高中	省教育厅	2020 年 11 月
石苍济川村	2020 中国最美村镇”治理有效成就奖	中国最美村镇评选活动组委会	2020 年 11 月
县卫健局	福建省抗击新冠肺炎疫情先进集体	省委、省政府	2020 年 11 月
度尾镇中心卫生院	福建省‘优质服务基层行活动’推荐标准达标基层医疗卫生机构	省卫健委	2020 年 11 月
赖店镇	2019 年度省级“侨胞之家”示范点单位	省侨联	2020 年 11 月
大济镇	福建省抗击新冠肺炎疫情先进集体	省委、省政府	2020 年 11 月
仙游职业中专学校	福建省中等职业学校体育先进单位	福建省中等职业教育体育协会	2020 年 11 月
大济镇党委	全省先进基层党组织	省委	2020 年 11 月
县农业农村局	全国农业综合行政执法示范单位	农业农村部	2020 年 11 月
县公安局	全省公安机关“猎狐 2019”专项行动成绩突出集体	省公安厅	2020 年 11 月

续表 10

单位名称	荣誉称号	授奖单位	授予时间
县司法局	2020 年度全国组织宣传人民调解工作先进集体	全国人民调解员协会	2020 年 12 月
钟山朗桥村	2020 年福建省美丽休闲乡村	省农业农村厅	2020 年 12 月
书峰兰石村	2020 年福建省美丽休闲乡村	省农业农村厅	2020 年 12 月
西苑凤山村	2020 年福建省美丽休闲乡村	省农业农村厅	2020 年 12 月
县疾控中心	全国农村饮用水卫生监测 10 年工作突出先进单位	中国疾控中心	2020 年 12 月
县公安局经侦大队	2019 年度查处重大侵权盗版案件“有功单位”	国家版权局	2020 年 12 月
钟山镇	全省农村创业创新园区（基地）	省农业农村厅	2020 年 12 月
钟山镇东溪村	2020 年度省级“一村一品”示范村	省农业农村厅	2020 年 12 月
县地震办	2020 年度全省县级防震减灾工作 先进单位	省地震局	2020 年 12 月
仙游一中	福建省体育道德风尚奖	省教育厅	2020 年 12 月
李元权 林碧兰家庭	第十二届全国五好家庭	全国妇联	2020 年 12 月
朱　晖 欧德芹家庭	第十二届福建省五好家庭	省妇联	2020 年 12 月
刘建庭 洪美玉家庭	福建省　“最美家庭”	省妇联	2020 年 12 月
陈宝林 姚婷婷家庭	福建省　“最美家庭”	省妇联	2020 年 12 月
县农业农村局	全省农业农村系统先进集体	省人社厅、省农业农村厅	2020 年 12 月
仙游县	省级节水型社会建设达标县	省水利厅	2020 年 12 月
仙游县	全国首家大面积停电事件应急体系建设示范县	省工信厅	2020 年 12 月
国家统计局仙游调查队	全省调查队系统 2020 年 专业业务工作考核优秀等次	国家统计局 福建调查总队	2020 年 12 月
仙游广播电视台	2020 年度全省融媒体新闻协作先进集体	省广播影视集团	2020 年 12 月
县民宗局	2020 年度全省民族宗教系统信息 宣传先进工作单位	省民宗厅	2020 年 12 月
县委统战部	2016—2019 年度全省统战系统先进集体	省委统战部、省人社厅	2020 年 12 月
县交通局	2016—2019 年度全省交通运输系统先进集体	省人社厅、省交通运输厅	2020 年 12 月
县委宣传部	2020 年度全省宣传系统先进集体	省委宣传部、省人社厅	2020 年 12 月
仙游广播电视台	2029 年度全省融媒体新闻协作先进县级台	福建省广播影视集团	2020 年 12 月

2020 年仙游县获市级及以上表彰先进个人一览表

表 11

姓名	工作单位	荣誉称号	授奖单位	授予时间
郭林臻	榜头镇光埔村	武警部队“标兵教练员”	中国人民武装警察部队	2020 年 1 月
郑新潮	县法院	全省法院“基本解决执行难” 工作成绩突出个人	省高级人民法院	2020 年 2 月
黄萍萍	县总医院	抗疫工作先进个人	武汉市金银潭医院、 福建省首批援鄂医疗队	2020 年 3 月
黄萍萍	县总医院	新时代“最美逆行者”	湖北省委、省政府	2020 年 4 月
代德文	县统计局	福建省第四次全国经济普查 先进个人	福建省第四次全国经济普查 领导小组办公室	2020 年 4 月

续表 11

姓名	工作单位	荣誉称号	授奖单位	授予时间
傅桂华	县统计局	福建省第四次全国经济普查先进个人	福建省第四次全国经济普查领导小组办公室	2020 年 4 月
张建庚	盖尾镇	福建省第四次全国经济普查先进个人	福建省第四次全国经济普查领导小组办公室	2020 年 4 月
郑雪梅	团县委	2019 年度“福建省优秀共青团干部”	团省委	2020 年 5 月
黄萍萍	县总医院	福建省“最美护士”	省教科文卫体工会工委、省护理学会	2020 年 5 月
刘慕媛	莆田市汉和文化传播公司	2020 年抗疫专项福建省三八红旗手	省妇联	2020 年 5 月
李振杰	县卫健局	抗疫最美家庭	省妇联、卫健委	2020 年 5 月
林良彬	县卫健局	抗疫最美家庭	省妇联、卫健委	2020 年 5 月
陈志爱	县疾控中心	抗疫最美家庭	省妇联、卫健委	2020 年 5 月
罗建清	县疾控中心	抗疫最美家庭	省妇联、卫健委	2020 年 5 月
黄友锦	县疾控中心	抗疫最美家庭	省妇联、卫健委	2020 年 5 月
傅正和	县疾控中心	抗疫最美家庭	省妇联、卫健委	2020 年 5 月
张林寅	县疾控中心	抗疫最美家庭	省妇联、卫健委	2020 年 5 月
林志敏	县卫生计生监督所	抗疫最美家庭	省妇联、卫健委	2020 年 5 月
陈　敏	县卫生计生监督所	抗疫最美家庭	省妇联、卫健委	2020 年 5 月
黄萍萍	县总医院	抗疫最美家庭	省妇联、卫健委	2020 年 5 月
吴颂希	县总医院	抗疫最美家庭	省妇联、卫健委	2020 年 5 月
杨锦炼	县总医院	抗疫最美家庭	省妇联、卫健委	2020 年 5 月
李　雄	县总医院	抗疫最美家庭	省妇联、卫健委	2020 年 5 月
王银灶	县总医院	抗疫最美家庭	省妇联、卫健委	2020 年 5 月
陈必忠	县总医院	抗疫最美家庭	省妇联、卫健委	2020 年 5 月
吴春斌	县总医院	抗疫最美家庭	省妇联、卫健委	2020 年 5 月
陈朝雄	县总医院	抗疫最美家庭	省妇联、卫健委	2020 年 5 月
杨　跃	县总医院	抗疫最美家庭	省妇联、卫健委	2020 年 5 月
杨伟群	县总医院	抗疫最美家庭	省妇联、卫健委	2020 年 5 月
陈淑琴	县总医院	抗疫最美家庭	省妇联、卫健委	2020 年 5 月
余志贞	县总医院	抗疫最美家庭	省妇联、卫健委	2020 年 5 月
郑晓丽	县妇幼保健院	抗疫最美家庭	省妇联、卫健委	2020 年 5 月
余陈颖	县妇幼保健院	抗疫最美家庭	省妇联、卫健委	2020 年 5 月
杨丽琴	大济镇卫生院	抗疫最美家庭	省妇联、卫健委	2020 年 5 月
朱莉群	大济镇卫生院	抗疫最美家庭	省妇联、卫健委	2020 年 5 月
陈小龙	盖尾镇卫生院	抗疫最美家庭	省妇联、卫健委	2020 年 5 月
谢历贞	盖尾镇卫生院	抗疫最美家庭	省妇联、卫健委	2020 年 5 月
吴碧兰	枫亭镇中心卫生院	抗疫最美家庭	省妇联、卫健委	2020 年 5 月
周建华	枫亭镇中心卫生院	抗疫最美家庭	省妇联、卫健委	2020 年 5 月
陈智敏	鲤南镇卫生院	抗疫最美家庭	省妇联、卫健委	2020 年 5 月

续表 11

姓名	工作单位	荣誉称号	授奖单位	授予时间
周　蓉	郊尾镇卫生院	抗疫最美家庭	省妇联、卫健委	2020 年 5 月
林飞育	鲤城社区卫生服务中心	抗疫最美家庭	省妇联、卫健委	2020 年 5 月
陈国静	榜头镇中心卫生院	抗疫最美家庭	省妇联、卫健委	2020 年 5 月
陈志明	度尾镇中心卫生院	抗疫最美家庭	省妇联、卫健委	2020 年 5 月
陈吓妹	莆田人民医院	抗疫最美家庭	省妇联、卫健委	2020 年 5 月
余志鹏	县检察院	检察荣誉勋章	最高人民检察院	2020 年 5 月
李　莉	城西中心小学	2020 年福建省小学语文诵读活动最佳诵读指导教师	省教育学会小学语文教学委员会	2020 年 7 月
詹丽贞	城西中心小学	2020 年福建省小学语文诵读活动最佳诵读指导教师	省教育学会小学语文教学委员会	2020 年 7 月
戴国新	华侨中学	优秀支教教师	宁夏回族自治区教育厅	2020 年 7 月
李　莉	城西中心小学	2020 年福建省小学语文诵读活动最佳诵读指导教师	省教育学会小学语文教学委员会	2020 年 7 月
曾俊龙	县检察院	2019 年全国检察宣传先进个人	检察日报社	2020 年 7 月
郑志忠	县委报道组	福建日报 2019 年度优秀通讯员	福建日报社	2020 年 8 月
陈国孟	县委报道组	福建日报 2019 年度优秀通讯员	福建日报社	2020 年 8 月
吴　凡	县公安局	刑事技术破案会战优秀刑事技术民警	公安部	2020 年 8 月
傅盛晟	县公安局	刑事技术破案会战优秀刑事技术民警	公安部	2020 年 8 月
杨锦炼	县总医院	福建省 2020 年“最美医师”	省委宣传部、省卫健委、省总工会	2020 年 8 月
郑新岳	福建大老古食品有限公司	福建好人榜“助人为乐”	省委文明办	2020 年 9 月
郑建仙	城区征管所	福建好人榜“助人为乐”	省委文明办	2020 年 9 月
陈素林	仙游一中	福建省优秀教师	省人社厅、教育厅	2020 年 9 月
邱金伟	第四道德中学	福建省优秀教师	省人社厅、教育厅	2020 年 9 月
郑国强	华侨职业中专学校	福建省优秀教师	省人社厅、教育厅	2020 年 9 月
薛陈妍	第二实验幼儿园	福建省优秀教师	省人社厅、教育厅	2020 年 9 月
薛丽锋	枫亭和平小学	福建省优秀教师	省人社厅 、教育厅	2020 年 9 月
王育群	金石中学	福建省优秀教师	省人社厅 、教育厅	2020 年 9 月
朱丽仙	仙游二中	福建省优秀教师	省人社厅 、教育厅	2020 年 9 月
郑丽芳	枫亭中心小学	福建省优秀教师	省人社厅 、教育厅	2020 年 9 月
黄爱丽	县实验小学	福建省优秀教师	省人社厅 、教育厅	2020 年 9 月
谢丽群	鲤南东山小学	福建省优秀教师	省人社厅 、教育厅	2020 年 9 月
郑秀林	赖店中心小学	福建省优秀教师	省人社厅 、教育厅	2020 年 9 月
谢艳莉	城西中心小学	福建省优秀教师	省人社厅、教育厅	2020 年 9 月
黄李炮	华侨中学	福建省优秀教师	省人社厅、教育厅	2020 年 9 月
肖晋渠	蜚山第一小学	福建省优秀教育工作者	省教育厅	2020 年 9 月
钟良玉	大济中学	莆田市优秀教师	市政府	2020 年 9 月
戴继成	福建省海安橡胶有限公司	福建省五一劳动奖章	省总工会	2020 年 10 月

续表 11

姓名	工作单位	荣誉称号	授奖单位	授予时间
伊志刚	仙游县银瑞网络技术有限公司	福建省五一劳动奖章	省总工会	2020 年 10 月
朱清强	一鼎（福建）生态园林建设有限公司	福建省五一劳动奖章	省总工会	2020 年 10 月
黄萍萍	县总医院	2020 年抗疫专项福建省五一劳动奖章	省总工会	2020 年 10 月
黄正毅	县政府办	第二次全国污染源普查表现突出的个人	国务院第二次全国污染源普查领导小组办公室	2020 年 10 月
陈仁山	市仙游生态环保局	第二次全国污染源普查表现突出的个人	国务院第二次全国污染源普查领导小组办公室	2020 年 10 月
张毓靖	市仙游生态环保局	第二次全国污染源普查表现突出的个人	国务院第二次全国污染源普查领导小组办公室	2020 年 10 月
林　敏	市仙游生态环保局	第二次全国污染源普查表现突出的个人	国务院第二次全国污染源普查领导小组办公室	2020 年 10 月
李育林	县教育局	福建省第二十七届青少年爱国主义读书教育活动“优秀组织者奖”	福建省青少年爱国主义读书教育活动组委会	2020 年 10 月
徐元宝	度尾镇书潭珍藏坊名木艺品厂	全国劳动模范	中华全国总工会	2020 年 11 月
黄　杰	县工艺办	优秀个人	中国轻工业联合会、中国家具协会、中国就业培训技术指导中心、中国财贸轻纺烟草工会	2020 年 11 月
杨　旭	县工艺办	优秀个人	中国轻工业联合会、中国家具协会、中国就业培训技术指导中心、中国财贸轻纺烟草工会	2020 年 11 月
杨金武	福建省古典工艺家具协会	优秀个人	中国轻工业联合会、中国家具协会、中国就业培训技术指导中心、中国财贸轻纺烟草工会	2020 年 11 月
林国平	怀古公司	2020 年全国行业职业技能竞赛——第四届全国家具职业技能竞赛铜奖	中国轻工业联合会、中国家具协会、中国就业培训技术指导中心、中国财贸轻纺烟草工会	2020 年 11 月
郑文渊	龙虎山公司	2020 年全国行业职业技能竞赛——第四届全国家具职业技能竞赛工艺之星——优秀奖	中国轻工业联合会、中国家具协会、中国就业培训技术指导中心、中国财贸轻纺烟草工会	2020 年 11 月
陈金国	龙虎山公司	2020 年全国行业职业技能竞赛——第四届全国家具职业技能竞赛工艺之星——优秀奖	中国轻工业联合会、中国家具协会、中国就业培训技术指导中心、中国财贸轻纺烟草工会	2020 年 11 月
郁林全	鲁艺公司	2020 年全国行业职业技能竞赛——第四届全国家具职业技能竞赛工艺之星——优秀奖	中国轻工业联合会、中国家具协会、中国就业培训技术指导中心、中国财贸轻纺烟草工会	2020 年 11 月
傅玉坤	琚宝公司	2020 年全国行业职业技能竞赛——第四届全国家具职业技能竞赛工艺之星——优秀奖	中国轻工业联合会、中国家具协会、中国就业培训技术指导中心、中国财贸轻纺烟草工会	2020 年 11 月

续表 11

姓名	工作单位	荣誉称号	授奖单位	授予时间
吴云生	思鹭公司	2020 年全国行业职业技能竞赛——第四届全国家具职业技能竞赛工匠之星奖	中国轻工业联合会、中国家具协会、中国就业培训技术指导中心、中国财贸轻纺烟草工会	2020 年 11 月
黄萍萍	县总医院	福建省“五一劳动奖章”	省总工会	2020 年 11 月
林怀玉	县总医院	福建省抗击新冠肺炎疫情先进个人	省委、省政府	2020 年 11 月
茅水仙	大济镇卫生院	福建省抗击新冠肺炎疫情先进个人	省委、省政府	2020 年 11 月
郑郁展	仙游职业中专学校	福建省中等职业学校体育先进个人	福建省中等职业教育体育协会	2020 年 11 月
陈宝林 叶　超	县法院	关于“发挥职能作用，推进市域社会治理现代化服务保障莆田高质量法治超越”主题征文活动一等奖	市委	2020 年 11 月
林晓霞	县法院	关于“发挥职能作用，推进市域社会治理现代化服务保障莆田高质量法治超越”主题征文活动二等奖	市委	2020 年 11 月
林晓霞 叶　超 黄林静	县法院	关于“发挥职能作用，推进市域社会治理现代化服务保障莆田高质量法治超越”主题征文活动三等奖	市委	2020 年 11 月
蔡龙兵	县检察院	2020 年全国检察宣传先进个人	检察日报社	2020 年 11 月
林庆元	仙游县医患纠纷人民调解委员会	2018-2019 年度全国平安医院工作表现突出个人	国家卫健委、 中央政法委、最高人民法院、最高人民检察院、公安部、民政部、司法部、国家市场监督管理总局、中国银保监会、国家中医药管理局	2020 年 11 月
史伯洪	县农业农村局	2020 年全国县域数字农业农村发展水平评价工作先进个人	农业农村部信息中心	2020 年 11 月
张　静	郊尾镇	全省宣传系统先进工作者	省委宣传部、省人社厅	2020 年 12 月
蒋锋隆	钟山镇南兴村	莆田市劳动模范	市委、市政府	2020 年 12 月
陈建红	县法院	莆田市劳动模范	市委、市政府	2020 年 12 月
林怡凡	第三实验小学	福建省 2020 年“一师一优课、一课一名师”优质课	省教育厅	2020 年 12 月
林娜娟	鲤南中心小学	福建省优秀少先队辅导员	团省委、省教育厅、省少工委	2020 年 12 月
曾俊龙	县检察院	2020 年度优秀通讯员	方圆杂志社	2020 年 12 月
王志彬	县交通局	2016—2019 年度全省交通运输系统先进工作者	省人社厅、省交通运输厅	2020 年 12 月
魏志东	县供销联社	全国供销系统抗击新冠肺炎疫情先进个人	中华全国供销合作总社	2020 年 12 月
陈建明	县供销联社农资公司	红背篓精神传承奖	中华合作时报、中华合作总社信息中心、中华合作总社声像中心	2020 年 12 月
陈开桐	县民宗局	2020 年度全省民族宗教系统信息宣传工作先进个人	省民宗厅	2020 年 12 月

附 录

中央（国家级）媒体报道选录

福建仙游：扶贫产业基地 助力精准扶贫

4 月 28 日，在龙华镇红旗村仙门采摘园，精准扶贫户朱世萍（中）在修剪葡萄 （新华社记者 魏培全 摄）

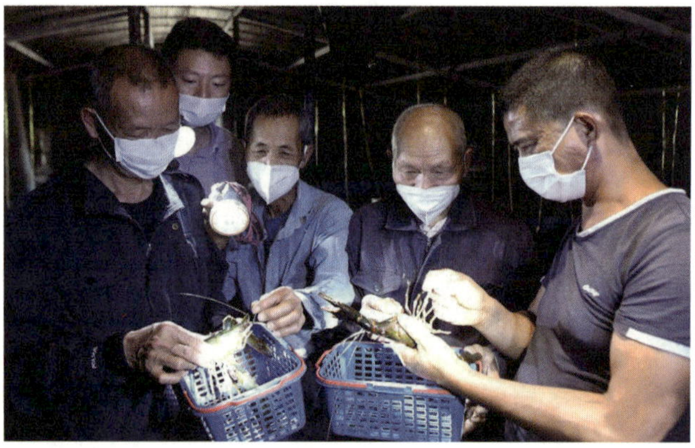

4 月 28 日，在莆田市仙游县腾龙养殖专业合作社，镇村干部、合作社负责人蔡正区（右一）在向精准扶贫户黄文林（右二）介绍澳大利亚淡水小龙虾的养殖技术

（新华社记者 魏培全 摄）

精准扶贫户朱世萍在仙门采摘园里打工，年收入近两万，2017 年已脱贫。近年来，福建省莆田市仙游县在实施精准扶贫过程中，由村党支部引导带动，企业提供资金和技术支撑，村集体用土地入股，贫困户以“资金入股 + 雇工劳作”的方式参与，建设扶贫产业基地，帮助建档立卡贫困户脱贫致富。目前，仙游县已初步建成扶贫产业基地 103 个，共吸纳 645 户贫困户入股，提供 893 个就业岗位。

黄文林将中央扶贫资金 1 万元入股腾龙养殖专业合作社，参与合作社的收益分红，2018 年已脱贫。近年来，福建省莆田市仙游县在实施精准扶贫过程中，由村党支部引导带动，企业提供资金和技术支撑，村集体用土地入股，贫困户以“资金入股 + 雇工劳作”的方式参与，建设扶贫产业基地，帮助建档立卡贫困户脱贫致富。目前，仙游县已初步建成扶贫产业基地 103 个，共吸纳 645 户贫困户入股，提供 893 个就业岗位。

近年来，福建省莆田市仙游县在实施精准扶贫过

4月28日，在莆田市仙游县龙华镇谿峰村天山湖农场文旦柚扶贫产业基地，精准扶贫户吴国珍（前左一）在学习文旦柚的栽培修剪技术，他在产业基地打工，每月保底工资1500元，2018年已脱贫　（新华社记者 魏培全 摄）

程中，由村党支部引导带动，企业提供资金和技术支撑，村集体用土地入股，贫困户以“资金入股 + 雇工劳作”的方式参与，建设扶贫产业基地，帮助建档立卡贫困户脱贫致富。目前，仙游县已初步建成扶贫产业基地103个，共吸纳645户贫困户入股，提供893个就业岗位。

（新华社 魏培全）

首届快手红木节在福建仙游举行 当天红木节成交1205万

中新网7月13日电 7月10日，快手电商首届快手红木节暨仙游快手直播基地授牌仪式在福建仙游举行。

阿宇、陶大帅、斌哥、八方优品、龙团胜雪等多名快手TOP级网红主播及军哥讲收藏、光头红木摆件家具、紫檀小生等仙游本地红木主播化身“快手珠宝推荐官”参与了此次活动。

据悉，当天，仙游三福艺术馆设置了近20个直播间，直播时间从中午12点开始，连播12个小时。本场直播上架商品超过500款，其中既有珠串摆件等小件商品，也有家具桌椅等大件商品，材料涵盖了小叶紫檀、沉香、黄花梨等经典红木材质。

最终本场红木节活动销售额超过1205万，订单总量超8.4万单，累计观众数388万+。其中售出的最高单价商品为238万元的满雕云龙宝座（老挝大酸枝），该商品因明星成龙慈善晚宴一拍成名，又被称为“成龙宝座”。

单价4138元的20毫米爆星印度小叶紫檀手串成交额达到71.4万+，位列畅销单品TOP1。15毫米高油密小叶紫檀手串和20毫米小叶紫檀棕眼佛珠手串销售额分别达到43.9万和35.2万，位列畅销单品榜前三。此外，活动中还卖出了紫光檀木大漆葫芦、原籽白玉菩提三色手串、精工实木金漆象棋等多款匠心好物。

红木节当天，快手电商也正式宣布在仙游落地快手红木直播基地，并公开对外招募商户。

据了解，福建仙游是全国三大著名红木产业集群基地之一。由于靠近木材进出的港口 + 历史上盛产工匠的底蕴，仙游成为国内最大的木雕制品生产基地和最大的名贵红木古典家具主产地。其中，仙游占全国高端家具市场份额70%以上，全县拥有工艺美术厂家4400多家，从业人员21万，工艺美术产值2019年达480亿元。

近年来，仙游通过电商不断发展线上销售。今年疫情的发生进一步加快了仙游拓展线上的速度。仙游县工艺美术局局长黄杰提到，今年上半年，仙游红木行业通过电商平台交易额超30亿元，远高于往年同期交易额。“我们希望通过仙游红木行业入驻电商，倒逼企业把控品质，做好溯源，推动产业往更健康的方向发展。”

快手电商在仙游本地已经拥有较高渗透率，并涌现出一批代表商家。

其中军哥讲收藏有47万粉丝，主营印度小叶紫檀、黄花梨等红木工艺品，月销售额超250万。光头红木摆件家具有6万粉丝，主要售卖印度小叶紫檀、大红酸枝等红木摆件、家具，月销售额超100万。紫檀小生主营印度小叶紫檀，月销售额超50万。

落地直播基地是快手电商对仙游红木产业带的进一步加码。

作为快手电商的特色行业，快手电商珠宝文玩行业在产业带聚集地设立基地已经成为一种普遍做法。基地为独立运营公司，负责产业带内商家招募、孵化、辅助商家成长。平台对基地商家予以优惠政策扶持，对产业带基地予以资金支持。

设立基地的核心目的在于从源头保证产品质量，并更好服务商家。签约产业带基地商家即为快手见宝商家，可享受快手平台的一系列优惠和扶持政策。

目前，仙游快手直播基地已入驻近200家商家。基地内外政策差异大，入驻基地商家可享受直播间官方认证、高清直播间、匿名直播间、闪电购、官方活动参赛资格、短账期、提现额度提高、减免部分保证金、销售特殊类目等多重权益。

快手电商珠宝文玩行业自去年9月来陆续落地了河南镇平、广东四会、云南瑞丽等产业带基地，推动了购买人数和动销商家数的高速增长，快手珠宝文玩直播已经成为日均数千万成交的行业。

7月10日，快手电商首届快手红木节暨仙游快手直播基地授牌仪式在福建仙游举行　（中新社 摄）

在2020年，快手电商珠宝文玩行业设立了5个文玩类产业带基地，仙游快手直播基地是其中之一。这也是快手电商珠宝文玩行业在红木品类上的一次重要布局。

快手电商运营总监牛建雄提到，红木作为文玩行业的重要品类，仙游红木占据高端红木家具70%的市场份额，具备优秀的货品能力和线下经营经验。本次举办快手红木节和落地直播基地是希望通过主播带货进一步提升产业带影响力以及红木品类在快手电商的影响力，推动红木品类和商家在快手电商迎来高速发展时代。

传统艺术如何“活起来”？这场直播大赛给出了答案

9月21日，在京东（仙游）数字经济产业园，一场直播大赛正在上演。50多位主播端坐在镜头前，或品茶、或盘珠、或赏画，数百平米的赛场，四处散发

仙游首届共享直播挑战赛现场　（中新社 摄）

着雅致的气息。但在场外，有无数观众正通过自己的手机，在直播间掀起一阵阵“仙作热”。

这是仙游首届共享直播挑战赛的活动现场。

这次，仙游工艺美术产业联手京东智联云和快手两大平台，打造了一个全新的线上营销场景。针对线上消费人群，策划独特的直播场景和内容，同时整合两大平台的营销资源，放大“仙作”品牌的声音。

50多位主播各显神通，冲击大赛9强

“请支持我！我要进榜九！”

“仙游首届共享直播挑战赛，和我一起冲啊！”

“为仙作代言！让世界看到仙作之美！”

……

活动现场，主播们使尽“浑身解数”与粉丝们交流互动，推介仙游工艺美术品及特色产品，向着销量排行高位不断冲击。在这场为期5天的直播大赛中，

将会依据总销售额的排行，诞生出最终 9 强，他们将以“最强带货王”的身份，参加即将在 9 月 29 日举行的“金秋丰收赛－城市直播赛”，再度为“仙作”发声。

此次参赛的选手里，既有为自家产品站台的产业园商家、仙游商家，也有初次“触电”直播的宝妈、大学生等素人。此外，守艺小胖、百万红木、紫檀小生、军哥讲紫檀等知名大号也齐聚现场，为仙作“代言”直播带货。

流量“带进来”，产业“走出去”

仙游是中国红木家具产业基地，“仙作”已成为中国古典家具的代表名片，其千年传承的制作工艺和文化底蕴，无时无刻不在诉说中国传统家具的无穷魅力和博大精深，推动着中国传统文化的传承与发展。

参赛主播被“仙作网红选品超市”的仙作吸引

（中新社 摄）

通过“仙作网红选品超市”的搭建，大赛将仙游工艺美术产业“搬”进直播现场。古香古色的红木家具、手工雕刻的佛珠手串、巧夺天工的工艺摆件、沁人心脾的香茗，让整个赛场沉浸在文化、艺术、创意的交融之中。作为这次大赛的“大后方”，“仙作网红选品超市”为所有参赛主播们提供“一件代发”等高性价比的供应链服务。

“在直播间，所有商品均以直播专享价出售，粉丝的热情都很高，因为有平台的流量扶持，直播间的观看和点赞人数也比平日翻了好几倍。”活动现场，一位直播金刚菩提小叶紫檀手串的参赛选手这样说道。消费者以实惠的价格买到心仪好物，主播们刷新了直播记录，“仙作”走向全国各地，不得不说，仙游首届共享直播挑战赛，形成了双赢、多赢、共赢的新局面。

当前，仙游正朝着“打造全国第一工艺直播之都”的目标迈进，直播成为了仙作最重要的销售平台之一。在探索产业数字化升级的进程中，京东智联云以“互联网＋”领域的先进技术和优质资源，让仙游传统文化艺术“活起来”，更“火起来”，相信随着大赛的推进，仙游的工业美术产业将更加光芒四射。

（中新社）

说 明

一、本索引采用主题词分析法，按主题词首字汉语拼音字母顺序排列。
二、栏目、分目标题用黑体字。“特载”“大事记”“人物 荣誉”“附录”文件夹内容不作索引。
三、索引主题词后的数字表示页码，数字后的 a、b、c 表示栏别左中右。
四、空一字起排的款目为上一主题的“附见”。
五、涉及本县名称的主题词，不会引起歧义的，一般省去“仙游”和“仙游县”。

D

E

F

K

L

T

Y

Z